Götz Friedrich

Mein Opernführer

GÖTZ FRIEDRICH
MEIN OPERNFÜHRER

Herausgegeben von Werner Otto

Zusammengestellt von Max W. Busch
und
Harro Schweizer

Henschel

Verlag und Herausgeber danken dem Archiv der Akademie der Künste, das den Nachlaß von Götz Friedrich aufbewahrt und bearbeitet, für die freundliche Unterstützung bei den umfangreichen Text- und Bildrecherchen.

Sie können uns 24 Stunden am Tag erreichen unter:
http://www.dornier-verlage.de
http://www.henschel-verlag.de

Die Deutsche Bibliothek – CIP-Einheitsaufnahme
Ein Titeldatensatz für diese Publikation ist bei
Der Deutschen Bibliothek erhältlich.

ISBN 3-89487-436-8

Umschlaggestaltung: Mediabureau Di Stefano, Berlin
Titel- und Rückseitenbild: kranichphoto
Redaktionelle Mitarbeit: Freia Beisser, Dolly Hauns
Gestaltung: Maja Kluy, Berlin
Reproduktionen: LVD GmbH, Berlin
Papier: 135 g/qm Nova Coat Prestige, Papier Union
Druck und Bindung: Grafisches Centrum Cuno, Calbe
Printed in Germany

Gedruckt auf alterungsbeständigem Papier mit chlorfrei gebleichtem Zellstoff

INHALT

EDITORISCHE NOTIZ

Dieser Band wurde noch zu Lebzeiten von Götz Friedrich konzipiert. In den langen Jahren seines Wirkens, zunächst als Dramaturg und bald als Regisseur, arbeitete Friedrich immer nach einem Prinzip seines Lehrers Walter Felsenstein: Jede neue Produktion wurde vorbereitet und begleitet mit Einführungen und Erläuterungen, die das Konzept der Inszenierung zunächst den beteiligten Künstlern und später auch dem Publikum vermitteln sollten.

So entstand im Laufe von vierzig Jahren ein Fundus an Texten, die Friedrich sammeln und sichten wollte, um sie dann in einem Band kommentiert zu publizieren. Den Titel dieses Buches hatte er bereits festgelegt, ebenso eine Gliederung. »Mein Opernführer« signalisiert die Auswahl des Regie führenden Künstlers Götz Friedrich aus dem Opern-Repertoire der vergangenen zweihundert Jahre. Zugleich bezeichnet der Titel die persönliche Sichtweise des Regisseurs auf diese Werke.

Die genaue Auswahl seiner Texte – über einen selbstverständlich sich ergebenden Kernbestand hinaus – ist Götz Friedrich nicht mehr gelungen. So mußte zunächst sein Nachlaß, den inzwischen die Stiftung Archiv der Akademie der Künste in Berlin verwahrt, gründlich nach Äußerungen des Regisseurs über seine Arbeiten erforscht werden. Auf diese Weise kam eine große Anzahl von Einführungen für das Ensemble, Notaten zur Inszenierungsarbeit, Konzeptionstexten aus den Programmheften, Einführungen für das Publikum sowie Gesprächen und Interviews zusammen.

Zu vielen Werken, die Friedrich inszenierte, hat der Regisseur mehrere Texte verfaßt. Hier mußte aus inhaltlichen wie aus Umfang-Gründen eine Auswahl getroffen werden. In manchen Fällen war die Erinnerung an Gespräche mit Götz Friedrich hilfreich. Oft war es jedoch nötig, nach bestem Wissen und Gewissen selber auszuwählen. Hier haben wir immer den konzentriertesten, an Überlegungen, Erläuterungen und Hinweisen reichsten Essay aufgenommen.

In anderen Fällen hatte Friedrich seine Konzeption jedoch so intensiv weiter entwickelt, daß schon aus diesem Grund der Abdruck von zwei Texten zum selben Stück zwingend wurde.

Ein Kernstück, um das Götz Friedrichs Arbeit zwanzig Jahre lang immer wieder kreiste, war Richard Wagners »Ring des Nibelungen«. Sehr viele von Friedrichs Ideen dazu finden sich bereits in zwei Aufsätzen, die er zur Londoner Inszenierung 1974 bis 1976 geschrieben hatte. Aus diesem Grund sind beide Texte hier dokumentiert. Noch der Berliner »Ring«, der im »Zeittunnel« seine einprägsame Gestaltung fand, geht zu großen Teilen auf die Anfänge in London zurück. Daher haben wir den hier abgedruckten zweiten Londoner Text ergänzt mit Fotos der Berliner Inszenierung.

Für die Jahre 1980 bis 1982 plante Friedrich seine zweite Inszenierung des »Ring« in Hamburg. Der ausführliche Text zum »Rheingold« zeigt bereits, daß der Regisssseur hier gründlich neu ansetzen wollte. Bald nach der Premiere geschah aber ein schwerer Unfall auf der Bühne, der die Technik des Hamburger Hauses für mehrere Jahre nahezu lahmlegte. Der Essay aus Hamburg sowie einige Skizzen Friedrichs sollen die Erinnerung an das »Ring«-Fragment hier festhalten.

Neben solcher Materialfülle gab es allerdings manche Lücken. Gelegentlich verfaßte Friedrich nur wenige Sätze, quasi im Telegramm-Stil, über ein Werk. Solche Schlaglicht-Kommentare werden hier trotzdem abgedruckt, weil sie in wenigen Sätzen Götz Friedrichs Perspektive umreißen. In einem glücklichen Fall – Webers »Freischütz« – ließ sich der knappe Kommentar des Regisseurs ergänzen um einen Aufsatz von Hans Mayer, der seinen Text speziell auf Wunsch des Regisseurs zu Friedrichs Inszenierung verfaßte. Besonders betrüblich hingegen ist die Tatsache, daß sich trotz intensiver Suche keine Äußerungen Friedrichs über eine besonders wichtige Arbeit finden ließen: Erich Wolfgang Korngolds »Die tote Stadt« muß bedauerlicherweise in diesem Opernführer fehlen.

Die Titel sind im Textteil einheitlich in der deutschen Fassung aufgeführt (ebenso im Register), im Inszenierungsverzeichnis werden die Originaltitel verwendet, wenn die Werke in der Originalsprache aufgeführt wurden und angekündigt waren.

Großer Dank gebührt zuallererst Kammersängerin Prof. Karan Armstrong. Der Leiter der Stiftung Archiv der Akademie der Künste, Dr. Wolfgang Trautwein, hat unsere Arbeit auf vielfältige Weise gefördert. Nachhaltige Unterstützung erfuhren wir besonders von Konstanze Mach-Meyerhofer von der Stiftung Archiv, ebenso von Ilse Kóban und Dr. Peter Ulrich. Ein spezieller Dank gebührt Dolly Hauns von der Deutschen Oper Berlin für ihre Ratschläge und ganz praktische Unterstützung und Mitarbeit. Den Archiven der Bayerischen Staatsoper München, der Hamburgischen Staatsoper – Frau Barbara Neumann – sowie der Württembergischen Staatstheater – Frau Helen Hosefelder – schulden wir Dank für die schnelle und unkomplizierte Bereitstellung von Fotomaterial.

AUF DER SUCHE NACH WAHRHEIT

von Karan Armstrong-Friedrich

Die »Salome« in Stuttgart sollte unsere erste Begegnung sein. Über fünfundzwanzig Jahre ist das nun her. Ich hatte die Salome schon an zwei Opernbühnen gesungen. Götz Friedrich hatte mich bis dahin allerdings noch nicht in dieser Rolle gesehen, mich überhaupt noch nie singen hören, und wir waren uns zuvor noch nie begegnet. Er wollte sich auf das Urteil anderer verlassen. Hauptsache, ich könne singen, und wenn ich denn gut aussehen sollte wie auf den Bildern, dann würde er mich ohnehin heiraten wollen – dieser später kolportierte Scherz ging unserem ersten Probentreffen voraus.

Bis dahin hatte ich ein ganz anderes Verständnis von dieser Salome: Ich spielte die Femme fatale, verwöhnt, mal Glamourgirl, mal Vamp, am Ende das Monstrum. Bei Götz Friedrich fand ich den Weg zu einer Salome, die von Neugier getrieben ist und von Jochanaan, diesem faszinierenden, gläubigen Mann, um den Kuß betrogen wird. Salome – die Suchende, die Scheue, die Zerrissene zwischen Herodes, Jochanaan und vor allem sich selbst.

Seine oftmals völlig neuen Interpretationen von Figuren hatte Götz Friedrich allerdings nie diktiert. Teile seines Regiekonzepts ließ er stets offen, um den Sängern noch genügend Spielraum zu lassen. Seine wichtigste Frage auf dem Weg zum Ziel: Warum? – Warum, denkst Du, war Salome von Jochanaan so fasziniert? Warum, denkst Du, wird sie zur Bestie, als sie zurückgestoßen wird? Was kann sie, die sechzehnjährige Kindfrau, »Sproß aus reichstem Elternhaus, wo Ehebruch und Mord zum täglichen Anschauungsunterricht gehören«, erlebt haben, daß sie so handelt und so »grenzenlos« nach Neuem giert?

Als er mich fragte, ob ich beim Tanz der Salome, interpretiert als Braut-Todes-Werbung, auch die letzten Hüllen fallen lassen würde, kam ich doch in Konflikte. Aber als er mir klar machte, Salome benutze diese Nackheit nur als Provokation, um sich sofort mit Schmutz und Dreck zu beschmieren, da stimmte ich vorbehaltlos zu. Und sein Vorschlag für den Schlußgesang, daß Salome wie in einer rituellen Handlung das Blut aus der Silberschale, in der Jochanaans abgeschlagener Kopf liegt, über Gesicht und Körper streicht, erlöste mich zu einer fast transzendentalen Darstellung, in der auch die gesanglichen Tücken des Schlußparts auf einmal wie weggeblasen schienen. Und das Ziel war erreicht: »Animalische wie existentielle Phantasie und Sehnsucht werden Einheit.«

Mit der Stuttgarter Salome hatte ich ein Grundgefühl gewonnen, das mich in dieser Rollenpartie auch in Wien, Hamburg, Berlin, Oslo, Toulouse und anderswo trug.

Um seine Vorstellungen zu realisieren, hat Götz Friedrich seinen Sängern sehr viel abverlangt. Nicht selten forderte er, bis an die Grenzen zu gehen. Weil auch er bis an die Grenzen ging. Und häufig genug auch über die Grenzen hinaus. Er wußte natürlich, wie sehr ich diese Grenzüberschreitungen mitgehen würde, wo andere sagen, nein, das kann ich nicht oder das will ich nicht. Keineswegs nur vom Kraftaufwand her. Auch mal singend auf dem Kopf stehen, mal mit dem Kopf durch die Beine rückwärts gedreht oder aus acht Metern Höhe auf einer Giraffe hinunterrutschend, wie in »Lulu«. Oft hatte ich einfach den Spaß daran, etwas Neues zu probieren.

Seine Regiearbeit zeichnete sich aus durch eine konzentrierte Intensität und zugleich eine außerordentliche Vielfältigkeit in der Suche nach den Charakteren. Manchmal saßen wir bis in die frühen Morgenstunden zusammen, nur um über einen kleinen Teil, einen Aspekt, eine Dimension eines Charakters zu sprechen. Unsere Zusammenarbeit war geprägt von einem gemeinsamen Suchen und Entdecken. Gemeinsam konnten wir eigentlich alles und jedes probieren. Er war grundsätzlich offen für alles, was er auch von seinen Partnern und Kollegen erwartete.

Götz Friedrich war kein Regisseur, der schlicht festlegte: Du gehst hier links, hier gehst Du rechts, und Du tust das und Du tust das – und dann bleiben seine Sänger dabei. Wenn er feststellte, daß seine Anweisungen nicht in die Tat umgesetzt werden konnten, daß nicht verstanden wurde, was er wollte, oder wenn jemand etwas physisch oder psychisch nicht ausführen konnte, fragte er sich unmittelbar, was er dazu beitragen könne. Er ging zurück auf seinen Platz und grübelte, kam wieder zurück, ging auf die Leute zu und stellte Fragen oder erzählte von historischen Ereignissen. Das eröffnet natürlich jedem Sänger und Schauspieler die Möglichkeit zu diskutieren, seine Meinung darzulegen. So entwickelte sich eine lebendige Arbeit, weil alle eingebunden waren in einen originären dynamischen Prozeß auf der Bühne.

Wie er seine Sänger stets mit der Frage nach dem Warum konfrontierte, so stellte Götz Friedrich während seiner Vorbereitungen auf eine neue Inszenierung bei sich selbst grundsätzlich alles in Frage. Die überkommenen Auffassungen ebenso wie seine bestehenden eigenen Auffassungen, sein Denken und sein Handeln. Das war für ihn der Weg zum Neuen.

Er hatte mit einer neuen Arbeit begonnen, indem er die Musik hörte. Dann las er Bücher und, wenn vorhanden, zahllose Briefe der

Komponisten. Schließlich fragte er sich wieder: Warum hat der Komponist so komponiert? Dann kamen die Bühnenbildner, und er hat wieder alles verworfen, hat wieder neu begonnen. Es war eine spannende und intensive Zeit, in deren Verlauf er sehr viel investierte.

Es waren weit über dreißig Inszenierungen, die wir gemeinsam erlebten. Ganz besonders wichtige Rollen waren für mich – neben der schon erwähnten Salome – die Marschallin im »Rosenkavalier«, die ich so sehr liebte und die mir auch persönlich sehr am Herzen lag, hatte ich doch die Partie mit Lotte Lehmann studiert. Es war die tiefe Trauer in dieser Frau, dazu die Hoffnung, die Sehnsucht, die Liebe und der Schmerz, alle diese Emotionen, die Götz Friedrich später veranlaßten, den Stuttgarter »Rosenkavalier« »zu den schönsten meiner Regietätigkeiten« zu zählen.

Ich habe mit ihm zusammen die Wagner-Partien der Sieglinde, der Kundry, der Brünnhilde und der Venus erarbeitet und durchlebt – aber dann war da natürlich noch die Elsa.

Götz Friedrich hatte für Elsa einen besonderen Stellenwert, eine neue Dimension gefunden: »Elsa ist der humane Schlüssel für das Phänomen Lohengrin«, wie er es selbst formulierte. Und an anderer Stelle: »Das ganze Interesse des Lohengrin beruht auf einem alle Geheimnisse der Seele berührenden inneren Vorgang im Herzen Elsas.« Statt einer gebeugten Frau handelte sie als Gegenpol zu Lohengrin. Die Frauen waren zu Wagners Zeiten eher gehorsam, Friedrich hat das gedreht und gesagt: Hier ist eine emanzipierte Frau, eine eigenständige Frau, die gegenüber Lohengrin als Partner auftritt. Eine Frau mit Selbstzweifeln, rasend, hysterisch – und Götz Friedrich wollte diese Eigenschaften auch in der Stimme hören. »Elsa individualisiert und durchleidet den Grenzfall Lohengrin total, mit allen Sehnsüchten, allen Ängsten, allen Träumen und den vielfachen Toden der Liebe.«

Das war für Teile des Publikums, für die Wagnerianer, einfach nicht akzeptabel. Plötzlich war diese Frau zunächst einfach nur Frau, und das wollte man nicht sehen. Auf die Frage, warum sie so ganz anders sei, als man sie bisher auf der Bühne sah – was mir ja gefiel, fühlte ich mich doch selbst viel eher in der Rolle einer solchen Frau, die neben ihrem Mann stehen möchte –, antwortete Götz Friedrich, daß er nach vielen Wagner-Briefen, die er gelesen hatte, in Bezug auf Elsa völlig irritiert gewesen sei, festzustellen, daß Wagner selbst Zweifel hatte, was sein Frauenbild betraf. Daß Wagner selbst der Meinung gewesen sein muß, Elsa habe das Recht und die Pflicht, Lohengrin zu fragen, sie, die neben ihm steht und ihm Hilfe geben kann und ihm als Partnerin das Gefühl vermittelt, sie stehe neben ihm und nicht hinter ihm. »Ihre Situation und ihre Entwicklung, ihre Sehnsucht und ihre Selbstzweifel definieren das Wunder und seine Gültigkeit. Mit ihr überschreiten wir die Grenze zwischen der Wirklichkeit und dem Übersinnlichen, mit ihr werden wir zurückgeworfen in die Vereinsamung, Verzweiflung, Ratlosigkeit.« Jahre später hat sich Götz Friedrich noch einmal geäußert zur »Thematik des Individuums, das sich bedrängt sieht, aber die bittere Erfahrung macht, daß Wunder manchmal eher zerstören als retten. Und daß die Zierlichkeit, der Glaube, die Sensibilität, die von Elsa ausgehen und auf den Gralsritter übertragen werden, am Ende in bitteres Wehgeschrei münden, wie wir es aus der antiken Tragödie kennen, macht die humane Aktualität dieser ›selbsttragischsten‹ Geschichte aus.«

*

Schon lange wollte Götz Friedrich seinem Publikum seinen ganz persönlichen Opernführer vorlegen. Er wollte festhalten, was ihm an diesen Werken, die er über all die Jahre seiner Musiktheater-Praxis in Szene gesetzt hatte, mit denen er sich wochen- und monatelang beschäftigt hatte, so wichtig, so mitteilenswert, so zeitbezogen und zugleich so zeitunabhängig ist. Er sollte dieses Vorhaben nicht mehr aus eigener Kraft schaffen.

Seine Verbundheit mit Wagner ist unübersehbar. Doch Mozart stand in seiner Hitliste der Komponisten zweifelsfrei ganz oben.

Dennoch: Für Götz Friedrich gab es keine Priorität etwa für die Klassik oder die Romantik gegenüber der Moderne oder umgekehrt für das Neue gegenüber dem Alten. Was entscheidend für ihn war, das war die Suche nach der Wahrheit, die Suche nach dem ewig Neuen, oft auch angetrieben von der Neugier jenes scheuen Mädchens aus der Provinz eines Hundert-Seelen-Dorfes aus Montana. Diese Perspektive hat er oft genutzt, um wie ein Maler auf einer Palette die Farben zu mischen und auf der Leinwand ein Kunstwerk entstehen zu lassen. Mit Götz Friedrich zusammen zu arbeiten und zu leben bedeutete, neue Wege des Denkens zu entwickeln, neue Fragen zu stellen oder bei den alten Fragen tiefer zu gehen. Das betraf Inhalte, Charaktere und musikalische Dinge ebenso wie einfache Bewegungen auf der Bühne. Seine Auseinandersetzung mit den Komponisten und ihren Werken, seine Interpretationen und Deutungen legen davon Zeugnis ab.

Menschlichkeit und das tiefe Eindringen in den menschlichen Charakter, das waren die Anliegen von Götz Friedrich in seiner Beschäftigung und Auseinandersetzung mit einem Bühnenwerk und seinem Komponisten. Er war aber auch unbequem, seinen Sängern und noch viel mehr seinem Publikum gegenüber. Er wollte immer zum Denken, zum Weiterdenken anregen. Und er hat keine Gelegenheit dazu ausgelassen. Nur Konsumieren, das kam für ihn nicht in Frage.

Wer das Glück hatte, mit Götz Friedrich gearbeitet zu haben, der wird ihn schmerzlich vermissen. Und er wird vielleicht an Salomes Worte denken: »Aber das Geheimnis der Liebe ist größer als das Geheimnis des Todes.«

(Alle Zitate in diesem Beitrag stammen von Götz Friedrich)

ZUM BELCANTO GEHÖRT DER BELVISTO

Ein Gespräch über das Musiktheater zwischen Götz Friedrich und August Everding

August Everding: Nach unserer ersten Hamburger Spielzeit stellt sich die Frage nach einer Zwischenbilanz – danach, ob wir unsere Zielvorstellung von Musiktheater für realisiert halten oder wenigstens glauben, ihr nähergekommen zu sein. Ich meine, im Hinblick auf einige der von uns zu vertretenden Neuinszenierungen können wir das bejahen. Auch ein Teil des übernommenen Repertoires konnte bereits einen »Musiktheater«-Anspruch erfüllen und lieferte ein gutes Fundament für unsere Arbeit. Wenn es manches gibt im Repertoire, das ihn nicht – noch nicht – erfüllt, so liegt das am Umfang des Repertoires. Je älter oder unstabiler eine Inszenierung ist, desto schwieriger ist es, sie auf einen Stand zu bringen, der Musiktheateransprüche erfüllt; bloß mit Retuschen oder ein paar Proben ist das ganz unmöglich. Wir haben aber auch viele, vielleicht ungewöhnlich viele Opernabende gegeben, an denen der Hauptakzent auf der herausragenden Besetzung lag. Steht das eigentlich im Widerspruch zu unserem vor einer Spielzeit angekündigten Programm?

Götz Friedrich: Wie die Dinge stehen, wäre es wohl kaum ein sinnvolles Unterfangen, in einem oder zwei Jahren sämtliche Aufführungen des Repertoires der Hamburgischen Staatsoper in exemplarische Realisierungen der Musiktheater-Idee verwandeln zu wollen. Auch ich meine, daß frühere Inszenierungen hier durchaus Musiktheater-Anspruch anstrebten oder verwirklichten. Aber auch unsere Neuinszenierungen seit 1973 können nur Annäherungen an die Idee vom Musiktheater sein. Überhaupt geht es wohl kaum darum, beckmesserisch anzukreiden, was mehr Musiktheater ist und was mehr der kulinarischen Oper konventioneller Prägung zuneigt. Freilich sollten wir unsere ästhetische Überzeugung bekennen. Gerade darum finde ich es reizvoll, wenn durch das Aufeinandertreffen der verschiedensten Spielarten und Stilhaltungen auf dieser Bühne eine Stellungnahme beim Publikum angeregt und somit die Diskussion um Musiktheater belebt wird. Es ist allerdings zu einfach zu glauben, Musiktheater fände schon statt, wenn ein Publikum zusammenkommt, ein Orchester spielt und auf der Bühne gesungen wird. Es geht dabei stets um das Wie und Wozu. Wir verwenden das Wort »Musiktheater« als programmatischen, als methodischen Begriff, der dem verharmlosend-konventionellen oder dem nur kulinarischen Gebrauch von Oper entgegensteht. Er besagt nichts anderes, als daß alle in einer musikalischen Bühnenaufführung zusammenwirkenden Elemente ein überzeugendes, aufregendes ästhetisches Verhältnis miteinander eingehen. Der auf der Bühne dargestellte Vorgang muß theaterwürdig sein.

Vom Schauspiel und anderen Formen des Theaters ist er unterschieden dadurch, daß er zur Entschlüsselung des Inhalts Musik *braucht* und seine entscheidende Äußerung im Gesang findet. Das Musiktheater-Adäquat ist erreicht, wenn die beiden Hauptelemente Musik *und* Theater in wechselseitiger Dynamik in Beziehung treten und wenn diese Dynamik auch das Spannungsverhältnis zwischen Werk und gegenwärtiger Rezeption aktiviert.

Everding: Das Sprechtheater hat da ja einen Rückstand aufzuholen, weil ihm die Musik in der sinnlichen Vorgabe so viel voraus hat. Und viele Leute gehen in die Oper, nur um Musik zu hören. Darum muß das Element Theater im Musiktheater angehoben werden. Das Paradox des Opernregisseurs jedoch ist, daß er die Sänger voll singen lassen müßte, wenn er mit ihnen wochenlang probt und Ausdruckswerte festlegt; denn nur so kann er den Ausdruck auch sehen. Doch dann wären die Sänger schließlich heiser. Probt der Regisseur aber ohne Musik und läßt er erst in den Schlußproben aussingen, dann tritt bei den Sängern eine solche gestische, ja physische Veränderung des Körpers ein, daß alle erarbeiteten Details des Ausdrucks weggewischt sind.

Friedrich: Der »singend-handelnde Mensch« ist, wie Felsenstein einmal sagte, tatsächlich die Kernfrage, wenn es ums Musiktheater geht. Darum sollten wir vorwiegend Sängerdarsteller erziehen und einsetzen, die in der Lage sind, den Gesang als – allerdings wichtigsten – Bestandteil ihrer gesamtphysischen Bühnenpräsenz zu handhaben. Freilich ist der rein zeigende oder spielende Gestus des Schauspielers recht verschieden von dem, den der Sänger schon aus physischen Gründen braucht. Aber auch der Gestus des Sängers einer Wagner-Oper ist z. B. völlig anders als der Gestus, wie ihn der Sänger in einer Oper Mozarts oder Janáčeks oder Offenbachs wählen kann und muß. Die Aufgabe, die sich uns als Regisseuren stellt, muß darin liegen, einen Gestus oder eine Verhaltensweise mit den Sängerdarstellern ausfindig zu machen, die das Singen als menschliche Äußerung in Beziehung zur Stück-Handlung ebenso nötig wie möglich macht.

Everding: Das würde doch heißen – spielen wir den Gedanken hypothetisch einmal durch: Wenn wir »Salome« am selben Abend zweimal aufführen würden, einmal als Schauspiel nach dem vorhandenen Text von Wilde und dann als Oper, so müßten wirklich zwei sehr verschiedene Dinge herauskommen.

Friedrich: Ich denke ja – im Gestus und demzufolge in der Aussage, in der unterschiedlich atmosphärischen Gesamthaltung. Wenn ich an den großen Schlußmonolog der Salome denke und daran, was Wilde ihr zu sagen gibt, und wenn ich mir dann vergegenwärtige, was Strauss mit und hinter den Worten darlegt, welche Dimensionen er akustisch projiziert, dann erfahre ich hörend wichtige Unterschiede zwischen Schauspiel und Musiktheater. Zwar trägt die Figur den gleichen Namen, und sie wird dasselbe tun: den abgeschlagenen Kopf küssen. Doch während die Worte den absurden Vorgang präzisieren möchten, vermag es die Musik, durch das »absurde Mittel« Gesang eben dies Absurde (wie durch doppelte Negation) zu »normalisieren«, ich meine: zu humanisieren. Auf jeden Fall ist es zu einfältig zu meinen, das Sprechtheater zeichne Vorgänge und Charaktere nur linear oder wenigstens zweidimensional. Aber unbestritten ist gleichzeitig, daß das Musiktheater durch das Material Musik den Vorgang künstlicher macht und besonders durch die ästhetische Programmierung künstlicher Zeitabläufe Dimensionen wahrnehmbar macht und Auffächerungen eines Charakters oder einer Situation vornimmt, wie es so das Sprechtheater weder will noch kann. Charaktere auf der Musikbühne sind optisch und akustisch vervielfältigt und verspiegelt – wie vom frühen Picasso gezeichnet, mit zwei, drei, vier Gesichtern. Das Musiktheater arbeitet nicht linear, sondern vielschichtig; die Fabel- und Charakterdarstellung wird um Dimensionen erweitert, von denen offenkundig nur Musik reden kann, und selbst das scheinbar »Statische« einer Arie ist nichts anderes als die dramatische Auffächerung eines exemplarischen und alarmierenden Psychogramms.

Everding: Einverstanden: Das Schauspiel ist das einschichtigere Genre. Wir wollen das als Spezifikum, nicht als Manko verstehen; das Schauspiel ist darum nicht simpler! Sicher hat es nicht nur eine Dimension, aber zunächst und vor allem doch die Dimension des Wortes. Natürlich rührt ein Wort neue Dimensionen an. Und ein großer Darsteller weckt durch die Modulation, durch die Art, wie er ein Wort begreift und darstellt, beim Hörer ganz bestimmte Phantasien. Aber die Schichten in der Oper – und die Musik als eine dieser Schichten kommt ja nicht bloß additiv hinzu – amalgamieren sich zu einer viel komplexeren Bedeutungstiefe, einer Tiefe, die freilich vom Komponisten vorgegeben und festgelegt ist. Das Schauspiel ist klarer und einfacher, dort heißt es zunächst mal: Napoleon hat die Schlacht bei Waterloo verloren. Das ist ein Fakt; alle Möglichkeiten, diesen Fakt zu deuten, zu modulieren, sind noch dem Regisseur oder dem Schauspieler vorbehalten. In der Oper sind die Deutung, die Modulationen, aber auch das ganze Zeitgefüge durch Musik weitgehend festgelegt.

Friedrich: Das scheint die Fessel der Kunstgattung zu beschreiben, mit der wir es zu tun haben: die Festlegung insbesondere des rhythmisch-zeitlichen Ablaufs, der Ausdruckslage – und der Stilhaltung! Denn außerdem macht Musik das jeweils Historische eines Werkes unüberhörbar. Natürlich nehmen wir, wenn wir sprachempfindlich sind, bei einem Text von Lenz, von Grabbe oder Hebbel auch an den literarischen Strukturen historische Merkmale wahr. Aber verfährt demgegenüber die Partitur einer Mozart-Oper, einer Wagner-Oper, einer Berg-Oper nicht weitaus präzisierender? Uns wird ja durch die Musik zum Stoff immer gleichzeitig die Epoche, der Stil mitgeliefert. Die Gretchenfrage für uns Opernleute lautet da, ob wir diese Fixierung als Einschränkung der subjektiven Imagination oder als deren Provokation verstehen. Ich glaube, das Erregende in unserer Arbeit entsteht gerade aus der Reibung zwischen der strengen kunsthistorischen Vorgabe, die das Werk enthält, und der Notwendigkeit, das zu verlebendigen unter Aktivierung alles Eigenschöpferischen. Diese Reibung wird um so interessanter, je stärker unser Bemühen ist, Vergangenheitsstrukturen auf ihre Heutigkeit zu testen. In solcher »Vergegenwärtigung« sehe ich überhaupt die wichtigste Chance und Aufgabe unserer Tätigkeit. Sie umfaßt Werke aus der Vergangenheit ebenso wie die der Zeitgenossen (sind die denn immer »gegenwärtig«?) – so daß die Reibung zwischen der historisch-ästhetischen Form und jetzigem Sehen und Hören, einfach einem gegenwärtigen Informationsinteresse, eine Wirkung hervorruft, ohne die Kunst nicht lebt. Das Musiktheater sollte diese Reibungen zwischen der Gegenwart und dem Historischen (dem die historische Perspektive, auch das Utopische immanent ist) geradezu besessen, oft auch spaßig und frech ausstellen, weil am ehesten so die scheinbar oft so langweilig-langwierige Kunstgattung ganz aufregend und spannend werden kann.

Everding: Wobei wir beide doch der Meinung sind – und dies ist ein interessantes Seitenthema zu den »Reibungen« –, daß das Aktuelle des Bezuges sich nicht durch vordergründige Aktualisierung erreichen läßt. Wir wollen den, als Experiment zwar legitimen, Versuch mancher Städte, bestimmte Opern einer Tagesaktualität anzupassen, nicht aburteilen, aber uns bewußt sein, daß man die Oper damit nicht lebendiger macht.

Friedrich: Hinter den Bestrebungen und Praktiken, die Sie im Auge haben, verbirgt sich ein tiefes Mißtrauen unserer Kunstgattung gegenüber, wie es nur aus der Unkenntnis sowohl der Gattung wie gegenwärtiger objektiver gesellschaftlicher Interessen zu erklären ist. Es ist nicht nötig, die in den Werken der Vergangenheit und Gegenwart liegenden Wahrheiten aktualisierend aufzupäppeln oder gar umzukrempeln. Man muß sie nur aufdecken und nach dem Maß der Musik im Spiel realisieren. Dann sind sie aktuell! Das geht freilich nur, solange wir meinen, daß bestimmte musikalische Bühnenwerke einen Mitteilungswert besitzen, der sich in einer um Progreß bemühten Gesellschaft noch nicht erübrigt hat. Und ich bin noch immer närrisch genug zu denken, daß die »Botschaften« einer »Zauberflöte«, eines »Fidelio«, einer »Aida«, eines »Ring«, einer »Jenufa« noch nicht als »erledigt« von der gegenwärtigen Tagesordnung zu streichen sind – auch nicht die frechen Entlarvungen Offenbachs oder die wehmütigen Späße eines Johann Strauß. Nein: Die aktualisierenden »Modernisten« würgen den Lebensnerv der Oper ebenso ab wie die, die ihr Subventionen entziehen möchten, weil die Oper nicht nützlich in der Gegenwart zu sein scheint. Gegen diesen so akuten Taschenspielertrick von Pseudo-Freunden der Oper müssen wir alle unsere Fähigkeiten aufbieten, die Werke zu aktuellem Musiktheater werden zu lassen: ohne subjektivistische Vergewaltigung der Gattung, ohne modernistische Entstellung – vielmehr durch Aktivierung der ästhetischen Struktur und des Ideengehalts.

Everding: Die vordergründige Aktualisierung oder »modernistische Entstellung«, wie Sie es bezeichnen, mag einen Oberflächenreiz ausüben, der für manche Theaterbesucher kurzzeitig attraktiv ist. Genau besehen ist es aber gerade die falsch verstandene Aktualisierung, die die Entfremdung zwischen der Kunst selbst und den Kunstwahrnehmenden vertieft. Seien wir kritisch gegenüber dem Modernismus. Aber machen wir auch unser Publikum kritisch. Kritischer durch noch mehr Einsicht in die Kriterien des Musiktheaters! Dazu gehört auch die Einsicht, daß Genuß sehr wohl erlaubt ist, daß es aber nicht nur der Ohrenschmaus sein muß, der gefällt. Wir sollten bedenken, daß zum Musiktheater nicht der Nur-Hörer gehört, sondern der verständig zuschauende Hörer. Unter diesem Leitgedanken steht auch unsere Öffentlichkeitsarbeit in Hamburg. Wenn wir Matineen veranstalten, Führungen von Schulklassen, Vorträge im eigenen Haus oder auswärts, öffentliche Proben usw., dann tun wir das nicht, um ein bissel interessant zu sein – das auch! –, sondern vor allem, um etwas zu wecken. Es ist so viel verkrustet, was durch das Gespräch mit dem Zuschauer wieder freigelegt werden kann. Obwohl es auch da eine Barriere gibt, wo das Gespräch nicht mehr weiterkommt, wo die Rezeption von Kunstwerken nicht nur durch den Logos geht, so wichtig uns der Logos auch ist. Der ganze pädagogische Aspekt, ohne die Langeweile des Pädagogischen, der die Bühne nicht ersetzt, sondern nur auf die Fülle von Erfahrungsmöglichkeiten hinlenkt, die von der Bühne ausgehen – wenn man das erreichen könnte …

Friedrich: … die Diskussion um das Musiktheater zu einer noch größeren und öffentlicheren Angelegenheit zu machen und zu verhindern, daß wir bei dieser Diskussion in geschmäcklerischen Dingen steckenbleiben oder uns ins gestrige Abseits kicken. Wir sollten alle begreifen, daß die Diskussion um das Musiktheater wissenschaftliche und soziologische Aspekte umfaßt, die im Alltagsbetrieb und auch von der Tageskritik oft vergessen werden. Wenn die Diskussion solcher Zusammenhänge zu einer klareren Beurteilung unserer Tätigkeit führt, werden möglicherweise auch die Entscheidungen künstlerischer und kulturpolitischer Art in der Oper und um die Oper noch ein wenig verantwortungsvoller gefällt werden, als es heute hier und dort zu beobachten ist – innerhalb und außerhalb der Opernhäuser. Die Kunst, darunter Theater- und Musiktheater, ist die unveräußerliche Einrichtung einer ihr Progreßbewußtsein auf Erkenntnisgewinnung gründenden Gesellschaft, deren zivilisatorisches Niveau sicher nicht zuletzt daran zu beurteilen sein wird, inwieweit sie ihre Kunst braucht oder duldet. Wenn der gegenwärtige gesellschaftliche Nutzen der Oper durch städtische und staatliche Parlamente in Frage gestellt wird, können wir das nur als Mahnung an uns auffassen, das, was wir tun, noch besser, noch präziser zu tun.

Everding: Wir müssen immer wieder den Vorwand der Parlamente abwehren, es müsse aus sozialen Gründen an der Kultur gespart werden. Die wissen offenbar nicht mehr, was sozial heißt, und sie meinen, Oper gehöre nicht in den Katalog des Sozialen.

Friedrich: Es müßte im Zusammenhang mit den gegenwärtigen Debatten endlich wieder oder neu definiert werden, ob das, was wir Musiktheater nennen, nun tatsächlich etwas ist, was die Öffentlichkeit, die Gesellschaft braucht oder was nur einige elitäre Snobisten kostspielig genießen. Von Tag zu Tag wird die Notwendigkeit dessen klarer, was im ersten Jahr Ihrer Hamburger Intendanz versucht wurde und weiter versucht wird: nämlich daß wir und das Publikum wieder genauer testen, wie weit das, was auf der Bühne stattfindet, als unveräußerliches Spiel gesellschaftlicher Selbsterkenntnis begriffen wird – einer freilich luxuriösen, aber bestimmt existenziellen Haltung, die im Grunde nur beschreibt, was einer zivilisierten Gesellschaft angemessen scheint: mit Kunst umzugehen und den Umgang mit Kunst als einen Gewinn eigener Erkenntnis, eigener – wie man sagt – »Lebensqualität« zu begreifen. Wenn wir allerdings trotz aller Bemühungen einsehen sollten, daß der Umgang mit Opernkunst zu diesem Gewinn nicht beitragen kann oder daß unsere Opernhäuser diesen Gewinn nicht vermitteln, dann müßten wir wohl doch kapitulieren vor denen, die das Musiktheater abschaffen und die Opernhäuser schließen wollen.

Everding: Vergessen wir aber nicht, daß die Oper in ihrer Struktur ein Abbild der Gesellschaft ist. Wir sind das, was im schlechten Beamtendeutsch ein personalintensiver Betrieb genannt wird. Richtig interpretiert heißt das aber, daß wir beispielsweise eine ganze Gruppe Chor haben, weil der Chor zur Darstellung gesellschaftlicher Phänomene unerläßlich ist. Denn eine Gesellschaft besteht immer aus vielen, aus Gruppen. Das ist nur ein Beispiel, warum die Gesellschaft uns und unsere »Personalintensität« nötig hat. Was ich sagte, gilt aber nicht nur für den Bühnenchor. Ich kann nach dem ersten Jahr auch mit Stolz sagen, daß unsere Versuche im Musiktheater durch das Ballett ihre Parallele und Entsprechung gefunden haben. Hier wird das Fazit lauten: Nurejew hat getanzt, aber nicht nur er, sondern ein Ballettkörper hat sich vorgestellt, der Tanztheater machte. Neumeiers Verdienst ist, beide Aspekte in die Balance gebracht zu haben: den Aspekt des illustren Solisten, aber auch den des notwendigerweise großen, ausgewogenen und fest zum Hause gehörenden Ensembles.

Friedrich: Der Begriff Ensemble, den wir hinsichtlich des Corps de ballet vorbildlich anwenden können, ist ja, soweit er sich auf die Sängerdarsteller bezieht, zweifach einzusetzen. Einmal ist das Ensemble der fest und halbfest am Haus engagierten Mitglieder gemeint, und es ist vordringliche Aufgabe jeder Leitung, dieses Ensemble in seinen Potenzen zu erkennen, einzusetzen und zu fördern. Ein Festensemble ist das A und O allen Opernspielens, und wir dürfen es keinesfalls als Zulieferer für die sogenannten Stars mißverstehen. Ich glaube, daß [...] es sehr lohnend ist, jeweils Teile dieses Ensembles mit dem Einsatz spezieller Gäste in Neuinszenierungen oder bei der Überarbeitung laufender Inszenierungen zu einer zweiten besonderen Form von Ensemble zu führen: zum Ensemble einer bestimmten Aufführung. Erst wenn die in einer Aufführung Musizierenden ein Team, ein Ensemble bilden, kann diese Aufführung ästhetisch publikumsbezogen werden, übergreifen und inhaltlich interessieren. In unserer Arbeit werden sich die »zwei« Ensembles ständig durchdringen, überkreuzen, stimulieren. Das Ensemble des Hauses muß in bestmöglicher und rentabelster Weise in Anspruch genommen werden. Uns sind genug Grenzen gesetzt: schon durch den Etat und durch meßbare Arbeitszeiten. Aber immer wieder müssen wir diese Grenzen wie deren Richtigkeit oder Haltbarkeit testen [...].

Everding: Es gibt auch bequemere Mittel, sich den Anschein des Progressiven zu geben. Zum Beispiel ist es eine Versuchung für einen Intendanten, sich durch Novitäten und Experimente das Flair des Bedeutungsvollen zu verschaffen. Auch ein Skandal kann das Theater ins Zentrum öffentlichen Interesses rücken. Der modischen Versuchung – die nicht mit schöpferischer Neugier verwechselt werden darf! – muß ein Intendant widerstehen. Wer sich von den Moden mit aufs Trittbrett nehmen läßt, wird mit den Moden auch bald wieder vom Trittbrett sein. Vielleicht wird man sagen: Während Everdings Intendanz fand in Hamburg nicht das aufregende Utopia des Theaters statt. Hoffen wir, daß es uns noch gelingen wird, gegen die äußerlichen Aufregungen die große künstlerische Aufregung zu setzen, vor der sich Herzen und Sinne öffnen. Ein solches Ereignis läßt sich nicht ausprogrammieren im Sinne eines fixierbaren Kalenderdatums. Auch ein Instinkt für glückliche Konstellationen muß dabei im Spiel sein. Der »Tristan«, den ich in New York inszeniert habe, ergab sich aus einer solchen Konstellation – da entstand etwas ... Und wenn ich beispielsweise an »Carmen« denke – ich will jetzt Herrn Friedrich nicht belasten – wenn ich die Geschichte überdenke und die Musik höre und Friedrich kenne, dann bin ich als Intendant glücklich, weil ich weiß: Da kommt nicht nur eine »Carmen« auf uns zu, sondern da kommt etwas zusammen. Wenn diese Glücksfälle der Zusammenführung öfter einträten, ich glaube, dann könnte ich als Intendant sogar einmal aufs Regieführen verzichten.

Friedrich: Ich meine, daß zum Glück einer solchen Konstellation auch die Zusammenarbeit mit denen gehört, die dieses Musiktheater nicht als Theater mit begleitender Musik verstehen. Sondern die alles tun, um Musik und Szene zu potenzieren. Die Zusammenarbeit mit Horst Stein und mit anderen Dirigenten, die an diesem Hause wirkten und wirken werden, steht dafür ein, daß Szene und Musik sich nicht mehr im Wege stehen, sich nicht mehr dualistisch einander übers Ohr balbieren wollen, sondern daß die verschiedenen Elemente der Oper so aktiviert werden, daß dieses unerhörte Spiel von Kräften entfesselt wird. Die Begriffe Gesangstheater und Darstellungstheater sollten sich nicht mehr allzulange widersprechen müssen, wenn sich Sänger, Dirigenten und Regisseure zusammentun, um das zu machen, was ich so gern »szenisches Musizieren« nenne und was das Einzige ist, das Musiktheater erzeugt.

Everding: Es gab mal eine Tendenz, Musiktheater als die magere Disziplin polemisch der fetten Suppe Oper gegenüberzustellen. Wir müssen noch lernen und lehren, daß Musiktheater nichts Mageres, nichts dem Belcanto Feindliches ist, sondern eigentlich sogar der vollere Begriff. Dieser Begriff meint den ganzen Menschen, nicht nur den mit dem Prunkgewand und nicht nur den mit dem härenen Gewand. Belvisto gehört genauso dazu wie Belcanto. Wenn Sie das Wort akzeptieren: Es ist ein anthropologisches Interesse, das mich zum Musiktheater führt: mich interessiert zu zeigen, in welcher Vielfalt von Bezügen Menschen zueinander stehen können.

Friedrich: Und über denselben Menschen, ja über denselben Vorgang lassen sich verschiedene Geschichten erzählen. Beispielsweise »Othello«: Ich erinnere mich genau an die Kortner-Inszenierung in den Münchener Kammerspielen. Ein großer Eindruck. Wenn man nun »Othello« als Oper inszeniert, dann doch nicht, um dasselbe nochmal mit Musik zu machen, sondern einfach, um ein großes menschliches Thema mit ganz anderen Informationen zu vermitteln, ganz andere Seiten derselben Geschichte aufzublättern und andere Saiten in dem zuhörenden Zuschauer zum Klingen zu bringen.

Everding: Warum ist es häufig so problematisch, wenn ein klassischer Text, sagen wir Shakespeare, veropert wird? Vielleicht, weil die Sprache Shakespeares, die in sich schon so komplex, so erfüllt ist, diese Saiten der Musik eigentlich gar nicht mehr braucht. Die glückliche Verbindung Shakespeare – Verdi ist die ebenso überragende wie erstaunliche Ausnahme, die angesichts der Unzahl kurzlebiger Shakespeare-Veroperungen diesen Sachverhalt nur um so klarer bestätigt. Andersherum betrachtet: Vielleicht zeigt manchmal ein Opernlibretto, das uns dumm vorkommt, wenn wir es »trocken« lesen, gerade dann seine Qualität, wenn es die Verbindung mit Musik und Szene eingegangen ist.

Friedrich: Das ist ein ganz wichtiger Aspekt für die Einstellung eines der meist beschimpften Libretti der Weltoper. Gerade Schikaneders »Zauberflöte« ist Grundlage geworden für eine der aufregendsten Opern überhaupt. Auch »Die Macht des Schicksals« hat ein verworrenes Handlungsgefüge. Und der Text zum »Troubadour« gilt als Inkarnation librettistischen Widersinns. Eine genaue Analyse gerade dieser Verdi-Opern aber zeigt, daß die angebliche »Unsinnigkeit« durch Musik einen tieferen Sinn erhält, daß abenteuerliche Absurditäten von der Oper eingesetzt werden, um den Kontrast zum »Natürlichen«, Humanen um so erkennbarer, hörbarer zu machen. Die sogenannten »guten« oder »schlechten« Libretti sind einzig danach zu beurteilen, wie sie der Musik einen spezifischen Raum geben zur Erzählung einer Fabel, die nicht nur linearer Dramaturgie und selten vordergründiger Logik folgt, sondern darauf aus ist zu gestalten, was mit Worten allein gar nicht, noch nicht oder nicht mehr zu sagen ist.
Everding: Aristoteles hat diese Art von innerer, latenter Logik für das Schauspiel ausgeschlossen. Seine fast zweieinhalbtausend Jahre alte Dramaturgie lehrt, verkürzend gesagt, daß der Traum kein mögliches Thema ist für ein Schauspiel, weil im Traum ja alles möglich ist, auf der Bühne aber doch nur die Formel a + b = c. Einen Einbruch in diese Regel hat, nach dem Drama des Barock und der Romantik, erst wieder unsere Zeit gebracht, in der Ionesco und Arrabal möglich sind gegen Aristoteles.
Friedrich: Das führt uns zu der Frage: Was wollen wir von der Moderne, und was will die Moderne mit uns? Wir sollten nicht einräumen, daß ein Libretto, einfach aus der Literatur übernommen und mit moderner Musik auf die Opernbühne gebracht, schon so etwas wie modernes Musiktheater ist. Wenn wir eine Uraufführung machen wollen, liegt oft noch nicht die Musik vor. Aber man wird nicht nach dem Libretto allein entscheiden können, ob das interessantes, potentes Musiktheater wird. Das ist oft die Schwierigkeit, die zur Mutfrage wird. Aber es gibt doch wohl einen Grundtest: zu erfahren, warum dieser Stoff komponiert wird und wo der spezifische musikszenische Kontext liegt. Denn was die Musik leistet und im speziellen auch der Tanz, können wir uns vorstellen. Durch Musik kommt es zur Inkarnierung traumatischer – nicht nur träumerischer – Verhaltensweisen, die ein sehr aktuelles Thema dieser Zeit sind. Eine Aktivierung von Tanztheater und von Opernformen, die zu einer Überlagerung verschiedener Realitätsebenen führt, das scheint mir ein ganz wichtiges Thema für neu zu schreibende Werke.
Everding: Die Traumata hinter den Träumen ...
Friedrich: Offenbach hat mit »Hoffmanns Erzählungen« dieses spezifisch opernhafte Thema aufgegriffen. In »Tristan und Isolde« ist es zur »Handlung in 3 Akten« geworden. Wenn wir heute manchmal, im Gespräch mit Komponisten, auf Opern der Vergangenheit verweisen und meinen, da seien thematische Konstellationen, die auch für heutige Gestaltungsversuche anregend sein könnten, dann setzen wir uns oft dem Vorwurf aus, wir verlangten einen Kompositionsstil à la »Zauberflöte«, »Tristan« oder »Hoffmanns Erzählungen«. Darum geht es natürlich nicht! Aber wir sollten uns schon interessieren für diese Überlagerungen realer, irrealer, träumerischer, traumatischer Ebenen, für die Relativierung zeitlicher und räumlicher Elemente, die für die Oper seit je charakteristisch sind und denen das Schauspiel erst seit etwa zwanzig Jahren wieder verstärkte Aufmerksamkeit zuwendet. Hier hat die Oper exemplarische Modelle geliefert. Deshalb scheint es mir nicht nötig, daß die Avantgarde die Oper erst einmal abschaffen muß, ehe sie Musiktheater macht. Freilich sind veraltete Auffassungen und Organisationsformen zu beseitigen. Aber auch nur, wenn wir in der Operngeschichte die Formen und Kombinationen wiederentdecken, die uns heute noch angehen und aktuellen Reiz behalten haben. Also denke ich, daß das Richtigste wäre, weiterzuarbeiten an einem Musiktheater, das zwischen der Skylla eines modischen Modernismus und der Charybdis verstaubter Musealität seinen Weg sucht, der in Kontinuität von Werken der Vergangenheit und neuen Werken der Zeitgenossen besteht.
Everding: Alle Einwände gegen Musealität! Gegen sie ist der Modernismus allerdings so wenig gefeit wie die konservierende Pflege von Kulturgütern, die oft gleichbedeutend mit Stillegung ist. In dem Wort Musealität schwingt manchmal aber auch – zu Unrecht! – eine Verunglimpfung des »Museums« mit. Museum und Musik gehen auf dieselbe Wurzel zurück, auf den alten griechischen Begriff der Musiké, der nicht nur die Gesamtheit visueller und akustischer Künste, sondern die Summe *musischer* und *sozialer* Praxis umfaßte. So gesehen, schreckt mich das Wort gar nicht. Ich wäre sehr gern Museumsdirektor, auch als Opernchef, wenn ich wüßte, ich hätte die richtigen Bilder in den richtigen Räumen mit richtigem Klima, mit richtiger Luft und Beleuchtung, und ich wüßte, ich hätte genug Braques drin neben den Rubens. Und wenn man die Öffnungszeiten und die Eintrittspreise so macht, daß mehr als nur ein paar Leute hereinkommen – also, dann bin ich ganz gern Museumsdirektor.

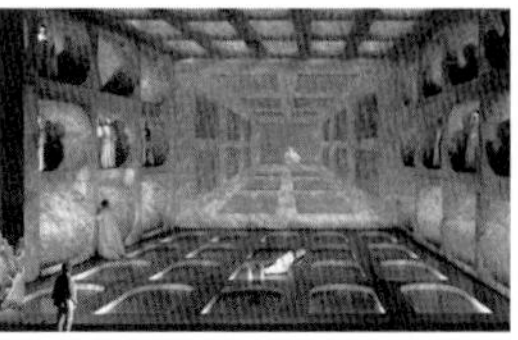

MOZART – BEETHOVEN – WEBER – BERLIOZ – VERDI – WAGNER

WOLFGANG AMADEUS MOZART

DIE HOCHZEIT DES FIGARO

Jugendlichkeit oder Das Wagnis der Befreiung

Ein Gespräch zwischen Hans Mayer und Götz Friedrich

Hans Mayer: Nach der »Entführung aus dem Serail« trat in Mozarts Opernproduktion, vom »Schauspieldirektor« abgesehen, eine größere Pause ein. Und dann folgte »Die Hochzeit des Figaro«. Wie ist Mozart zum »Figaro« gekommen?
Götz Friedrich: Mozart schreibt an seinen Vater: » – ich habe leicht an die 100 – Ja wohl mehr bücheln durchgesehen – allein ich habe fast kein einziges gefunden mit welchem ich zufrieden seyn könnte«. Es ist interessant, wie ein Mann, jung wie Mozart, der schreiben, der komponieren möchte, nach einem halben Erfolg wie »Entführung aus dem Serail« plötzlich selber skeptisch und anspruchsvoll wird und den Stoff für sich und für seine Zeit sucht. Wir wissen, daß er bei den traditionellen Librettisten dieser Zeit nachgeschaut hat. Wir wissen, daß er immer wieder »alte bücheln« glaubte komponieren zu können, wie es in der Metastasio-Tradition ja üblich war. Einige Forscher vermuten, daß Mozart auf den Stoff gestoßen ist, weil er kurz vorher für eine Aufführung des Kärntnerthor-Theaters verboten wurde. Und im Zusammenhang mit dieser Aufführung taucht der Name Emanuel Schikaneder auf. Emanuel Schikaneder, den Mozart schon früher in der Mannheimer Zeit kannte, dessen Aufführungen er in der »Idomeneo«-Zeit besucht hat, was wiederum sehr dafür spricht, wie er sich für Dinge des Theaters, nicht nur der Oper, interessiert hat. Oper – da hat er die Partituren studiert. Als Theaterbesucher ist er aber hauptsächlich eben ins Schauspiel gegangen; das sollte man nie vergessen.
Mayer: Und nun kommt der große Skandal. »Figaros Hochzeit«, das ist das Verbotene schlechthin, das Anrüchige; das ist Beaumarchais, und zwar weitgehend mit dem großen Monolog, den er an den Schluß des vierten Aktes stellt und den Mozart/da Ponte ja nicht gewählt haben und nicht wählen konnten. Wenn Figaro dem Grafen sagt und damit die bürgerliche Gleichheit postuliert: »Ja warum sind Sie denn eigentlich etwas anderes, Herr Graf, als ich? Vous vous êtes donné la peine de naître« – Sie haben sich die Mühe gemacht, geboren zu werden, als Graf nämlich: Man muß sich einmal vorstellen, was das bedeutete! Man muß sich übrigens auch vorstellen, was es bedeutete, wenn Marie Antoinette gegen das Verbot des Königs und gegen das Verbot der französischen Regierung unbedingt dieses Stück, das sie für eine Schäferszene hielt, in Trianon aufführen wollte. Das heißt: Sie spielte sozusagen die Revolution vor der Revolution.
Friedrich: Wie paßt das nun zu dem über Jahrhunderte vorherrschenden Bild des harmlosen, des naiven Mozart, den die Götter so liebten? (Ich glaube, das taten sie ohnehin.) Das Zuckerbäckerbild – Mozart auf den Mozartkugeln von Salzburg! Wie paßt dieser Mut, diese Entscheidung des 27-, 28jährigen Mannes, der vorher lange nichts mehr geschrieben hatte für die Musikbühne, zu diesem überkommenen falschen Bild …?
Mayer: Wie kommt er nun zu »Figaro«, und welches Konzept des »Figaro« würden Sie Ihrer Inszenierung zugrundelegen? Ist das vorweggenommener Bastillesturm, oder ist das eine neue Form einer Opera buffa?
Friedrich: Man muß sehr genau den Unterschied sehen zwischen Schauspiel und Musiktheater – schon die Tatsache, daß sie ganz andere Mittel einsetzen, einen Stoff anders behandeln, aus einem Stoff andere Akzente, andere Mitteilungen herausholen wollen, und zwar solche Informationen, die eben zu den Mitteln passen. Es gibt die sehr kluge Beschreibung da Pontes über seine Aufgabe, dieses Beaumarchais-Schauspiel zu einem Opern-Libretto umzuarbeiten; sinngemäß sagte er: Wir konnten nicht all das, was sich über das Wort mitteilt, beibehalten; ich mußte die Anlässe finden für Arien, für Ensembles. Das klingt jetzt sehr handwerklich, und manche Skeptiker werfen da Ponte vor, daß er gerade mit dieser »handwerklichen« oder sich auf die Mittel der Oper berufenden Haltung dem Beaumarchais die revolutionäre, die aggressive Schärfe weggenommen habe, denn der große Monolog Figaros im letzten Akt des »Tollen Tages« fehlt in der Oper ganz, es fehlt die Gerichtsszene, eine Attacke gegen die Bestechlichkeit des Justizwesens der damaligen Zeit. Es fehlen viele dieser auf die Zeit gerichteten Spitzen, diese aristophaneischen Parabasen, diese nahezu im Sinne des politischen Kabaretts gezielten Aussagen, die mit dem Verständnis des Publikums spielten. Aber manche dieser Dinge wären möglicherweise in Wien, für das diese Oper geschrieben wurde, ohnehin nicht verstanden worden, zumal Wien eine völlig andere politische Situation hatte.
Mayer: Ja, in Wien herrschte eine ganz andere politische Situation. In

Frankreich, wo der »Ämterkauf« und die »Korruption« doch in einem ganz anderen Sinne durchgeführt wurden, wußte das französische Publikum natürlich genau, was damit gemeint war, wenn Figaro an einer Stelle sagte: »Man hat eine Stelle ausgeschrieben, bei der ein Finanzfachmann gebraucht wurde – ein Tänzer hat die Stelle bekommen.« Nun aber, der Gedanke, den Sie von da Ponte eben erwähnten, scheint mir doch interessant zu sein. Er war ja nicht so sehr bescheiden, sondern hat seine Situation richtig gesehen, wenn er sagte: »Ich muß durch die Möglichkeit, aus diesem Beaumarchais'schen Stoff zu schaffen, nicht nur der Musik Grundlagen geben, sondern auch politische Brisanz des Werkes hineinbringen.« Das heißt: die Verharmlosung, die, wie immer behauptet wird, bei Mozart und da Ponte gegenüber Beaumarchais begangen wurde, die besteht gar nicht. Nehmen wir doch einmal, wenn wir den Vergleich mit Beaumarchais machen wollen, die Nummer 3 der Partitur, die Cavatine des Figaro »Se vuol ballare, Signor Contino« in F-Dur, das Allegretto. Wie inszenieren Sie das? Ich glaube, das ist doch die Schlüsselszene für die Deutung des Werkes.

Friedrich: Die Wahl des Tempos für dieses Allegretto entscheidet eigentlich über eine ganze Aufführung, eine ganze Inszenierung. Das ist die Stelle, in der Mozart den sogenannten Revolutionär Figaro am eindeutigsten schildert. Nun gibt es in der Tradition von »Figaro«-Aufführungen zwei Extreme: einmal, daß das Allegretto in einem sehr schnellen Menuett-Tempo genommen wird, was meiner Ansicht nach einfach dafür spricht, daß man den ganzen Tag wie ein Spiel, wie einen Tanz ansehen möchte. Es sind aber auch extrem langsame Tempogebungen denkbar und praktiziert worden. Es geht dabei nicht um rein musikalische oder nur musikalische Fragen, nicht um Fragen des Geschmacks. In der Wahl dieses Tempos entscheidet sich das Bekenntnis zu der Realität und zu der Dynamik nicht nur der Figaro-Gestalt, sondern der ganzen Figaro-Oper.

Mayer: Nun ist die Cavatine ja dreiteilig. Sie beginnt im Dreiviertel, sehr streng: »Se vuol ballare, Signor Contino«. Das Tempo wird zunächst durchgehalten. Dann geht es in ein Presto über – Zweiviertel. Da verkündet Figaro nun, wie er den Intrigen des Grafen mit Gegenintrigen, mit Kniffen, aber auch mit Schmeicheleien begegnen will, um dann plötzlich in einem triumphalen C zu sagen: damit werde ich mich am Ende dieses Prestos durchgesetzt haben, und nun kommt Tempo I, wieder staccato. Wenn er dann wieder in das ursprüngliche Thema geht, ist es ja nicht eine Wiederholung, sondern eine Steigerung, ein Hohn: Dann wirst du's sehen, lieber Graf, wenn du unbedingt tanzen willst.

Friedrich: Oder es liegt in den Takten nach diesem Temperamentsausbruch, nach dieser Vorstellung eines Fights, den er führen will oder führen muß, die Selbstdisziplinierung, ein Sich-Zurückrufen in die Kontrolle des langsamen Menuett-Tempos. Das Merkwürdige ist – und da sind sich da Ponte und Mozart auf der einen Seite und Beaumarchais auf der anderen völlig einig –, daß Figaro nicht der Mann ist, der hier auf das Schloß gekommen ist, um Revolution zu machen, sondern im Gegenteil einer, der vom Leben genug gebeutelt worden ist und der jetzt einmal seinen Frieden schließen, Ruhe haben will und der glaubt, diese Ruhe in dem Schloß eines doch sehr aufgeklärten Grafen finden zu können. Dieser Graf scheint mir durchaus aufgeklärt zu sein, im Sinne eines Josephs II. Man schickt ja nicht aus Spanien einen der dümmsten und borniertesten Vertreter des Standes in das damals fortschrittlichste Land, nach England. Es gibt noch andere Hinweise, daß der Graf eigentlich ein sehr aufgeklärter, kluger und angenehmer Bursche ist. Es passiert ihm nur ein Fehler: Daß er sich in Susanna verliebt, und diese Liebe entlarvt dann sein wahres Gesicht.

Mayer: Ich glaube, das ist richtig. Vor allem müssen wir noch einmal zu Beaumarchais zurückgehen, denn der »Barbier von Sevilla« ist ja zuerst von Beaumarchais geschrieben worden. Und als das Stück einen so großen Erfolg hatte, als Bühnenstück in Frankreich, hat er den »Tollen Tag«, die Fortsetzung, geschrieben. Das heißt, wir müssen uns – auch von Mozart her gesehen – den Figaro, den wir in der ersten Szene der Oper mit Susanna vor uns sehen (wie er das große Bett ausmißt in dem Zimmer zwischen den Schlafzimmern des Grafen und der Gräfin), als den Mann, das Faktotum, vorstellen, den wir aus dem »Barbier von Sevilla« kennen. Figaro ist nicht mehr so jung im Augenblick, wo er auf das Schloß kommt. Susanna ist jünger. Daher auch die Sorgen des älteren Mannes über die mögliche Untreue der Frau: ein Gedanke, der bei Mozart im Zusammenhang mit Constanze sicher auch in der Musik und in dem Stück einen Widerhall gefunden hat. Figaro will seine Ruhe haben; er ist nicht der Rebell, er will nicht die Bastille stürmen, und er ist im »Barbier von Sevilla« der Gewährsmann, das Faktotum, auch der Kuppler des Grafen Almaviva gewesen, und der hat ihn zum Dank für treue Dienste eben dann mit auf das Schloß genommen.

Friedrich: Und nun passiert das Aufregende: daß plötzlich Figaro, also der ehemalige Rebell, soweit geht, soziale und Klassenunterschiede verschleiert zu sehen und zu glauben, der Graf sei sein wirklicher Freund. Ein Irrtum! Und auf einmal fällt es ihm wie Schuppen von den Augen. Nur sollte er dieses Allegretto nicht beginnen, als habe er schon lange darauf gewartet, endlich mal wieder Revolution im Schloß zu machen – ganz im Gegenteil, er hat nichts geahnt, und er fragt sich: Will der Herr Graf den Tanz wirklich wagen mit mir? Dann will ich ihm zu einem Tanz aufspielen. Aber eigentlich sollte heute Hochzeit sein, und nun muß er, statt Hochzeit zu machen, kämpfen. Und nun fragt er sich: Mit welchen Mitteln kämpfe ich? Indem Mozart die Menuett-Form wählt, gibt er an und gibt Figaro zu, daß er das Parkett des Schlosses als Vollzugsebene des Kampfes anerkennt.

Mayer: Das Menuett ist ja der höfische Tanz. Figaro geht auf das Parkett des Schlosses.
Friedrich: Er glaubt, kämpfen zu müssen, aber wählt doch das falsche Mittel. Er geht auf das Feld seines Gegners und wählt die Mittel seines Gegners. Er will das Mittel der Intrige wählen, der Intrige, die damals die Mechanik der Feudalpolitik bestimmte. In das läßt sich Figaro nun ein. Im Presto fällt ihm ein, was er alles machen will, und diszipliniert sich dann wieder, bevor er zu stürmisch wird, in das Menuett zurück …
Mayer: Sie wollen es nicht als Hohn sehen?
Friedrich: Nein. Jetzt als Wiederkehr hat die Drohung eine viel stärkere Gewißheit als am Anfang, wo noch etwas Suchendes in diesem Tempo lag. Aber es ist merkwürdig hier schon enthalten, daß er auf die Nase purzeln wird. Er wird auf diesem Parkett, auf dem er nun kämpfen will, ohne die Machtmittel zu haben, die der Graf hat, jämmerlich ausrutschen. Und wenn die Frauen nicht wären – ein späteres Thema –, dann wäre dieser »Tolle Tag« sicher sehr trist ausgegangen.
Mayer: Völlig richtig und überzeugend. Das kann man an einem einfachen Beispiel zeigen: Wenn Beaumarchais und da Ponte nicht die Geschichte parat hätten, daß Figaro in der höchsten Not als das uneheliche Kind der Marcelline und des Bartolo entdeckt wird, wäre er verloren. Dann würde der Graf natürlich gegen ihn urteilen, und dann würde Figaro Susanna nicht heiraten können.
Friedrich: Diese Cavatine beschreibt den Charakter, die Haltung

»Die Hochzeit des Figaro« – Berlin 1978

eines Charakters, und gleichzeitig gibt sie sehr genaue Auskunft über eine menschliche Haltung in bestimmten Situationen, wie immer bei Mozart in einer zugleich archetypischen und sozial ganz korrekten Weise der Übereinstimmung. Was meine ich damit? Es wird gezeigt, daß niemand gern kämpft oder Revolution macht – es sei denn, er wird dazu gezwungen. Mozart hat das Angebot, dem Hofmarschall des Salzburger Erzbischofs »in den Arsch zu treten«, ja auch nicht gern gemacht, sondern erst nachdem er dort sich so degradierend behandelt fühlte, daß er diese Trennung von Salzburg vollzog, eine große Unsicherheit eintauschte für den feudalen Angestelltendienst. Das Wagnis der Befreiung! Davon erzählt im Hintergrund auch diese Arie, oder der Hintergrund zu dieser Arie ist das eigene Erleben Mozarts.

Mayer: Ja, gut: Aber dann ist da der Abschluß des ersten Aktes, die Nummer 9 in C-Dur, bei der Mozart eine Tonart wählt, in der nicht unbeschwert und heiter, sondern sehr scharf, auch sehr zynisch, ironisch gesprochen werden soll. (Es ist kein Zufall, daß eine Oper wie »Così fan tutte« weitgehend aus C-Dur kommt). Das ist nun nicht eine Cavatine, dies »Non più andrai«, Figaro zu Cherubino, das ist eine Arie. Da hat er eine außerordentlich hämische, selbstherrliche Art. Cherubino ist ja doch wohl ein kleines Junkerlein, er ist ja wohl nicht bürgerlich. Und da haben wir einen ganz anderen Figaro in dieser großen Arie. Es ist doch der reine Hohn, wenn das große Nachspiel kommt, das nun einen triumphalen Militärmarsch bringt, und die Situation zeigt den Plebejer Figaro, der den kleinen Junker verspottet, indem er sagt: Nun, du kleiner Adonis, du wirst nicht mehr die Herzen erobern (»Narcisetto, Adoncino« nennt er ihn, kleiner Narziß, kleiner Adonis), sondern jetzt kommt der Ernst des Lebens, und dies Leben ist doch ein miserables Leben, ein Militärleben!

Friedrich: Figaro muß, nachdem er unmittelbar vorher erfahren hat, daß der Graf die Hochzeit aufschieben will, ein Werkzeug im Schloß behalten, und während dieser Arie festigt sich in Figaros sehr schnellem Gehirn der Gedanke, daß er diesen Jungen noch brauchen wird. Er muß ihn so enervieren, muß die Möglichkeit, daß dieser Cherubino tatsächlich wegginge, zerstören, weil er ihn als Mittel seiner Intrige für ganz bestimmte Dinge vorgesehen hat. Er schlägt sarkastische Töne an, in denen er das schildert, was nach dem Willen der damaligen Erziehung oder Zeit der Höhepunkt eines adligen Jünglings sein sollte, nämlich in den Krieg zu gehen und für das Vaterland zu sterben. Aber Figaro weiß genau, daß das (damals wie heute und zu allen Zeiten) nur leeres Geklingel ist, und so leer, wenn auch rabiat klingt ja zum Teil auch diese Musik, also sie intoniert rabiat, triumphal, aber ironisch-triumphal …

Mayer: … die Parodie eines Militärmarsches. Wie inszenieren Sie diese drei Figuren: Susanna, Cherubino, Figaro am Schluß dieses ersten Aktes? Mir ist das aus besonderen Gründen wichtig, ich erzähl's gleich.

Friedrich: Ich mag nicht, wenn Susanna dabei immer lächelnd zusehen muß. Im Gegenteil, sie ist sehr betroffen und findet das alles etwas übertrieben, etwas zu grob und martialisch, zumal sie ja weiß – und das ist der zweite Grund für Figaros Gewaltsamkeit –, daß er sich gleichzeitig an diesem manchmal von ihm gefürchteten kleinen Nebenbuhler rächen will. Wo der alles rumgeschwirrt ist, dieser kleine Cherubin, unter welchen Röcken der sich versteckt hat, das weiß so genau niemand in diesem ganzen Schloß. Wenn Figaro nun die Möglichkeit hat, diesen Jungen für seine Pläne kaputtzumachen, dann nutzt er gleichzeitig die Möglichkeit, sich zu rächen und gleichzeitig einem Nachwuchs-Aristokraten die Leviten zu lesen, weil – und das ist das Schlimme an Figaro – er den Grafen noch nicht fassen kann. Susanna mag das gar nicht und versucht, ihn zu hindern. Cherubino bricht am Schluß dieser Arie zusammen, hält sich die Ohren zu und will das alles nicht mehr hören. Mit dem letzten Gesangston reißt Figaro dieses völlig ratlose, hilflose Kind hoch, das kurz vor seiner Einberufung steht und offenbar nur kaputtgeschossen werden soll, reißt es hoch und will es zwingen zu marschieren. Der Junge – unter diesem entsetzlichen magischen Druck von Militärmusik – macht tatsächlich sechs Schritte, bis er entdeckt, daß er schon ein Sklave dieser Militärmusik geworden ist, wegläuft und alles, was da noch liegt, die Blumen, umrennt und zertritt. Figaro deutet an: Susanna, sei nicht böse, sei nicht traurig, ich mußte das machen, läuft dem Cherubino hinterher und ruft ihn: Cherubino, warte doch, ich will dir doch noch etwas sagen! Das ist das Einzigartige bei Mozart, daß die genaue Fabel-Situation, die genaue soziale Orientierung seiner Figuren ihm dennoch immer Raum läßt, ja ihm gerade erst Anlaß gibt, alle diese Figuren in ihrer menschlichen Situation zu sehen, die das Soziale nicht aufhebt, aber die das Soziale als das nicht allein Vordergründige und Einzige erkennbar macht.

Mayer: Jetzt muß ich was erzählen: Ich habe als Fünfzehnjähriger noch in Berlin an der Königlich-Preußischen Hofoper, die inzwischen Staatsoper geworden war, 1922 den »Figaro« gesehen. Den Schluß des 1. Aktes spielte man folgendermaßen: Da war ein sehr guter Baß, der zur Dresdner Staatsoper gehörte, Ludwig Ermold, die alten Dresdner kennen ihn, ein hervorragender Baß-Buffo, übrigens auch einer der ersten, die den Ochs von Lerchenau gesungen haben. Der stand nun als Figaro in Berlin in der Hof-Oper an der Rampe und schmetterte ins Publikum hinein dieses »Non più andrai«. Manchmal drehte er sich um, und dann entdeckte er, wie hinter seinem Rücken neckisch Susanna und Cherubino herumknutschten. Eine vollkommen sinnlose, unsinnige Situation, die aber offenbar geheiligt war durch Jahrzehnte einer Hoftheater-Tradition. Genau das habe ich später nur noch ein einziges Mal erlebt, nämlich im Bolschoi-Theater in Moskau. Da machte man nicht etwa auf Marseillaise und Trikolore, sondern da spielte man noch kaiserliches Hoftheater, im Jahre 1956! Nun aber der zweite Akt, die Cavatine der Gräfin. Wer ist die Gräfin?

Friedrich: Sie sagten vorhin, die Frage des Alters der Figuren im Figaro sei so interessant. Ich glaube, das zu fixieren, ist eine wesentliche Voraussetzung, wie man das Stück liest, wie man es versteht. Das Verhältnis zwischen Graf und Gräfin, ihre Ehe und deren Krise, ist in der Tradition auch sehr oft auf das verflixte siebente Jahr reduziert oder sehr oft damit erklärt worden, daß die beiden zu lang verheiratet sind und sich nichts mehr zu sagen haben. Es ist aber ganz anders; Figaro sagt im Rezitativ, wenn er im 1. Akt zum Grafen kommt: Wir sind die ersten, die in die Gnade kommen sollen, daß der Graf das Privilegium des »ius primae noctis« nicht ausüben will. Wir erfahren an anderer Stelle, daß der Graf dieses Privileg abgeschafft hat, weil ihn seine junge Frau darum gebeten hat; als Hochzeitsgeschenk an die Gräfin hat er das »ius primae noctis« abgeschafft, sie können also gar nicht so lange verheiratet sein. Wenn wir dann Beaumarchais noch zu Rate ziehen, erfahren wir, daß er in seinen Bemerkungen an die Schauspieler, die den »Tollen Tag« spielten, ausdrücklich darauf hinweist, daß er im Grafen einen sehr jungen Edelmann sieht. Das bedeutet, daß zwischen Graf und Gräfin eine ganz andere Beziehung oder Nichtbeziehung herrscht, als man gemeinhin annimmt. Sie sind wirklich erst kurze Zeit verheiratet. Der Graf hatte als junger aristokratischer Lebemann völlig andere Erfahrungen und Praktiken, Liebe oder das, was er dafür hielt, auszuüben, während dieses eingesperrte Mündel nur eine große Erwartung an die Liebe mitbrachte in diese Ehe.
Mayer: An wen ist die Arie am Beginn des 2. Aktes gerichtet? In dem

»Die Hochzeit des Figaro« – Berlin 1978

deutschen Text heißt es: Hör mein Flehen, o Gott der Liebe. Der Gott der Liebe kommt aber gar nicht im Italienischen vor.
Friedrich: Amore. Die Italiener haben's ja leicht, – die sagen »amore« und meinen den Gott Amor und Gott sei Dank auch die Liebe selbst, für die ist das dasselbe, während wir, um das zu übersetzen, einen Gott erst anschaffen müssen. Die Gräfin wendet sich an die Liebe, aus der die deutschen Übersetzer den Gott der Liebe gemacht haben.
Mayer: Wie ist das zu verstehen: »O mi lascia almen morir« – oder laß mich sterben. Wie ernst ist das gemeint?
Friedrich: Es gibt Inszenierungen, die zeigen, wie die Gräfin, entsagungsvoll am Fenster sitzend, ein Buch aufschlägt und möglicherweise ihre Worte als ein Gedicht liest oder lesend darüber singt. Solche Lösungen gibt es, als ob es ein Gedicht aus dieser Zeit sei, das sie jetzt noch komponiert. Nein, man sollte es nicht als Metapher begreifen, wenn sie sagt: Gib mir meinen Gatten wieder, gib ihn mir zurück, meinen Schatz, oder laß mich sterben. Diese Unbedingtheit der Gräfin, die sie später auch wieder beweist, diese Unbedingtheit des jungen Mädchens sollte man nicht wegnehmen, sondern durchaus klar machen: Sie glaubt, wenn sie ihren Mann nicht lieben kann, dann will sie tatsächlich lieber sterben.
Mayer: Also müssen Sie sie auch ganz jung besetzen.
Friedrich: Ja, das habe ich Gott sei Dank bisher immer tun können. Und die Besetzung ist ein Faible von mir, weil ich glaube, daß die Jugend, die Jugendlichkeit der Figuren in den Mozart-Opern eine Voraussetzung für die menschliche Wahrheit und für die dramaturgische Glaubhaftigkeit der Situation ist, die uns Mozart vorstellt … Nein, diese Gräfin – es ist nicht ausgeschlossen, daß sie tatsächlich sterben will. Und diese Sehnsucht, entweder glücklich zu sein, aber absolut glücklich zu sein, oder zu sterben, das ist die Situation eines jungen Mädchens, das noch keine wirkliche Erfahrung gemacht hat. Dann wird die Gräfin von Susanna in eine Aktion eingespannt. Zum ersten Mal darf und muß die Gräfin handeln in dieser Oper. Und im Laufe dieser (nun im guten Sinne:) Emanzipation, die sie vom Beginn des 2. Aktes bis zum Finale des letzten Aktes durchmacht, entfaltet sich das Bild einer Frau, vor der der Graf am Schluß betroffen, sie wie zum ersten Mal begreifend, niedersinkt.
Mayer: Da ist doch eine merkwürdige Parallelentwicklung. Figaro wird mit der Cavatine eingeführt, von der wir ausführlich sprachen. Von dort kommt er dann zu der großen Arie in C-Dur »Non più andrai« Später hat er die berühmte Arie vom betrogenen Ehemann. Die Gräfin hat auch zwei große Szenen. Sie hat auch eine Entwicklung von einer Cavatine zu der großen Arie. Aber ist es nicht einfach eine etwas konventionelle Arie, in der sich die Gräfin, in dieser zweiten großen Darstellung im dritten Akt, nicht wirklich identifiziert?
Friedrich: Aus dem von Tränen zerwühlten Bett, in dem ich diese Cavatine am Beginn des 2. Aktes singen lasse, hat sich das Mädchen zunächst emanzipiert in die Rolle der Gräfin. Sie singt diese Arie in der großen Halle.
Mayer: Aber sie hat ein großes Rezitativ vorher.
Friedrich: Hat das Rezitativ vorher, in dem sie nachdenkt und ihren Plan findet. Aber diese Arie spricht auch von ihrer Aktivität, davon, daß sie bereit ist, für ihr Glück zu kämpfen.
Mayer: Auch diese Arie ist, wie »Non più andrai«, wieder ein C-Dur-Stück. Sie sehen das doch nicht als eine Glanzarie an, sondern als eine Entwicklung der Figur.
Friedrich: Ich glaube, daß die Nähe zur großen Arienform der Konvention darin liegt, daß der Gräfin plötzlich bewußt wird, daß sie, um ihren Gatten zurückzugewinnen, der Dienerin Hilfe braucht. Das ist eine sehr interessante Wendung. Man glaubt doch sehr oft, daß das Verhältnis dieser beiden jungen Frauen ein nahezu freundschaftliches ist. In diesem Moment aber, wo sie ihre Hilflosigkeit noch einmal einsehen, wo sie verstehen muß, daß sie nur mit Susannas Hilfe ihren Mann zurückgewinnen kann, entsteht das Bewußtsein auch ihrer sozialen Situation. Mozart hat gerade dafür die Form der großen Arie gewählt. Aber wie interessant nun der Übergang vom Andante zum Allegro dieser Arie. Das Andante spricht noch von Resignation; alle Träume, die Liebe, die ich in meinem Herzen fühlte, die Hoffnung scheinen entschwunden zu sein, alles, was er mir gelobt hat, ist Lüge. Und dann setzt Mozart diese Fermate auf ihr F und eine neue Fermate vor »se almen la mia costanza«. In dieser Fermate findet der entscheidende Umschwung zur Aktivität statt, und in dieser Aktivität kommt sie auch zu den Koloraturen des Schlusses. Wie immer bei Mozart werden Koloraturen dann gesungen, wenn jemand außer sich gerät. Wenn jemand singt, ist er ohnehin sehr oft außer sich. Wenn er zu Koloraturen greift, ist er noch mehr Grade außer sich, und dieses Außer-sich-Sein hier ist das Musikbild, die Musikspiegelung ihrer Glückserwartung, deren Erfüllung sie nun unter allen Umständen herbeiführen will. Wenn wir nun in den Opernaufführungen nicht immer viel prüder wären, als es Mozart selbst in seinem Leben gewesen ist! (Nicht nur die Briefe an seine Cousine sprechen davon: Er war kein Freund von Traurigkeit, er wußte sehr früh, wie Fortpflanzungsfragen zu lösen sind. Von Prüderie keine Spur!) Und die Gräfin nun, wenn sie im Garten im Kleide Susannas auf ihren Gatten trifft, sollte dann tatsächlich so spielen, wie sie sich Susannas Umgang mit ihrem Mann vorstellt. Da geht ein solches bisher so eng und frustriert aufgewachsenes Kind wie die Gräfin so heran an ihren eigenen Mann, daß der sich am Schluß ziemlich überrascht fragt: Was, das soll meine Frau gewesen sein?
Mayer: Hier gibt es auch eine Parallelsituation. Figaro, als er glaubt, die Gräfin im Garten vor sich zu haben – in Wirklichkeit ist es Susanna – hat eine solche Vorstellung schon von der Gräfin gehabt, daß die Art, wie diese verkleidete Susanna sich ihm gegenüber benimmt,

ihn dazu führt, sie wirklich für die Gräfin zu halten. Wie drückt sich der Graf musikalisch aus, wie muß man ihn auf die Bühne bringen?
Friedrich: Wie wir sagten: zunächst doch jung, klug, sehr weltgewandt, ein Mann, der der Susanna zu Zeiten tatsächlich gefährlich werden könnte, ein Mann überdies, der mit Figaro fast gleichaltrig sein könnte. Ich mag nämlich die Idee, auch wenn sie etwas närrisch klingt, daß Figaro und Graf nicht älter sein sollten, als Mozart selber zu der Zeit war, als er den Figaro schrieb, also nicht über dreißig. Figaro und Almaviva sind so etwas wie der Januskopf des Männlichen, der eine ist der Bürger mit plebejischem Ambiente, und der andere ist der Adlige mit durchaus liberalem Ambiente.
Mayer: Dann hätten Sie auch später den Januskopf Tamino und Papageno.
Friedrich: Ja, durchaus. Und das ist etwas, was wir bei Mozart noch aufspüren müßten: daß diese Aufteilung in zwei Kontrafiguren möglicherweise bei ihm ein Mittel der Analyse ist, Menschliches, in diesem Fall Männliches, herauszufinden, das er aufspaltet, um ein Bild zu sehen. Wir können Figaro nicht ohne den Grafen und wir können den Grafen nicht ohne Figaro verstehen.
Mayer: Und Giovanni nicht ohne Leporello.
Friedrich: Die große Arie des Grafen im 3. Akt (dort, wo er sich nun vom Figaro hinters Licht geführt glaubt) wird gerade durch Figaro ausgelöst. Daß er sich von einem Diener, einem Sklaven an der Nase herumgeführt glaubt, daß er aus dieser Situation zu dem Aufschwung einer Arienform kommt, die das große Format der Opera seria wiedererkennen läßt, das ist plötzlich der musikalische Ausdruck einer Figur, die eben nur vorübergehend so tun wollte und tun konnte, als gebe es nicht die damals noch gedachten gottgesetzten Grenzen zwischen den Ständen. Er wollte ein ganzes Stück über so tun und meinte in Wirklichkeit die Fraternisierung mit den Damen der Umgebung. Dann hat er sich dummerweise (und so klug er sein kann, so dumm ist der Graf in diesem Moment, deshalb ist er eine Komödienfigur) verliebt und ausgerechnet in die zukünftige Frau seines langjährigen Dieners und Freundes Figaro.
Mayer: Und Sie meinen, jetzt kommt er, jetzt entdeckt er seine eigene Situation auch als eine soziale Situation der Differenz. Es gefällt mir sehr, was Sie sagen. Und wenn ich hier die Partitur anschaue: Es ist ja merkwürdig, daß nach dem Rezitativ, wo diese riesige, wütende Abwärtsbewegung kommt, die in die Arie hineinführt, daß Mozart die Bezeichnung Allegro maestoso wählte. Ein majestätisches Allegro.
Friedrich: Er besinnt sich auf seine Position, und ohne den geringsten Humor versagt er sich jetzt, daß irgendeiner seiner Untergebenen ein Spiel mit ihm treiben sollte.
Mayer: »Felice un servo«. Ein Sklave, ein Knecht. Ein Vasall, ja. »Un servo mio«, einer meiner Leute, der soll ein Glück haben, das ich nicht habe?
Friedrich: Ihr sollt mich nicht verlachen. Die Angst, verlacht zu werden! Das ist von da Ponte und Mozart eine wunderbare Verbeugung vor der Kraft, vor der Kunst der Komödie. Es zeigt sich, wie solche Herren dann doch manchmal eine verteufelte Angst vor der Komödie haben, vor der Tatsache, ausgelacht zu werden.
Mayer: »Per ridere di mia infelicità«, sich lustig zu machen über mein Unglück.
Friedrich: Es wäre sehr reizvoll, die Cavatine des Figaro und die Arie des Grafen gegeneinander zu stellen, als Fight zweier Männer, die für Mozart nur zwei Seiten einer Grundexistenz sind.
Mayer: Und nun der Schluß. Betrachten wir den entscheidenden merkwürdigen Übergang dieses »Contessa perdono« (das auch wieder so hilflos ins Deutsche übersetzt wurde mit »O Engel, verzeih mir«, während der da Pontesche Text ja »Gräfin, Verzeihung« sagt). Jetzt spricht der Aristokrat zur Aristokratin; nicht »O Engel«, das ist ein bürgerlich-biedermeierlicher Ausdruck; sondern hier spricht ein Aristokrat des ancien régime, der seine Frau nicht »mio tesoro« nennt, sondern Contessa, womit alles gesagt ist. Wie ist diese Situation nun zu verstehen? Welchen Übergang hat der Graf von der D-Dur-Arie bis zu diesem wunderbaren G-Dur-Aufschwung genommen?
Friedrich: Er ist entsetzlich blamiert im letzten Akt, so wie Figaro in seiner Arie im letzten Akt derart in die Enge getrieben ist, daß er nur noch auf die Frauen schimpfen kann, in seiner großen Buffo-Arie. übrigens der Punkt, wo man da Ponte und Mozart am meisten vorgeworfen hat, sie hätten Beaumarchais zurückgenommen; an dieser Stelle steht im »Tollen Tag« der berühmte Figaro-Monolog, bei Mozart und da Ponte aber wird scheinbar nichts anderes ausgespielt als die Buffo-Situation Figaros. Aber ich glaube, nach Jahren auch des absurden Theaters, nachdem sich unsere Augen und Nerven in der Tatsache geschult haben, daß gerade das Komische, das Buffoneske ein Ausdruck von entsetzlichen Verrücktheiten sein kann, von Absurditäten, hinter denen aber die Wahrheiten verborgen sind und aufgerissen werden durch das Absurde, durch das Komische – nach dieser Erfahrung müßten wir erkennen, daß gerade dieser Sprung Figaros über die Reflexion seiner Vergangenheit hinweg in die völlig absurde Anklage gegen die Frauen ein Mittel von Mozart und da Ponte ist, das auch die Enge, das Törichte Figaros im Verhältnis zu den Frauen zeigt. Diese Frauen haben eben nun auch dem Grafen arg zugesetzt. Seine Frau allerdings im Kostüm der Susanna. Wenn der Graf am Schluß entdeckt: Das war meine Frau, die ich in den Armen hielt, und nicht Susanna, dann sollte man seinen Kniefall nicht nur als die noble, edle Einsicht ansehen, daß er schuldig geworden ist.
Mayer: Da ist etwas passiert in dem Pavillon zwischen dem Grafen und der scheinbaren Susanna, also der Gräfin.
Friedrich: Ja – und auch vorher auf der Szene (wenn die Darsteller das wollen – und das Publikum das duldet) passiert hoffentlich manches

zwischen ihnen, was dem Grafen, wenn er sie später um Verzeihung bittet, recht gibt in der Erwartung, daß die Ehe jetzt erst tatsächlich beginnt. Ich glaube, das ist nun wieder ein Zeichen seiner Intelligenz. Mozart hat ja im Grunde nie dumme Leute auf die Bühne gebracht. Mozarts Kritik an Figuren ist nie eine Denunziation.

Mayer: Er »entlarvt« nicht.

Friedrich: Er übt Kritik, er analysiert, um das Menschliche in allen seinen Abhängigkeiten, Grenzen begreifbarer zu machen. Und so begreift ihn, den Grafen, dann auch die Gräfin, wenn sie sagt: Wie kann ich denn zürnen, wie kann ich dir nicht vergeben. Mein Herz spricht für dich. Auch so etwas bewirkte der Streit um Figaros Hochzeit. Und die Ironie ist, wenn wir Mozart recht hören, wohl kein Hindernis zu glauben und zu lieben, sondern die Voraussetzung zu solcherart Utopie.

DON GIOVANNI

Von seltsamer Anonymität

Anders als viele große Gestalten, die gleich Don Juan durch die Zeiten gehen und von den verschiedenen Künsten gebildet, beschrieben und abgewandelt wurden, anders als etwa Orpheus, Don Quichote und Faust tritt Don Juan gleich und zuerst »auf der Bühne« ins Menschheitsbewußtsein: durch Tirso de Molinas »El Burlador de Sevilla y convidado de piedra« (1630). Zwar meint man, in zwei spanischen Granden (Don Juan Tenorio und Don Juan de Tassis, Graf von Villamediana) historische Vorbilder der Bühnengestalt erblicken zu können; auch singen spanische Romanzen von einem Don Juan. Dennoch gilt, daß Don Juan nicht als eine historisch nachweisbare Figur zu verstehen ist und daß er auch nicht in anderer, beispielsweise romanhafter Form künstlerisch vorgeprägt wurde. Aus dem Dunkel menschlichen Bewußtseins kommt er auf die Bühne, um sich zu inkarnieren, ehe er ins Dunkel zurücksinkt, neue Metamorphosen vorbereitend. Vorübergehend wird ein Phantom Gestalt, Legende Wirklichkeit, Totalität Einzelperson. Auch und besonders durch die Erfindung der Don-Juan-Gestalt hat das Theater seine ureigene Schöpferkraft erwiesen. Damit wird bekräftigt, daß das Theater eine autochthone Kunst ist und nicht zur Illustration von Geschichte, Literatur oder Philosophie degradiert werden sollte. Und endlich weisen die Wandlungen der Figur seit Tirso de Molina darauf hin, daß sich das Schöpferische der Bühnenkunst nicht statisch, sondern prozeßhaft abspielt. Inkarnation und Metamorphose bedingen einander.

»Don Giovanni« – Hamburg 1973, Bühnenbild-Modell von Toni Businger

Mit der Zeit wurden die zwei im Titel des Schauspiels von Tirso de Molina bereits enthaltenen motivischen Linien – die amoralische, revoltierende Hemmungslosigkeit des hybriden Triebmenschen und die Re-Integration der Moral durch die Statue – immer stärker und beziehungsreicher ausgebildet. Die spezifische Fähigkeit der Theaterkunst bestätigt sich: Reales und Irreales, Mögliches und Unmögliches im Spiel miteinander zu verbinden und durch diese Verbindung wahrscheinlich zu machen. Diese Fähigkeit steigerte sich, als Musik, die sich vertiefenden Polaritäten des Stoffes nutzend, hinzutrat und neue Aspekte, neue Dimensionen offenbarte. Mimus und Mythos finden durch Musik zu neuer, spannungsreicher Einheit. Das Musikalische macht das Reale transzendent und das Irreale bestimmbar. Das sonst oder anders »Unsagbare«, das »Unsägliche« wird durch Musik benannt. Doch was sie benennt, was sie konkretisiert und kommentiert, weitet sie gleichzeitig wieder aus und hebt es in die Sphäre gültiger Wahrheit. Diese Entwicklung gipfelt in Mozarts Werk.

Sein »Don Giovanni« eröffnete der Gestalt Aspekte und Dimensionen, die seither nicht nur Musiker und Theaterleute beunruhigen, sondern auch Philosophen und Wissenschaftler zu immer neuen Auseinandersetzungen veranlaßt haben. So trat eine eigenartige Verkehrung ein: Die ursprünglich theatralische, das heißt, auch naive Existenzform Don Giovannis verschwand hinter der philosophischen Problematik so weit, daß manche Bühneninterpretation mehr als Illustration einer philosophischen These erschien denn als szenisch-musikalische Inkarnation großer menschlicher Einsichten. Don Giovanni ist kein »Ideenträger« im Sinne idealistischen Theaters. Er ist eine musikalische Bühnenfigur, deren exemplarische Faszination die Fragwürdigkeit ideologischer Schemata provozierend aufdecken könnte. Das Theatralische seiner Existenz wäre somit die vielleicht wichtigste Voraussetzung seiner Gestaltung auf der heutigen Musikbühne. Solch eine »Re-Theatralisierung« könnte anhand des tatsächlichen musikalisch-dramaturgischen Materials die traditionellen Vorstellungen überprüfen und die Figur beispielsweise von romantisch-idealisierender Verklärung befreien. Die großen philosophischen Denkmodelle von Kierkegaard bis Ortega y Gasset sind zu benutzen, sofern wir erkennen, daß sie die Realisierung der Figur fördern, aber nicht ersetzen können. Zunächst und vor allem ist sie im Vollzugsraum der Musikszene zu begreifen. Denn nur hier werden die aus dem Wirken der Figur gewonnenen Aussagen wahr, weil sie nur hier überprüfbar sind und leben.

Es entspricht der theatralischen Technik und zugleich der Struktur der Giovanni-Gestalt, daß dieser Don Giovanni nicht aus sich selbst zu begreifen ist, sondern daß sich sein Charakterbild vor allem aus den Beziehungen entwickelt, die zwischen ihm und seiner Personen-Umwelt bestehen. Die Identität zwischen seinem Charakter und den Mitteln, durch die er auf der Bühne realisiert wird, ist verblüffend: Der durch Kommunikation zur Selbstverwirklichung strebende Trieb Giovannis entspricht dem methodischen Grundprinzip jedweder Theaterspielen-»Partnerschaft«. Die erotische Verabsolutierung und hybride Verkehrung dieses Triebes intensiviert und pervertiert zugleich die Partnerbeziehungen, ehe Giovanni auf den außerirdischen Partner trifft: die Statue, den Tod.

Als Don Juan durch Tirso de Molina das Welttheater betrat, antwortete er auf Isabellas Frage, wer er sei: »Ein namenloser Mensch.« Das Dunkle, die Nacht, die Anonymität blieb auch später die Sphäre, in der sich Don Juan zu verwirklichen suchte – im Kontrast zu seiner eigentlichen aristokratischen Existenz, aus ihr herausstrebend. Auch bei Mozart weiß zunächst niemand in Sevilla – mit Ausnahme Leporellos – von der »Anti-Existenz« des angesehenen jungen Granden,

»Don Giovanni« – Hamburg 1973, Bühnenbild-Modell von Toni Businger

den Anna und Ottavio nach der Katastrophe aufsuchen, um gerade von ihm, dem offenbar verehrten Freund, Rat und Hilfe zu holen. Indem sich die psychologische Identität Giovannis spaltet, wird auch seine aristokratische Existenz fragwürdig. Es scheint, als sei Giovanni nur in dem Maße begreifbar, wie ihn die Menschen begreifen wollen und können, die ihm begegnen.

Die seltsame psychologische Anonymität unterstreicht Mozart auf ungewöhnliche Weise. Ganz im Gegensatz zu anderen Opernfiguren, die in Arien Gelegenheit erhalten, ihr charakteristisches Wesen, ihre seelische Struktur zu entschlüsseln, äußert sich Giovanni nie monologisch-selbstanalytisch, sondern meistens dialogisch-zweckentsprechend. Er inkarniert sich, indem er sich dem Partner anpaßt, sich ihm gegenüber verwandelt. Selbst wenn man in seinem »Finch'han dal vino« nicht nur eine Anweisung an Leporello erblickt, sondern eine fieberhafte Programmierung der Lust, so ist sie wohl kaum den großen Charakterbildern gleichzusetzen, die Mozart in den Arien seiner anderen Opernfiguren entworfen hat. Bei der Überlistung der Bauern (Nr. 17) ironisiert Mozart geradezu die sonst übliche Technik der ariosen Charakterdarstellung, wenn er Giovanni »mit verstellter Stimme« als Leporello singen läßt. Die dritte Solonummer Giovannis schließlich, die Canzonetta Nr. 16, soll erst in Prag auf Wunsch des Interpreten der Uraufführung entstanden sein: eine andere Form der Ironisierung, daß Giovanni zwar mit eigener Stimme, aber im Habitus seines Dieners wirbt. Diese überaus beziehungsvolle, listige Technik Mozarts findet ihre Entsprechung in dem Sextett Nr. 19, nach dem 1. und 2. Finale die umfangreichste Musiknummer. Die auf verschiedene Art von Giovanni Betroffenen finden nachts zusammen – am einzigen Spielort der Oper, der die sechs vereint, ohne daß ihn Giovanni vorher oder nachher beträte. Und dennoch ist er auf unüberhörbare Weise gegenwärtig: nicht sichtbar, nicht tatsächlich, sondern in der für die Kunstgattung spezifischen Gestalt des Klangs. Doch diese Klang-Gestalt ist eben nicht subjektiv dargestellt, sondern erscheint objektiviert. Sie wird von den anderen gebildet, aus ihrer Angst, ihrer Empörung und aus der Faszination, die sie auf jeweils ganz individuelle Weise mit Giovanni verbindet.

»Don Giovanni« – Hamburg 1973, Wieslaw Ochman (Don Ottavio), Gwyneth Jones (Donna Anna)

Deutlich weist dieses Sextett die Methode, Giovannis Gestalt vor allem durch seine Partner, jedenfalls aber immer in Beziehung zu ihnen zu erfassen und zu realisieren, als notwendige Konsequenz aus Mozarts eigentümlicher Musikdramaturgie heraus. Das Bild Giovannis wird um so totaler in allen seinen Metamorphosen modelliert, je genauer seine Mit- und Gegenspieler charakterisiert sind. Die Polarität, die sowohl zwischen Giovanni und jedem seiner Partner als auch unter ihnen selbst besteht, ist ebenso kunstvoll wie aufschlußreich.

Gewöhnlich werden gegenüber der entscheidenden, seit der Romantik aber oft verabsolutierten Polarität zwischen Anna und Giovanni die anderen Polaritäten degradiert, verharmlost. Im Falle Ottavios betrifft das nicht nur die Tenor-Figur selbst, sondern vor allem auch Anna, Giovanni und die Glaubhaftigkeit der Fabelführung. Gerade die Diskrepanz zwischen der tatsächlich-gesellschaftlichen und der mythisch-kriminellen Existenz Giovannis spiegelt sich im glaubhaften Verhalten Ottavios wider, der zunächst Annas Beschuldigung unmöglich glauben kann, dann aufgrund von Indizien (Beweise sind nicht zu erlangen) zu der moralischen Überzeugung von der verbrecherischen Schuld des einst so geachteten Freundes gelangt und schließlich nicht aus Feigheit ein Duell ausschließt, sondern die irdische Deklassierung vollenden will, indem er den Granden der Justiz überantwortet.

Zugunsten einer gegenwärtigen Bühnengestaltung, die gerade die Spannungen zwischen der gesellschaftlichen, kreatürlichen und mythischen Erscheinungsform Giovannis aufdeckt, ist auch der Polarität Zerlina–Giovanni mehr Aufmerksamkeit zu widmen. Sicher nicht zufällig äußert sich ihr gegenüber Giovanni zum einzigen Mal in der Oper singend-verführerisch. Begehrt er das Bauernmädchen nach der Konfrontation mit Anna und nach der Tötung des Komturs als Retterin, als augenblickliche Ablenkung oder als »Ersatz« für Anna? Jedenfalls scheitert er kläglich – nicht inkognito, sondern mit Stand und Namen! Gerade das, was Zerlinas Widerstand am ehesten zu betäuben schien, organisiert ihn nun um so stärker. Wäre es gar der Unterschied des Standes, der Klassen? Im sonst oft so belustigenden Buffa-Bezirk enthüllt sich einer der tragischsten Züge des Mannes und Adligen Giovanni.

In dem Maße, in dem er den Boden seiner zwielichtigen aristokratischen Existenz wanken fühlt, strebt Giovanni auch »namentlich« nach Kommunikation mit einer anderen sozialen Ebene. Die Einladung der Bauern aufs Schloß, freilich die Verführung Zerlinas beabsichtigend, ist dennoch im konkreten gesellschaftlichen Umkreis überaus ungewöhnlich, allen Regeln widersprechend. Will Giovanni – wenn auch nur flüchtig, spekulativ und hybrid – die Schranken der sozialen Bindung durchbrechen? Wäre vielleicht seine Deklassierung, die Rebellion gegen die Normen der Gesellschaft, eine wichtige Voraussetzung für eine Bewertung, die ihn ebenso verurteilt wie verteidigt und aus dieser Dialektik die Faszination heutiger Gestaltung bezieht? Im Umkreis zechender und die Einrichtung des Schlosses sicher nicht »sachkundig« behandelnder Bauern – für sie ist dieses Fest ja ein unverhofftes »Utopia«! – stimmt Giovanni, wenn die vornehmen Masken erscheinen, die Parole an: »Viva la libertà!« Der Spannung zwischen zynischer Provokation und Revolte der Sinne gibt Mozart durch das Maestoso einen Anklang von feierlicher Utopie, um sie bald wieder ironisch zu kontrastieren. Schließlich wird aus der Fraternisierung mit den Bauern eine Verfolgungsjagd auf Leben und Tod. Nur mit List vermag Giovanni ihren Knüppeln zu entgehen, wohl wissend, wie wenig ihm sein adliger Stand helfen kann.

Die Methode, die Partner-Polaritäten als entscheidende Bedingung für die musiktheatralische Inkarnation der Don-Giovanni-Gestalt zu realisieren, entschlüsselt gerade an dem Punkt, an dem Giovanni die Bindung an die »irdischen« Partner verläßt und die scheinbar absurde Partnerschaft mit der Statue provoziert, den vielleicht wichtigsten Zug seines Wesens: die Maßlosigkeit seines Kommunikationsstrebens, die eine übergroße Sehnsucht schließlich pervertiert und die – hybrid oder verzweifelt, neugierig oder überdrüssig – endlich den Tod als Partner braucht, weil sie in ihm die Kulmination aller Metamorphosen erblickt. Folgerichtig entwickelt Mozart in Giovannis Dialog mit der Statue eine musikalische Ausdruckshöhe, die jede vorstellbare ariose Selbstdarstellung weit hinter sich läßt und übertrifft. Daß er auf die freche Herausforderung der Statue und auf unbeugsamen Stolz schließlich die kreatürliche Todesangst folgen läßt, distanziert seine Giovanni-Figur von jedweder Idealisierung und beschreibt sie endgültig als Inkarnation alles Menschlichen, oder genauer: alles Männlichen.

Je jünger wir die Figur Giovannis fassen – neben vielen anderen Argumenten spricht dafür die Tatsache, daß Mozart, der die Partien den Sängern »gern auf den Leib« schrieb, in Prag auf den erst 22jährigen Luigi Bassi stieß –, desto provozierender, anomaler und zugleich exemplarischer erscheint das Ende Giovannis, das mit seinem Auftritt in der Oper beginnt. Und je weniger Umbaupausen die attacca-Ausführung der Partitur aufhalten oder verhindern, desto atemberaubender wird dieses Ende Giovannis darstellbar als großer Amoklauf eines aristokratischen Anarchisten. Und je enger wir die kurze Zeitspanne der realen Begebenheiten fassen – man könnte dreißig Stunden und weniger annehmen –, desto weiter wird die Zeitlosigkeit des Themas, wie Mozart es gestaltete, bewußt werden und vielleicht doch in Staunen versetzen.

COSÌ FAN TUTTE

Spiel als Wahrheit

Zwischen »Don Giovanni« und »Die Zauberflöte« entstanden, nimmt sich »Così fan tutte« neben diesen großen Dokumentationen schöpferischen Menschengeistes aus wie ein geheimnisvoll irisierendes Kleinod. Die Musikwelt hat längst begriffen, daß diese Oper nicht als Nebenwerk Mozarts gelten kann, als gelegentlicher Ausflug in die Welt der Buffa. Vielmehr erscheint sie als ebenso notwendiges wie leichtgefügtes Kettenglied zwischen dem »dramma giocoso« von 1787 und der großen Oper der Humanitas von 1791 – ein Kettenglied, das auf besondere Weise die Musikbühne zum puren musizierenden Theater aktiviert, wo Spiel unmittelbar Wahrheit wird und Wahrheit sich nur im Spiel offenbart. Behandelt werden Fragen, die die damalige Zeit wie die heutige bewegen: Fragen der Liebe, der Treue, der Zuverlässigkeit oder Relativität aller zwischengeschlechtlichen Beziehungen. Es sind auch Fragen aus Mozarts innerstem Erleben. Nachdem der anarchische spanische Grande Don Giovanni dem Untergang anheim fiel, testete Mozart mit seinem Librettisten da Ponte an eigentlich ganz alltäglichen Durchschnittsmenschen, was denen Eros vermag. Vielleicht mußten Fiordiligi und Guglielmo, Dorabella und Ferrando von dem »Philosophen« Don Alfonso durch das Fegefeuer aller Fragen in Mozarts Brust geschickt werden, ehe Pamina und Tami-

»Così fan tutte« – Weimar 1958

no von Sarastro in seinen Menschheitsbund aufgenommen und Eros und Humanitas als utopische Einheit besungen werden konnten.

Dabei sollte alles anfangs nur ein Riesenspaß werden. Seitens des Kaisers Joseph II., der angeblich den Anstoß gab, eine Kolumne aus der Wiener Gesellschaft zur Vorlage einer Oper von da Ponte und Mozart zu machen (heute besorgt so etwas höchstens das Fernsehen!). Und seitens der dann zu Operngestalten avancierten Männer, die mit dem Einsatz von 100 Zechinen um weibliche Treue wetten. Binnen einer Frist von 24 Stunden wollen der Theaterliebhaber Don Alfonso und die mit ihm befreundeten jungen Offiziere Ferrando und Guglielmo einander und sich selbst beweisen, daß die beiden Bräute ihren Liebhabern treu sind – bzw. eben nicht! Den Beginn der Wette besingen beide Parteien optimistisch. Noch ermessen die zwei Jungen nicht den Pferdefuß, der darin besteht, daß sie unter Alfonsos Regie gleichzeitig selbst als Testfiguren agieren werden, freilich in exotischer Verkleidung. Am Ende sind ihre Gesichter um den schmerzlichen Zug reicher, der auch die Maske des Pierrot so peinigend zeichnet.

Denn bald schon und immer wieder schlägt der Spaß um in Bitternis, gerät das Spiel in beunruhigende Dimensionen. Ist es denn noch Spaß, wenn zwei junge Mädchen, die sich am Morgen eines sommerlichen Tages entschließen, alle Rücksichten ihres Standes und ihrer Erziehung abzuwerfen und sich ihren Geliebten bedenkenlos hinzugeben, im Moment höchster Glückserwartung erfahren, daß eben jene Geliebten ins Feld, in den Krieg müssen? Wird solcher Spaß wirklich gerechtfertigt oder seine Bitternis gemildert dadurch, daß diese Einberufung, diese Trennung nur Täuschung ist, Test, Bestandteil einer Wette, die in Weinlaune geschlossen wurde?

In ebenso belustigender wie bestürzender Folgerichtigkeit zeigt die musikalische Handlung von nun an: Was den Männern Spaß bedeutet, ist den Frauen von Anfang an ernst. Und wenn die Frauen Spaß an der Sache finden, wird es für die Männer ernst.

Zwiegesichtigkeit, doppelte Wahrheit durchzieht das ganze Spiel. Das Unbehagen, das man im 19. Jahrhundert gegenüber »Cosi fan tutte« empfand, erscheint uns nur zu einleuchtend. Denn im scheinbar konventionellen Rahmen, unter Zuhilfenahme des alten Theaterfundus und aufgesetzter Buffonierien, werden die unkonventionellsten Dinge abgehandelt, die auch unbequeme Wahrheiten ans Licht dieses »Sommertagtraums« bringen. Denn das Spiel, das Don Alfonso inszeniert, stellt nahezu alle Grundbegriffe der Moral infrage, wie sie eine vorwiegend von Männern bestimmte feudale und bürgerliche Gesellschaft bis in die heutige Zeit geprägt hat. Ausgerechnet aus dem Munde der recht plebejischen Zofe Despina kommen Töne und Texte, die gewiß nicht nur Anhängerinnen der Women's-Lib-Bewegung aufhorchen lassen: »Die Männer lieben uns nur zu ihrem Vergnügen. Wenn sie uns hatten, werfen sie uns weg, ohne Mitleid. Zahlen wir ihnen, Mädchen, mit gleicher Münze heim. Lieben wir zum Zeitvertreib, aus Spaß!«

Der sittlichen Entrüstung über solche und zahlreiche andere Frivolitäten entsprach lange Zeit auch die ästhetische Ratlosigkeit gegenüber dieser Oper. Wie konnte Mozart seine Musik nur an solche scheinbaren Belanglosigkeiten verschwenden? Kein Geringerer als Richard Wagner befand denn auch, daß aufgrund der miserablen Textvorlage diese Opernkomposition Mozarts notwendigerweise seine schwächste geworden sei. Auch andere verurteilten das Libretto als dilettantische Konstruktion. Und daß Gefühle – zuverlässigstes Arsenal der romantischen Oper und des psychologischen Theaters – in »Così fan tutte« verfremdet, verkehrt und paralysiert werden, führte bis zum heutigen Tag zu erheblichen Irritationen. Denn für viele ist das Musiktheater Anlaß, Gefühle darzustellen und zu genießen, weniger aber, sie zu analysieren und gerade an solcher Analyse Vergnügen zu finden.

Unter solchem Aspekt entpuppt sich uns diese »Schule für Liebende« auch als eine »Schule der Gefühle«. Die Begebenheit, die da Ponte (entgegen seiner sonstigen Praxis) ohne Anlehnung an ein literarisches Vorbild aufschrieb und im (freilich recht abenteuerlichen!) Alltag verwurzelte, gab Mozart immer wieder und auf vielfache Weise die Möglichkeit, echte Empfindungen neben vorgetäuschte zu stellen, das Wahre und das Gespielte einander gegenüberzusetzen und sich überschneiden, überlagern zu lassen, bis es später ineinander übergeht. Mittels solcher musikalischer Analyse von menschlichen Haltungen hat er das Modell eines Musiktheaters geschaffen, das den Spaß vor allem aus der analytischen Technik bezieht und durch Ein-

»Così fan tutte« – Hamburg 1975

sichten in die musikszenischen Strukturen zu besseren menschlichen Einsichten gelangt. Nahezu jede Musiknummer offenbart mit dem Doppelspiel zwischen Echtem und Täuschung, zwischen rationellem Spaß und emotionellem Affekt auch deren hintergründige Doppeldeutung: ironische Brechung in vielen Varianten.

Als sich die beiden Offiziere von ihren Mädchen verabschieden, um angeblich ins Feld zu rücken, klingt ihr »Addio« so echt wie das ihrer weinenden Bräute; gerade diese Ambivalenz gesungener Gefühle aber ist es, was Alfonso vor Lachen fast umbringt (Quintett Nr. 9). Aber dann weiß er sich gut zu verstellen, wenn er im Terzettino Nr. 10 den Mädchen bei ihrer Bitte an die Naturelemente sekundiert, den Geliebten glückliche Heimkehr zu bescheren. Mozart macht mit der kontrapunktischen Führung seiner Stimmen stets die Doppelbödigkeit der Situation akustisch durchschaubar. Wenn er dem Schmerzausbruch Dorabellas in ihrer Eumeniden-Arie Nr. 11 einen leicht parodierenden Gestus gibt, sollte das nicht dazu verführen, daß die Sängerin die Gefühle dieses jungen Mädchens karikiert. Der Wert oder Unwert von Gefühlen wird allein durch die Diskrepanz zwischen Anlaß und Ausmaß schmerzlichen Ausbruchs abgehandelt. Ähnlich ist es mit Fiordiligis Bekenntnis felsenfester Treue (Arie Nr. 14). Indem Mozart auch hier die große Arienform parodistisch einsetzt, hält er um so mehr die Frage wach nach dem adäquaten Ausdruck der wahren Gefühle dieser jungen Mädchen, die er zweifellos sehr gern hat. Ganz folgerichtig geraten die Mädchen im 2. Akt in eine weitaus subtilere Form des gesanglichen Ausdrucks und verführen auch ihre exotischen Verführer dazu. So wird die Musik Medium der Metamorphose: Die Verführer im exotischen Gewand werden durch das erotische Spiel Verführte, die sich im eigenen Netz fangen. Im Duett

»Così fan tutte« – Hamburg 1975

Nr. 23 erinnert sich Guglielmo noch einmal kurz des »armen« Ferrando, bevor er sich so in die Umarmung mit Dorabella verliert, daß sich die Grenzen zwischen Test und neuem Erlebnis aufheben. Die Unterschiede zwischen bewußtem Spiel und sensibilisiertem Unterbewußtsein scheinen schließlich ganz aufgehoben, als Ferrando Fiordiligi gewinnt. Niemand von uns weiß, ob er nicht wirklich sterben möchte, wenn sie ihn nicht erhört. Je konsequenter die beiden Mädchen schließlich den Ton dieser Oper angeben und sich zu ihrer neuen Liebe bekennen, desto irritierter, böser, dümmer reagieren die Männer. Daß Mozart aber auch zwischen ihnen Unterschiede sieht, zeigt sich, als bei der »orientalischen Hochzeit« Ferrando in den Kanon der Mädchen einstimmt, die durch den Wein Vergessen alles Bisherigen besingen, Guglielmo »beiseite« aber sarkastisch die Stimmung kontrapunktiert. Je näher Don Alfonso die vier jungen Menschen an die Aufdeckung und Entlarvung des Spiels heranführt, desto häufiger stockt der Szene und der Musik der Atem: eine Vielzahl von Fermatenpausen werden bestimmendes musikdramaturgisches Element im 2. Finale. Wie kann auch ein solches Spiel aus- und aufgehen?

Eine heutige Aufführung hat einige Vorkehrungen zu treffen angesichts der Einschätzung Alfred Einsteins, die Geschichte sei »logisch und lustig«. Die Wahrscheinlichkeit dieses Spiels gründet sich am ehesten auf die Glaubhaftigkeit des Vorgangs, besonders im Verhalten der Mädchen. Außer daß sie »aus Ferrara« stammen, erfahren wir wenig über sie, nichts über Eltern usw. Ihr Sommerhaus mit Garten ist ein seltsam »leerer Raum« – wie prädestiniert für den exklusiven Test, den Alfonso vorhat. Ist es denn so ganz und gar absurd, wie sie sich an diesem Tag verhalten? Die Wette der Männer – man mag zu ihr stehen, wie man will – versetzt die Mädchen in die Situation, des Gegenstands ihres Liebesbegehrens unerwartet und plötzlich gerade in dem Moment beraubt zu werden, da sich ihre Liebessehnsucht erfüllen sollte und mußte. Sie fühlen sich in ein Nichts, in ein Vakuum gestürzt. Auch ihre Schmerzensausbrüche bringen keinen Lustersatz. Zunächst wüten sie gegen die Fremden, die werbend auf den Plan treten. Aber dann wird – gelenkt von Alfonso und Despinas Psychotechnik – aus Haß Mitleid, aus Mitleid Neugier, aus Neugier Interesse, aus Interesse Verliebtsein. Erliegen sie wirklich? Oder finden sie zu einem neuen Selbstgefühl, mit dem sie mutig oder leichtsinnig – auch dies, wie man will – alle bisherigen Konventionen hinter sich werfen? Müssen sie etwa ihren Verlobten untreu werden, um sich selbst treu zu sein?

Daß solch ein Umschwung und solche Veränderung an nur einem Tag möglich sei, erscheint vielen am unlogischsten. Aber

»Così fan tutte« – Stuttgart 1979, Doris Soffel (Dorabella), Karan Armstrong (Fiordiligi)

sicher ist gerade die zeitliche Komprimierung ein wichtiger Bestandteil der Wahrscheinlichkeit, die diese Geschichte als Fabel auf der Bühne für sich beanspruchen muß. Die vielleicht wichtigste Voraussetzung für ihre Glaubwürdigkeit jedoch ist – die Jugend der beiden sich auswechselnden Paare. Sie macht die Lektionen dieser »Schule für Liebende« über Spaß und Bitternis hinaus schließlich doch wieder versöhnlich.

Aber ist es nicht absurd, daß die Mädchen ihre verkleideten Liebhaber nicht erkennen? Auch hier wird das Absurde logisch: Wer kommt denn, außer Alfonso, auf die Idee, daß sich Männer in den Krieg begeben und statt dessen als Exoten zu Hause einen Treuetest durchführen? Noch nicht einmal der doch mit allen Wassern gewaschenen Despina fährt so etwas durch ihren hellen Sinn. Und so bleibt gerade sie, die am aggressivsten die bestehende Männermoral attackierte, am Ende die am deftigsten Düpierte. Gegen sie kann sich der Zorn der irritierten Männer am ehesten und am heftigsten richten. Weil vielleicht auch die Autoren ihre Parolen zu kühn finden?

»Lustig«, wie Einstein meint, ist die Geschichte freilich nur so lange, wie mit den auch moralischen Requisiten herkömmlichen Theaters die Polaritäten komisch, paradox gegeneinander wirken. Und sie wird es erst wieder, wenn Mozart alle ausbrechenden drohenden Gefahren mit seiner weisen Ironie auffängt. Es ist nicht diejenige der italienischen Buffonisten, keine auf die Dauer sarkastisch-misanthropische. Indem sie sich zu menschlicher Schwäche und Begrenztheit ebenso bekennt wie zur Chance neuer, großer Gefühle selbst in scheinbar engem Umkreis, schafft sie den Ausgleich zwischen dämonischer Unruhe einerseits und dem Spaß als Inkarnation des erotisch inspirierten Mimus andererseits. Mozarts humane Ironie lehrt in »Così fan tutte«: naive Freude am Spiel, Durchleuchtung des Allzumenschlichen, Lachen unter Tränen, das Ernsteste heiter nehmen und im Spaß die Gefahr dennoch nicht verkennen.

So schafft Mozart in »Così fan tutte« das seltene Modell eines Musiktheaters, in dem Wahrheit nur durch das Spiel selbst entsteht, nicht durch Anleihen an Wirklichkeiten außerhalb dieses Stückes, dieses Theaters. Nie wird der Kreis der »Spielenden« durchbrochen. Und wo zu den sechs Solisten laut Libretto andere gebraucht werden (Soldaten, Orientalen, Bedienstete), sind es Komödianten, Angehörige dieser autochthonen Welt »Theater«, die verkleidet mitspielen: als Soldaten oder als orientalisches Gefolge, wie Alfonso es braucht. Natürlich nur für Geld! Alfonsos ganzer Gewinn aus der Wette geht drauf, um die Komödianten zu bezahlen, auf deren Hinterbühne, nachts, das ganze Spiel begann. So schützt der Umkreis der Komödie auch die beunruhigendsten Wahrheiten davor, Tragisches zu bewirken. Komödie ist Spiel, pures musikalisches Theater: comédie humaine.

Im Mikrokosmos von »Così fan tutte« scheint der 34jährige Mozart so weise zu sein wie der alte Mann, der den »Falstaff« mit der Fuge »Alles ist närrischer Spaß auf der Welt« beschloß, und gleichzeitig so jung wie die vier halben Kinder, die er die Irrungen und Wirrungen der Liebe durchleben läßt. Den Schluß aus diesem »Qui – pro – quo« hat jeder für sich selbst zu ziehen. Daß Mozart mit dem Titel »Così fan tutte« einverstanden blieb, pointiert die frechste Irritation, die er uns hinterließ. Gegen die negative Provokation dieses Titels dürfen wir getrost anspielen.

Bei einer Zecherei nahe dem Komödienhaus geraten die beiden Offiziere Guglielmo und Ferrando mit ihrem Freund Don Alfonso in heftigen Streit über die Treue der Frauen im allgemeinen und die unwandelbare Beständigkeit ihrer beiden Bräute Fiordiligi und Dorabella im besonderen. Eine Wette soll die Klärung bringen: Unter der Bedingung, daß Guglielmo und Ferrando jede Anweisung bedingungslos ausführen, will ihnen Don Alfonso binnen eines Tages die Absurdität ihrer idealistischen Vorstellungen beweisen. Beide Parteien sind überzeugt, den Einsatz von 100 Zechinen zu gewinnen. Alfonso engagiert einige Komödianten für das Mitspielen in der Lektion, die er den Liebenden geben will.

1. Wettgang: Die beiden Schwestern, die in einem Sommerhaus nur mit ihrer Zofe Despina leben, erwarten morgens mit sehnsüchtiger Ungeduld ihre Geliebten. Als Don Alfonso ihnen verkündet, daß die Offiziere plötzlich ins Feld abberufen worden seien, schlägt ihr Glück jäh in Verzweiflung um. Unter Tränen und mit heißen Treueschwüren nehmen sie Abschied von Guglielmo und Ferrando, deren Spiel von den Komödianten unterstützt wird.

2. Wettgang: Despinas Versuche, das Leid der Mädchen mit dem Hinweis auf andere Ablenkungen zu beschwichtigen, werden scharf zurückgewiesen. Gegen eine beträchtliche Bestechungssumme gewinnt Don Alfonso Despinas Unterstützung für seine Absicht, die beiden Offiziere als reiche Orientalen im Haus einzuführen. Ermutigt dadurch, daß Despina die Verkleidung nicht durchschaut, attackieren Guglielmo und Ferrando die Schwestern mit den freimütigsten Anträgen – jeder die Verlobte des anderen! Als sie aber abgewiesen und schließlich allein gelassen werden, verlangen sie frohlockend die Wettsumme von Alfonso. Der aber verweist auf die noch nicht abgelaufene Frist.

3. Wettgang: Von Despina stammt der Einfall, daß die beiden Orientalen sich aus Liebesschmerz zum Scheine vergiften sollen, um zunächst das Mitleid und dann die Sympathie der Mädchen zu erwirken. Fast gelingt der Plan. Als aber Despina in der Verkleidung eines Arztes die Scheintoten nach den Methoden Dr. Mesmers zu neuem Leben erweckt und diese dann zur Heilung Küsse von den Mädchen verlangen, entfliehen Fiordiligi und Dorabella in Aufregung.

4. Wettgang: Während der Siesta stichelt Despina die Neugier der Mädchen auf die Fremden mit immer neuen Mitteln und Argumenten an, bis diese sich zu einem gemeinsamen Spaziergang bereiter-

klären. Schließlich kann Dorabella dem werbenden Drängen des verkleideten Guglielmo nicht länger widerstehen. Da Fiordiligi aber standhaft blieb, hat Alfonso seine Wette erst zur Hälfte gewonnen. Ferrando ist über die Untreue seiner Braut Dorabella ebenso betroffen wie über die Verführungskünste seines Freundes Guglielmo.

5. Wettgang: Um sich vor den Einflüsterungen Dorabellas und Despinas und vor den eigenen Anfechtungen zu retten, will Fiordiligi als Soldat verkleidet zu ihrem Verlobten ins Feld. Doch als Ferrando ihr entgegentritt, erliegt sie ihm nach langem Schwanken. Seinen enttäuschten und wütenden jungen Freunden hält Alfonso seine Philosophie entgegen: Così fan tutte! Despina verkündet ihnen, daß die Damen zur Verlobung mit den Exoten bereit sind, und führt Ferrando und Guglielmo weg zu der von ihnen ungewünschten Fortsetzung des Spiels.

6. Wettgang: Es wird tatsächlich so weit geführt, daß in einem von den Komödianten auf orientalische Art hergerichteten Fest die Mädchen die Ehekontrakte unterzeichnen, die ihnen die als Notar verkleidete Despina vorlegt. Doch bevor ihm die Zügel des Spiels endgültig entgleiten, gibt Alfonso das Zeichen, das die Realität wieder zurechtrücken soll: das Zeichen zur vermeintlichen Rückkehr der Offiziere.

Don Alfonso hat begriffen, daß es in einer solchen Wette keine Sieger und keine Verlierer geben darf. Wenn sich der Zorn der beiden Offiziere schließlich gegen Despina richtet, ist das am ehesten Ausdruck ihres erwachten schlechten Gewissens. Wer ist nun glücklicher nach dieser »Schule für Liebende«? Vielleicht die, die lernen wollen mit heiterem Sinn.

DIE ZAUBERFLÖTE

Die populäre Maskierung eines Mythos

Das legendäre Entstehungsbild

Seit »Die Zauberflöte« unter Mozarts musikalischer Leitung am 30. September 1791 zum ersten Male über die Bretter von Emanuel Schikaneders »Freihaustheater auf der Wieden« ging, ist über kaum ein musikalisches Bühnenwerk so viel geschrieben und gestritten worden wie über dieses. Zwar hat man sich nur in den seltensten Fällen der Tatsache verschlossen, daß »Die Zauberflöte« damals und später ein »Wunder in Teutschland« bewirkte, wie es 1794 »Das Journal des Luxus und der Moden« ausdrückte, wo es dann weiter heißt: »Nie hat ein dramatisches Produkt bey irgendeiner Nation ein allgemeineres Glück gemacht als Mozarts unsterbliches Werk ›Die Zauberflöte‹.« Aber merkwürdig genug ist, wie bald sich die Stimmen mehrten, die ein hochnäsiges Verdikt über den Mann aussprachen, der den Anstoß zur »Zauberflöte« gab, das Libretto verfaßte und die Inszenierung besorgte: Emanuel Schikaneder. Viele Musikwissenschaftler des 19. Jahrhunderts bestritten seine Autorschaft und disqualifizierten ihn auch als Theatermann. Was war die Folge der »Austreibung« Schikaneders für die Aufführungspraxis? Der spannungsreiche Zusammenhang zwischen Szene und Musik wurde zerrissen, die Musik losgelöst von Text und Vorgang interpretiert, der Anteil des Wiener Volkstheaters geleugnet und somit negiert, was uns heute wieder als wichtiger Schlüssel zur Interpretation dient: die populäre Maskierung des Mythos. Daß mit der Disqualifikation Schikaneders auch Mozart zu einem Komponisten degradiert wurde, der sich kaum scherte um das, was er komponierte, wäre eine weitere, freilich sich selbst widerlegende Schlußfolgerung aus einer Entstehungslegende, die heute etwa so aussieht:

Im März 1791 kam der Schmierendirektor Schikaneder – sein Theater war eine Bretterbude – zu Mozart gelaufen und bat den Komponisten, ihn durch die Musik zu einem völlig unsinnigen Textbuch vor dem Ruin zu retten. Nachdem sich Mozart anfänglich geweigert hatte (er hätte ja noch nie eine »Zauberoper« komponiert!), gab er den Bitten Schikaneders dann doch nach, nicht zuletzt aus der ihm eigenen natürlichen Gutmütigkeit. Nur mühsam schritt die Arbeit voran, so daß Schikaneder Mozart in das »Zauberflöten-Häuserl« (das heute in Salzburg steht) einsperrte und ihn mit Champagner und den Damen seines Ensembles animierte. Als im Juni Marinellis Theater in der Leopoldstadt die musikalische Zauberposse »Kaspar, der Fagottist« brachte, der dieselbe Quelle zugrundelag, die auch für das Textbuch der »Zauberflöte« benutzt worden war, stülpte Schikaneder plötzlich den Plan seiner Oper um, der hochgebildete, bei Schikaneder vorübergehend als Chorherr beschäftigte Karl Ludwig Giesecke schrieb den »neuen Teil« des Textbuches, so daß endlich ein unheilbarer Bruch in das Ganze gekommen ist.

Von dieser Version der Entstehungsgeschichte kann Satz für Satz richtiggestellt werden, was vor allem den Arbeiten der Wiener Theaterwissenschaftler Egon Komorzynski, Otto Rommel, O. E. Deutsch u. a. zu verdanken ist. Sie haben mit der Erforschung des Phänomens des Alt-Wiener Volkstheaters auch Schikaneders theatergeschichtliche Rolle aufgedeckt und nachgewiesen, daß er – übertragen in die Landschaft Süddeutschlands und Österreichs – durchaus als Pendant und Mitstreiter solcher Bühnenreformatoren wie Conrad Ekhof, Friedrich Ludwig Schröder und August Iffland gelten kann. Sein »Freihaustheater« war keine »Bruchbude«, sondern in Konkurrenz zu den Theatern in der Leopoldstadt und in der Josephstadt eine vitale Experimentierbühne, die neben ihren beachtlichen Bühnenaufführungen auch durch »musikalische Akademien« (Konzerte) von sich reden machte und in deren Nachfolgetheater, dem »Theater an der Wien«, 1805 Beethovens »Fidelio« uraufgeführt wurde, der auch auf Schikaneders Anregung hin und durch finanzielle Unterstützung zustande kam, die dieser Beethoven und Treitschke während der Arbeit gewährte.

Wer war dieser Mann, der in der »Zauberflöte« die Krönung all seiner Bemühungen um die »teutsche Oper« sah, was ihn schon früh mit Mozart verbunden hatte?

Emanuel Schikaneder – Aufklärer und Phantast

1751 in Straubing geboren, wurde Schikaneder nach einer Gymnasial-Ausbildung Lyrant, fahrender Sänger, und trat dann als Schauspieler der Truppe des Andreas Schopf bei. Mit 27 Jahren wurde er Prinzipal der ehemals Moserschen Gesellschaft. Von da an durchzog er die Städte Süddeutschlands und Österreichs, spielte 1780/81 in Salzburg, wo er dem fünf Jahre jüngeren Mozart begegnete, der oft Schikaneders Aufführungen besuchte, dessen Freigiebigkeit hinsichtlich der Platzbeschaffung lobte und sich eng mit ihm befreundete. Schikaneder war als »Directeur« seiner Truppe zugleich Schauspieler, Sänger, Regisseur und Stückeschreiber. Ein vielbegehrter Hamlet-Darsteller, nahm er neben den gerade neu entdeckten Shakespeare-Dramen jeweils unmittelbar nach deren Uraufführung die Stücke des Sturm und Drang, Lessings (er selbst spielte den Odoardo) und Schillers in seinen Spielplan auf.

Alle zeitgenössischen Prinzipale übertraf er jedoch in seiner schöpferischen Sorge um das deutschsprachige Singspiel, um eine nationale Musikbühne. Das mag Kaiser Joseph II. bewogen haben, ihn 1784 nach Wien einzuladen, um »in dem dem allerhöchsten Hofe gehörigen Theater nächsten dem Kärnterthor Aufführungen von deutschen Singspielen zu veranstalten«.

Diese Einladung ist um so bemerkenswerter, als ja nach Mozarts »Entführung aus dem Serail« (1781) das deutschsprachige Singspiel in Wien von den Italienern an der Hofoper wieder verdrängt worden war und der Kaiser zu hoffen schien, daß ihm Schikaneder zu neuem Durchbruch verhelfe. Eine neue Verbindung mit Mozart ergab sich dann im Zusammenhang mit der »Hochzeit des Figaro«. Schikaneder war 1785/86 Sänger am »Nationaltheater«, zu der Zeit, als eine deutsche Übersetzung der Komödie des Beaumarchais eingereicht und von der kaiserlichen Zensur verboten worden war. Einige Wissenschaftler nehmen an, daß neben einem Johann Rautenstrauch auch Schikaneder als Übersetzer in Frage kommt. Jedenfalls scheint der Gedanke nicht abwegig, daß die »Nähe« Schikaneders mitbestimmend für Mozarts Entschluß wurde, die »Nozze di Figaro« zu komponieren.

Nach weiteren Wanderjahren konnte Schikaneder schließlich 1789 ein vorher vom Kaiser gegebenes »Privilegium« zur Gründung eines eigenen Theaters nutzen und die Direktion des »Freihaustheaters auf der Wieden« übernehmen. Damit intensivierte sich die Begegnung des süddeutschen Theatermanns mit der reichen Wiener Theatertradition, die ein neues Kapitel Wiener und deutschsprachiger Theatergeschichte eröffnen sollte und deren schönstes Ergebnis die »Zauberflöte« wurde – eine Begegnung, die auch die Sprechbühne bis hin zu Raimund und Nestroy beeinflußte und die noch in der »Frau ohne Schatten« nachklingt.

Schikaneders Sorge um die »teutsche Oper«, sein der zeitgenössischen Literatur aufgeschlossener Geist, seine Liebe zur Musik, aber auch sein kühn planendes Unternehmertum und sein sich zwischen barockem Pathos und volkstümlichem, bisweilen spekulativem und auch ganz plattem Komödiantentum bewegendes Temperament bestimmten Spielplan und Spielweise seines neuen Theaters.

Nachweislich kein Freund von Puritanismus, unternahm er es, das Gedankengut der Aufklärung mit dem Zauber und der Poesie des »großen und kleinen Himmelslichts« zu versöhnen und so die Bühnenkunst zu einer ganz spezifischen Verbindung von neuem Zeitgeist und barockem Welttheater zu steigern. Phantastisch waren seine Visionen, an denen er schließlich zerbrach. Er verschwendete sich und seine Mittel nach der 1801 erfolgten Gründung des »Theaters an der Wien« mehr und mehr, mußte die Direktion mit anderen teilen und sie dann endgültig abgeben. Auch der letzte Versuch einer Direktion in Budapest scheiterte. Er fiel in Wahnsinn und starb 1812 einsam und völlig verarmt – »an einer Nervenschwäche«, wie der Totenschein besagt. Er wurde in einem Massengrab beerdigt, wie 21 Jahre zuvor Mozart. Mitglieder des Theaters an der Wien führten zu Ehren ihres früheren Direktors in der Pfarrkirche zum Heiligen Joseph ob der Laimgrube das Requiem von Mozart auf. Dieser ungewöhnliche Theatermann hatte früh erkannt, daß Wert und Wirksamkeit von Stückeschreibern nicht nur nach der »literarischen Qualität« zu beurteilen seien. Seinen 1792 erschienenen »Sämtlichen theatralischen Werken« stellte er die Bemerkung voraus: »Ich schreibe nicht für die Leser, ich schreibe für die Bühne. Dahin verweise ich meine Rezensenten.« Das gilt in besonderem Maße wohl auch für die »Zauberflöte«. Und es war kein geringerer als Goethe, der zu Eckermann bemerkte, daß mehr Bildung dazu gehöre, den Wert dieses Opernbuches anzuerkennen, als ihn zu leugnen.

Die Quellen: Erziehungsroman und Märchen

Inzwischen hat die Forschung manches Licht in die konkreten Umstände der Entstehung der »Zauberflöte« gebracht. Aber vieles ist noch und bleibt wohl auch in geheimnisvolles Dunkel gehüllt. Denn Mozart hatte außer seiner Frau niemanden, dem er – wie früher seinem Vater – hätte brieflich berichten können, und erst als Konstanze im Juni 1791 in Baden bei Wien zur Kur weilte, war Anlaß gegeben zu schriftlicher Erwähnung der Arbeit an der »Zauberflöte«. Aus den übrigen Lebens- und Schaffensdaten Mozarts und Schikaneders ergibt sich die Gewißheit, daß Schikaneders Angebot an Mozart schon Ende 1790 erfolgte. Nicht er war damals vor dem »Ruin« zu »retten«, sondern Mozart befand sich in bitterster Not (vgl. die Briefe an Puchberg) und erfuhr nach dem Tode des verehrten Joseph II. im Zusammenhang mit der Kaiserkrönung Leopolds II. die empfindlichste Zurücksetzung seitens des Hofes. Außer dem letzten Klavierkonzert B-Dur (KV 595) gibt es aus dieser Zeit nur einige Gelegenheitskompositionen und die »drei deutschen Lieder«, die ebenso wie mehrere für Mitglieder des Schikaneder-Theaters geschriebene Konzertarien auf die Nähe der »Zauberflöten«-Arbeit hinweisen.

In Wirklichkeit sah es also doch wohl so aus, daß zu einem Zeitpunkt, als sich Mozart in einer verzweifelten materiellen und schöpferischen Lage befand, Schikaneder dem Freund aus früheren Jahren den Vorschlag machte, endlich das gemeinsame, schon in Salzburg besprochene Anliegen zu verwirklichen: die »teutsche Oper«. In den Besitz eines festen Theaters gelangt, gab Schikaneder dem vielfach zurückgesetzten und vereinsamten Mozart die Möglichkeit zur vollen und kontrastreichen Entfaltung seiner kompositorischen Gedanken, die sein humanes Vermächtnis bilden sollten, niedergelegt im lebendigen Umkreis des Volkstheaters.

Wir haben Schikaneders Libretto als eine vielfältige Montage von Anregungen und Einflüssen zu begreifen, wie sie damals im Wiener Volkstheater lebendig waren. Aus der Fülle des verwerteten Materials kristallisieren sich jedoch zwei Quellen heraus, die den ästhetischen Aspekt des Sujets besonders prägten und die humane Perspektive bestimmten:

»Die Zauberflöte« – Hamburg 1977

1. Das Märchen »Lulu oder Die Zauberflöte« von Liebeskind im dritten Band der von Christoph Martin Wieland herausgegebenen Märchensammlung »Dschinnistan«,

2. der französische, von Matthias Claudius 1777 ins Deutsche übertragene Roman »Sethos, histoire ou vie tirée des monuments anecdotes de l'ancienne Egypte. Traduite d'un manuscrit Grec (par Terrasson)«.

Beide Quellen spiegeln, so unterschiedlich ihre Herkunft auch ist, die von der Aufklärung inspirierte Neubegegnung mit vor- und außerchristlichen Lebenshaltungen wider. Wichtiger noch als der Okkultismus der pseudoägyptischen Sethos-Vorlage war der in ihr enthaltene Gestus des Erziehungsromans: die von Prüfungen begleitete Wanderung durch innere und äußere Welten mit dem Ziel der Selbstfindung. Das wiederum korrespondiert auf frappierende Weise mit unterschwellig im Dschinnistan enthaltenen Glaubensauffassungen des lamaistischen Buddhismus, speziell mit der Idee, die Umarmung der Gottheiten vollzöge sich in der Vereinigung von männlichem und weiblichem Prinzip (»Mann und Weib und Weib und Mann reichen an die Gottheit an«). All dies floß – freilich mehr unbewußt – in das Sujet ein und verband sich mit der Zauber- und Maschinenkomödie des Wiener Volkstheaters sowie uralten Märchenvorstellungen des europäischen wie außereuropäischen Bereiches. Der Vogelmensch Papageno z. B. reicht zurück bis Aristophanes und erinnert zugleich an indianische Archetypen, so wie er ebenso Hanswurst, Kasperl des

»Die Zauberflöte« – Hamburg 1977

Volkstheaters, ist und bleibt. Aus dem Sethos-Roman wurde außer ritueller Symbolik (»Isis und Osiris«) die damals aktuellste Affinität entwickelt: die zum Gedankengut der Freimaurer, die in Wien gerade nach dem Tode Joseph II. und im Zusammenhang mit der Französischen Revolution strengen Verfolgungen ausgesetzt waren. Zweifellos lag gerade hier einer der auch politisch akutesten Bezugspunkte zur Zeit – für Mozart mehr noch als für Schikaneder.

Angesichts der Vielfalt des verwerteten Materials ist es besonders überraschend, daß das Libretto dem Sujet eine durchaus eigenständige Handlungsführung gibt und eine Idee programmiert, die im Vergleich mit anderen Opernstoffen als durchaus neu anzusehen ist. Für Tamino sind nicht – wie bei dem Prinzen des Sethos-Romans oder den früheren Libretti der Barockoper – staatspolitische oder abstrakt humanistische Erwägungen ausschlaggebend, sondern allein das innere Bedürfnis nach Erkenntnis, nach Wahrheit. »Tamino will seinen nächtlichen Schleier von sich reißen« läßt Schikaneder Sarastro sagen. Aber was das Wichtigste ist: Die Suche nach der eigenen Identität wird durch Liebe ausgelöst und gilt der Liebe! Und am Schluß der Oper wird nicht wie im Sethos-Roman der Verzicht auf die individuelle Liebe propagiert, sondern gerade ihre Verbindung mit dem größeren Begriff der Menschenliebe gepriesen. Die Aufnahme Taminos schließlich u n d Paminas in den vormals exklusiven Männerbund postuliert eine Utopie, in der Eros und Humanitas eins geworden sind.

»Die Zauberflöte« – Hamburg 1977

Die »idée« in Mozarts Musik

Es liegt auf der Hand, wie sehr dieser übergeordnete Sinn des Librettos und seine Handlungsführung Mozarts Lebensanschauung entgegenkam. Er verlieh den manchmal schemenhaften Gedanken und Figuren des Librettos das, was zuvor in »Così fan tutte« Ferrando als »un aura d'amore« (den Odem der Liebe) besungen hatte. Was Mozarts Genie eigentlich schuf, war: Beseelung durch Liebe. Sein musikdramaturgischer Verstand ordnete die verschwommenen Konturen, indem er für die drei vorherrschenden Personen- und Lebenskreise unterschiedliche Stile benutzte und neu entwickelte: Für das »nächtliche Reich« zitierte er die Opera seria, im Gegensatz dazu besinnt er sich für Sarastro und seinen Bund auf Gluck'sche Traditionen, geht zurück zu Bach und wählt z. B. für »In diesen heil'gen Hallen« melodienreiche schlichte Harmonik. Für Papagenos Welt variiert er den Volksliedton. Und für Tamino und Pamina entwickelt er eine sehr wandlungsfähige Tonsprache entsprechend den Wandlungen, die beide durchschreiten. Die unmittelbare Individualisierung, die Mozart auf den verschiedenen Ebenen vollzog, verlieh allen Vorgängen und Figuren eine lebendige Gültigkeit, die noch immer am ehesten mit dem Begriff umfassender »Vermenschlichung« zu bestimmen wäre. Wissend um größte Kompliziertheit, strebt Mozart in der »Zauberflöte« zu höchster Einfachheit. Und diese Einfachheit verleiht der Reife den unaufhörlichen Reiz der Jugend.

Immer wieder stellt uns die »Zauberflöte« die drei alten Fragen, die von der Kindheit bis ins Alter reichen: Wer bin ich? Woher komme ich? Wohin gehe ich? Für die Antwort ist die Szene zwischen dem Sprecher und Tamino besonders aufschlußreich. Hier läge, behaupteten Musikwissenschaftler des 19. Jahrhunderts, der »unheilbare Bruch« in der Handlung: Der vermeintlich böse Zauberer erschiene nun als guter Priester. Schuld an dieser Änderung – wir erinnern uns – sei die Konkurrenz mit »Kaspar der Fagottist« gewesen. Mozart, der vier Tage nach der ersten Aufführung den »Kaspar« in der »Leopoldstadt« besuchte, schrieb am 12. Juni 1791: »Ich ging dann, um mich aufzuheitern, zum Kasperl in die neue Oper der Fagottist, die so viel Lärm macht – aber gar nichts daran ist.« Nichts schreibt Mozart von entsetzten Reklamationen Schikaneders, die gewiß spätestens am Premierentag eingesetzt hätten. Und fast ist es schade, daß die Wissenschaft die Unhaltbarkeit der Bruch-Theorie bewiesen hat. Denn auch wenn die Konkurrenz Schikaneders ursprüngliches Sujet beeinflußt haben sollte, dann entstand gerade daraus einer der wichtigsten Drehpunkte der ganzen »Zauberflöte«: Für Tamino bricht die Welt seines bisherigen Glaubens zusammen. Er gelangt an die Grenze, wo er aus Unwissen neues Wissen begehrt = Aufklärung.

»O, ew'ge Nacht, wann wirst du schwinden, wann wird das Licht mein Auge finden?« Kant definiert 1784: »Aufklärung ist der Ausgang des Menschen aus seiner selbstverschuldeten Unmündigkeit!«

Für diese bedeutsame »Nahtstelle« erfand Mozart eine seiner größten und wohl auch revolutionierendsten Musikszenen. Mit der musikalischen Ausformung des deutschsprachigen Duktus schuf Mozart zugleich einen geistigen Gestus, der gerade in dieser Szene die Keimzelle der neugewonnenen »teutschen Oper« erkennen läßt und wie eine Vorahnung von Wagners »unendlicher Melodie« erscheint sowie von allem, was bis Alban Berg in deutscher Sprache komponiert wurde.

Spaß und Mysterium: Eine imaginäre Reise

Im Juli 1791 war die Oper zu einem großen Teil fertiggestellt. Da erhielt Mozart den Auftrag von einem ihm Unbekannten, ein Requiem zu komponieren. Seine überreizten Nerven und sein durch Krankheit geschwächter Körper trieben ihn immer mehr in die Vorstellung hinein, er komponiere die Totenmesse für sich selbst. Das geheimnisvolle Dunkel erhellt grell die existenzielle Not, Mythos zu erfüllen: Ein 35jährig zum Tode Verurteilter schreibt gleichzeitig an seinem »Requiem« und dem Werk, das von der unaufhaltsamen Regeneration des Lebens kündet und Jungsein besingt, das Angst und Schrecken befreit zu Glauben und Heiterkeit.

Mozarts Arbeit an der »Zauberflöte« und am »Requiem« wurde noch einmal durch die Reise nach Prag unterbrochen, wo er im Auftrag der böhmischen Stände in 18 Tagen die Festoper »La clemenza di Tito« nach einem alten Text Metastasios schrieb. Sie wurde am 6. September anläßlich der Krönung Leopolds II. zum böhmischen König aufgeführt, vom Hof aber kühl aufgenommen. Nach seiner Rückkehr nach Wien hat Mozart den Chor »O Isis und Osiris«, die zweite Papageno-Arie und das zweite Finale komponiert. Am 28. September (zwei Tage vor der Premiere!) schrieb er die Ouvertüre und den Priestermarsch. Als am 30. September 1791 die Rufe dieser Ouvertüre ertönten, ahnte – wie meist bei solchen Gelegenheiten – sicher keiner, daß sich eine Sternstunde des Übereinklangs von Oper und Menschentum ankündigte. Mozart besuchte, auch als er nicht mehr dirigierte, oft die Aufführungen im »Freihaustheater« und berichtete stolz in seinen letzten Briefen an seine Frau von dem großen Publikumserfolg. Und einmal ging er noch, das Glöckchenspiel selbst zu bedienen, »weil ich heute so einen Trieb fühlte, es selbst zu spielen«. Er freute sich kindisch, Schikaneder, der den Papageno gab, zu irritieren und aus der Rolle zu bringen: »Alles lachte dann – ich glaube, daß viele durch diesen Spaß das erste Mal erfuhren, daß er das Instrument nicht selbst schlägt.« Sieben Wochen danach starb Wolfgang Amadeus Mozart.

LUDWIG VAN BEETHOVEN

FIDELIO

Die Botschaft der Freiheit

»Fidelio«: Dokumentation und Parabel. Unsere Bühne: Raum voller Ängste, voll von Gewalt. Eine Umwelt, die Historisches berichtet und gleichzeitig Aktuelles bannt. Eine Un-Welt, in der Menschen wie Gegenstände sinnentleert scheinen. Alle sind Gefangene in diesen Wohnungen des Todes: die »freien« Aufseher ähnlich den Eingekerkerten. Dennoch: Hoffnung ist nicht ganz gewichen; Auflehnung gegen Unterdrückung, Glücksanspruch Einzelner regt sich zaghaft, bis eine Geschichte alles in Bewegung bringt, die abenteuerlich ist, romantisch, fast unglaublich: »Fidelio«. An diese abenteuerliche Geschichte bindet Beethoven seine große Botschaft, die zurückzunehmen wir auch und gerade heute keinen Anlaß haben. Es ist die Botschaft der Freiheit, erworben und erkämpft durch Mut, Treue, Liebe. Altmodische bürgerliche Tugenden?

Die Idylle der ersten Szenen erweist sich bald als gefährdet, verkehrt. Der scheinbare Singspielcharakter garantiert nicht Gemütlichkeit, sondern alarmiert in solcher Umgebung. Das Wunderbare und Grauenhafte werden kanonartig verwoben (Quartett). Leonore/Fidelio muß damit rechnen, daß ihr Ziel, ihren Mann zu finden und zu befreien, das Glück, die Gefühle einer Marzelline schockartig verletzt.

Der Aufseher in solchem Gefängnis, Rocco, durchläuft eine widersprüchliche Entwicklung. Ein scheinbar Charakterloser wird zum großen Charakter. Er bietet die Alternative an, die eigentlich allezeit für den Durchschnittsbürger besteht: in Angst, Korruption, Feigheit zu verharren oder durch Zivilcourage und persönliche Tapferkeit sich und anderen zu helfen, den Druck der Angst abzuwerfen.

Die menschlichen Entscheidungen darzustellen, die von der mutigen Unternehmung Leonores, dieser antiheroischen Heldin, in Bewegung gesetzt werden, bedarf es der originalen Prosatexte. Wir haben keinen Dichter gebeten, uns einen neuen Dialog zu schreiben, wir haben nicht Anthologien durchgesehen, um zwischen die Musiknummern schöne, beziehungsreiche oder wichtige Gedichte einzustreuen und von anderen rezitieren zu lassen, sondern wir haben das Stück, so wie es uns immerhin nach zwei Fassungen schließlich dann von Beethoven zuletzt abgefaßt und hinterlassen wurde, ganz beim

»Fidelio« – München 1978, 1. Akt

Wort genommen. Wir haben die Dialoge ernst genommen, sie lediglich gekürzt. Wir haben den Text aber prinzipiell unverändert gelassen und nur an zwei Stellen, in der Kerker-Szene, aus dem Text der Urfassung, der »Ur-Leonore«, etwas eingefügt: Textpassagen, die besonders dem Duett »O namenlose Freude« eine verschärfte menschliche Ausgangssituation geben.

Die 3. Leonoren-Ouvertüre zwischen Kerker und Schlußbild zu spielen, ist im Umkreis solcher Überlegungen durchaus konsequent. Bei offener Szene begonnen, kann sie begriffen werden als »psychologische Rückblende«, aus der Hoffnung gewonnen wird: den Alptraum der Ängste hinter sich zu lassen und vorzustoßen in die Konkretisierung des Traumes allgemeiner Befreiung.

So mischen und überlagern sich im Schlußbild Teile der bisherigen Schauplätze auch im Bühnenbild. Daß »der Böse« bestraft würde, daß Gattenliebe ein Hebel wäre zur Beförderung allgemeinerer Menschenliebe, daß alle heraustreten könnten aus der Nacht ins Licht: Das ist eine Utopie, von der wir oft nur träumen können, die hier aber theatralisch Wirklichkeit wird. Am ehesten vermag noch immer die Musik Beethovens der Hoffnung Klang-Gestalt zu verleihen, und sei es nur für wenige Augenblicke.

»Fidelio« – München 1978, 2. Akt – Finale

CARL MARIA VON WEBER

DER FREISCHÜTZ

Eine Anmerkung

»Nichts Modernes« empfahl Kind Weber, als er ihm ankündigte: »Ich drehe das ganze Spiel um.« Deutsches Geschick hat seit 150 Jahren an dieser Opern-Parabel weitergedichtet. Hat sich inzwischen das ganze Spiel abermals umgekehrt? Jedenfalls erwies sich das Biedermeierliche, Biedermännische im »Freischütz« als fadenscheinig. Freilich entscheidet jede Gegenwart, was sie aus der Vergangenheit gebrauchen, beziehen will. Die Bezirke des »Unheimlichen«, des Irrationalen, denen sich heute viele ausgeliefert sehen, finden im »Freischütz« eine Entsprechung, deren Naivität nicht Verharmlosung bedeutet, sondern Signum des Glaubens ist, daß es möglich sei, aus den makabren Bereichen jedweden Aberglaubens in die Dimension Freiheit zu treten.

Wer hat gut lachen beim »Freischütz«?

von Hans Mayer*

In London ist Carl Maria von Weber zwar gestorben, kurz nach dem Triumph des »Oberon«, den er als Auftragswerk für England geschrieben hatte, allein der »Freischütz« wurde dort erst in neuerer Zeit zum ersten Mal aufgeführt. Das britische Publikum schaute sich an, was die deutschen Jäger trieben und die Brautjungfern, und registrierte die Eskalation des Grauens beim Gießen der Freikugeln. Auf dem Höhepunkt der Krise, als Himmel und Hölle, Eremit und Samiel wieder einmal um eine arme Seele kämpfen und Agathe schreit: »Schieß nicht! Ich bin die Taube!«, wandte sich ein Gentleman im Parkett zu seiner Frau und fragte halblaut: »Warum sagt sie, um Himmelswillen, sie sei eine Taube?«

Es ist gut lachen über die romantische Erzoper der Herren Friedrich Kind und Carl Maria von Weber. Kein Werk der Opernbühne mit Ausnahme des »Lohengrin«, was kein Zufall ist, wurde so viel parodiert und verspottet. Für geflügelte Worte, die man im Alltag zitieren konnte, mußten beide herhalten: Weber mit dem schönen Satz des Fürsten: »Fort, werft das Scheusal in die Wolfsschlucht!«, und Wagner mit dem Gebot des Gralsritters: »Nie sollst du mich befragen.«

---

* Hans Mayer an Götz Friedrich am 14. Januar 1976

Lieber Götz,
da haben Sie bei mir einen »fruchtbaren Augenblick« erwischt. Erst wollte ich Ihnen antworten, da sei noch ein »Freischütz«-Artikel von mir, den ich einst für Felsensteins Stuttgarter Inszenierung geschrieben hatte, verzichtete aber auf ein Kramen nach dem damaligen Text, sondern überdachte den Fall von neuem. Ich fing Feuer, machte mich an die Arbeit, et voilà. Das ist ein schöner Text geworden, wie ich meine. Er fängt ganz heiter an, wird dann immer grundsätzlicher, schließlich sehr ernst. Daß er genau zu Ihrer Inszenierung passen wird, davon bin ich fast blindlings überzeugt. Man kann es gar nicht anders sehen.
[...]
Toi toi toi!
Ihr Hans Mayer

»Der Freischütz« – Hamburg 1976

Warum der Spott? Mit dem romantischen Wunder läßt es sich nicht erklären, denn auch »Holländer« und »Tannhäuser« leben vom Wunderbaren, zu schweigen von »Zauberflöte«, »Parsifal« und der »Frau ohne Schatten«. Deren theatralische Spielregeln wurden widerstandslos angenommen. An mancher Wirrnis im Libretto des »Freischütz« liegt es ebensowenig, daran hat es auch Schikaneder bei Tamino und Papageno nicht fehlen lassen, und das Libretto des ebenso belachten »Lohengrin« ist alles andere als wirr, vielmehr klar und ungemein gut gebaut.

Es muß mit einer besonderen Art von Unheimlichkeit zusammenhängen, gegen deren Gewalt man das Lachen zu Hilfe ruft. Beide Opern sind insgeheim Mysterienspiele. Himmel und Hölle im Widerstreit: Ortruds heidnischer Zauber und der Gralsritter in lichter Waffen Scheine; Samiel mit dem verfluchten Kaspar und der Eremit, der Agathe schützt: das eigentliche Opfer des Teufels, der den Jägerburschen Max zum Todesschützen machen will. Allein es ist ein ungleicher Kampf. Die Hölle kann niemals siegen. Sie erhält nur, wen sie durch Vertrag kaufen konnte, wie den Kaspar.

Das Leid tragen, im Wortsinne, die Menschen, die weder himmlisch sind noch höllisch: aber unfrei in einer prädestinierten Weltkomödie. Elsa scheitert an der unmenschliche Reinheit des Gralsritters. Max wird vom Teufel umgarnt, denn auch ein Mißgeschick am Beginn der Oper ist Samiels Werk.

Die Menschenwelt im »Freischütz« ist eine tief unfreie Welt. Sie setzt eine totale Unterordnung voraus: im Gebet wie im Gehorsam. Bürgerliche Aufklärung suchte sich gegen solche Unterjochung durch Gelächter zu wehren. Sie traf damit aber bloß den Aberglauben, herabstürzende Ahnenbilder und den Vorüberzug der Wilden Jagd. Das wahrhaft Unheimliche jedoch wurde nicht durch Gelächter gebannt: die Hierarchie von Untertänigkeiten, die vollkommen unfreie, total gebundene Existenz. Gott, Fürst, Oberförster. Wie soll da ein Glück erblühen für Max und Agathe?

Weshalb man den Librettisten des »Freischütz« nicht gegen seinen Komponisten ausspielen kann im negativen Verdikt, oder Weber gegen Kind zur Ehrenrettung. Das Gelächter über den »Freischütz« hat die gleiche Ursache wie die grenzenlose deutsche Begeisterung über Webers romantische Oper bei der Berliner Uraufführung im Jahre 1821. Es war nicht allein der künstlerische Gegenwurf zur höfischen italienischen Oper eines Spontini. Das mochte bei der Berliner Premiere eine Rolle spielen, erklärt aber nicht den Siegeszug des Werkes. Es war auch nicht Webers Musik allein, denn die hat seine »Euryanthe« wenig Jahre später nicht retten können.

Es war der ganze »Freischütz« ohne Ausflüchte: das Werk von Kind und Weber. Ein Werk, das die deutsche Misere darzustellen hatte, nämlich die totale Subordination, vom Bauer Kilian zum Jägerburschen zum Förster zum Fürsten zum Eremiten zu Gott. Allein Weber und Kind zeigen diese Misere als eine vergangene Welt. Der Hinweis, das Stück spiele nach dem Dreißigjährigen Krieg, ist durchaus wörtlich zu nehmen. Der »Freischütz« bringt eine vergangene absolutistische und verstörte Wirklichkeit auf die Bühne. Verwüstetes Land und verwirrte Gemüter. Unfreiheit im Stufenbau der Autoritäten. Aber es gibt auch die Versuche des Ausbruchs. Kaspar ist ein Doktor Faustus im Wams des Landsknechts. Max schwankt zwischen Gehorsam und Insubordination, die aber nicht Freiheit bewirken würde, sondern neue Unterordnung.

Auf dies alles fällt, im frühen bürgerlichen Deutschland des Jahres 1821, das Licht der Aufklärung. Die Stretta der »Freischütz«-Ouvertüre schildert nicht allein das Entzücken der Agathe, die dem Geliebten entgegeneilt. Der Aufbau des Musikstücks ist vielmehr durchaus der Leonoren-Ouvertüre nachgebildet. Beethoven selbst war überrascht beim Lesen der Partitur. Das hatte er Weber nicht zugetraut, wie er gestand. Das Trompetensignal des Prinzips Hoffnung aus dem »Fidelio« wurde auch von den Künstlern vernommen, die den »Freischütz« geschaffen haben. Auch dieses Werk verkündet, wie die »Zauberflöte« und wie die Oper Beethovens, das Ende der Subordination zugleich mit dem Ende des »Aberglaubens«, von dem die drei Knaben bei Mozart gesungen hatten.

Wer dies heute belacht, hat nicht gut lachen. Wer das Werk nicht ernst nimmt und ein Arrangement fordert, das den Bewußtseinslagen einer aufgeklärten Gegenwart angemessen sei, also »Freischütz« ohne Wolfsschlucht und Dumpfheit, ist genauso im Irrtum, wie es der kluge Moses Mendelssohn einst war, als er sich beim Gedanken entsetzte, sein Freund Lessing könne einen »Dr. Faust« schreiben und dabei den Teufel vom Jahrmarkt auf die Bühne bringen. Es gibt nur den ganzen oder gar keinen »Freischütz«. Der aber ist ein Bühnenwerk geblieben, bei dem uns das Lachen vergehen kann.

»Der Freischütz« – Hamburg 1976

FAUSTS VERDAMMNIS

Der verdammte Faust

Auch Schönbergs »Moses und Aron« schien sich lange der szenischen Präsentation zu widersetzen. »Du sollst Dir kein Bildnis machen.« Dieses biblische Gesetz scheint – übertragen auf die Bühne – immer wieder auch für eine Reihe von Komponisten Gebot gewesen zu sein, eine frühzeitige Vereinnahme durch das Theater zu scheuen, obwohl sie doch eine optisch-szenische Verwirklichung suchten und brauchten. Berlioz nannte seine »Faust«-Komposition zunächst »Opéra de concert«, danach »Légende« und setzte später hinzu »dramatique«. Die Uraufführung 1846 an der Pariser Opéra-Comique erfolgte in oratorischer Form. Vierundzwanzig Jahre nach dem Tod von Berlioz wagte sich Raoul Gunsbourg in Monte Carlo an die erste Inszenierung.

Erinnern wir uns: Tschaikowski schrieb »Eugen Onegin« als »Lyrische Szenen«, Wagner bezeichnete »Tristan« als »Handlung in drei Akten« und erfand für »Parsifal« den Begriff »Bühnenweihfestspiel«. Strauss nannte »Feuersnot« ein »Singgedicht« und »Daphne« eine »Bukolische Tragödie«, Charpentier »Louise« einen »Musikroman« und Busoni seinen »Dr. Faust« eine »Dichtung für Musik«.

Mit solchen Werkbezeichnungen prononcierten Komponisten die ungewöhnlichen Erwartungen an ein (partiell noch nicht existierendes) Musiktheater, wie sie andererseits mit solchen Begriffen auch der Offenheit des Musiktheaters Ausdruck gaben, die lineare Fabel-Musik-Dramaturgie zu verlassen und so die Ästhethik des Musiktheaters neu zu befragen.

Der ästhetische Grenzfall der Faust-Komposition von Berlioz basiert auf einer existentiellen Grenzsituation. »La Damnation de Faust« ist so etwas wie eine französisch-deutsche Schicksalsbegegnung. Als Heine in Paris Heimat nahm, machte Berlioz seine Winterreise 1845/46 durch Deutschland und angrenzende Länder. »Als ich in meinem alten deutschen Postwagen dahinrollte, versuchte ich, zu meiner Musik die nötigen Verse zu machen«, berichtet er in seinen Memoiren. In freier Montage gegenüber Goethe tauschte er die Schauplätze aus und begegnete seinem Faust in der »ungarischen Ebene« wie in »Norddeutschland«, in »Auerbachs Keller in Leipzig« wie am »Ufer der Elbe«, bevor er ihn in die Hölle stürzt und den Himmel singen läßt.

»Fausts Verdammnis« – Berlin 1983

Wer in Berlioz' Werk eine Goethe-Vertonung sucht, der wird nicht fündig. Wenig froh machte Berlioz die erste Begegnung der Berliner 1847 mit seinem Werk:

»Deutsche Kritiker griffen mich heftig an wegen der Änderungen, die ich in meinem Libretto am Text und am Plan des Goetheschen Faust vorgenommen hatte – als ob es keinen anderen Faust gäbe als den von Goethe, und als ob man überdies eine solche Dichtung in ihrem ganzen Umfang und ohne die Szenen-Folge zu verändern in Musik umsetzen könnte.« Bitter ergänzt er an anderer Stelle: »Patriotismus! Fetischismus! Kretinismus!« Und in seinem Vorwort zur Partitur besteht er darauf: »Die Legende vom Dr. Faust eignet sich zu verschiedenartigster Behandlung; sie gehört dem Volk an, war lange vor Goethe dramatisch bearbeitet worden.«

Staunen macht der frühe Zeitpunkt der ersten Auseinandersetzung des jungen Franzosen mit Goethes Werk. Schon 1829 komponiert der 26Jährige nach der französischen Übersetzung von Gérard de Nerval acht Szenen aus »Faust«. Das war die Zeit, als Goethe an der Tragödie zweitem Teil arbeitete. Es war gerade auch das Jahr, in dem »Faust I« überhaupt zum ersten Mal auf der Bühne erschien, in Braunschweig. Die kühne »Faust«-Adaption Berlioz' hat ein Signal auch für das Stoffverständnis späterer Zeiten gesetzt. Bei ihm wird Faust nicht erlöst und nicht gerettet. Sein Faust ist verdammt. Damit greift Berlioz Interpretationen vor Goethe wieder auf und öffnet zugleich durch die Verfremdung klassischer Idealität den Weg für Versuche über Faust wie zu denen von Hanns Eisler und Wolfgang Rihm.

»Fausts Verdammnis« – Berlin 1983

»Fausts Verdammung« müßte – wir wissen es wohl – die Übersetzung des Titels richtig heißen. Aber die Verwendung des eingebürgerten Begriffs »Verdammnis« erlaubt sich auch von der tragischen Fatalität her, in die Berlioz' romantische Sehnsucht mündet – eine Fatalität, die Berlioz seiner Figur von Anfang an gibt.

Sein Faust lebt allein, von der Welt abgeschlossen in seinen Träumen, mit seinem Wissen. Was er erschaffen hat, läßt ihn den Tod herbeisehnen. Mephistopheles reißt ihn zurück ins Leben. Die Stationen, durch die er seinen Faust führt, sind Zerrbilder der klassischen Erfahrungsbildung, sind wie eine Lektion über die Vergeblichkeit, das »normale« Leben noch einmal heimzusuchen, nachdem das Genie es übertreffen wollte. Wenn wir das weiterdenken, entdecken wir plötzlich im romantischen Genie wieder die Projektion des Wissenschaftlers, des Erfinders, der, nur wenn er abschwört wie Galilei, seine Gans bekommt und der, wenn er es nicht tut wie viele bis auf den heutigen Tag, in Verbannung lebt, isoliert wird, einsam endet. Weil er Himmelswege erforschte, beansprucht ihn die Hölle. Aber er versagt sich ihr wie der Erde. Ein wahrhaft verdammter Faust.

Solche Sinngebung ergibt die dramatische Affinität der »Légende«. Erst aus dem szenischen Kontext wachsen die Assoziationen, die in der Komposition angelegt sind. Nur drei Beispiele:

Die brillanten Klänge des ungarischen Marsches leitet Berlioz mit einem Rezitativ Fausts ein, den er sagen läßt: »Jedes Herz schaudert vor dem Siegesgesang. Das meine bleibt kalt, gefühllos für den Ruhm.« Die Aufgabe für die Szene wird eminent: die Musik zu kontrapunktieren. Verfremdung also umgekehrter Art!

Die diabolische Funktion des Mephistopheles gipfelt in der Beschwörung des Bildes der Marguerite. In idealisierter, künstlicher Umgebung läßt er Faust Marguerite erträumen. Bevor er ihr aber in Wirklichkeit begegnen kann, zerstört, demoliert Mephistopheles das weibliche Ideal. Im »Menuett der Irrlichter« wird Marguerite derangiert. Der verjüngte Faust trifft auf sein gealtertes Gretchen. In solcher Verkehrung verschlüsselt sich der selbstquälerische Zweifel, seine Ideale auch wirklich erfüllt finden zu können. Die Biographie Berlioz' bietet dafür hinreichend Material.

Ein drittes Beispiel für die szenische Affinität der Komposition: Unsere Aufführung findet Faust am Ende so einsam wie am Anfang. Der Versuch, ins Leben zurückzukehren, ist gescheitert. Faust versagt sich jeder Gemeinschaft, selbst der mit der Hölle. Die Einsamkeit ist sein Fluch und sein Gewinn. So hört er die Stimmen, die von der Aufnahme Marguerites in den Himmel singen. Man gönne dem Verdammten diese Phantasie.

»La Damnation de Faust« fragt nach den Möglichkeiten und Grenzen, die das Musiktheater solchen Stoffgestaltungen gegenüber hat. So bildet der moderne Archetypus vom verdammten Faust einen Grenzfall auch für die heutige Musikbühne.

DIE TROJANER

Mythos der Heimatsuche

Das Verhältnis zwischen Musik und Sprache, das Wort-Ton-Verhältnis, war der Gattung Oper von Anfang an immanent zugehörig und bildete das der Gattung zugrunde liegende Spannungsverhältnis. Meiner Ansicht nach reicht dies aber nicht aus und ist eigentlich nur der Schlüssel zur Erklärung eines anderen Spannungsverhältnisses, das die Entwicklung vom Opernstoff und dessen »zeitbedingter und zeitsprengender« Musikalisierung bis hin zu einer Wirkungspermanenz beschreibt, an der jeweils eine »Zeit« mitschreibt, die Historisches vergegenwärtigt. Besonders Berlioz scheint mir einer derjenigen gewesen zu sein, der im Bewußtsein überkommener Formen, wie sie etwa in den Werken Bellinis und Rossinis sich »internationalisiert« hatten, eine merkwürdige Aufbrechung der Oper versucht hat, zum einen anknüpfend an gewisse Großformen der französischen Oper in der Folgezeit der Revolution, zum anderen tendierend zu einem sinfonischen Charakter, wenngleich Berlioz ihn bei weitem nicht so stark als dramatisch-episches Element einsetzt wie später Richard Wagner. Dennoch läßt sich bei Berlioz deutlich die Entwicklung absehen weg von der reinen Nummernoper traditioneller Machart hin zu Irritationen der Opernform durch Hereinnahme sinfonischer Stukturen. Das konsequenteste Beispiel dieses Versuchs ist für mich nach wie vor »Fausts Verdammnis«, während die »Trojaner« meiner Meinung nach ein »Gewaltunternehmen« sind, gewissermaßen der »französische Ring«: ein Versuch, im mediterranen Bereich einen Archetypus für Mythologie zu finden, der sich mit einer großen, episch-dramatischen Opernform gestalten läßt.

*

Wenn ich bei den »Trojanern« von Mythos spreche, meine ich nicht den klassisch verbürgten Mythos, sondern Mythos als in die Kunst eingebrachten Archetypus von Menschheits- oder besser gesagt Menschenerfahrungen, die in der Vergangenheit gemacht wurden und durch die Kunst vergegenwärtigt werden, um in der Jetztzeit eine bestimmte Wirkung oder Aussage zu treffen. Bei den »Trojanern« handelt es sich um den Archetypus des Untergangs eines ganzen Volkes, sozusagen der »heimatlosen Heimatsucher«, die aus einem vom Krieg heimgesuchten und verlorenen Land auf eine für sie ungewohnte Daseinsstruktur stoßen, nämlich auf einen afrikanisch-pazifistischen, fast matriarchalisch organisierten Staat. Das Matriarchalische steht hier auch als Synonym für Friedensbereitschaft und Friedfertigkeit. Die Kollision dieser beiden Haltungen führt für das »weibliche Prinzip« zur Katastrophe, zur Tragödie, katapultiert aber die »heimatlosen Heimatsucher« in eine Utopie hinein, die nun freilich, wie ich es sehe, in dieser Oper mit dem »Kapitol in Rom« historisierend fragwürdig festgeschrieben wird. Dies sind die grundlegenden Spannungsverhältnisse, wie sie sich in der Fabelführung und in der Komposition darstellen. Äneas ist für mich eine Art »Geschlagener«, ein »Odysseus«, ein auf andere Weise »Schicksalsverfluchter«. Interessant im Vergleich eben deshalb, weil Vergil im Unterschied zu Homer den »Fahrenden« als einen Angehörigen des vernichteten Volkes sieht und nicht als Mitglied des siegreichen. Dies sind Ansatzpunkte, die kennzeichnend für Berlioz' Interesse an Vergil und eben auch für unser Interesse an diesem Stoff sein könnten.

*

Es ist ja ein Problem, das uns auch bei Richard Wagner weiterhin sehr beschäftigen wird: Wie die »Männerprojektion« des 19. Jahrhunderts immer mehr dazu neigt, stark profilierte und signifikante Frauenfiguren zu schaffen, und gerade eben nicht dazu, die »Projektion« durch eine künstlerisch ausgeformte Darstellung des »überlegenen Mannes« zu untermauern. Sie bemerken richtig, daß vieles an Äneas nur skizziert ist, er ist mehr Typus als Charakter, während Berlioz' Interesse für Kassandra und Dido weitaus mehr differenziert ist: Gerade die freiwillige Tötung, das Opfer der trojanischen Frauen in den letzten Bildern des ersten Teiles hat eine so faszinierende und eindringliche Größe, daß sie weit über die Darstellung einer »Männerprojektion« hinausreicht. In dieser künstlerischen Idee wird die Frau als »zutiefst

»Die Trojaner« – Hamburg 1982

»Die Trojaner« – Hamburg 1982

Getroffene« gezeichnet, aber eben auch als den durch das Leiden die Gesellschaft aktiv bestimmenden Teil, just in dem Moment, in dem die Männerwelt nicht mehr von ihr kontrolliert werden kann. Bei Dido ist es so, daß sie nicht nur eine Liebe freiwillig opfert oder durch Selbstmord untergeht, sondern ein utopisches Prinzip verkörpert, die Idee einer friedlichen und waffenlosen Gemeinschaft, die, sagen wir einmal vorübergehend, vor einer Welt kapitulieren muß, die mehr oder minder im »Waffenklirren« über sie hinweggeht und die weder die Sensibilität hat noch duldet, die von diesen Frauenfiguren ausgeht. Kassandra und Dido sind für mich eigentlich Schwestern von einer ganz verwandten und ähnlichen Art, womit wir wieder bei Richard Wagner wären, der es liebte, Frauenfiguren in bestimmte Polaritäten aufzuteilen, um sie besser analysieren zu können.

*

Die Form, die Berlioz wählt, scheint zunächst noch traditionell zu sein, ganz im Unterschied zum »deutschen Ring«. In Wirklichkeit aber sind Großteile der »Trojaner« Ausdruck einer fast fieberhaften, ebenso hektischen wie zärtlichen und überkommene Regeln über Bord werfenden Suche nach einer der Idee des Stoffes angemessenen Geisteshaltung. Diese Suche hängt sehr eng mit dem Ringen der französischen Oper um ein Selbstverständnis zusammen, das ja eigentlich erst viel später, nämlich bei Claude Debussy durch »Pelléas et Mélisande«, erreicht wird.

GIUSEPPE VERDI

LUISA MILLER

Die gefährdete Unschuld

Verdi transponiert seinen Schiller nach Italien, aus einem deutschen Kleinstaat in ein imaginäres Tirol. Eine neue Geschichte entsteht daraus. Die Musik trägt sie näher an uns heran. In mafioser Manier regiert Graf von Walter. Er hat tatsächlich »eine Leiche im Keller«. Denn zusammen mit seinem Sekretär Wurm ermordete er seinen Vetter, um an die Macht zu kommen. Sein Sohn Rodolfo wurde ungewollt Mitwisser. Er liebt Luisa, die Tochter des Kriegsveteranen Miller. Doch Walter und Wurm hintertreiben aus unterschiedlichen Motiven diese unstandesgemäße Liebesverbindung. Rodolfo soll durch die Verbindung mit der Herzogin von Ostheim den angeschlagenen Ruf der Walters mit hocharistokratischem Flair aufpolieren. Wurm begehrt Luisa. Aus kontrastreichen Situationen und oft das Absurde hervorkommenden Situationen entwickelt Verdi sein Thema: die Gefährdung der Unschuld. Unsere Inszenierung vermittelt »Luisa Miller« als Aufbäumen der ohnmächtigen Liebe gegen Willkür und Gewalt.

»Luisa Miller« – Berlin 2000

LA TRAVIATA

Ein Opfergang

Die luziden Streicherklänge des Vorspiels verweisen auf eine jenseitige Welt. Es ähnelt in seiner Atmosphäre dem Vorspiel zu Wagners »Lohengrin« verblüffend. In beiden Fällen: Musik an der Schwelle zwischen Leben und Tod, Sehnsucht und Not, Traum und Wirklichkeit. Verdi aber kann den Lohengrin noch nicht gekannt haben. Viel später erst, 1871 in Bologna, verfolgte er eine Aufführung der Wagner-Oper, die Partitur auf den Knien.

Schon zu Beginn wird hörbar: »La Traviata« ist eine Oper des Sterbens. Sie ist zum Sterben schön.

»La Traviata« – Berlin 1999, 2. Bild

Als Verdi dem Roman und dann dem Drama von Alexandre Dumas fils begegnete, war er fasziniert, bewegt von diesem Stoff wie selten von einem anderen. Betraf vieles nicht auch seine persönliche Situation in der Beziehung zu Giuseppina Strepponi, über die es viel Naserümpfen gab? Entlarvte nicht manches die Doppelmoral einer ebenso vergnügungssüchtigen wie herzlosen bürgerlichen Umgebung?

Aber Verdi versagte sich jede plakative Gesellschaftskritik, wohlfeil damals wie später. Der Tod der Kurtisane ist auch im Roman Ausgangspunkt, ihr Sterben wird Verdis Thema. Das vermittelt auch das Bühnenbild unserer Aufführung: Auf Violetta, gleichsam in einem Mausoleum auf das Todeslager gebettet, brechen noch einmal die Stationen ihrer einzigen wirklichen Liebe ein, wie in raschen, konzentrierten Rückblenden. Sie erzählen den Opfergang einer außergewöhnlichen jungen Frau, die auf unkonventionellste Weise den Kreis ihrer persönlichen Freiheit ausmessen wollte. Die bürgerliche Gesellschaft bediente sich zur eigenen Lust solcher riskanten Emanzipationssuche, solange sie »brauchbar« war. Sobald sie es nicht mehr war, wird sie – damals wie heute – in die Einsamkeit, in die Gosse, in den Tod gestoßen. Alban Bergs »Lulu« ist die um ein Jahrhundert jüngere Schwester Violettas.

Deren Opfergang kulminiert – es ist wie die aristotelische Peripetie in einer ansonsten ganz epischen Dramaturgie – im Verzicht auf Alfredo zugunsten des Familienglücks, das Père Germont von ihr einfordert. »Sagen Sie dem Mädchen, das so schön und rein ist, daß es ein unglückliches Opfer gibt, dem nur noch ein einziger Schimmer des Guten geblieben ist, daß es diesen einzigen Schimmer ihr zum Opfer bringt und sterben wird.« Mit der schlichtesten Melodik und

»La Traviata« – Berlin 1999, 3. Bild

»La Traviata« – Berlin 1999, 4. Bild

lakonischster, aber stets unerbittlicher Rhythmik erreicht Verdi gerade hier die intensivste, unmittelbarste Anteilnahme.

Den nächsten ihrer Tode stirbt Violetta, wenn Alfredo, der über die Hintergründe der Trennung in Unkenntnis gelassen war und Violetta für rückfällig-treulos hält, in besinnungsloser Eifersucht ihr die Banknoten vor die Füße wirft und sie als bezahlbare Dirne vor der Gesellschaft brandmarkt.

Das versetzt Violetta den letzten Stoß. Die Krankheit bricht unaufhaltsam wieder aus. Das Glück, das sie für sich reklamieren wollte, hat sie geopfert für das anderer. Verdi schließt den Kreis seines Seelen-Reports: Das letzte Bild wird eingeleitet mit der Reminiszenz des Vorspiels der Oper.

Daß sie »La Traviata« heißt, entpuppt sich schließlich als eine ebenso listige Provokation, wie sie der Titel von »Così fan tutte« war. Ist darin nicht die tragische Ironie zu entdecken, die Verdi in seinen späteren Werken immer öfters ins Spiel brachte? »Die vom rechten Weg Abgekommene«: Wer bestimmt denn, was der »rechte Weg« sei? Die Violetta, der Verdi sich zuwandte, ist auf den ihrer Persönlichkeit gerecht werdenden Weg gekommen: ihre endlich gefundene Liebe zu bewahren bis in den Tod.

Schuld? Eine inzwischen fast antiquierte Frage. Verdi urteilt so amoralisch, so abseits der Norm wie Mozart. Jeder scheint recht zu haben. Und jeder trägt Schuld. Jeder hat seine Rechnung an das Leben zu zahlen. Und darin liegt das eigentlich Moderne dieser Oper: das ganz individuell geführte Plädoyer für die persönliche Freiheit auch und gerade der Frau – eine Freiheit, die gewagt wird selbst um den Preis der eigenen Aufopferung, des eigenen Todes. Daß Verdi dies mit analytischer Schärfe erzählt, daß sein engagiertes Sentiment ihm nie sentimental gerät, daß er eine feminine Passion in den Gesang befreit, ist vielleicht das eigentliche Wunder seiner »La Traviata«.

»La Traviata« – Berlin 1999, Cristina Gallardo-Domas (Violetta), Lado Ataneli (Giorgio Germont)

MACBETH

Düstere Szenerie

Die Kinderlosigkeit von Macbeth und seiner Frau wurde von der Inszenierung als ein Schlüsselmotiv der Mord- und Gewaltneigungen des Paares eingeführt in Gestalt einer lebensgroßen Puppe, die stets wie ein lichtes Alarmzeichen abstach von der düsteren Szenerie Josef Svobodas. Sigmund Freud spukte auch unter den Hexen, die sich als die in den Schlachten Macbeths Gefallenen mit Frauenstimmen entpuppten und mit sexueller Ambivalenz das Geschehen weiter beunruhigten. Ins Zentrum humaner Teilnahme stieß vor allem das Flüchtlingsbild mit der Arie Macduffs. Grace Bumbry gab die Lady Macbeth nicht als pompöse Megäre, sondern als leidgeprüfte Frau, die schließlich an ihrer eigenen Frustration zerbricht. Auch Piero Cappuccillis Macbeth war weniger dämonischer Finsterling als viel eher ein geschickter Soldat, dessen männliche Schwäche ihn leicht manipulierbar machte. […]

»Macbeth« – Hamburg 1980, Grace-Melzia Bumbry (Lady Macbeth), Piero Cappuccilli (Macbeth)

»Macbeth« – Hamburg 1980

»Macbeth« – Hamburg 1980

EIN MASKENBALL

Das Attentat

»Tutto nel mondo è burla« – alles auf der Welt ist Spaß, Narrheit. So endet Verdis letzte Oper »Falstaff«. Legt sein »Maskenball« nahe, einer Auffassung zu folgen, nach der das Leben ein Spiel hinter Masken ist, eine Maskerade, in die sich das Ich flüchtet oder in der es sich erst eigentlich auslebt?

Es erscheint zwingend, für Verdis Oper die Handlungssphäre zu wählen, die seiner ursprünglichen Absicht entspricht: das Klima zwischen Aufklärung und Revolution, die Nachwirkung des Schwedenkönigs Gustaf III.

So widerwärtig Zensur zu allen Zeiten und in allen Gegenden ist: Man versteht schon die Herrschaften, die Mitte des vorigen Jahrhunderts, als sich Europa im Umbruch befand, nicht dulden wollten, auf der Bühne den Mord an einem regierenden Monarchen vorgezeigt zu sehen. Dabei ist immer wieder verblüffend, daß die Zensur ganz offensichtlich an die Sprengkraft der Kunst mehr glaubt, als es manche Künstler und deren Gefolgsleute gemeinhin tun.

Die Ironie steckt von Anfang an in der Oper »Maskenball«. Verdi wollte ja, Scribe folgend, nicht die politischen Motive des Königsmordes analysieren und aufdecken. Er stellt die Geschichte auf den Kopf oder, wenn man so will, vom Kopf auf die Beine. Graf Anckarström erschießt seinen König nicht aus politischer Überzeugung, sondern weil er sich von ihm persönlich betrogen fühlt und seine verletzte Ehre rächen will. Immerhin reiht er sich so mit einer gewissen Konsequenz in die Schar der Verschwörer ein, die auch recht persönliche Gründe geltend machen für ihr geplantes Attentat auf den König.

Es ist ein großer Gedanke Verdis, daß die Tat dem engsten Freund überantwortet wird. Liebe kehrt sich in Todfeindschaft. Es ist der tragische Irrtum, der zur Katastrophe führt.

Welchem Mann, welch einem König gilt der Anschlag?

Der historische Gustaf III. war zugleich der energische Reformer, der die Privilegien des Adels beseitigte mit dem Ziel einer Stärkung des Bürgertums, u n d der noch heute von den Schweden geliebte und bewunderte Theaterkönig, selber ein Spieler, ein Schauspieler, dessen Leben manchmal wie eine Selbstinszenierung anmutet.

»Ein Maskenball« – Berlin 1993

Dies ist sicher das Motiv, das Verdi ursprünglich am meisten gereizt hat. Ausgehend von der Historie, hat er sie zur zeitlos bewegenden Geschichte vom Menschen verändern und konkretisieren wollen – dies nicht nur in zahlreichen Details, sondern eben auch in der dramatischen Grundtendenz. »Das Wahre kopieren kann gut sein. Aber das Wahre erfinden ist besser, sehr viel besser«, schrieb Verdi 1876 an Clara Maffei.

Die Wahrheit, die er erfand, ist im Umkreis seiner Zeit und im Verhältnis zu seinem Antipoden Richard Wagner von bestürzender Weitsichtigkeit. Die Nähe zwischen dem Theaterkönig Gustaf III. und der Kunstmajestät Ludwig II. ist unübersehbar. Beider Leben war permanent bedroht. Und bei beiden bleibt die Frage offen, inwieweit sie ihren Tod selbst herbeigeführt haben. Das Leben ein Spiel? Der Tod Bestandteil, Endpunkt der persönlichen Inszenierung?

Der Gustaf unserer Aufführung spielt von Anfang an mit den Masken wie mit den Menschen. Er weiß, daß Identität gefunden wird und sich zugleich verliert durch Verfremdung. Und daß die Lüge ebenso eine Maske trägt wie die Wahrheit.

Auch die Musik trägt, wie Rafael Frühbeck de Burgos gesprächsweise bemerkte, eine Maske. Wie kaum in einer seiner anderen Opern bevorzugt Verdi im »Maskenball« die Brechungen, das Doppelgesicht von Schein und Sein, die Verfremdung der Gefühle.

Beispiele: Welcher Art ist die Liebe Gustafs zu Amelia? Welche Beziehung bindet ihn an seinen Pagen Oskar? Welchen Wert mißt er der Freundschaft zu René bei? Was hält er wirklich vom Volk, das ihn zu lieben vorgibt? Verlacht er die Prophezeiungen Ulrikas nur, weil er ihnen im tiefsten glaubt? Sie vielleicht sogar ersehnt?

Gerade im »Maskenball« zeigt sich Verdis Vorliebe für absurde, paradoxe Extremsituationen auf brillante Weise. Vom ersten Moment an konfrontiert er seinen Theaterkönig mit der Todesgefahr. Diese Gefahr aber provoziert Gustaf nur zu einer um so größeren Heiterkeit, läßt ihn Leichtsinn vortäuschen. Seinen Freund René muß er bitten, daß dieser seine eigene Frau, unerkannt von ihm und verschleiert, von der Schädelstätte zum Stadttor begleitet, ohne die vermeintlich Unbekannte zu befragen. René zögert, nachdem alles entlarvt ist, die Tötung seiner Frau hinaus, bis sie den gemeinsamen Sohn umarmen konnte. Er bettelt die Verschwörer nahezu an, ihn in ihren Kreis aufzunehmen, um Gustaf umzubringen, und er bietet dafür sein Kind als Geisel an! Als er auf Gustaf geschossen hat, erfährt er, daß der König seiner Liebe zu Amelia entsagt hat und das Ehepaar in hoher diplo-

»Ein Maskenball« – Berlin 1993, Sondra Kelly (Ulrika Arvedson), Michele Crider (Amelia), Gwendolyn Bradley (Oskar)

»Ein Maskenball« – Berlin 1993

Das alles ist Einsicht in die absurde Welt-Dramaturgie, wie Verdi sie im »Troubadour« entwarf und in der »Macht des Schicksals« kulminieren ließ. Beim »Maskenball« scheint die krasse, bittere Ironie gesteigert. Sie ist ebenso antik wie modern, modisch sogar, was bei dem oft als spröde geltenden Verdi besonders auffällt. Wie anders erklären sich die klanglich-instrumentalen Verwandtschaften zu Offenbachs »Orpheus in der Unterwelt«?

Die Ironie durchwirkt den »Maskenball« vom Anfang bis zum Ende. Sie ist Mittel der Wahrheitsenthüllung. Es geht in Wirklichkeit nicht um den politischen Königsmord. Thema ist vielmehr das Attentat auf die Träumer, die vielleicht doch die skeptischsten Realisten waren und sind. Der Anschlag richtet sich weniger gegen den Phantasten als

matischer Mission nach England sendet, um Amelia nie mehr nahe zu sein und den Namen und den Ruf Rénes rein zu halten. Amelia bekennt am Ende, daß sich ihr Herz im qualvollen Zwiespalt der Liebe sowohl zu dem befindet, der sich schuldig gemacht hat, als auch zu dessen Opfer.

gegen die Phantasie. Dagegen wendet sich heute keine Zensur. Anschläge auf die Kunst – wen rütteln sie wirklich auf?

»Tutto nel mondo è burla«. Der Herrscher, der am Ende unserer Aufführung stirbt, trägt ein Narrenkostüm.

DIE MACHT DES SCHICKSALS

Eine heillose Geschichte

Waffenlärm stört die Einsiedlerin in ihrer Klause auf. »Pace« ruft sie in die Welt. Die Antwort: eine Fermatenpause. Leonora wiederholt: »Pace, mio Dio, pace, pace.« Aber es stürzen zwei Duellanten herbei. In dem einen erkennt sie den einstmals Geliebten, der unbeabsichtigt ihren Vater getötet hatte, von dem sie danach getrennt wurde und den sie tot glaubte. Der andere, im Duell tödlich Verwundete, ist ihr Bruder, der seit dem verhängnisvollen Tod des Vaters seine Schwester und ihren nicht reinrassigen Geliebten – einen Inka-Sproß! – verfolgt hat, um Rache für die Schande zu nehmen, die der Familie zugefügt wurde. In der Umarmung mit dem Bruder wird Leonora von diesem erstochen. In seiner Verzweiflung flucht der Inka Gott. Ein Pater rät, sich dessen unerforschlichem Ratschluß zu beugen.

Eine heillose Geschichte, von Anfang an. Der Schuß, der den Marchese von Calatrava tötet, löst sich aus der Pistole just in dem Moment, als Alvaro sie wegwirft, um sich waffen- und wehrlos dem Zorn des Vaters seiner Geliebten zu stellen. Niemand weiß, wie das flüchtende Paar getrennt wurde. Der einzige Sohn der Adelsfamilie macht sich an die Verfolgung und verpaßt seine Schwester, die zur Tarnung Männerkleidung angelegt hat, um nur wenige Meter, um Sekunden. Leonora sucht Zuflucht bei Mönchen, die glauben, einen Einsiedler aufzunehmen. Der Inka ist – unter anderem Namen – Held der Armee geworden, weil er furchtlos in jedem Gefecht den Tod sucht. Er rettet einem anderen Offizier, der sich ebenfalls mit falschem Namen tarnt, das Leben. Es ist ausgerechnet der, der ihm nach dem Leben trachtet. Ohne einander zu erkennen, schwören die beiden Freundschaft auf Leben und Tod. Bis Don Carlos die wahre Identität seines Lebensretters entdeckt, wiederum durch eine seltsame Verkettung von Zufällen. Er fiebert der Genesung des in der Schlacht schwer Verletzten entgegen, nur um ihn töten zu können. Die Kämpfenden werden getrennt. Alvaro taucht in eben jenem Kloster unter, in dem Leonora Zuflucht fand. So leben sie jahrelang nebeneinander, ohne voneinander zu wissen. Bis die alte Rache sie auch hier aufstöbert. Bis zum bitteren Ende.

Bitter klingt auch der Sarkasmus, mit dem sich Verdi über den Un-Sinn des Librettos bei seinem Verleger Ricordi beklagt: »Bei so vielen Mängeln und so vielen Absurditäten des Librettos ist es ein Wunder, daß nicht wenigstens der Impresario davon getötet worden ist.«

Generationen von Opernpuristen stimmten hierin Verdi zu. Selten wird erkannt, wie grandios der Maestro in zwei großen Anläufen (1862 und 1869) mit diesen »Absurditäten« fertig wurde, wie er sie durch die Komposition in eine Operndramaturgie modernsten Zuschnitts verwandelte. Klassische Regeln wurden verworfen. Die Unordnung der dramaturgischen Montage erscheint wie ein Vorgriff auf das Theater des 20. Jahrhunderts, des epischen Theaters und des Theaters des Absurden. Und vielleicht war es erst Samuel Beckett, der uns beibrachte, Opern mit solchen Libretti wie »La Forza del Destino«, »Simon Boccanegra« und »Il Trovatore« könnten uns durch ihren Un-Sinn auf den Sinn stoßen, den die Musik hat, unsere auf der Bühne gespielten Existenzformen der Sinnlosigkeit zu entkleiden.

Die heillose Geschichte gilt einer heillosen Welt. Da sind auch

»Die Macht des Schicksals« – München 1986, Bühnenbild-Modell von Hans Schavernoch

»Die Macht des Schicksals« – München 1986

theatralisch keine Engel und keine Teufel gefragt. Die Menschen machen die Erde selbst zur Hölle, weil sie den Himmel verfehlen. Rassendiskriminierung, Standesdünkel und Kriegslust sind die Psycho-Motoren, die die heillose Geschichte, wie sie uns »Die Macht des Schicksals« vorhält, bewegen. Frieden, der Glaube an Gnade und Erlösung werden musikalisch zwar eindrucksvoll beschworen, bleiben aber im Ergebnis der Handlung auf der Strecke. Und Verdi reitet seine leidenschaftliche Attacke gegen die Akzeptanz des »Sinnvollen« nicht nur mittels der absurden Individual-Story, sondern begleitet, begründet und kontrapunktiert sie durch Verhaltensstationen des Volkes. Dabei gibt er dem Chor eine werkprägende Funktion, die die Nähe zu einem solchen musikalischen Volksdrama wie Mussorgskis »Boris Godunow« nicht nur durch das historische Umfeld der Uraufführung in St. Petersburg, sondern auch in der realistisch-philosophischen Welt- und Weitsicht überraschend offenbart.

Im 2. Akt treffen wir den Chor als Leute, die bisher vom Krieg verschont wurden, aber taugliches Kanonenfutter sind. Im 3. Akt funktioniert dieses Kanonenfutter in der Schlacht mit dem Resumé in der Etappe, wo die Tarantella zum Tanz auf dem Vulkan pervertiert und das Rataplan böseste Brechung kriegerischer Begeisterung wird. Was bleibt vom Chor im 4. Akt? Menschlicher Kriegs-Müll: humpelnde Bettler, Krüppel, die grell ihren Anspruch auf Versorgung, auf

Caritas anmelden. Daß Figuren wie Preziosilla, Fra Melitone und auch Trabucco mehr der Skizzierung des Volksschicksals zuzuordnen sind als der Beeinflussung der Story der individuellen Protagonisten, unterstreicht das große dramaturgisch-philosophische Geschick, das dieses Werk durchwirkt. Der Semiseria-Charakter dieser Figuren – um in der Opernsprache zu bleiben – weist auf shakespearehafte Orientierung dieses bitteren Welttheaters hin, an dem nichts tragisch ist, ohne zugleich komisch zu sein, in dem es keine Komik gibt, die nicht zum schwarzen Humor gerät und immer wieder unsere Zweifel stimuliert gegenüber dem, was gemeinhin als wert- und sinnvoll hingenommen wird.

Wo ist der Ort einer solch heillosen Geschichte, wann spielt sie?

Die Oper gibt ungern die Historie – welche auch immer, auf jeden Fall aber doch so »nah« wie möglich – auf, weil sie noch immer in besonders listiger Auslegung des Brechtschen Vorschlags der Verfremdung gerade durch die Musik – weil sie historische Strukturen wie gegenwärtige realisiert –, gerade durch den Gesang – weil alte Formen aktuell faszinieren können – die Kontinuität von Einst und Jetzt im momentanen Kunst-, Erlebnisvorgang erfaßt. Da bedarf es keiner zusätzlich aufgetakelten Modernisierung. Denn das Gestern dieser heillosen Geschichte bestürzt heute besonders, weil es nicht gestrig geworden ist. Wehe uns, wenn es auch morgen bleibt.

Wenn wir das Libretto lesen, scheinen die Schauplätze der Szenen ebenso willkürlich hin- und herzuspringen wie die Handlung selbst. Aber alles spielt auf der Erde, wenigstens dort, wo sie besonders zum irdischen Jammertal verkommen zu sein scheint. Da meldet das Bühnenbild Stellungnahme an, protestierend ebenso wie sich den faktischen Zeitläufen beugend. Gottes Erde – wie stellt sie sich dar? Gottes Raum – wozu taugt er?

Im 1. Akt: Zufluchtsstätte des Restes einer Adelsfamilie in Zeiten zerstörenden Umbruchs. Im 2. Akt suchen Landleute einen noch friedvollen Platz für das gemeinsame Beisammensein. Fast plündern sie den Raum, aus dem sich die Priester in die Katakomben zurückgezogen haben, ihren Glauben zu bewahren auch in Zeiten unberechenbarer Gefahr und Gefährdung. Der 3. Akt zeigt: Kirche wird Kriegsschauplatz ebenso wie Lazarett danach, wird sogar zur Militär-Disko umfunktioniert. Erst im 4. Akt nimmt wieder das Kloster den Raum in Besitz. Aber da ist das Gotteshaus zerschossen, zerborsten, geschändet vom Leben und Treiben einer unglücklichen Generation, von anderen.

Gestattet der solcherart beschädigte Mensch-Gottes-Raum dem Ruf nach »Pace« noch ein anderes Echo als eine Fermatenpause, ein anderes Finale als den fanatischen Vollzug von Rache?

Manchmal scheint es, als ob nur der konzentrierteste Un-Sinn der Oper uns alle mit der Nase darauf stoßen müßte, was noch Sinn macht – wieder, immer wieder.

AIDA

»Wirklichkeit erfinden ist besser, weit besser«

Die Haltung des heutigen Musiktheaters zu »Aida« ergibt sich aus Verdis Haltung zu Stoff und Geschichte, aus seiner Haltung zur szenisch-musikalischen Wahrheit in der Oper und aus seiner Haltung zu dieser Kunstgattung überhaupt. Diese Haltungen werden bei »Aida« vor allem von drei interessanten Widersprüchen gekennzeichnet.

Der erste: Gerade weil sich Verdi so ausführlich mit altägyptischer Geschichte und Kultur beschäftigt hatte, fällt auf, daß »Aida« hinsichtlich der historischen Fakten sehr frei, nahezu sorglos verfährt. »Die Handlung spielt in Memphis und Theben zur Zeit der Herrschaft der Pharaonen«, bemerkt das Original. Aber die »Herrschaft der Pharaonen« erstreckte sich über einen Zeitraum von fast 3000 Jahren – weit länger also als von uns zurückgerechnet bis zu Homer oder zur Gründung Roms! Selbst der Stand der Ägyptologie um 1870 hätte zweifellos klarere historische Fixierungen gestattet. Die Anhaltspunkte, die das Werk für eine eventuelle zeitliche Festlegung der Handlung liefert, sind äußerst gering: Hauptstadt des Reiches ist Memphis: Krieg zwischen Ägypten und Äthiopien; sich andeutendes Übergewicht der Machtposition der Priesterkaste gegenüber dem Pharaonentum; man betet zu Ptah und Isis; Napata (in der Nähe des 4. Katarakts) bildet offenbar die Südgrenze des ägyptischen Reiches. Diese wenigen Anhaltspunkte tragen jedoch nicht zu einer zeitlichen Fixierung der Handlung bei, sondern weisen einen solchen Versuch eher als unmöglich aus. Bis Napata wurde das ägyptische Reich etwa 1468 v. u. Z. ausgedehnt. Demgegenüber wird Memphis als Sitz der Zentralgewalt bereits im Alten Reich (2780–2270) verzeichnet. Die Auseinandersetzungen zwischen Ägyptern und Äthiopiern (= Nubiern) durchziehen das Mittlere wie das Neue Reich; eine längere Unterwerfung der Nubier gab es im Neuen Reich. In diesem Neuen Reich (etwa 1580–1085) war aber Amon der Hauptgott. Ptah verehrte man in früheren Zeiten als Ur-Gott. Isis war fast zu allen Zeiten wichtige Schutzgöttin. Die verfügbaren Anhaltspunkte widerstreben der zeitlichen Fixierung der Handlung also eher, als daß sie sie ermöglichen. Dazu tritt die verwunderliche Überbrückung solcher Entfernungen wie zwischen Memphis und Theben (500 km Luftlinie) und zwischen Theben und Napata (350 km Luftlinie) in der relativ kurzen Zeitspanne der Stückhandlung! Das Desinteresse der Oper »Aida«

gegenüber (durchaus bekannten) historischen Fakten und Daten weist auf Verdis glühendes Interesse an etwas anderem hin. Was ist es?

Der zweite: Gerade weil Verdi gegenüber Ghislanzoni immer wieder auf Klarheit und Logik der Handlungsführung bestand, ist es doppelt verwunderlich, daß er andererseits Lapsi in der szenischen Logik offenbar nicht nur durchließ, sondern sogar billigte oder anstrebte. Dazu wäre noch nicht einmal das Hervortreten des Amonosro aus seinem Versteck im 3. Akt zu rechnen, obwohl gerade dadurch die Gewinnung des ägyptischen Militärplanes gefährdet wird. Aber das ist immerhin psychologisch, wenn auch nicht politisch erklärbar. Recht zweifelhaft erscheint es jedoch, daß alle Vorgänge des 1. Bildes in dem Saal stattfinden können, in dem der Pharao die offizielle Kriegserklärung vornimmt. Kann Aida hier ihre Arie singen? Weiter: Die Gespräche zwischen Aida und ihrem Vater und zwischen Aida und Radames finden in unmittelbarer Nähe eben jenes Tempels statt, in den gerade Amneris und Romphis gegangen sind! Und schließlich: Wie ist es denkbar, daß sich Aida – entflohene Geisel und inzwischen als äthiopische Prinzessin identifiziert – in die Grabkammer innerhalb eines Tempels schleichen kann, der in der Regel von der Außenwelt hermetisch abgeschlossen ist? Verdi, der so vieles begründet, erklärt das nicht. Ist seine hartnäckige Forderung nach Klarheit und Logik der szenischen Handlung nur die Voraussetzung oder gar der Kunstgriff dafür, Vorgänge und Dimensionen zu zeigen, die die Grenzen vordergründiger Logik sprengen und deren Wahrheit anders zu erfassen und darzustellen ist als durch die Logik einer linearen Dramaturgie? Die vor allem auch ein neues Verhalten zu Zeit und Raum fordern und fördern – auf der Bühne, weil im Leben?

Den dritten Widerspruch bezeichnet Verdi in einem Brief vom 17. August 1870 an Ghislanzoni: Leider ist es für das Theter manchmal notwendig, daß Dichter und Komponist das Talent haben, weder Dichtkunst noch Musik zu machen. Inklusive des (ironisch-pädagogischen?) »leider« enthalten diese Worte die Formulierung des schöpferischen Grundwiderspruchs der Kunstgattung Oper sowie den Hinweis auf jenes andere, in dem Dichtkunst und Musik qualitativ aufgehoben sind: auf das szenisch-musikalische Drama, wie Verdi es nannte – auf das Musiktheater, wie wir heute sagen.

Die drei Widersprüche sind für eine heutige »Aida«-Interpretation produktiv einzusetzen und künstlerisch zu lösen: in Hinsicht auf die spezifische Ästhetik der Opernkunst, auf das Wort-Ton-Verhältnis in Affinität zum Theater, auf den künstlerischen Wahrheitsbegriff und auf die Wechselbeziehung zwischen historischer Wahrheit und aktueller Gültigkeit. »Aida« eröffnet zum Teil ungewöhnliche Aspekte. Basierend auf historischen Forschungen, negiert die Oper einzelne Fakten zugunsten der Aufdeckung des Wesens eines gesellschaftlichmenschlichen Prozesses. Der Auftrag, eine Oper für Kairo zu schreiben, verschaffte Verdi die Begegnung mit einer exotisch-archaischen Welt, die er bald mehr als Künstler denn als Historiker begriff. Das historische Phänomen Alt-Ägypten konzentriert er zu einem Modell der Wirklichkeit, das ebenso sinnenhaft faszinierend ist wie der Bloßlegung politischer und geistiger Prozesse dient. Es ist das Modell einer Welt, die einen vergleichsweise hohen Zivilisationsstand erreicht hat. Der verdeckt aber nur zeitweilig die antagonistischen Widersprüche, die sich an bestimmten Schnittpunkten der Entwicklung um so brutaler, barbarischer krisenhafter entladen.

»Aida« ist klar abzugrenzen gegenüber der Historienoper des damaligen Zeitgeschmacks. Das »Alt-Ägypten« Verdis ist nicht Schauplatz historischer Vorgänge, sondern Modell, Vorwand, Anlaß für die Darstellung menschlicher Schicksale und Verhaltensweisen, deren Zeitlosigkeit sich erst dann erweist, wenn sie zu bestimmten Zeiten als aktuell, zeitgerecht nachgewiesen werden. Niemals wollte Verdi die Historie illustrieren. Er benutzt die Geschichte als Vorwand, die Geschichten einzelner Menschen zu erzählen – und in deren Summe: die Geschichte vom Menschen.

Was für Menschen zeigt »Aida«, was für Situationen?!

Es ist schon recht bedeutungsvoll, daß der Ausbruch eines Krieges Auslöser der »Aida«-Handlung ist. Im Zusammenhang mit Verdis Einsichten und Äußerungen über den Krieg von 1870/71 offenbart dieses dramaturgische Motiv wesentliche Gesichtspunkte der aktuellen Haltung Verdis zu diesem Stoff. Die eine Seite – »Ägypter« – bezeichnet den Krieg als »heiligen Verteidigungskrieg« und ruft zur totalen Vernichtung der »Okkupanten« auf. Die andere Seite – »Äthiopier« – führt den Krieg als Befreiungskampf gegen den imperialen Anspruch des mächtigen Nachbarstaates. Der Antagonismus, den Verdi in seiner Zeit entdeckte und der zu den verschiedenartigsten patriotischen und ideologischen Phraseologien führte, bestimmt auch – in entsprechender Verfremdung – den Konfliktraum, in dem die Figuren in »Aida« handeln.

Radames

Ein junger Offizier liebt eine Sklavin. Diese Liebe, ohnehin mit gesellschaftlichen Konventionen unvereinbar, muß um so geheimer bleiben, weil auch die Pharaonentochter den Offizier liebt. Unter »normalen« Verhältnissen kann sich die Liebe zwischen dem Offizier und der Sklavin nicht erfüllen. Gebraucht werden »unnormale« Bedingungen: Wird der Offizier Feldherr und siegt er im Krieg gerade gegen jenes Volk, aus dem die Geliebte stammt, dann hofft er so mächtig zu sein, um Freiheit für die Sklavin zu erbitten und sie zur Frau nehmen zu können. Die absurde Tragik dieses Planes wird beim Triumph, den man dem Sieger bereitet, offenbar: Der Feldherr verlangt Freilassung der Gefangenen, die bisher geopfert oder versklavt wurden, und hofft, so auch Freiheit für seine Geliebte zu erlangen; aber weil sich sein Wunsch auf alle Gefangenen erstreckt, ist er objek-

»Aida« – Berlin 1969

tiv eine Rebellion gegen die religiösen Konventionen und ökonomischen Notwendigkeiten des Sklavenhalterstaates. Der, den die Priester zum Feldherren erwählte, muß ihnen nun suspekt erscheinen. Das Ringen zwischen Priestern, Pharao und Volk endet mit einem Kompromiß: Die Gefangenen kommen frei, mit Ausnahme der Geliebten und ihres Vaters! Der humane Rebell ist um den subjektiven Anteil seines moralischen Sieges betrogen. Mehr noch: Ihm wird die Hand der Königstochter versprochen, er wird vor dem Volk als Kronprinz deklariert! Sein Glück hat sich verkehrt: Auf dem Höhepunkt der äußeren Macht ist er unfreier denn je – der Held ist zerschmettert, ohne daß es jemand sieht. Er bleibt zerrissen zwischen dem, was ihm Vaterland bedeutet, und seiner Liebe. Als er in der Nacht vor der Vermählung mit der Prinzessin seine Geliebte noch einmal wiedersieht, entschließt er sich zu dem einzigen Ausweg, den es für ihn zu geben scheint: Flucht mit ihr in eine Oase. Kopflos und verwirrt läßt er sich das entscheidende militärische Geheimnis entlocken. Er glaubt, Ehre und Liebe verloren zu haben, und stellt sich den Priestern. Ihr Gericht erkennt er nicht an und ist doch bereit zum Tode. Er stirbt, wissend vielleicht, daß dieser Welt, die ihn groß machte und dann vernichtet, nicht mit Kompromissen beizukommen ist, wenn man die Identität von Ehre und Liebe anstrebt.

Amneris

Ein Mädchen von höchstem Einfluß – die Pharaonentochter – sieht ihre Liebe zu dem jungen Offizier gerade von der Sklavin bedroht, mit der sie sich nahezu freundschaftlich verbunden glaubte. Sie reagiert nicht mit physischer Vernichtung der Sklavin, sondern bringt die Faszination ihres Stands und ihres Wesens ins Spiel. Sie glaubt, die Liebe des Mannes erringen zu können, sobald er ihr Gemahl ist. In der Nacht vor der Hochzeit entdeckt sie ihn als Verräter des Landes und ihrer Liebe zu ihm. Trotz tiefster Demütigung ringt sie gegen die Priester und gegen ihn selbst um sein Leben – selbst um den Preis, daß es kein gemeinsames Leben würde. Erneut in tiefste Einsamkeit gestoßen, erkennt sie die verhängnisvolle Rolle der Priesterkaste in diesem Staat und schleudert ihren Fluch gegen sie. Den zum Tode Verurteilten beweint sie.

Ramphis

Der oberste Priester des Landes sieht gerade in dem Moment, in dem der von ihm zum Feldherrn Erwählte als Sieger heimkehrt, den Einfluß seiner Kaste auf die Lenkung des Staates und auf das Denken des Volkes bedroht. Der »Zögling« der Priester entpuppt sich als einer, der die »Lehre« subjektiv auslegt – ein gefährlicher Widersacher, da er so mächtig geworden ist! Wenigstens die Königstochter muß vor der Hochzeit dauerhaft dem Einfluß der Priester gewonnen werden. Das Vergehen des suspekt gewordenen Feldherrn dient endlich auch als öffentlich unanfechtbarer Anlaß, ihn als Hochverräter und Staatsfeind unschädlich zu machen: Schließlich ist ein Mann, der aus privater Unbeherrschtheit den eigenen Kriegsplan verrät, untragbar geworden als Feldherr jedes Landes!

Der Oberpriester tut nichts, was nach den geltenden Gesetzen ungerecht wäre. Er handelt politisch und hätte auch die Moral auf seiner Seite, wenn nicht gerade sie durch ein höheres ethisches Verhalten der anderen in Frage gestellt würde.

Amonasro

Der König eines geschlagenen Landes wird im Triumphzug inmitten anderer Gefangener dem Feind vorgeführt. Seine Identität verbergend, verrät er sie fast wieder, als er um Freiheit bittet für seine gefangenen Soldaten und als er die Sieger mahnt: »Was heute uns geschah, kann schon morgen euch treffen!« Das ägyptische Volk stimmt in die Bitten der Gefangenen ein: großer Moment der Solidarität zwischen den einfachen Menschen! Aus der Gefangenschaft bereitet dieser König den neuen Aufstand seines Volkes gegen die Sieger vor.

Die politische Notwendigkeit zwingt ihn, von seiner Tochter das Opfer zu verlangen, ihre Liebe zu benutzen, um dem feindlichen Feldherrn das entscheidende militärische Geheimnis zu entlocken. Kann er je von einem seiner Äthiopier ein Opfer verlangen, wenn seine Tochter zu einem solchen Opfer nicht bereit ist? Sein flammender Haß gegen die übermächtigen Feinde ist schließlich stärker als seine politische Klugheit: Er gibt sich zu erkennen und wird auf der Flucht erschlagen.

Aida

Und schließlich diese Tochter: Aida. Als Sklavin am Hofe der Feinde muß sie ihre Identität verleugnen. Stolz und List kämpfen in ihr. Die Liebe zum Feldherrn der Feinde ist hoher Entschluß – oder Verbrechen? Unaufhörlich ringt sie um die Aufhebung des tiefen Widerspruchs, der ihr Wesen zerreißt. Sie ist bereit zu sterben, wenn der geliebte Mann wirklich die andere heiratet. Den Auftrag ihres Vaters, den sie schließlich als patriotische Aufgabe ihrem Land gegenüber begreift, kann sie nur erfüllen, wenn sie ihn integriert in ihre Liebe zu Radames. Sie kämpft um die Identität ihrer »doppelten« Liebe: Erst als Radames zur Flucht aus seinem Land bereit ist, stellt sie ihm die für ihr Vaterland so entscheidende Frage. Seine Reaktion zeigt, daß die Identität nicht gewonnen wurde, daß keine Zeit war, »das sich einander offenbar Ausschließende zu verbinden«. Ähnlich dem Geliebten ist sie schuldlos schuldig. Im gemeinsamen Sterben mit ihm sieht sie den einzigen Weg, ihre Liebe zurückzugewinnen und zu bewahren, die Widersprüche »aufzuheben«. Ihr Tod besiegt diese Zeit, indem er für alle Zeit das Postulat aufstellt, eine Welt zu schaffen, in der Liebe nicht gespalten wird, in der das Glück aller mit dem Glück der einzelnen übereinstimmt.

*

Die aktuellen Assoziationen und Perspektiven solcher Figuren müssen nicht betont werden. Sie sollten sich im Spiel vollziehen. Bei den Figuren, ihren Handlungen wie bei den anderen großen Situationen wie Kriegserklärung und Priesterweihe (1. Akt), Triumphzug (2. Akt), Gerichtsszene (4. Akt) usw. fällt die unsentimentale, unromantische Härte und Reife auf, mit der Verdi den Zusammenhang zwischen politischen Vorgängen und individuellem Geschehen gerade in »Aida« gestaltet.

Während jedoch die Aktionen solcher Figuren wie Radames, Amneris und Amonasro bei aller Kompliziertheit einleuchtend, nachvollziehbar sind, erscheint Aida demgegenüber seltsam inaktiv – wenigstens im herkömmlichen theatralischen Sinne. Eine »passive Heldin« als Titelfigur, als Programm einer Oper? Die Welt, in die Aida gestellt ist, entscheidet darüber, wie sie handeln müßte. Diese Welt wird beherrscht von antagonistischen Widersprüchen – von Krieg und Kriegsgeschrei, militanter Brutalität, religiösem Fanatismus. Ähnlich dem dänischen Prinzen Hamlet, der, um handeln zu können, die neue ethische Position für sinnvolles Handeln finden möchte, sucht Aida immer wieder und immer von neuem nach dem Weg zur Überwindung der Widersprüche, nach sinnvollem, integrem Handeln gegenüber der Eskalation der Brutalität.

Eine solche Aktivität ist weniger wahrnehmbar im optischen Bereich des Dramatischen, sondern vollzieht sich in Dimensionen, die am ehesten die Musik erfaßt: Aidas Arien im 1. und 3. Akt sowie das Schlußduett machen das hörbar. Gerade die Musik deckt die eigentümliche und oft doch so exemplarische humane Aktivität Aidas auf: Handeln bedeutet nicht Aktion um jeden Preis, ist nicht positivistisch zu bewerten, sondern erhält seinen eigentlichen Sinn durch die Relation zwischen Notwendigkeit und Möglichkeit der Veränderung des Bestehenden. So unvorstellbar Aida als Titelfigur eines Sprechstücks erscheint, so sehr eröffnet sie als spezifischer ästhetischer Operntypus die besonderen humanen Aspekte der Oper, zumindest dieser Oper »Aida«. »Zuletzt möchte ich den hergebrachten Todeskampf vermeiden«, schreibt Verdi an Ghislanzoni. »Ich möchte etwas Süßes, Leidenschaftliches, eine ganz kurze Szene zu zweit, ein Lebewohl an das Leben.« Mit dem Geliebten setzt sich Aida über diese ihre Zeit hinweg. Die Musik programmiert die Sehnsucht nach der Erfüllung humaner Existenzmöglichkeiten.

Die gerade aus der Titelfigur herauszulesende ethische und ästhetische Grundhaltung bedeutungsvoller, wenn man sich der Einsichten und der Stimmung erinnert, die Verdi gerade 1870 angesichts der Lage in Europa bewegten. An Clarina Maffei schrieb er am 30. September 1870: »Dem europäischen Krieg werden wir nicht entgehen und er wird uns verschlingen. Es wird nicht morgen dazu kommen, aber er kommt. Ein Vorwand ist bald gefunden ... Verzeihen Sie dieses Geschreibsel! Es ist mir Befreiung. Ich sehe so schwarz ...«

Und er sah klar: Er erkannte die Kriege in Europa als militanten Interessenstreit der verschiedenen nationalen Bourgeoisien, empfand sie als barbarischen Ausdruck der Antagonismen der ihn umgebenden Gesellschaft.

So gibt gerade die Titelfigur im Zusammenhang mit dem, was Verdi um diese Zeit dachte und fühlte, den Schlüssel für die Aussage dieses Werkes: daß die Revolution der Humanität permanent sein muß – und daß für ihren Erfolg die Beseitigung antagonistischer gesellschaftlicher Widersprüche nötig ist!

Wie wir »Alt-Ägypten« zu verstehen haben und wie die Figuren, ihre Verhaltensweisen aufzufassen sind, wie die musikalische Handlung von »Aida« und ihr Ideengehalt zu realisieren sind – das lassen Verdis Worte erkennen, die er am 20. Oktober 1876 an Clarina Maffei schrieb und die als ästhetisches Programm sowohl für »Aida« als auch für die gesamte Opernkunst entscheidende Bedeutung besitzen: »Wen man die Wirklichkeit nachbildet, kann etwas recht Gutes herauskommen; aber Wirklichkeit erfinden ist besser, weit besser.«

Auf der Grundlage solcher Gedanken entdeckt man in »Aida« eine eigentümliche szenisch-musikalische Erzählweise. Die Partitur weist einen ständigen – freilich sehr absichtsvollen! – Wechsel auf zwischen scheinbar konventionellen Nummernformen und »modernen« durchkomponierten Strukturen, zwischen musikalischen Großflächen und flexiblem individuellem Ausdruck, zwischen »fremdartigen« und »angenäherten« Klängen, zwischen melodischer Linie und gesteigertem Recitativo oder Deklamando. Zusammen mit der Szenenanordnung wird daraus eine Dramaturgie geformt, in der sich die Darstellung äußerer Vorgänge häufig abwechselt oder überschneidet mit der Bloßlegung und Auffächerung innerer Prozesse. Mittels solcher sensitiv-analytischer Dramaturgie wird die Fabel von verschiedenen Seiten, an »außen« und »innen« belichtet – es wird aufgedeckt, was hinter dem äußeren Ablauf liegt – was er »bedeutet«. Eine solche Technik der kunstvollen Montage von Zeit und Raum versucht die Inszenierung der Komischen Oper zugunsten der künstlerischen Wahrheit der Geschehnisse besonders zu nutzen. Durch szenische Kinetik wird ästhetisch realisiert, daß sich in »Aida« verschiedene Ebenen von Zeit und Raum begegnen, überschneiden, einander widersprechen und sich schließlich wieder komplettieren. Keine tatsächliche oder historische Zeit wird vorgetäuscht, sondern eine künstliche Zeit wird hergestellt, die am ehesten die Brücke schlagen kann aus dem verfremdeten E i n s t in das bewegte J e t z t – in der der Schritt vollzogen werden kann, den die Oper aus dem Bereich des Tatsächlichen in den Bereich des Möglichen tut!

Der Spielraum, den das Bühnenbild für eine solche Realität schafft, wird vertikal bestimmt von konvex und konkav gebogenen Wänden aus kalt glänzendem Metall, deren – nicht selten monumentaler – Aluminium-Eindruck dem heutigen Zuschauer die Assoziation einer in kalter Glätte funktionierenden Welt nahelegt – unter Einbeziehung eines Gefühls, das im Wüstenland Ägypten die seinerzeit modernste Kunst, rauhen Stein auf spiegelnden Hochglanz zu polieren, bewirkt haben könnte. Farbwirkungen betonen das Exotische dieser Modell-Welt oder dienen der Auflösung ihrer kalten Potenz. Eine drehbare, achteckige Spielfläche, zur Mitte pyramidenförmig ansteigend, dient der Personengliederung und Raumveränderung. Die farbigen Glasflächen der Scheibe unterstützen sowohl die Exotik des Modells, dienen aber auch der Kennzeichnung der inneren Prozesse der Handlung. In der Kostümgestaltung dominiert ebenfalls der dramaturgische Gestus gegenüber jeglichem kulturhistorischen Ehrgeiz.

In den Versuch, »Aida« als kontrastreiches musikalisches Drama von starker humaner Intensität zu spielen, sind die Ballettszenen dramaturgisch einbezogen: Sie sind nicht »Einlagen«, sondern bilden – durchaus im Sinne des Ursprungs von Tanz – kultische Akte, die für die Wirkung und Wertung des Geschehens unerläßlich erscheinen. So schlägt z. B. die große Ballettszene des 4. Bildes die Brücke vom Kult für die Toten zum Triumph für die Lebenden – aus Religion und Staatsideologie die Plattform schaffend, auf die dann Sieger und Besiegte treten.

Erst aus der Vielfalt der Kontraste entsteht die künstlerische Wirklichkeit der »Aida«, in der sich hohe theatralische Naivität und realistische Einsichten zur großen humanistischen Idee verbinden. Für das Spielen dieser »Aida« ergibt sich für Interpreten und Publikum eine wichtige Orientierung aus dem, was Verdi nach Abschluß der Komposition an Ghislanzoni schrieb: »Wenn es gelingt, das Ganze gut zu verbinden, werden wir eine gute Sache gemacht haben – oder wenigstens etwas Ungewöhnliches.«

Narren und Nomaden in den Ruinen der Zeit

Die Angabe der Autoren für Ort und Zeit der Handlung von »Aida« »Memphis und Theben zur Zeit der Herrschaft der Pharaonen« ist genau besehen keine Anweisung für ein konkretes Geschichtsdatum, eher eine Irritation. Auf jeden Fall ein Vorschlag, sich Historisches in der Permanenz seiner Aktualität zu vergegenwärtigen. Und auch eine Aufforderung, sich wieder Gedanken zu machen über die Relativität von Zeit und Raum beim Opernspielen.

»Du siehst, mein Sohn, zum Raum wird hier die Zeit«, läßt Wagner Gurnemanz den Toren Parsifal belehren. Und »Tristan und Isolde« – sechs Jahre vor »Aida« uraufgeführt – nennt er eine »Handlung in drei Akten«. Ist dies nicht eine ähnlich absurde, das überkommene Opernverständnis aber grundsätzlich verändernde Bezeichnung wie die Zeitangabe für »Aida«?

Die Entwicklung des Musiktheaters brauchte die Polarität zwischen Verdi und Wagner, beide geboren 1813. Heute wissen wir, daß sich die Antipoden, was die Erneuerung der Oper betrifft, näher waren, als die Genreunterscheidung zwischen Oper und Musikdrama lange wahrhaben wollte. Die anfängliche Parallelität Wagners und Verdis vor allem in ihrem Engagement für die nationale Einigung ihrer Länder blieb auch dann noch vergleichbar, als sich beider Schaffen von den politischen Zeitläufen distanzierte und sie, durchaus noch immer in ihr jeweiliges nationales Umfeld gebunden, ihre musikalischen Bühnenwerke zu Entwürfen eines neuen humanen Selbstverständnisses machten in einer weiter, weiser gewordenen Weltsicht.

Wagners Erlösungsgedanke läßt seine Utopie letztlich nur unwesentlich abrücken von der realistischeren Tragödienstruktur des Romanen, der seine Helden-Opfer meistens kraß scheitern, definitiv sterben läßt. Daß beide, Wagner und Verdi, zu unterschiedlichen Zeiten ihre einzigen großen Komödien – »Die Meistersinger« und »Falstaff« – schrieben, macht den Vergleich der Gegensätze nur um so aufschlußreicher.

Tristan verschenkte – ein frühgeschichtlicher Sozialreformer – Land und Burg seiner Väter an die Bauern der Bretagne, bevor er sich als aristokratischer Fremdenlegionär in englische Dienste begab. Aida

»Aida« – Berlin 1982

verspielt die Möglichkeit ihres Liebesglücks endgültig, als sie beim geliebten Feind auf Geheiß ihres Vaters den Schlachtplan der Ägypter ausspioniert. Nationaler Patriotismus erweist sich plötzlich als Verhängnis gegen das Glück der Menschen. Isolde will nie vergessen, daß sie als Angehörige eines besiegten Volkes nach Kornwall verschleppt wurde. Krieg, so zeigt sich, ist der schlimme Humus der Tragödien. Er ist wie ein Relikt aus der Vorgeschichte der Menschheit, noch immer den Schritt in eine wirkliche Neuzeit verstellend.

Bei »Aida« spielt Krieg gleich mehrfach eine Rolle. Er ist der Auslöser der Fabel und führt auch gleich in der Tenor-Arie zu absurden Gedanken-Emotionen: Radames ersehnt sich den Oberbefehl über die ägyptischen Truppen im neuen Feldzug gegen die Äthiopier, um durch einen Sieg so viel Einfluß zu gewinnen, daß er den Pharao um die Hand der äthiopischen Sklavin Aida bitten kann (statt die Pharaonentochter Amneris zu heiraten und so Kronprinz zu werden). Genauer: Nur indem er dem Volk Aidas neues Leid zufügt, glaubt er, ihr persönliches Glück zu erreichen! Selbst nach dem Sieg bleibt dieser humane Narr im Offiziersrock seiner verrückten Idee treu: Er fordert für die gefangenen Äthiopier Leben und Freiheit. Er endet als Hochverräter. Aber selbst seine Richter, die Priester, beten für ihn ...

Die Sopran-Arie, auch gleich im 1. Akt, respondiert auf die Situation des Tenors: Aida ersehnt sich Radames als Sieger, bis sie merkt, daß dies den Tod ihres Vaters, ihrer Brüder, den Untergang ihres Landes bedeutet. So wünscht sie die Vernichtung des Radames – bis sie merkt, daß dies den Tod ihrer Liebe bedeutet. Welche Götter helfen aus solchem Konflikt?

»Dem europäischen Krieg werden wir nicht entgehen, und er wird uns verschlingen. Es wird nicht morgen dazu kommen, aber er kommt. Ein Vorwand ist bald gefunden ... Ich sehe so schwarz.« So analysierte Verdi in einem Brief an Clara Maffei am 30. September 1870 die gegenwärtige und künftige Entwicklung. Dabei scheint die weitere Folge von Kriegsereignissen, die auf »Aida« einwirkten, heute fast unerheblich: daß nämlich die Uraufführung in Kairo wegen des Deutsch-Französischen Krieges um ein halbes Jahr verschoben werden mußte, weil die Dekorationen aus dem von den deutschen Heeren eingeschlossenen Paris nicht herauskamen. Wichtiger ist die Bestätigung, daß Oper in Produzierbarkeit, Form und Aussage durchaus von Politik abhängig ist, auch und gerade von deren negativen Auswüchsen. Die Entstehung der »Aida« zeigt das, ebenso das Werk selbst und die Schicksale seiner Helden.

Ist nicht aus der Kriegserklärung des 1. Bildes und aus der Triumphszene im Finale des 2. Aktes genau herauszuhören, was Verdi in seinem Brief an Clara Maffei so fürchtete? Phanatisierte Klänge, den totalen Anspruch eines hochorganisierten Staatswesens vertretend, drohen Vernunft und Gefühl der individuellen Stimme zu übertönen. Der militanten Präpotenz entspricht der religiöse Anspruch auf faszinierend-beklemmende Weise wie z. B. in der Tempelszene und zu Beginn des 3. Aktes. Das alles klingt noch immer beängstigend nah. Und es sollte durch inszenatorische Verfremdung nicht wieder entfernt werden. Kostüme etwa von 1870 für die Opernfiguren würden nur eine Aktualität vortäuschen, die sich gegenüber der permanenten Gegenwärtigkeit von »Vorgeschichte« zum modischen Aperçu verkleinert. »Aida« heute ist zu spielen, als wenn Narren und Nomaden zwischen den Ruinen einer vieltausendjährigen Vergangenheit ihr Endspiel um das Überleben von Liebe immer wieder neu ausprobieren.

OTHELLO

Vom Lauf der Zeiten unberührt

Worte drohen zu versagen gegenüber einem Werk, in dem so wie in Verdis »Othello« zu Musik geworden ist, was durch Buchstaben nicht mehr gesagt werden kann. Aber wir handelten nicht im Sinne Verdis, dieses leidenschaftlich-sachlichen Realisten, wenn wir uns von der Bewunderung dieses gewaltigen Schicksalsbildes erdrücken ließen. Gerade er, der sich, je älter er wurde, als der größte Streiter des 19. Jahrhunderts gegen die »kulinarische Oper«, gegen falsche Romantik und jede Denkfaulheit auf der Musikbühne erwies, fordert und erzeugt Wachheit der Gedanken und Sinne – »oben« wie »unten«. »Ich werde niemals aufhören, Sie aufzufordern, die dramatische Situation und die Worte genau zu studieren: die Musik kommt dann von selber!« So weist er in einer der lapidaren Briefstellen seine Interpreten an. Diese Worte ermutigen dazu, einige der Gedanken und Ansichten wiederzugeben, die bei der Entstehung der hiesigen Aufführung wirksam wurden – freilich ohne dabei den Anspruch zu erheben, daß diese Notizen Inszenierungsidee und Handlungsablauf vollständig beschreiben.

Worin vor allem besteht das Besondere der Verdi-Boitoschen Konzeption gegenüber dem Schauspiel des großen »Herrn William«?

Zunächst: äußerste Verknappung der Handlung und ihrer Motive (z. B. dient Rodrigo nur zur Exposition von Jagos Racheplan, im Laufe der weiteren Intrige wird er lediglich erwähnt, »hinter der Bühne« benutzt). Die Verknappung führt zur Komprimierung aller äußeren und inneren Vorgänge, so wird eine Emotionshöhe und -spannung erreicht, auf der gesungen werden m u ß.

Angesichts solcher Verknappung ist hier und dort eine Konsultation des Schauspiels vonnöten. Aber dabei darf nicht vergessen werden, daß Verdi und Boito ein neues Stück geschrieben haben, das seinen eigenen Gesetzen gehorcht. Verdis Mohr ist dem Shakespeares ähnlich und doch anders, ebenso Desdemona und besonders Jago. Vor allem wird dadurch, daß Boito auf die bei Shakespeare in Venedig spielenden Szenen ganz verzichtet, die Ausgangssituation für die Oper verändert, mehr »angerissen«: Ein gewaltiger Blitz eröffnet das Drama. Menschen inmitten entfesselter Naturgewalten. Chaos. In der tobenden Natur tobt die Schlacht zwischen Othellos Flotte und den Türken. Es ist die lebensentscheidende Stunde für diese Menschen hier, für Zypern, für die Venezianische Republik, vielleicht – im Zeitraum des Stückes – für den Bestand einer Welt. Eine historisch belegbare Situation überhöhten Verdi und Boito ins Naturhaft-Elementare. Dabei »schildert« Verdi das Unwetter nicht naturalistisch, sondern gestaltet, als konsequenter Realist, Verfassung und Erregung der Menschen in diesem Unwetter. Eine leidenschaftlich überhöhte Plattform wird für alles Weitere geschaffen, ein »kosmisches Pathos«: »Aus dem Chaos soll dieser Mensch, soll diese Liebe aufsteigen. Verdi speit uns den Helden entgegen, schleudert ihn aus den Wellen empor« (Felsenstein).

Triumphal verkündet Othello: »Uns und dem Himmel Ehre!« (Die Reihenfolge ist zu beachten!) Bei Shakespeare wurde die Türkenflotte durch den Orkan vernichtet. Der Dichter hielt Weltgericht. Verdi und Boito hoben das aktive Verdienst Othellos hervor: Er ist der Retter! »Was den Waffen entrann, ertrank im Meere.« Jetzt, da es vollbracht ist, hat Othello nur ein Ziel, einen Wunsch: Desdemona. Es kann angenommen werden, daß die Zeit ihrer bisherigen Gemeinschaft fast ausschließlich mit Krieg angefüllt war, auch mit all den Belastungen, denen eine solche »Mischehe« ausgesetzt gewesen sein mag. Jetzt soll sich endlich die Liebe erfüllen, Frieden, Glück – vielleicht zum ersten Mal in Othellos von so viel Leid erfülltem Leben.

So ist, mit dem Auftritt Othellos, eine »Liebes-Situation« gegeben, aus der heraus gesungen werden m u ß. Daß Boito Verdi die Möglichkeit gegeben hat, »aus Liebe« zu singen und singen zu lassen, gehört zu den grandiosesten Zügen dieses mustergültigen Librettos.

Der Jubel des Volkes über den Sieg, die Rettung, wächst zum bacchantischen Freudenfest (Feuerchor) und mündet in dem von Jago tückisch angestifteten Gemetzel. Der Zorn Othellos, dessen Tat besudelt wurde, ist grenzenlos: »Hinweg mit den Schwertern!« – Cassio wird degradiert. Und jetzt erst kann die Begegnung mit Desdemona stattfinden, können sich Ruhe, Frieden ausbreiten. Mehr als aus dem Part Desdemonas in dem Duett des ersten Aktes

Dann zeigtest du mir die Sonne deiner Heimat,
heilige Stätten, verbrannt im Wüstensand,
und dann erzähltest du vom Leid der Sklaven,
von ihren Ketten und ihrem schweren Los …

erfahren wir kaum über Othellos Vergangenheit. Welches Interesse mochte Venedig also an diesem Mohren gehabt haben? Und welches Interesse hatte Othello, dem fremden Staat zu dienen?

Es mag sein, daß er schon in jungen Jahren in seiner nordafrikanischen Heimat Entsetzliches sah und erlebte; daß er Eltern, Heimat verlor; daß er als Galeerensklave verschleppt wurde und wieder entkommen konnte; daß er, zurückgekehrt, Kämpfe auf eigene Faust führte; daß er den osmanischen Imperialismus immer mehr als den Hauptfeind kennen und hassen lernte; daß Venedig, zu dessen Interessensphäre ja auch Nordafrika gehörte, auf diesen Krieger aufmerksam wurde; daß Othello hoffte, mit den größeren Machtmitteln Venedigs den osmanischen Feind eher schlagen zu können, daß er dann in der venezianischen Armee Stufe um Stufe der Wertschätzung erstieg, bis er der Feldherr wurde, an dessen Sieg oder Niederlage Wohl und Wehe Venedigs geknüpft waren.

Aber trotz aller Verdienste blieb er der schwarze Fremde, der nur geduldet wurde, weil und solange man ihn brauchte. Es gibt zu denken, daß, kürzeste Zeit nach dem Sieg über die Türken, Othello von Zypern abberufen, von seiner ihm treu ergebenen Armee und Flotte getrennt wird (3. Akt). Nichts wird über eine neue Aufgabe, ein neues Amt gesagt. Aber die Eile der Abberufung setzt in Erstaunen. Sollte dieser oder jener in Venedig fürchten, Othello besänne sich auf seine Heimat und auf die Macht, die er jetzt mit der Armee in der Hand hat? Wir erfahren es nicht, können es nicht erfahren, weil Othello da schon in dem Netz verstrickt ist, das Jago über ihn geworfen hat. Auf jeden Fall konfrontiert uns Verdi hier mit einem Ethos des Soldaten, des Menschen, des »Mohren«, das auch den geringsten Gedanken an einen »Abenteurer« ausschließt, vielmehr zu tieferen, in der historischen Perspektive verblüffenden Gedanken auffordert.

Nach dem Sieg über die Türken, in der Umarmung mit Desdemona, fühlt Othello den Zenit seines Lebens erreicht: »Nun möchte ich sterben …« Und: »Ach, so groß ist die Freude, daß ich fürchte, fürchte, die dunkle Zukunft meines Schicksals vergönnt mir nie mehr wieder eine Stunde, so heilig schön wie diese!« So erscheint die Tragödie, die nun, geschürt von Jago, anhebt und die man oft die »Tragödie der Eifersucht« nannte, auch und vor allem als »Tragödie der Unerträglichkeit des Glückes« (Felsenstein). Der antike »Neid der Götter« entpuppt sich als Neid der Menschen, als rassen- und klassenmäßiger Kampf.

Der Grund zu Jagos vernichtendem Haß gegen Othello wird in der Oper dramaturgisch aus seinem Gefühl erklärt, in der Beförderung gegenüber Cassio zurückgesetzt worden zu sein (auf das Motiv, der »üppige Mohr« sei Jago bei seinem Weibe »ins Gehege gekommen« [Shakespeare], verzichteten Boito und Verdi). Gewiß haben Othello und Jago während der Jahre gemeinsamer Kämpfe einander stets geachtet bzw. verehrt. Dann wird jedoch nicht Jago, der vom einfachen Soldaten, aus Blut und Dreck zum Offizier avanciert war, sondern der Adelssproß Cassio zum Stellvertreter Othellos ernannt. Über die Gründe für diese Entscheidung gibt das Libretto keine Auskunft. Dennoch ist es nicht schwer, sich vorzustellen, warum Othello die strategischen Fähigkeiten und charakterlichen Vorzüge Cassios der soldatischen Erfahrung Jagos bei der Besetzung dieses Postens vorzieht. Hinzu kommt, daß die Ernennung Cassios den Regeln des aristokratischen Staates entsprach. Nichtsdestoweniger glaubte sich Jago zurückgesetzt, und erst jetzt kehrte sich die Liebe des Deklassierten ins Gegenteil, in glühenden Haß und Rachsucht. Einem positiven Zweck entfremdet, wirken nun Jagos Kühnheit und Begabung zersetzend und vernichtend.

Nachdem der Orkan Othello nicht verschlang, wie Jago hoffte, will er die Rache selbst vollziehen. Er könnte Othello vergiften o. ä. – aber er wählt das teuflischste Mittel: die Vernichtung der Liebe Othellos durch eine Lüge. Jago weiß um die Einmaligkeit dieser Liebe, und so weiß er auch, daß Othello erst vernichtet ist, wenn seine Liebe vernichtet wurde.

Aber der verhinderte Jago muß einen letzten Rest von Moral, von Achtung vor dem Menschen, von Grauen vor der Untat haben. Er will das Verbrechen vor sich selbst rechtfertigen, muß es sich als unausweichlich suggerieren: Das ist das Credo – atemberaubend in seiner kantigen Unausweichlichkeit. Jago türmt seinen hybrischen Triumph auf: »Ich glaube an einen Gott, der mich als seinesgleichen erschuf.«

Zur Rechtfertigung des Verbrechens, dessen Größe ihn erschauern läßt, baut er sich mit zynischer Logik seine Philosophie: »Bin ein Verbrecher, weil ich ein Mensch bin, und fühle den Schmutz aus meinem Ursprung in mir.« Sich absolut zu seinem Vorhaben bekennend, bezieht er Kraft und Freiheit seines Tuns aus der Überzeugung, »daß sich das Böse, das mein Geist hervorbringt, einst an mir selbst erfüllet«. Doch mit seinen Gedanken an den Schluß, zum Tod gelangt, fröstelt ihn: »Und dann?« Gegen das Gefühl der Verantwortung vor einem Jüngsten Gericht bäumt er sich schließlich auf: »Das Jenseits ist Betrug!« Nur mit diesem trotzigen Aufschrei kann er das Ziel seines »Credos« erreichen, eines der gewaltigsten Beispiele von Hybris und kreatürlicher Angst zugleich.

Daß Jagos Gift bei Othello wirkt – und zwar schneller wirkt, als Iago es hätte vermuten dürfen –, liegt weder daran, daß Othello etwa Jagos willenlose Marionette wäre noch an dessen teuflisch-genialer Improvisationsgabe allein. Vielmehr treffen hier zwei Tendenzen – durch beider Charakter und Lebenssituation bedingt – zwangsläufig aufeinander. Jago setzt seinen Plan zu dem einzig möglichen und richtigen Zeitpunkt an: als Othello den Höhepunkt seiner Lebens- und Liebeserfüllung erreicht hat und er nun, einfach physisch, einem solchen Anschlag gegenüber wehrloser ist als je.

»Othello« – Los Angeles 1986, Plácido Domingo (Othello)

Solche Erkenntnis der »Zwangsläufigkeit« fordert die Verdische Partitur selbst im kleinsten Detail. Nicht mit einem schaurigen Intrigenstück haben wir es zu tun, sondern mit einer Tragödie antiken Ausmaßes. Es gibt nicht *einen* Grund dafür, warum Othello den Finsternissen seines Ichs, von Jago provoziert, verfällt. Eine *Summe* von Motiven kommt zusammen.

Entscheidend ist seine rassisch »insulare« Situation. »Es mögen schreckliche Zweifel sein, die in diesem Manne waren – immer, selbst in den Liebesstunden« (Felsenstein).

Das Bekenntnis Desdemonas zu ihm, dem Mohren, erscheint ihm so unfaßlich, daß sie als Geliebte zugleich seine »Heilige« ist, eine Vertraut-Fremde, wie überhaupt in der Beziehung beider etwas seltsam Kulthaftes zu beobachten wäre. Und nun, verschärfend: Othello befindet sich nach der Schlacht und nach der Nacht darauf in einem physischen Erschöpfungszustand, der höchste nervliche Empfindlichkeit und eine Lähmung der Vernunft hervorruft. In solcher Situation kommt es ihm wieder in den wirren Kopf, daß Cassio, den er so liebt und schätzt, eigentlich der Typ jenes Mannes wäre, den Desdemona, wäre sie in ihren konventionellen Lebenskreisen geblieben, hätte lieben können und müssen. Allein dadurch, daß Jago Othellos Zweifel nicht zerstreut, stürzt er ihn tiefer in die Verzweiflung. Es ist ein Zug tragischer Ironie, daß Othellos Phantasie die Jagos weit übertrifft. Die gefährdete und gefährliche Phantasie des Mohren wird zu einem entscheidenden Motor der Tragödie, zumal sie in einem für Othello unvereinbaren Widerspruch zu einem starken Instinkt für die Wahrheit steht, der sich z. B. in der verzweifelten Feststellung äußert: »Ich spürte nicht auf ihrem göttlichen Leib, der mich entzückte, auf den treulosen Lippen die heißen Küsse von Cassio!« Wie konnte er diese Küsse auch spüren, da es sie nicht gab? »Ich glaube an die Reinheit Desdemonas und glaube auch, sie wäre unrein!« Der Glaube an ihre Reinheit und die Überzeugung ihrer Untreue existieren fest in Othellos Bewußtsein, er kann weder seinen Glauben noch seinen Zweifel (der ihn Gewißheit dünkt) ausmerzen. An diesem tragischen Widerspruch zerbricht der Mohr, der sich dessen beraubt glaubt, was ihn allein aus seiner Einsamkeit erlöste: die Liebe Desdemonas.

So ist der Feldherr, der Triumphator, binnen weniger Stunden in den Staub gestürzt, ein Vernichteter, dessen Kopf Jago, wie er sagt, »mit dem Fuße zertreten könnte«.

Auch Desdemonas Verhalten erscheint auf den ersten Blick nicht leicht verständlich. Das betrifft noch nicht ihre hartnäckigen, in der Folge so verhängnisvollen Bitten um Begnadigung Cassios: Sie weiß, daß Cassio Othellos bester und treuester Offizier ist, und sie will nicht, daß sich ihr Mann dieses Gefährten beraubt. Schwieriger zu beantworten ist, warum sie Othello nicht einmal nach dem Grund und Anlaß seines Argwohns fragt, warum sie nicht offen dagegen rebelliert.

Auch hier gibt es eine Summe von Motiven:

»Sie ist so rein, daß sie unfähig wäre, sich für eine Anschuldigung, die ihr in jeder Beziehung unverständlich sein muß, zu rechtfertigen« (Felsenstein). Doch sie ist nicht passiv! Stolz und tiefster Schmerz veranlassen sie im 2. Akt, die Auseinandersetzung zu beenden. Im 3. Akt versucht sie mit der Größe und Reinheit ihrer Liebe Othello zu »heilen«, rechtet nicht mit ihm, fragt und verteidigt sich nicht, singt ihm vielmehr ihre Liebe in die kranke Seele, Genesung erhoffend – eine Liebe, die, im Umkreis des Stückes, beispielhaft zu denken ist.

In ihrer Jugend mag Desdemona ebenso »einsam« geworden sein wie Othello. Sie distanzierte sich von dem gesellschaftlichen Leben ihres Vaterhauses, von manchen dekadenten Erscheinungen in der Adelsrepublik Venedig. In ihr bildete sich ein traumhaftes Bewußtsein vom Wert des Menschen, der Liebe. Und da begegnete sie jenem anderen »Einsamen«: Sie fand in Othello ihren Traum verkörpert, sprengte hergebrachte Fesseln und bekannte sich zu ihm, dem Mohren, Gefahren und Belastungen der Zukunft nicht scheuend.

Und nun? »Am Boden, ja, im Staub – erniedrigt ...« (3. Akt). Aber ihre Liebe bleibt so stark und rein wie die in Eifersucht und Wahnsinn verkehrte Othellos. »Zu Tode« traurig ist sie im 4. Akt – und kämpft dennoch unter dem würgenden Griff des geliebten Mannes um das Leben, um jeden Atemzug ...

Verdi hat auch Desdemona realistisch überhöht: Symbol des Weibes, der Keuschheit und Reinheit der Liebe, ohne Begriff des Gemeinen, Häßlichen, und deshalb wehrlos ihm gegenüber – unbegreiflich in den letzten Rätseln.

Vom Blitzschlag eröffnet, endet die Tragödie im Todeskuß Othellos. Über die Fährnisse ihrer Welt und ihrer Seelen haben sich beide die Unantastbarkeit ihrer Liebe bewahrt. Verdi läßt noch einmal die Melodie jenes Duetts aufklingen, in dem Desdemona am Abend nach der Schlacht, nach dem Chaos gelobte: »Unsere Liebe bleibe unberührt vom Lauf der Zeiten!« Der Tod besiegelt den Spruch.

FALSTAFF

Die Fuge und der Narr

Ein Inferno des Gelächters beschließt das letzte Werk eines der Größten der Oper. Nachdem Verdi im Laufe seines reichen Schaffens die menschlichen Geschichten, die er komponierte, fast ausschließlich unter den Aspekt des Tragischen und Absurden gestellt hatte, endete er mit der Komödie. Das Lachen der Fuge ist wie eine Explosion angestauter, ungelöster Spannungen aus einem ungemein produktiven Leben, aus erfüllten und unerfüllten Hoffnungen und peinigenden Schmerzen auch. »Tutto nel mondo è burla« = »Alles auf der Welt ist Spaß«. Das gleicht nur scheinbar den moritatenhaften Finali so vieler harmloserer italienischer Musikkomödien. Verdi faßt das Absurde in geistige Ordnung. Das Fugenthema, das diesen Satz mit dem kühnen Sprung über die Septime propagiert, erkennt und bekennt in der Umkehrung: »Tutti gabbati« = Alle sind Narren und Genarrte zugleich. Die auf der Bühne und die im Saal! Weisheit, aus schmerzlichen Erfahrungen gewonnen, macht Spaß. Aber das Lachen ist oft nichts anderes als der umgekehrte Ausdruck des Weinens. Vielleicht sein klügerer Ausdruck.

Als Arrigo Boito den 76jährigen Maestro, der mit dem »Othello« sein Lebenswerk als abgeschlossen betrachtete, erst überredete und dann überzeugte, noch einmal alle Schaffenskraft für ein »letztes Wort« zu aktivieren, schrieb er am 9. Juli 1889:

»Die Tragödie macht den wirklich leiden, der sie schreibt, das Denken unterliegt einem schmerzlichen Einfluß, von dem die Nerven krankhaft überspannt werden. Aber der Humor und das Lachen der Komödie erheitern Geist und Körper. ›Das Lachen bringt eine neue Farbe in das Gewebe des Lebens‹. Ich weiß nicht, ob dies ein exaktes Zitat von Foscolo ist, aber es ist einfach Wahrheit ... Es gibt nur einen Weg, um noch besser als mit ›Othello‹ zu endigen: der glorreiche Abschluß mit ›Falstaff‹. Nachdem wir Schreie und Klagen im menschlichen Herzen geweckt haben, nun mit berstendem Gelächter schließen! Das wird alle umwerfen!«

Die Zusammenarbeit Verdis mit dem um 29 Jahre jüngeren Boito wurde – wie schon bei »Othello« – wiederum besonders eng – ein in der Operngeschichte seltenes Beispiel sich gegenseitig befruchtender ästhetischer Kongruenz. Denn Boitos Libretto ist ja nicht nur hinsichtlich der Verdichtung der Shakespeare-Vorlagen (»Heinrich IV« und »Die lustigen Weiber von Windsor«) äußerst klug und gekonnt, sondern vor allem im Hinblick auf das, was es in Verdi provozierte, wohin es ihn zu führen imstande war: das Besondere des Falstaff-Stils. Immer wieder wurde versucht, dieses Besondere neu zu begreifen, zu definieren. Was Verdi in seinen letzten Werken immer stärker angestrebt und verwirklicht hatte, ist im »Falstaff« vollendet: Die traditionellen Formtypen der italienischen Oper werden umgedacht, einem übergreifenden musikalischszenischen Stil eingegliedert und dienstbar gemacht. Dieser Stil stellt Vokalstimmen und Orchester in ihrer Bedeutung für den Gestus der Bühnenhandlung gleich und macht zugleich hörbar, was hinter dem Sichtbaren oder nur »Wörtlichzunehmenden« verborgen liegt. Mehr als in früheren Opern arbeitet das Orchester an der dramatischen Substanz mit, sie besteht nicht selten gerade im ironischen Kommentar, der bis zur Verfeindung reicht. Der Wechsel zwischen Sologesang und Ensembles bestimmt die musikalischen Strukturen und unterstreicht so die Dialektik des Stoffes. Dabei sind die Ensembles in einer bis dahin kaum bekannten Weise individuell durchgeformt und von großer psychologischer Elastizität. Aber ebenso wichtig ist der Fortschritt in der dramaturgisch-formalen Handhabung des Sologesangs. Der traditionelle Belcanto ist von den Resten effektvoller Sentimentalität gereinigt. Er dient dazu, veraltete oder verlogene Gefühle zu ironisieren, wird aber auch in seiner liedhaften Rekonkretisierung subtilster Ausdruck der jugendlichen Liebe zwischen Nannetta und Fenton. Die Verschmelzung von Rezitativ und Arioso ist ähnlich vollkommen wie bei Wagner (die künstlerischen Parallelen vor allem zu den »Meistersingern« drängen sich immer wieder auf!) und ist doch zugleich ein gestischer Gegenentwurf zur »unendlichen Melodie« in Wagners Musikdramen. In den Monologen Falstaffs und Fords – manchmal als »Rezitativ-Arien« bezeichnet – erreicht die Charakterisierung der widersprüchlichen, vielschichtigen personellen Haltungen einen Gipfel mimischen Musizierens. Auch wo das Geschehen derbste Drastik verlangt, wird sie fil-

»Falstaff« – Hamburg 1974, Heinz Kruse (Bardolfo), Norman Mittelmann (Falstaff), Kurt Moll (Pistola)

triert durch den vorwiegend kammermusikalischen Stil des Orchesters, der das Dramatische sublimiert und allen oft so überaus bewegten Vorgängen die Transparenz heiterer Weisheit verleiht.

So scheint in der musikalischen Komödie »Falstaff« die italienische Oper des 19. Jahrhunderts aufgehoben. Gleichzeitig wird an der Schwelle zum 20. Jahrhundert eine Modellform fürs Musiktheater entworfen, die vieles von dem enthält, was später als »instrumentales Theater«, »phonetisches Theater«, »totales Theater« u.a.m. beschrieben und gefordert wurde. Resümee und Vorwegnahme zugleich, prägt »Falstaff« einen Werkstil, der nichtsdestoweniger ganz singulär ist, unwiederholbar und nicht nachzuahmen. Der Vorstoß in die Dimensionen eines nicht mehr durch dunkel wirkende Emotionen, sondern von Vernunft bestimmten modernen Musiktheaters gipfelt in der Reverenz vor der alten Kunstform der Fuge. Der Gedanke, den »Falstaff« mit einer Fuge zu beenden, stammt ganz sicher von Verdi selbst. Im August 1889 schrieb der Maestro an Boito:

»Ich unterhalte mich damit, Fugen zu komponieren! ... Ja, mein Herr, eine Fuge ... und zwar eine *Buffofuge*, die gut in den ›Falstaff‹ passen könnte. Aber wie, eine Buffofuge? Warum sagen Sie Buffo? Ich weiß weder Wie noch Warum. Es ist nun einmal eine Buffofuge!« Dieses Wie und Warum dennoch immer wieder zu befragen, scheint mir eine der reizvollsten Aufgaben jeder »Falstaff«-Inszenierung zu sein. Zweifellos stellt die Fuge alle Geschehnisse, Konflikte, Ungereimtheiten, die im »Falstaff« das Spiel ausmachen, unter den Aspekt einer ordnenden Klugheit, zu deren wichtigsten Charakteristika vielleicht die Einsicht in menschliche Gebundenheiten und die Nachsicht mit ihren Schwächen und Gebrechen gehören. Und alles sei ja doch nur Spiel, meint man. Aber ist das Spiel am Ende dem realen Leben doch nicht manchmal überlegen in der Wahrheitsfindung? Auf jeden Fall, eine Komödie ist ja in der Hauptsache nicht lustig. Sie endet nur »gut« oder – im Unterschied zur Tragödie – wenigstens »unblutig«. Auch davon singt die Fuge. Ein derb geschundener Narr entlarvt schließlich alle als Genarrte. Der »dies irae« des Requiems ist umgekehrt in das Gelächter der Fuge. So erhält alles, was zuvor auf der Bühne geschah, am Ende neue, überraschende Perspektiven.

Die Geschichte um Falstaff basiert auf historischer Realität und reißt auf shakespearsche Weise Grundwidersprüche einer Epoche auf: Ein heruntergekommener, von seinen Standesgenossen ausgestoßener und deshalb vagabundierender Ritter schmarotzt an dem Vermögen eines Bürgertums, das sich beim Ausbau seiner wirtschaftlichen Potenzen gerade erst seiner politisch-moralischen Machtmöglichkeiten bewußt wird und das deshalb glaubt, um so empfindlicher auf die Aggressionen eines asozial gewordenen Feudalherrn reagieren zu müssen. Die Frauen dieser Bürger betrachten die Herausforderung durch den dicken Ritter als willkommenen Anlaß, sich und ihren Männern die eigenen Möglichkeiten zur Emanzipation zu beweisen. Aber die bürgerliche Gesellschaft muß sich erst im nächtlichen Narrenspuk des Windsor-Parks ihrer selbst entfremden, sie muß (ähnlich wie in der Prügelszene der Johannisnacht) ihre Ängste und Aggressionen abreagieren, ehe sie bereit sein kann, jenen »Feind«, den »Fremden«, als Katalysator der eigenen Sozietät zu begreifen und in das Thema des weisen Narren einzustimmen.

Gerade aber die Benutzung der Fugenform weist dem konkret Historischen, worin Figur und Farbe des Falstaff wurzeln, eine spezifisch ästhetische Funktion zu und verleiht ihm frappierende Dimensionen. Zunächst: Das Geschichtliche der Shakespeare-Vorlagen wird gebrochen und filtriert durch den Standort Verdis. Am Ende des bürgerlichen 19. Jahrhunderts stellt sich das Phänomen Bourgeoisie anders als in der bürgerlichen Frühzeit. Das differenziert die Charakterisierung der Bürgerwelt, insbesondere Fords, dessen Arie im 2. Akt zum analytischen Klangbild bürgerlicher Entfremdung wird. Mit einem Geldsack und unter falschem Namen will er gegenüber Falstaff die Treue der eigenen Frau testen und entdeckt sich plötzlich im Spinnennetz des eigenen Betruges, fürchtend um Besitz und »Ruf«. Das Geld – wie Shakespeare im »Timon von Athen« lehrt – kehrt alle anderen Werte um. Antipode einer Haltung, wie sie Ford vertritt, ist Falstaff: Genuß statt Arbeit, statt Akkumulation des Kapitals Bereicherung des Vergnügens. Das widerspricht allen scholastischen, historischen und ökonomischen Kategorien – sowohl im vorelisabethanischen England als auch an der Wende zum 20. Jahrhundert wie auch in ihm selbst. Um so mehr fordert die Falstaff-Figur Perspektiven heraus, die über historische oder soziale Bindungen unziemlich hinausweisen.

Gerade das Asoziale dieses heruntergekommenen, von seinesgleichen verstoßenen Ritters schafft die Voraussetzung dafür, daß die Tangenten seiner Personalität eine Beantwortung vom Mythos her suchen und gestatten. Er ist nicht nur psychologisch interessante Einzelgestalt, sondern auch und vor allem der Mimus und Musik gewordene Inbegriff des Kulinarischen, Dionysos und Satyr zugleich – der ins Irische gefallene Gott unter der Narrenkappe. Dieser Falstaff weiß um den Untergang einer Welt, die seinen Stand privilegierte. Aber zugleich hofft er auf das Überleben des dionysischen Prinzips in einer sich wandelnden Gesellschaft. Sein Tun und Denken bewegt sich in der Spanne zwischen Sein und Schein, zwischen Vergangenem und Utopischem. Von daher erhält seine Schuftigkeit Charme und seine Pfiffigkeit Weisheit. Den Bürgern im Park von Windsor droht und verheißt er: »Ich bin das Salz in eurer langweiligen Suppe.«

Nur solche mythische Transzendenz der Figur erklärt, daß Falstaffs Gegner zu seinen Verbündeten werden können. Die Weiber von Windsor sehen sich durch seine doppelten Liebesbriefe veranlaßt, sich ohne männliche Hilfe gegen den Schwerenöter zu wehren. Dies ist zugleich ein offenbar willkommener Anlaß, aus der frustrierenden Enge und Langeweile bürgerlicher Existenz auszubrechen. Im Kampf gegen den Ritter Satyr geraten sie bisweilen in eine mänadenhafte Lust und Grausamkeit, aus bürgerlicher Verkleidung gucken Bacchantinnen heraus, die in der antiken Tragödie den Mann zerfleischten.

Aber auch dieser Stoß, den die Handlung der Oper vorbereitet, wird pariert durch die Fuge, in die bezeichnenderweise als erster der junge Fenton einstimmt, dem der ganze Wirbel um den Ritter die Hand seiner Nannetta beschert hat.

Daß sich die Liebe der jungen Leute erfüllen kann, ist – genau besehen – das einzig handfeste Resultat aus allen sich überlagernden Intrigen und Widersprüchen in dieser Oper. Ist die Reduzierung aller anderen Ansprüche auf das Bekenntnis zur Jugend die vielleicht vernünftigste Utopie des greisen Verdi?

Die Fuge macht es schließlich klar, daß am Ende Sieger und Besiegte nicht auszumachen sind. Ob alt oder jung, ob reich oder arm, ob Betrüger oder Betrogener: Jeder hat seine Stimme im Konzert dieses Lebens, dem der weise Narr den Stempel des Spiels verleiht. Sein Rezept: das »concertare«, das Zusammenwirken aller mit- und gegeneinander. Harmonie eigentlich, sondern drängende, kontrastreiche Dynamik. So enthält die Fuge als ästhetisches Testament Verdis auch sein humanes Vermächtnis. Daß Ästhetik und Leben zur Kongruenz gelangen würden, ist als Idee und Postulat darin enthalten und verbindlich bis in unsere Gegenwart zu realisieren aufgegeben. In der einzigartigen Verbindung von Mimus, Musik und Mythos hat er Perspektiven für ein Musiktheater entworfen, die noch immer lebendig sind.

Wie ein Sendbote dessen wirkt die Falstaff-Figur, besonders wenn man an die Worte denkt, die Toscanini auf einem Zettel geschrieben in der Partitur des Maestro gefunden haben soll:

»Le ultime note di ›Falstaff‹. Tutto è finito! Cammina per la tua via, finchè tu puoi. Divertente tipo di briccone eternamente vero, sotto maschera diversa, in ogni tempo, in ogni luogo! Va … va … Cammina, cammina … Addio.« – »Die letzten Noten des ›Falstaff‹. Alles ist beendet! Ziehe deinen Weg, solange du kannst. Lustiger, ewig wahrer Schurke unter verschiedenen Masken zu allen Zeiten, an allen Orten! Geh, geh, ziehe hin, ziehe hin, leb wohl.«

»Falstaff« – Hamburg 1974

RICHARD WAGNER

TANNHÄUSER

Er ist ein Rebell, der die Verlogenheit dieser Welt entlarvt

Man muß den »Tannhäuser« spielen, und man muß ihn zunächst erst einmal so zu spielen versuchen, wie der Wagner des Vormärz, der Wagner, der in der revolutionären Bewegung von 1848 ja doch sehr interessiert und sehr tätig an den großen Prozessen teilgenommen hat, dieses Werk gemeint haben wird.

Worum geht es im »Tannhäuser«, was ist das, was uns heute daran eigentlich so interessiert? Wir wissen und wir lesen, daß viele sagen, es geht um den Konflikt zwischen himmlischer und irdischer Liebe, um die Dualität von Askese und Ekstase, das sind alles mehr oder weniger richtige Dinge, die aber, glaube ich, nicht den Kern treffen. Der Kern ist die Frage der Beziehung eines künstlerischen, eines schöpferischen Menschen zu der Gesellschaft, in der er lebt, aus der er entflieht, in die er zurückkehrt und die ihm die Gesetze der Kommunikation auferlegen will. Es ist die Grundfrage, wie sich ein schöpferischer Mensch in einer bestimmten Welt verwirklichen, wie er sich realisieren kann. Und dieser Tannhäuser, in den Extremen, die er durchlebt, die er durchmißt, in den Erfahrungen, die er sucht, um sich selbst zu finden und um diesen richtigen Weg zu finden, scheint mir eine hochaktuelle Figur zu sein.

Er ist ein Rebell, der der Wartburgwelt ihre eigenen Tabus entgegenschleudert und damit die Verlogenheit dieser Welt entlarvt. Gleichzeitig ist er nicht der Rebell, der einfach negiert, daß er sich in einer Gesellschaft kommunizieren muß, sondern er ist Rebell und weiß um die Bedeutung der Religion, der Bindung. Und diese Bindung bedeutet für ihn: Ich kann nicht Künstler sein, ohne wirksam zu sein; aber wirksam in dieser Gesellschaft, geht das für ihn? Dann müßte er sich verändern oder er müßte die Gesellschaft verändern, Wie kann er das tun? Das ist die große Frage, die uns das Werk auferlegt. An diesem tragischen Konflikt scheitert scheinbar dieser Tannhäuser. Und wenn wir den vielen Interpretationen dieses Werkes heute einen neuen Aspekt hinzufügen wollen, dann besteht er unter anderem vielleicht darin, daß die Gnade, die dieser Tannhäuser am Schluß erfährt, nicht eine offiziell ratifizierte Gnade ist. Das Wunder, von dem da gesungen und gesprochen ist, kann und darf kein in der Realität vollzogenes Wunder sein, sondern es ist das Wunder, das der große Suchende an der Schwelle des Todes erfährt. Das Wunder, zu wissen und zu glauben, daß es vielleicht doch einmal möglich sei, daß das absolut Unmögliche möglich wird, ein utopischer, ein perspektivischer Schluß.

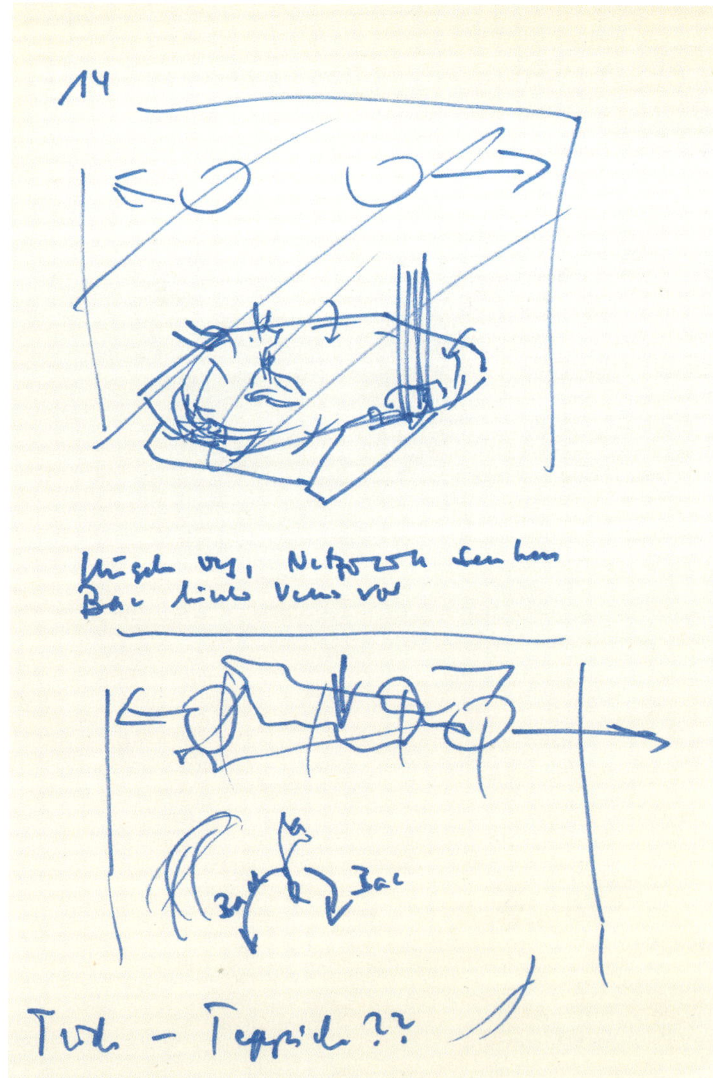

»Tannhäuser« – Bayreuth 1972, Konzeptions-Skizzen von Götz Friedrich

Gerade um die Beziehung Kunst – Leben geht es in diesem für mich und für viele von uns aufregenden Stück. Damit wir uns prüfen, ob wir fähig sind, ein wenig daraus zu machen, in der Kunst und im Leben.

Wir werden sehen, ob da etwas entsteht, was der Brisanz dieses Stückes in der Brisanz deiner Aufführungswirkung in irgendeiner Form adäquat ist.

Es ist vor allen Dingen eine Frage von Richard Wagner für das Publikum gewesen, und es geht doch hier, beispielsweise in der Wartburggesellschaft, um ein Publikum gegenüber den Sängern, die dort auftreten, um ein Publikum, das kommt, um wunderschöne Kunst, wie sie sagen, »Kunst und Frieden« zu genießen. Und wenn in diesem Kreis, wenn in dieser Runde einer dieser Sänger plötzlich ein Wort, einen Ton ergreift, von sich gibt, der nicht ganz in die Normen paßt, dann passiert etwas Aufregendes, dann haben alle unter ihren wunderschönen Gewändern plötzlich das Schwert oder sagen wir die MP oder was auch immer und sind bereit, diesen Mann sofort totzuschlagen. Sie sind also nicht nur bereit, ihn, wie wir das heute vielleicht gewohnt sind, zu verketzern, sondern sie sind bereit, ihn wirklich totzuschlagen. Ich meine, so etwas zu sehen, mit so etwas konfrontiert zu werden, ist für jedes Publikum heute sehr wichtig und könnte dazu beitragen, eigene Haltungen zu dem Künstler zu überprüfen, aber nicht nur eigentlich zu den Künstlern, sondern überhaupt zu jedem, der nicht bereit ist, und zwar nicht um seiner selbst willen, sondern um der Welt willen nicht mehr bereit ist, in den vorgeschriebenen Normen, die ausgeschritten und die vielleicht steril geworden sind, weiterzumachen und darin zu verharren.

Es ist Mode geworden und schon lange so, daß eine Gesellschaft, die krank ist, in welchen Zeiten und wo auch immer sie zu verzeichnen ist, einen anderen, der den Weg aus dieser Situation sucht, als krank zu bezeichnen.

Und so gibt es natürlich auch in der »Tannhäuser«-Rezeptionsgeschichte die Tradition, ihn als Schizophrenen zu zeigen, als permanent Kranken, der zwischen den Extremen hin- und hertaumelt. Das ist ebenso falsch, wie beispielsweise diese Gesellschaft einfach zu verdammen und Tannhäuser zu idealisieren. Das große an diesem Tannhäuser, an diesem vorrevolutionären Werk »Tannhäuser« ist gerade, daß hier Richard Wagner wirklich dialektisch vorgeht. Daß er alle Aspekte, alle Parteien, die auftreten, zunächst recht haben läßt und ihre Standpunkte miteinander in einen echten Streit treten läßt, damit wir in der Aufführung und am Ende der Aufführung unsere eigene Meinung zu diesen Dingen beziehen.

Und nichts wäre uns allen, die wir hier arbeiten, lieber, wenn uns das gelingt, daß wir mit der ästhetischen Form in höchsten Ansprüchen auch Meinungen vermitteln und Meinungen provozieren zu dem Thema, das der »Tannhäuser« stellt.

Ich persönlich bin sehr dankbar, daß es durch die Einladung Wolfgang Wagners, den »Tannhäuser« hier zu inszenieren, möglich ist, etwas zu tun, was eigentlich schon lange nötig war: die Erfahrungen und Methoden des Musiktheaters, wie sie von Felsenstein entwickelt wurden und wie wir sie an der Komischen Oper und anderswo praktizieren und immer wieder testen, zu konfrontieren und vielleicht auch zu verbinden mit den großen und auch revolutionären Erfahrungen und jungen Traditionen des Neu-Bayreuth.

*

Aus der Probe – Ouvertüre – Bacchanal

… alle diese Musik klingt ja in dir, oder es ist die Ahnung einer anderen Alternative, dieses Pilgermotiv. Du mußt diese andere Alternative ahnen, nämlich ahnen, daß es in dieser Welt …

… du fliehst vor einer gewissen Etablierung der Gesellschaft und deiner künstlerischen Existenz, weil sie dich tötet. Und kommst an einen Punkt, und hörst dort, wo du jetzt angelangt bist, als Alternative dieses Pilgermotiv. Es ist nicht nur ein Pilgermotiv, sondern es ist das Motiv: Ist das möglich, durch Verzicht auf alles Weltliche, auf alles Sinnliche, weiter zu leben? Ist die Alternative dieser Klänge wirklich für dich in diesem Moment eine echte Alternative? Und während du das hörst, kommt in deinen Sinn – jetzt beginnt das Venusmotiv, und es kommt die andere Alternative in deinen Sinn. Nein, nicht Askese, nicht Verzicht auf die Welt, sondern hineinstürzen und hineinfliehen in den Rausch, in das Glück des nur Sinnlichen.

Das wird gar nicht ein großes Spiel sein. Das wichtigste ist, daß du deine Gedanken und die Musik – du mußt dies Musik im Grunde in dir erzeugen, und deshalb spielt das Riesenorchester dann diese Musik …

… das ist ja nun das Hauptproblem: Hältst du dich selber für irre; oder wie die anderen Leute sagen, bist du krank, oder ist diese Welt, ist diese Gesellschaft krank. Das ist das Grundproblem. Und jeder, der sucht, in unserem Leben und im früheren Leben, der radikal sucht, wird von den Satten und den Bequemen für irr oder für krank gehalten. Du selber bist überhaupt nicht krank. Und wenn du selbst Phasen, nachher im Venusberg, mit höchster nervlicher Durchschüttelung und nahezu krankhafter Emotion durchlebst, dann heißt das immer noch nicht, daß du krank bist, sondern nur, daß du dein ganzes Wesen hineinstößt in eine Erfahrung, die du bis zum Ende machen mußt, bis dorthin, wo der Körper eigentlich schon nicht mehr noch mehr fassen kann. Und so kommst du dorthin und wirfst diese Harfe fort, und wenn du die Harfe fortwirfst, ertönt in dir die Entscheidung.

… daß du beginnen kannst an einem Höhepunkt deines bisherigen Lebens, an einem Entscheidungspunkt, wo du weißt, es geht nicht mehr so weiter. Und da singst du nicht und musizierst aber trotzdem die Musik. Damit kannst du dich selbst erst einmal finden, eine Situation finden, die einfach die Basis ist für den Sänger-Darsteller, der am Anfang als stummer Schauspieler erst einmal sich selbst finden kann. Und weißt du: Dieses sich selbst finden als Sänger und dieses sich selbst finden des Tannhäuser ist die identische Aufgabe.

Aus der Suche dieses Menschen, ob wir jetzt sagen Faust, ob wir sagen Odysseus, ob wir sagen Einstein – was auch immer wir sagen, alles, was in diesem Stück geschieht, geschieht deshalb, weil du dich suchst.

Das ist kein später Wagner, das ist der frühe Wagner, der Tannhäuser, und diese Angewohnheiten, die sich manchmal auch bei der »Tannhäuser«-Interpretation, ob musikalisch oder szenisch, eingebürgert haben, diese unerhörte zelebrierende Breite, das sind Dinge, die eigentlich den Spätwerken, und auch das eigentlich nicht immer zugehören. Aber der »Tannhäuser« ist im Grunde genommen ein Sturm-und-Drang-Stück.

Dann müßtest du hier stehen und fragen: was geschieht mit mir – ich bin vor Elisabeth geflohen – ich bin vor dieser Welt geflohen – ich bin ohne Abschied von Elisabeth weggegangen, ich bin ohne Abschied vom Landgrafen und von allen anderen weggegangen. Ich habe nicht gesagt, wohin ich gehe …

… und jetzt hörst du dieses Pilgermotiv – und während du dieses Pilgermotiv hörst, könntest du durchaus diese Welt, in der du dich jetzt befindest (wo bin ich jetzt?) – du bist im Wartburgtal. Es gibt

»Tannhäuser« – Bayreuth 1972, Bühnenbild-Modell von Jürgen Rose

zwei Welten, es gibt deine Phantasiewelt des Venusberges und dann gibt es die, sagen wir: gesellschaftliche Welt der Wartburg. Das Wartburgtal ist wie Natur, ist das Durchgangsstadium, ich meine, die Natur ist unschuldig.

In der Natur ist es möglich, daß Pilger durchziehen, daß der Hirtenknabe singt, daß der Landgraf durchzieht, also das ist die gesunde, noch neutrale Natur, die – wir müssen das künstlerisch denken – alles aufnimmt und alle wieder ausstößt, die durchgehen.

Aber auch an diesem Punkt fin-

»Tannhäuser« – Bayreuth 1972, 1. Akt

»Tannhäuser« – Bayreuth 1972, 2. Akt

»Tannhäuser« – Bayreuth 1972, 3. Akt

dest du nicht Ruhe, und du weißt nicht, wohin du von diesem Punkt gehen sollst. Dieser Punkt Natur könnte auch sein die Insel, wo der Künstler ohne Kommunikation …

… ich kann nicht mehr arbeiten, ich kann nicht mehr in dieser Welt leben, und dann kommt dieses Pilgermotiv, und dann läßt du die Harfe langsam herunter und fragst dich, ob das der Weg wäre. Dann in diesem Moment steht das Venusmotiv – was ist das, das mich da – erst einmal mußt du es innen spüren, und dann mußt du sehen, ob auch etwas Äußeres da ist und

»Tannhäuser« – Bayreuth 1972, Finale 3. Akt

entsteht – und tatsächlich, diese Welt wird so merkwürdig nebulös, das Auge sieht schon nicht mehr klar die Konturen, du siehst – da – es ist so, als ob etwas in dir hochkriecht – schon, ich will hin –, aber der Verstand sagt mir, ich darf nicht hin; wenn ich dort hingehe, dann bin ich verloren; aber ich will dennoch, dennoch will ich es wissen und kennenlernen …

Ah – jetzt seh ich es – jetzt tret ich in die Welt, jetzt werd ich umwirrt von diesen Bändern – ja – jetzt bin ich bei ihr – oh – was seh ich dort – Kinder – Jugend – Glück – so jung war ich – so jung will ich wieder werden – ich will zu diesen Kindern – 16 Jahre, 17 Jahre – man sagt immer, die Jugend sei schlecht, sei böse – nein, du weißt es besser – du weißt, daß die Jugend gut ist, wie Faust, und du willst zu ihnen, und du kniest vor ihnen und willst von ihrer Jugend eine Bluttransfusion haben – aber sie kennen dich nicht, du bist ein old man für sie, wie das immer ist – du gehst zu einer anderen Gruppe, du wirst von ihnen gehoben, die Tänzer heben dich, du wirst zu einer anderen Gruppe getragen …

… jetzt fällst du raus in diese Gruppe, willst küssen, stürzt dich durch das Leben, von Frau zu Frau, von Mann zu Mann, in einer Orgie …

Venus ist eine Vision in seiner Vorstellung, eine Frau, die er noch nie besessen hat, denn zwischen ihm und Elisabeth hat es noch keinen Liebesakt direkt gegeben. Es hat nur den Liebesakt in seiner Phantasie gegeben, während er gesungen hat, »bist du zur Frau erwacht«.

Er wünscht sich ja, daß die Flucht durch alle Welten, durch alle Bezirke der Phantasie – und am Schluß findet er dich, mitten irgendwo, ganz fern in einem Traumland, findet er Elisabeth. Und das, was er nicht versteht und was er nicht begreifen kann ist, daß Elisabeth hier ist, obwohl es nicht Elisabeth ist, aber es ist ja doch Elisabeth – die Flucht davor, daß du spürst, Tannhäuser, daß du jetzt wirklich wahnsinnig wirst nach dem Durchschreiten des ganzen Bacchanals. Du mußt wieder Boden unter den Füßen kriegen – das ist nicht möglich, daß sie Venus – nein, Elisa … – nein – ich werde wahnsinnig – hier werde ich verrückt. Ich will die Luft wieder atmen, ich muß wieder Erde unter den Füßen haben.

Das Aufregende ist, was ja gottseidank außer uns dreien niemand weiß, daß das für ihn Elisabeth sagt. Elisabeth, nachdem sie in seiner Phantasie die himmlischsten Liebesnächte mit ihm durchlebt hat. Geliebter, was hast du denn, was ist denn los, sag, warum verläßt du mein Bett, warum mußt du unbedingt schon wieder eine Zigarette anzünden? Komm zu mir – nein, das ist natürlich dummes Zeug, aber macht es nicht göttlich, macht es erst einmal zu einer menschlichen Situation.

O daß ich nun erwachte – du willst aber erwachen, du mußt deshalb die Aktivität haben, ins Wachsein zurückzukehren. Kein Gott hilft dir, daß du erwachst.

»… Bist du denn nicht mein Feind?«

»Unglücklicher! Mich faßt ein tiefes Mitleid für dich an!« Tannhäuser, nicht nur physisch halb erblindet nach seiner deprimierenden Pilgerfahrt nach Rom, tastet das Gesicht dessen ab, der ihm das gerade sagte. »Wie sagst du, Wolfram? Bist du denn nicht mein Feind?« Der antwortet auch sofort: »Nie war ich es, so lang ich fromm dich wähnte!« Das ist der Vorbehalt auch des Freundes. Die Einschränkung der Toleranz. Tannhäuser stößt ihn zurück und will berichten: »Du, Wolfram, du sollst es erfahren.« Dieser Wortwechsel im 3. Akt des »Tannhäuser« trifft den historisch-biographischen und den aktuellen Nerv dieses von Wagner bis zuletzt noch als unvollendet eingeschätzten Werkes.

Es ist zutiefst deutsch, im damaligen wie im heutigen Sinn, gerade auch dadurch, daß die Deutschen es offensichtlich brauchten und brauchen, Feindbilder aufzubauen und daran auch ihre kreativen Impulse zu stimulieren, nicht zuletzt ihre Künstler.

Wagner durchlitt diesen Komplex ein Leben lang. Die Emphase, »Tannhäuser« mit erweiterter Komposition nach Paris zu bringen, und dann seine verbitterte Enttäuschung über die ablehnende Reaktion dort sprechen davon ebenso wie vieles andere, auch seine dubiose Schrift »Über das Judentum in der Musik«.

»Nahst du als Freund uns oder Feind?« Das ist die erste Frage, die Tannhäuser trifft, als er aus den künstlichen Paradiesen der Venus sich in der Wirklichkeit wiederfindet. Der Landgraf und der Kreis der Sänger, von denen er im Streite schied, fordern Antwort. Aber solche Fragestellungen beruhen – wie die Erfahrungen auch der »romantischen Oper Tannhäuser« zeigen – ganz und gar auf Gegenseitigkeit.

»Der Sängerkrieg auf Wartburg« deckt es auf. Das Fest, unter das Motto von »Kunst und Frieden« gestellt, soll nach vorgegebenem Ritual ablaufen und gekrönt werden dadurch, daß der Sieger – manipulierende Staatsräson hofft: Tannhäuser – den höchsten Preis erringt, die Hand Elisabeths. Aber Tannhäuser ist närrisch genug anzunehmen, es ginge bei dem gestellten Thema »Könnt ihr der Liebe Wesen mir ergründen?« wirklich um Wahrheitsfindung. Statt reihenweise vorgetragener Statements will und sucht er den offenen, ehrlichen Disput. Das aber ist ungewöhnlich. Das ist zu modern. Man droht mit Waffen. Das provoziert Tannhäuser zur Provokation. Er besingt Venus. Damit verletzt er alle Tabus.

Der Eklat ist vollkommen. Nun hat er seine Feinde! Aber er ist alles andere als glücklich. Denn daß er – wie nebenbei – in seiner Wahrheitsekstase Elisabeth zutiefst vernichtet hat, kommt ihm erst allmählich ins Bewußtsein. Seine Sinne verwirren sich. Während der Landgraf ihn verbannt, bildet er aus den Stühlen, auf denen seine Kollegen saßen, einen Kreis für einen echten Meinungsstreit, wie er ihn sich vorstellt.

Sein Bericht über die Pilgerfahrt nach Rom ist nicht wehleidige Selbstbezichtigung, ist vielmehr Protest gegen die Bequemen, die zu Hause Gebliebenen, für die er stellvertretend seinen besten Freund Wolfram anklagt. So ist es wohl immer, wenn die Deutschen nicht mit sich fertig werden. Immer noch. Der Freund wird zum Feind. Und die wirklichen Feinde macht man nicht aus.

1972, als ich den »Tannhäuser« erstmals in Bayreuth inszenierte, schien alles eingestellt auf die rebellische Attacke. Aber in zwanzig Jahren haben sich auch die Rebellen von damals, haben sich die Auffassungen vom Außenseitertum, hat sich die Gesellschaft gewandelt. Solche Differenzierung ist nicht zu bedauern. Sie ist eine Bereicherung des Reizes, den wir empfinden, wenn wir die Beziehung zwischen Kunst und Politik, zwischen Künstler und Gesellschaft jeweils neu definieren sollen.

Auch die Feindbilder haben sich gewandelt. Und natürlich die Auffassung darüber, wozu und wem sie nutzen. Aber die Frage »Nahst du als Freund uns oder Feind?« bleibt akut auch unter neuen Konstellationen, was unterstreicht, daß wir Tannhäuser durchaus als den modernen Typus zu begreifen haben, als den Wagner ihn immer sah.

Aber die Gesellschaft!? Sie stellt sich als Männergesellschaft dar. Freund- und Feindschaft messen sich an ihr. Um so beunruhigender und aufschlußreicher bleibt, was Tannhäuser/Wagner Venus und Elisabeth bedeuteten. Sie sind Spiegelungen der Liebe, des kreativen Eros und zugleich deren Polaritäten. Man kann Venus und Elisabeth

»Tannhäuser« – Berlin 1992, René Kollo (Tannhäuser)

»Tannhäuser« – Berlin 1992, 2. Akt

ebenso mit einer Darstellerin besetzen wie mit zweien. Und man könnte auch beide »Soprane« (laut Wagner) ihre Rollen wechseln lassen. Gerade die Verschiedenartigkeit der Spielarten entspricht der dauerhaften Beschäftigung Wagners mit der Rolle der Frau und ihrer Emanzipation, über die er auch nach Kundry bis in seine letzten Lebenstage nachgedacht und geschrieben hat.

Gerade indem er in »Tannhäuser« das weibliche Element als Gegensatzpaar einsetzt, zeigt er auf, daß sich die Liebe am Ende nicht auseinanderdividieren läßt. Die Erscheinungsformen von »himmlischer« und »irdischer« Liebe, die so lange die »Tannhäuser«-Interpretationen bestimmten, bilden nichts anderes als die analytische Voraussetzung, ihre Zugehörigkeit zu postulieren.

Das bestätigen auch die Querverbindun-

»Tannhäuser« – Berlin 1992

gen, die Wagner zwischen Venus und Elisabeth schafft. »Frau Holda«, die im Hirtenlied beschworen wird, ist Venus. Wolframs Abendstern ist ihr Gestirn. Und Tannhäuser sucht, beglaubigt durch die letzte Strophe im Sängerkrieg, in Elisabeth die humane Inkarnation dessen, was er als Sinnlichkeit bei Venus erfuhr. Die alten Gegensätze von Gut und Böse, von Himmel und Hölle haben sich überlebt. Das Geflecht von »lauter geheimnisvollen Beziehungen« (Wagner anläßlich »Parsifal«) tritt hervor.

Und was wird dereinst aus den Freund- und Feindschaften?

»Der Gnade Heil ist dem Büßer beschieden!« Um welche »Fassungen« es auch immer geht: Das war weder 1845 noch 1860 noch irgendwann später eine von Wagner ironisch zu verstehende Heiligsprechung des unbequemen Genies. Das ist ein Appell an die Toleranz, dem sich zumindest die Bühne nicht verschließen sollte. Keine Utopie. Aber eine Aufforderung.

Denn möglicherweise hatte Wagner auch dieses im Sinn, als er drei Wochen vor seinem Tod meinte, er sei der Welt noch den »Tannhäuser« schuldig.

LOHENGRIN

»Das allertragischste Gedicht« oder Die neue Irritation

»Lohengrin« bezeichnet einen Grenzfall in vielfacher Hinsicht. Er beendet die Reihe der »romantischen Opern« Wagners, ist Gipfel der Gattung und zugleich Abschied von ihr. Komponiert bis unmittelbar vor Ausbruch der März-Revolution 1848 und uraufgeführt 1850 in Weimar von Franz Liszt, als Wagner Emigrant war, überschneidet sich »Lohengrin« wie kein anderes Werk mit der Sehnsucht der bürgerlichen Revolution und deren Scheitern, mündend in die deutsche Misere. Wagners Fabelbeschreibung, 1846 Hermann Franck mitgeteilt, gewinnt in solchem Umkreis prinzipielle Bedeutung: »Die Berührung einer übersinnlichen Erscheinung mit der menschlichen Natur und die Unmöglichkeit der Dauer derselben.« Als habe der Gang der geschichtlichen Ereignisse und damit Wagners eigene Lebenssituation die Vergeblichkeit dieser Kollision pointiert, erkennt Wagner 1851 den »Lohengrin« »als den Typus des eigentlich einzigen tragischen Stoffes, überhaupt der Tragik des Lebenselementes der modernen Gegenwart«.

Das bezeichnet die Position einer heutigen Inszenierung, gibt ihr auf, der »Tragik des Lebenselementes« auch unserer augenblicklichen »modernen Gegenwart« nachzuspüren.

Dazu ist Konkretisierung vonnöten. Aber Konkretisierung welcher Art? Der Versuch, diese Frage inszenierungspraktisch zu beantworten, legt nahe, »Lohengrin« auch als Grenzfall für das Realismus-Verständnis in Neu-Bayreuth und für dessen Stilprinzipien zu erkennen.

Historie verblaßt

Konkretisierung wird vielerorts vorrangig als augenfällige historische Illusionierung verstanden, unterstützt durch dekorative Zitate, dynamisiert durch bewegte Chorarrangements oder attraktiviert durch komödiantischen Esprit. Gerade »Lohengrin« aber gebietet solchen Praktiken gegenüber Vorsicht.

In welche Welt, in welchen Raum tritt der Schwanenritter? Er ist herbeigerufen von einem Menschen, der in Not ist. Und er kommt nicht als Erlöser, sondern als Streiter für die ungerecht bedrängte menschliche Natur, als Retter einer Frau, die in ihrer Umwelt einsam wurde, hilflos, gläubig.

Was diese Umwelt sei, ist nach den Usancen der romantischen Oper beschrieben: ein im Feudalzwist zerstrittener Brabant, zu dem König Heinrich mit seinen Rittern und Soldaten kam, um den einheitlichen Reichsgedanken durchzusetzen und einen Heerbann für den Verteidigungskampf gegen die Ungarn anzuwerben. Das alles ist dramaturgisch klar dargelegt und musikalisch kräftig ausgedrückt. Aber lassen wir uns von Wagner nicht aufs historische Glatteis führen! Die Schlacht bei Haithabu gegen die Dänen (das Verdienst, auf das Telramund pocht) fand erst nach der Schlacht gegen die Ungarn statt, und was viel bezeichnender ist: Die Sagen vom Gral entstanden erst viel später, verdichteten sich im Gefolge der Kreuzzüge, waren spirituelle Transposition einer in der historischen Realität gescheiterten Ritterschaft. Solche scheinbare Unachtsamkeit gegenüber historischen Daten sollte uns aber nicht verwirren, wenn man verstanden hat, daß Wagner Geschichte immer nur als Parabel für die »moderne Gegenwart« verstanden hat, auch und besonders im »Lohengrin«, bevor er sie dann im »Ring« kühn über Epochen hinweg montagehaft durcheinanderwirft.

Aber auch ins 19. Jahrhundert transponiert, erhellt das Historische, kulminierend in König Heinrichs Reichsidee und dem Brabanter Partikularstreit, die spezifisch tragische Bedeutung: Es verblaßt, nachdem die Revolution von 1848 die Chance vertan hat, auf demokratische Weise als Revolution (hier gleich, ob von unten oder von oben) ein einheitliches deutsches Reich zu begründen, das wenigstens die nächsten hundert Jahre mit ihrem am Schluß pervertierten National-Pathos überstanden hätte. Daß das Historische verblaßt ist, sollte eine heutige »Lohengrin«-Aufführung aufgreifen und nutzen. Denn es wäre ja nur fadenscheiniger Realismus, den Brabanter Zwist theatralisch effektvoll hochzuspielen, was logischerweise zur Folge hätte, den alten Reichsgedanken in Gestalt König Heinrichs positiv aufzuwerten. Sentenzen über des Reiches Feind (»Aus seinem öden Ost daher soll er sich nimmer wagen sehr«) sollte man wirklich besser verblassen lassen, auch wenn es schmerzlich ist, wenn dadurch auch verblaßt: »Ob Ost, ob West? Das gelte allen gleich.« Was König Heinrich vertritt, ist weder zu feiern, noch zu kritisieren. Es ist historisch geworden und bleibt lediglich dramaturgischer Tatbestand.

Der wirklich schmerzliche Realitätsbezug liegt anderswo. Ihn gilt es zu konkretisieren, für ihn das rechte Bild zu finden. Es ist die aktuelle gesellschaftliche Situation, die sich bis heute als »moderne Gegenwart« erhalten hat. Wagner beschreibt sie so: »Aus einer Welt des Hasses und des Haders schien die Liebe verschwunden zu sein: In keiner Gemeinschaft der Menschen zeigte sie sich deutlich mehr als Gesetzgeberin. Aus der öden Sorge für Gewinn und Besitz, der einzigen Anordnerin alles Weltverkehrs, sehnte sich das unertötbare Liebesverlangen des menschlichen Herzens endlich wiederum nach Stillung eines Bedürfnisses, das, je blühender und überschwenglicher es unter dem Drucke der Wirklichkeit sich steigerte, um so weniger in eben dieser Wirklichkeit zu befriedigen war. Den Quell wie die Ausmündung dieses unbegreiflichen Liebesdranges setzte die verzückte Einbildungskraft daher außerhalb der wirklichen Welt und gab ihm, aus Verlangen nach einer tröstenden sinnlichen Vorstellung dieses Übersinnlichen, eine wunderbare Gestalt ...«

Diese bittere Diagnose definiert die gesellschaftliche Realität. Sie bildet den Raum für die Isolation Elsas

»Lohengrin« – Bayreuth 1979

und die Erscheinung des Wunders. Was hier als »Tragik des Lebenselementes« zu konkretisieren ist, geht aus dem Satz von 1872 hervor, wie ihn Cosima aufschrieb: »Er kommt von dorther, wo sie hinstrebt, über die Begegnung aber müssen die Herzen brechen.«

Die Wirklichkeit als Kunstraum

Ich war mir mit Günther Uecker von Anfang an darüber einig, daß die räumliche Spannung zwischen Elsa, die das Wunder gleichsam gebärt, und der Schwanenerscheinung so weit sein sollte wie im Bayreuther Festspielhaus nur möglich. Auf der Hinterbühne war »das Wunder« verborgen. Eine mit Nägeln beschlagene große Platte verschließt diese Dimension wie einen Zauberschrein, der sich nur zweimal öffnet: bei der Ankunft und beim Verschwinden Lohengrins. Der Lichtweg, von hinten das Wunder nach vorn zu Elsa leitend, glühte aus der beherrschenden Spielfläche auf, die, aus echtem Blei, sich wie ein riesiger Schild – Symbol der patriarchalisch-militanten Ordnung – auf alles gelegt hat, auch alte Holzbohlen zerbrechend, die auf der Vorbühne zerstört, verkohlt nach vorn ragen: Rudimente einer alten Welt, Platz Ortruds und anfangs auch Zufluchtsort der ausgestoßenen, verstörten Elsa, Ebene also auch schließlich des Unterbewußten.

»Lohengrin« – Bayreuth 1979, Karan Armstrong (Elsa), Hans Sotin (König Heinrich)

Lange rangen wir um die Definition des Historischen. Illusionierendes Dekor verbat sich Uecker. Aber auch die Möglichkeit, Romantisches oder Frühgotisches nur ruinös und verfremdet, wie in Glashüllen verpackt (als sei es vor dem Verfall zu schützen), bewußt museal der Spielfläche zur Seite zu stellen, verwarfen wir. Für die Erfindung der sechs Treppentürme, die rechts und links auf die Spielfläche stoßen, war die Funktion der Chöre ausschlaggebend, die in einer weiteren Hinsicht den »Grenzfall« der romantischen Oper »Lohengrin« markiert.

Deutlich sind im Werk die dramatischen Passagen, in denen der Chor als Handlungsträger agiert, abgesetzt gegenüber den epischen Kommentaren, mit denen die Individualhandlung chorisch begleitet, analysiert, bewertet wird. Wir fanden, daß durchgehende Statuarik den Erfordernissen der Partitur ebensowenig entspricht wie der eventuelle Versuch, permanent »realistisch« Volksszenen wogen zu lassen. In Erinnerung an die attische Tragödie mußte die Funktion der Chöre sowohl episch als auch dramatisch ausgewiesen werden. Dafür dienten die Treppentürme als ordnender Faktor: Sie bildeten sowohl die festen Plätze für die Gruppen der Sachsen/Thüringer und der Brabanter, regulierten aber auch zugleich Auftritte und Abgänge. Nicht zuletzt waren sie eine wichtige Voraussetzung für die klangliche Realisierung der Doppelchörigkeit, der Antiphonien.

In dem sehr bewußten Wechsel zwischen Kommentar-Funktion und aktiv handelnder Rolle des Chores weist der »Lohengrin« auf einen späteren Grenzfall des Musiktheaters hin: auf Schoenbergs »Moses und Aron«. Der zwischen Aron und Kosen aufgespaltene Disput um die Gottes-Idee mit dem Volk verlangt einen Darstellungsstil, der die Fragwürdigkeit alles Theatralischen permanent wachhält. Nicht unähnlich scheint es beim »Lohengrin« zu sein. Die Fabel realisiert sich gerade im permanenten Nebeneinander und Ineinander von oratorischen, dramatischen, lyrischen und schließlich das Bildliche sublizierenden Elementen: Entwurf eines letzten, vergeblichen Mysterienspiels, in dem sich Naivität und bedeutungsvolle Kompliziertheit ständig überkreuzen.

Sparsam hat Uecker die anderen optischen Elemente ausgesucht, die zu einer solch konzentrierten Erzählweise zwischen archaischer Einfachheit und poetischer Parabel notwendig erschienen: Zum Grundbau trat im 2. Akt der Balkon für Elsa hinzu, eine metallene Wand, die vor dem Chor »In Früh'n versammelt uns der Ruf« aufgeht, und vier Säulen, die den Eingang zum Münster bezeichnen. Das Brautgemach, »Liebeskathedrale« aus hängenden Stäben, wird beherrscht von einem über die Bettstatt gebreiteten Teppich aus weißen Schwanenfedern: Signal der irdischen Befragung der Grals-Idee, ehe er sich im letzten Bild zerrissen, grau, wie beschmutzt darbietet.

Eine solche Grenzüberschreitung der geistigen Optik zum Symbol hängt mit der Erscheinung des Gralsritters und mit dem Schwan zusammen, hängt davon ab.

Elsa als humane Schlüsselfigur

Die Imagination des »Wunders«, das »aus Glanz und Wonne« kommt, wird immer an den Menschen gebunden sein müssen, der das Wunder herbeizitiert, und es wird nicht nur bestimmt durch sein Kommen, sondern vor allem durch die Bitternis seines Verschwindens.

»Die Trennung, die Idee der Trennung erschien mir vom Anfange her ... als das Eigentümliche, besonders Bezeichnende«, befand Wagner schon 1846, und für den menschlichen Bezugspunkt gilt, was er Jahre später notierte: »Das ganze Interesse des Lohengrin beruht auf einem alle Geheimnisse der Seele berührenden inneren Vorgange im Herzen Elsas.«

Elsa ist der humane Schlüssel für das Phänomen Lohengrin. Ihre Situation und ihre Entwicklung, ihre Sehnsucht und ihre Selbstzweifel definieren das Wunder und seine Gültigkeit. Mit ihr überschreiten wir die Grenze zwischen der Wirklichkeit und dem Übersinnlichen, mit ihr werden wir zurückgeworfen in die Vereinsamung, Verzweiflung, Ratlosigkeit.

Es ist nicht einfach »Elsas Traum«. Zwar erscheint sie auf unserer Bühne bereits am Ende des Vorspiels, als habe ein Mensch stellvertre-

»Lohengrin« – Bayreuth 1979

»Lohengrin« – Bayreuth 1979, das Brautgemach

tend für alle, die sensibel und in Not sind, die Bereitschaft und das Bedürfnis, das »Unerhörte« zu vernehmen, die klangliche Botschaft einer Gnadenmöglichkeit. Als die Handlung aber einsetzt, ist das gar kein Traum, es ist handgreifliche Haupt- und Staatsaktion, für Elsa eher Albtraum. Telramunds Anklage diffamiert Elsa als »traumselig«. Spätestens jetzt wird die Nachbarschaft ihrer Figur zu dem ebenfalls oft als »krank« bezeichneten Tannhäuser offenbar, einem Outsider ähnlich wie sie. Beide treffen wir an in einer Situation der Einsamkeit. Beide bezahlen den Versuch ihrer Selbstverwirklichung schließlich mit ihrem Leben. Aber der Unterschied zwischen beiden Figuren bestimmt auch den gegensätzlichen Gestus beider »romantischer Opern«. Tannhäusers Weg der Selbstverwirklichung ist rebellisches, maskulines Aufbegehren, suchende Unrast bis in den Tod. Die Aufführung in Bayreuth 1972 stellte das Provokante aus. Elsa hingegen finden wir in einer Art »innerer Emigration«, Einsamkeit bestimmt ihre Situation auch im Verlaufe der Oper, zerbrechliche, gefährdete Sensibilität prägt ihr Handeln, das sich in der permanenten Überschneidung von sehnsüchtigem Traum und hellem Wachsein realisiert. Sie will lieben und geliebt werden. Ihr Weg der Selbstverwirklichung ist ein zutiefst femininer Erfahrungsprozeß, der keusche Zärtlichkeit und Wahrheitsanspruch bis zur Selbstzerstörung umschließt: die Passion eines Menschen, der das Wunder in die »Welt des Hasses und des Haders« zitierte und – »gelt es auch mein Leben!« – die Unvereinbarkeit vor Wunder und Realität durch Liebe büßt. Dieser Gestus heißt nicht Provokation. Er erzeugt Irritation durch Sensibilisierung des Humanen.

Die tragische Bedeutung des Helden

An der Figur des Lohengrin hat wie bei vielen anderen Wagner-Charakteren (Wotan, Hans Sachs) die Geschichte weiter mitgeschrieben. Die Licht-Erscheinung des reinen Heros war anfangs zweifellos als Gleichnis gedacht für die erhoffte Vereinigung des errettenden Ideals mit dem Volk (= Elsa). Nach dem Scheitern der Revolution, als sich Wagners gesellschaftliches Interesse stärker in die künstlerische Problematik verlagerte, wurde ihm Lohengrin etwas anderes: »überhaupt Mensch, nicht Gott, d.h. absoluter Künstler.« Aber die Irritation, die von der Figur ausging und ausgeht, das Unbehagen, das sie manchmal später verbreitete, ehe auch sie national-chauvinistisch okkupiert wurde, empfand Wagner im Laufe seines Lebens immer stärker. Elsa wurde ihm immer nachdrücklicher zum Korrelat all der Vieldeutigkeiten, die an die Gestalt Lohengrins gebunden sind. Noch 1880 nagte er laut Cosima: »Die liebend gläubige Elsa müßte sterben, denn die lebende muß ihn fragen. Und alle szenische Pracht und alle Herrlichkeit der Musik scheint sich nur aufzubauen, um den einzigen Wert dieses einen Herzens in das Licht zu setzen.«

Wagner selbst führt das Plädoyer für Elsa. Er erlaubt ihr nicht nur, die verbotene Frage schließlich doch zu stellen, sondern er sieht, daß die Frage »um des notwendigen Wesens der Liebe willen« gestellt werden mußte. Das würde nun aber heißen, daß nicht Elsa vor dem Wunder versagt, das sich danach unbehelligt und unlädiert in den Status quo ante (»Glanz und Wonne«) zurückziehen könnte, sondern es hieße, daß das Wunder, hier genauer: die Grals-Mentalität, versagt vor kreatürlich-liebender Befragung. Keiner hat das deutlicher gesagt als Wagner. »Dieses Weib, das in ihrer Berührung gerade mit Lohengrin untergehen mußte, um auch diesen der Vernichtung preiszugeben …, dieses herrliche Weib, vor dem Lohengrin noch entschwinden mußte, weil er es aus seiner besonderen Natur nicht verstehen

»Lohengrin« – Berlin 1990, das Brautgemach

»Lohengrin« – Berlin 1990

konnte – ich hatte es jetzt entdeckt: und der verlorene Pfeil, den ich nach dem geahnten, noch nicht aber gewußten, edlen Funde abschoß, um mit Sicherheit dem wahrhaft Weiblichen auf die Spur zu kommen, das mir und aller Welt die Erlösung bringen soll, nachdem der männliche Egoismus, selbst in seiner edelsten Gestaltung, sich selbstvernichtend vor ihm gebrochen hat.«

Elsa individualisiert und durchleidet den Grenzfall Lohengrin total, mit allen Sehnsüchten, allen Ängsten, allen Träumen und den vielfachen Toden der Liebe. Sie muß ihm die Frage stellen, um seine menschliche Werthaftigkeit, begriffen als Leidensfähigkeit, herauszufinden: »O, wüßte ich auch dich in Not!«

Damit aber reißt sie die wirkliche Tragik der Lohengrin-Figur auf, macht sie kenntlich für sich und für uns und gibt ihm die Möglichkeit, aus den Mißverständnis halbgöttlicher Unverbindlichkeit herauszutreten in den Bereich des Menschlichen. Denn »Vermenschlichung« ist das Abenteuer, in das sich der junge Gralsritter, als er Elsa erblickt, stürzen möchte: humaner Deserteur auf Zeit. Und der Anspruch auf Vermenschlichung ist es auch, vor dem das Wunder versagt (oder dem es sich versagt), ehe es »vernichtet in seine Einsamkeit zurückkehrt« (Wagner).

Die bittere, schmerzliche Dimension dieser Geschichte wird bei »Lohengrin«-Aufführungen oft zu gering eingeschätzt. Wenn die Bayreuther Aufführung 1979 diese Dimension besonders hervorkehrt, geschieht das durchaus in der Vermutung, daß damit Mißverständnisse auftauchen, gegen die sich Wagner schon 1850 gewandt hat: »Es ward meiner Empfindung klar, daß ein wesentlicher Grund zum Mißverständnis der tragischen Bedeutung meines Helden in der Annahme gelegen hatte, Lohengrin steige aus einem glänzenden Reich leidenlos erworbener, kalter Herrlichkeit herab, und um dieser Herrlichkeit und der Nichtverletzung eines natürlichen Gesetzes willen, das ihn willenlos an jene Herrlichkeit bände, kehre er den Konflikten der irdischen Leidenschaften den Rücken, um sich seiner Gottheit zu erfreuen.« Durchaus erkennend, daß die Lohengrin-Partie die Umkehrung von »Glanz und Wonne« in Schmerz, Einsamkeit und Trauer nicht a priori so deutlich hergibt, wie es Wagner offenbar wollte, appelliert er im Interesse der »tragischen Bedeutung« an die Interpreten, sie sollten »das Wichtigste im Auge haben. Das ist die große Schlußszene den letzten Aktes ... Im Anfange dieser Szene und bei der Anklage Elsas sei er furchtbar und vernichtend streng, wie ein strafender Gott. Nach seiner Erzählung und seiner Kundgebung von den Worten an: »Ach, Elsa, was hast du mir angetan« breche aber alle seine göttliche Strenge in dem allermenschlichsten Schmerz zusammen. Die ungeheuerste, herzzermalmendste, schmerzlichste Leidenschaft bis zu seinem Scheiden muß den ganzen erschütternden Gehalt des Schlusses der Oper ausmachen.«

Das bezeichnet die Konkretisierung, die unsere Aufführung meint. Ihr Drehpunkt ist die Konzentration auf die Verbindung zwischen Elsa, die das Leid nicht nur der Menschheit, sondern auch und besonders Lohengrins auf sich nimmt, und dem Gralsritter, der die andauernde Spaltung des Liebesbegriffs in Heilsbotschaft und konkrete menschliche Haltung tragisch erfährt. Mit anderen Worten: Er, der Elsa aus Not errettete, wird von ihr (die sich damit neue Not schafft) erlöst: erlöst in die Leidensfähigkeit. Freudsche Analysen vorwegnehmend spricht Wagner vom Vermögen eines »unbewußten Bewußtseins«, damin der Verbindung zwischen Elsa und Lohengrin wirkt und Angelpunkt unserer Interpretation ist: »In ›Elsa‹ ersah ich von Anfang herein den von mir ersehnten Gegensatz Lohengrins, – natürlich jedoch nicht den diesem Wesen fern abliegenden, absoluten Gegensatz, sondern vielmehr das andere Teil seines eigenen Wesens, – den Gegensatz, der in seiner Natur überhaupt mitenthalten und nur die notwendig von ihm zu ersehnende Ergänzung seines männlichen, besonderen Wesens ist. Elsa ist das Unbewußte, Unwillkürliche, in welchem das bewußte, willkürliche Wesen Lohengrins sich zu erlösen sehnt; dieses Verlangen ist aber selbst wiederum das unbewußt Notwendige, Unwillkürliche im Lohengrin, durch das er dem Wesen Elsas sich verwandt fühlt.«

Ortrud und Telramund

Bei solcher Konzentration auf die Elsa/Lohengrin-Problematik verlieren Ortrud und Telramund nicht an Bedeutung, sondern gewinnen Profil. Telramund ist der notwendige, handgreifliche, irdische Typus des Helden, durch den erst die andere Qualität des Helden Lohengrin recht deutlich wird. Daß der kampferprobte, redliche Recke Telramund in den Armen Ortruds zu einem Baby wird, ihr nicht eigentlich hörig, mehr mutterabhängig, gehört zu den Überlegungen unserer Regie, auch hier die psychoanalytischen Intentionen der Wagnerschen Personenerfindungen stärker zu vermitteln. Ortrud ist von der Gesinnung her viel mehr Schwester Elsas, als sie es selbst begreift oder wahrhaben will. Auch sie ist ein Opfer des »männlichen Egoismus«, der sich patriarchalisch ordnenden Welt. Nur wehrt sie sich im Gegensatz zu Elsa dagegen mit fast terroristischen Mitteln: eine »politische Frau«. Das Unbehagen, das Wagner mit dieser Formulierung gegenüber seiner ganz frei erfundenen Ortrud bekundete, bewerten wir heute sicher differenzierter. Deshalb auch der Anschein einer feministischen Zärtlichkeit, die sich im Duett mit Elsa zu Beginn des 2. Aktes einstellte »Sie ist eine Reaktionärin«, findet Wagner. Aber das war, genau besehen, auch Antigone. Auch an Ortruds Figur hat die geschichtliche Erfahrung mitgeschrieben. Sie vermittelt durchaus aufklärerische Denkanstöße (Finale 1. Akt), wenn sie sich nicht einfach mit der Wundererscheinung zufriedengibt. Den Widerspruch zwischen dem, was Wagner »reaktionär« nennt, und einer Haltung, die aufklärerisch in die Gegenwart weist, macht der Musiker Wagner um so eklatanter, wenn er ihr in den Szenen zu Beginn des 2. Aktes eine Charakteristik zubilligt, die kompositorisch die Grenzüberschreitung von der romantischen Oper zum Musikdrama markiert.

Ohne »zu vieles Nebenher-Motivieren«

Die musikdramatische Profilierung Ortruds und Telramunds ist die Voraussetzung dafür, im darstellerisch-gesanglichen Gestus zwischen Elsa und Lohengrin einen Darstellungsstil zu entwickeln, der die moderne Essenz der »romantischen Oper« vergegenwärtigt: »lyrische Szenen«. Der Gang der geschichtlichen Ereignisse hat es mit sich gebracht, daß, wie wir sagten, der Reichs-Gedanke und der Partikular-Streit als künstlerisches Thema »zurückzunehmen« sind. Um so akuter aber ist die Thematik des Individuums, das sich bedrängt sieht, aber die bittere Erfahrung macht, da Wunder manchmal eher zerstören als retten. Daß die Zärtlichkeit, der Glaube, die Sensibilität, die von Elsa ausgehen und auf den Gralsritter übertragen werden, am Ende in bitterstes Wehgeschrei münden, wie in der antiken Tragödie, macht die humane Aktualität dieser »allertragischsten Geschichte« aus.

Daß Gottfried eine Lösung der tragischen Situation sein könnte, wird heute niemand mehr im Ernst annehmen wollen. Er kann höchstens die Irritation steigern, in die uns »Lohengrin« entläßt.

Daß diese Irritation sich auch auf die stilistischen Mittel erstrecken würde, die wir für diesen Grenzfall des Musiktheatern wählten, stand außer Zweifel. Was Wagner hinsichtlich der Gestaltungsprinzipien vorschwebte, erscheint – in die Gegenwart übertragen – durchaus als Aufforderung, die Erfahrungen im Umgang mit seinen Werken nicht einfach fortzuführen, sondern jeweils neu zu überprüfen, auch und gerade am »Lohengrin«:

»Eben dies scheint mir der große Vorzug des vereinigten Ausdruckes des Gedichtes und der musikalischen Komposition zu sein, daß die Menschen, die sich durch ihn aussprechen, in einer gewissen plastischen Unzerflossenheit und Ganzheit sich geben können, die durch zu vieles Nebenher-Motivieren notwendig nur geschwächt werden kann. (Gott weiß, ob ich mich richtig ausdrücke!)«

DER RING DES NIBELUNGEN

Ein Endspiel

Die Inszenierung in London versucht, einen Weg zu finden, der den Ring weder als ein zeitloses Dokument noch als ein auf und im 19. Jahrhundert festgelegtes begreift. Vor allem ist zu warnen vor einer nostalgischen Rezeption des 19. Jahrhunderts, die sich einläßt auf einen Pseudorealismus, eine Rekonkretisierung, die das Historische unverbindlich beläßt. Die Interpretation muß dem Zuschauer die Möglichkeit des Assoziationserlebens belassen. Eindeutigkeit im Sinn vordergründiger Anspielungen führt zur Verfälschung der Fabel. Die Genialität Wagners besteht gerade darin, daß er den Ring nicht als Schema irgendeiner Geschichts- oder Gesellschaftswissenschaft ablaufen läßt. Im Gegenteil, er verunsichert immer wieder durch Neugeschriebenes, durch neues Verhalten der Figuren, kurz: Man muß theatralische Erzählweisen finden, die Assoziationen erwecken, die aber keine Querverbindungen in aktualisierender oder auch in historischer den Finger erhebender Manier anbieten – oder sich nur auf ein Erkennungs- oder Assoziationsbild festlegen. Deshalb der Versuch, den Ring als Machtspiel dieser Welt auf einer *Bühne* zu zeigen. Die Welt als Theater, die Bühne als Welttheater. Die erste Frage ist: Wo und wann spielt dieses Stück? Spielt es in einem imaginären Machtbereich, in einem Deutschland des 19. Jahrhunderts mit Wäldern, Bergen und Palästen? Der »Ring« – ein Endspiel, ein Stück vom Untergang der Götter, von Finsternissen in und um den Menschen ist typischer Ausdruck nicht irgendeiner Mythologie, sondern der germanischen Mythologie, die mit Ausnahme Baldurs eine dunkle, neblige, verzweifelte, masochistische Mythologie war. Es herrscht eine merkwürdige Affinität zwischen dem Willen Wagners und dem, was an Philosophie, Sehnsucht, Depression, Nihilismus und Aufbäumen in der germanischen Mythologie steckt.

Doch die Fabel wird nicht lokalisiert, weder in Island noch im Kosmos. Es ist wie bei »Aida«: Ort und Zeit der Handlung sind Memphis und Theben zur Zeit der Pharaonen. Diese Zeit umfaßte 3000 Jahre, ist absurd und richtig zugleich, wie eben die Gattungsangabe »Tristan, Handlung in 3 Akten«, eine Unverschämtheit, die genau ins Zentrum tritt. So spielt auch der Ring in einer Epoche und spiegelt eine Epoche wider, doch es ist nicht das 19. Jahrhundert, sondern das Bürgertum schlechthin, das vor Hunderten von Jahren begonnen hat und trotz aller Todesstöße noch immer nicht zu Ende ist. In dieser Epoche spielt der »Ring«, nicht in irgendeiner Zukunft oder Vergangenheit.

Und wo spielt der »Ring«? Oper findet heute in Theatern statt, die das Bürgertum erbaut und unterhält. Der »Ring« braucht dieses bürgerliche Theater. Er spielt also auf dem Theater unserer Epoche, die im Übergang ist von der bürgerlichen Spätzeit zu etwas, was die einen Sozialismus oder Kommunismus, die anderen eine freie oder plurali-

»Das Rheingold« – London 1974

»Das Rheingold« – London 1974

stische Gesellschaft nennen. Es ist die Situation der Schwellenangst und der Schwellenhoffnung.

Die strukturelle Analyse muß der Verführung widerstehen, modisch aktuelle Bilder zu realisieren. Wenn der »Ring« auf dem Theater spielt, also nicht im Deutschland des 19. Jahrhunderts oder in einer mythischen Vergangenheit, und wenn er in unseren Träumen und Ängsten spielen würde, dann hat es nur einen Sinn, das beim Namen zu nennen, was theatralisch zu zeigen ist. Formen mußten daher gefunden werden, die das bürgerliche Theater prägten oder bereits überholten.

Das szenische Bild von »Rheingold« findet man im Theater der Mysterienspiele oder in frühen russischen Revolutionsstücken, wo die Welt noch in Ordnung ist. Es gibt Gute und Böse, es gibt oben und unten. Oben sind die Götter, in der Mitte der Rhein und unten, außerhalb der Verträge, leben die Nibelungen. Im »Rheingold« gehen die Figuren immer von unten in die Mitte nach oben – die Welt ist hier wie ein hierarchischer Querschnitt, vergleichbar den Spielplätzen im Mittelalter: Himmel und Hölle, in der Mitte die Erde. Die Figuren im »Rheingold« sind Typen einer angenommenen Weltsicht, die sich sehr klar, eindeutig, machtinteressiert verhalten. Es sind Figuranten, keine psychologischen Charaktere, und daher maskiert.

Der »Spielplatz« ist ein Holzgeviert, bewußt gegen Neu-Bayreuth abgesetzt, die Perfektion der Scheibe läßt sich nicht überbieten, aber auch als Konzept für ein freches, aggressives Theater auf der quadratischen Mimusbühne. Hinzu kommt die Verbindung mit der modernsten Technik: Ein hydraulischer Stempel gibt der Spielbühne beliebige Variationsmöglichkeit. Was »oben« ist, läßt sich genauso sinnfällig, d.h. theatralisch zeigen wie das, was »unten« ist. Ein Mysterienspiel mit moderner Technologie.

In der »Walküre« tritt der erste Mensch auf die Bühne: Hunding, und daher ist es wichtig, Hunding nicht als kleinlichen Bösewicht zu zeigen. »Die Walküre« ist ein großes psychologisches Schicksals-

»Die Walküre« – London 1974

drama, alles Weitere wird am Menschen gemessen. Psychologie als Aufdeckung der nicht zu lösenden Spannung des Wissens um sich selbst, des Verdammtseins und des Erlösungswunsches ohne Verantwortung vor anderen, nur um des eigenen Lebenswillens; das ist eines der erschreckenden, aufregenden Themen der »Walküre«, nur von Strindberg her zu verstehen. Und so ist der Boden der »Walküre« nicht mehr der schlichte, gerade Bretterboden des »Rheingoldes«, sondern er ist wie mit glühender Lava überzogen, so als sei die Welt mit Blut übergossen. Die Bühne verändert sich von Szene zu Szene, starke dekorative Teile werden eingesetzt, ein Riesenbau im 1., verschiedene Felsenteile im 2. und 3. Akt. Es ist eine nie statische Bühne, allein im 2. Akt hat sie fünf Positionen gemäß den verschiedenen Szenen, so daß das Epische, das auch in der »Walküre« die Psychologie verändert, wach gehalten wird. Der Zeitablauf soll deutlich werden, die irrsinnigen Sprünge und Brüche im scheinbar geschlossenen dramatischen Fortgang. Auch die Moral Wotans ist eine historisch bedingte, und so endet auch das psychologische Musikdrama »Walküre« mit einem epischen Schluß: Wotan verläßt die Bühne, kommt auf eine schmale Vorbühne, von der aus auch Loge gesungen hatte »ihrem Ende eilen sie zu«, und sagt direkt auf eine Brechtsche Weise dem Publikum: »Wer meines Speeres Spitze fürchtet, durchschreite das Feuer nie.«

Eine Drohung, eine Aufforderung, ein Gebet, ein Wunsch an eine andere Gesellschaft möglicherweise, um herauszufinden, wer der Mutigste sei oder wer in der Lage sei, diesen Entschluß, diese Entscheidung zu treffen. D.h. das ganze psychologische Drama wird am Schluß wieder episch geöffnet.

»Siegfried«: Das ist ein bizarres, absurdes Märchen, es beginnt dort, wo alles, was geschieht, schon nicht mehr die Einfachheit des weltanschaulichen Schemas (»Rheingold«), nicht mehr die analytische Glaubwürdigkeit des Psychologiedramas (»Walküre«) hat. Was jetzt geschieht, ist Arrabal, ist vollständig verrückt. Alle, die uns in diesem Märchen »Siegfried« begegnen, sind absolut Verrückte.

In den Vorspielen: das Thema des Wartens, Godot. Mime, Alberich, Wanderer, sie warten.

Dann, wenn die eigentliche szenische Handlung beginnt, sehen wir nur absurde Dinge. Da kommt der Wanderer zu Mime, sie unterhalten sich über vergangene Dinge, und beide wissen, wer der andere ist, aber sie tun so, als ob sie sich nicht kennen. Es ist ein Urbewußtsein, wie im Märchen: Woher kommen wir und wohin gehen wir? Wir sind eigentlich nur Körner im Wind und haben doch einen unerhörten Macht- und Selbstbehauptungsanspruch. Plötzlich, mitten im Urwald, findet der Machtkampf statt: der Wanderer ohne Armee und Alberich, der sich von seinem Volk völlig isoliert hat, der schon wie die Tiere des Waldes selbst zum Tier geworden ist, weil er 120 oder zehn Jahre dort gelebt hat. Eine machtpolitische Auseinandersetzung, doch keiner hat eine Waffe. Sie kläffen sich nur an wie Köter. Der Drache erscheint. Das ist das größte komische theatralische Ereignis im »Ring«, und ich bekenne mich dazu, daß in einem Märchen als Komödie das Grausame des Drachens wie in einem großen Kinderspektakel dargestellt wird. Siegfried ist eine kranke Gestalt. Seine Stärke, die die Hoffnung ist, seine Naturverbundenheit, die ja eine absolut gesellschaftliche ist, das ist eine entsetzliche Spielkarte, die Wotan noch einmal in die Welt gebracht hat. Ein Mann, der das Fürchten nicht kennt und lernen muß, soll nun die neue Welt schaffen. »Siegfried« ist nicht kritisch darzustellen im Sinne von Verhöhnung. Dieser Mann ist wirklich so etwas wie ein »reiner Tor«, wenn man auf ihn nicht sogenannte weltpolitische Hoffnungen setzen würde, wenn man ihn ließe, wie er ist, und wenn er das sein dürfte, was er sein will: ein Naturbursche. Aber er wird manipuliert, und

»Siegfried« – London 1975

»Götterdämmerung« – London 1976

daher ist die Liebesszene mit Brünnhilde bereits das Zentrum der »Götterdämmerung«.

Ein steriles Erlebnis, eine fast klinische Angelegenheit ohne Romantik. So zeigt der 3. Akt keinen Wald mehr, der auch im 1. und 2. Akt durch Höhle und Drachen mißbraucht ist, er ist vielmehr karg, nur Licht. Der kompositorische Bruch des Werks wird mitinszeniert, der 3. Akt schon an die optische Erzählweise der »Götterdämmerung« angenähert.

In der »Götterdämmerung« werden dekorative Mittel, die früher verwandt wurden, als Zitate eingesetzt. Die Welt der Gibichungen ist gläsern, eine Demonstration der Angst vor einer Überzivilisation, von den »letzten Tagen der Menschheit«. Glas, Folien und Linsen verzerren die Menschen, treiben die Verfremdung bis zur Unerträglichkeit. Wenn Siegfried in diese Welt aus Metall und Technik eintritt, so muß ihm im wahrsten Sinn des Wortes die Luft ausgehen. In dieser Umwelt gibt es keine subjektive Heldenfunktion mehr. Auch nicht für diesen Siegfried.

Er stirbt in einem Wald, der aus vier kahlen Baumstämmen ohne Blätter besteht. Seine wirklichen Mörder sind nicht die, die ihn töten, sondern die ihn zum Helden bestimmten. Keiner hebt Siegfrieds Leiche auf, alle gehen weg. Er liegt da, die Bäume gehen weg, den ganzen Trauermarsch lang liegt nur dieser Gekreuzigte da. Der Trauermarsch mit dem optisch präsenten Siegfried ist ein Angebot an den Zuschauer, das Stück zu verstehen. Die Konfrontation mit einer Leiche,

»Götterdämmerung« – London 1976

die Held sein *soll.* Wenn Leute dann nationale, heroische Assoziationen haben, das ändert eine Aufführung nicht. Aber beides finde ich wichtig, daß die Zuschauer innerlich schreien oder weinen. Am Ende gehen die Glasfolien runter, Gutrune und Brünnhilde begegnen sich, und sie wissen gar nicht, daß drei Meter dahinter dieser Tote liegt, aber *wir* sehen ihn, er ist die ganze Zeit da wie ein Menetekel auf der Bühne, und er verschwindet auch nicht von ihr. Das Spektakel des Weltuntergangs ist theatralisch notwendig, dramaturgisch jedoch fast uninteressant. Das endgültige Finale beim Liebesmotiv Sieglindes ist, daß unser Blick sich zurückbegibt.

Wir haben wieder die Bretterbühne. Es ist über die Bühne ein Welttheater gelaufen voller Trauer und Schmerz, Verzweiflung, Katharsis, Tod. Aber die Bühne ist meine einzige Religion beim Theater. Die Bühne bleibt offen, um noch einmal einen Ring, einen anderen Ring mit anderen Menschen und ihren Erfahrungen abspielen zu können. Die Bühne bildet nicht ab, was da in der Welt geschieht, sondern die Bühne bannt so wie die alten Schamanen bei den Urvölkern, die das an die Wand gemalt haben, was ihnen Angst und Furcht einjagte. Die Bühne wird zur Heilsfunktion. Der Zuschauerraum wird erhellt, um den Zuschauer, der gemeint ist, einzubeziehen. Die da staunend stehen vor diesem Weltspektakel, das sind wir. Wir in unserer Kleinheit und Spießigkeit bekommen eine Chance zu erleben, mitzuerleben, wie man manipuliert werden kann und was daraus entsteht. Dazu ist die Bühne da.

Utopie und Wirklichkeit

Er habe keine Angst bei der Vorstellung, seine Nibelungen-Dramen zu spielen, nachdem ihm klar geworden sei, daß das moderne Operntheater nicht wirklich existierte, sondern daß das von ihm ersonnene ideale Theater erst eines Tages Wirklichkeit werden würde. In diesem Sinne äußerte sich Richard Wagner 1852.

Es wäre vermessen anzunehmen, daß das Operntheater – hundert Jahre nach der Uraufführung des »Ring« – Wagners Ideal spürbar näher gekommen wäre. Nicht einmal die Gründung und Kontinuität der Bayreuther Festspiele können uns von der Verpflichtung freisprechen, nach dem Utopie-Wunschbild in Wagners Bestreben um ein »ideales Operntheater« zu suchen. Eine Utopie, die sowohl in als unerreichbar geltenden Wunschvorstellungen als auch in solchen existiert, die mit Hinweis auf den Überblick über das ästhetische Konzept und die Verwirklichung von Wagners humanistischen und politischen Ideen vielleicht realisiert werden können.

Bereits Wagners szenische Anweisungen zeigen uns, wie viele seiner Ideen mit der Zeit, in der er lebte, verbunden und vom Schicksal dazu bestimmt sind, mit dieser Zeit zu verschwinden, und noch heute zeigen sie, wie viele immer noch bestehen bleiben als Testament oder Herausforderung – unerfüllt heute wie damals – für die Zukunft. Und wie mit den szenischen Anweisungen und Visionen verhält es sich auch mit den anderen künstlerischen Bestandteilen, die im vielschichtigen »Ring«-Zyklus enthalten sind.

»Götterdämmerung« – Berlin 1985, Probe mit Götz Friedrich (unten rechts)

»Der Ring des Nibelungen« – Berlin 1984/85, Bühnenbild-Entwurf von Peter Sykora

Jede künstlerische Realisierung, oft umschrieben mit dem zu beschränkten Begriff der »Interpretation«, muß ihr »Hier« und »Heute« darauf gründen, die Zeitspanne, die Wagner von einer mythischen Vergangenheit über seine eigene Epoche bis in die ferne Zukunft wirft, besser zu verstehen. Und jede künstlerische Realisierung muß die Risiken und Grenzen ihrer eigenen Wirklichkeit berücksichtigen, die im Verhältnis zur utopischen gemessen wird. Das ist die Idee hinter der neuen Produktion in London 1974/75.

Im Hinblick auf die szenische Verwirklichung habe ich die folgenden Anmerkungen zu machen.

Zeitspannen im »Ring«: mythisches Zeitalter, 19. Jahrhundert, Zukunft

Als eine Regel, wie die Inszenierung eines Opernwerkes vor allem funktionieren sollte, gilt es, drei Zeitperioden in das Stück zu bringen: die Schöpfung, die Periode des Entstehens und die Zeit, in der es gespielt wird. Diese drei Zeitspannen – historisch und ästhetisch – werden durch die Bühnenhandlung in etwas Neues verwandelt: in eine synthetische Zeit, die auch die Merkmale der wirklichen Zeit nicht leugnet. Mit dem »Ring« tritt eine vierte Zeitspanne ganz speziell dazu: die historisch-menschliche Perspektive, die Bemühungen in der Zukunft, die utopische Perspektive. Wir werden nur dann in der Lage sein, diese vierte Zeitperiode zu verstehen, wenn wir die vorangegangenen drei Zeitperioden in ein Verhältnis zueinander gesetzt haben.

Im Gegensatz zu den griechischen Tragödien von Aischylos, aber im Einklang mit denen des Euripides, verwendet Wagner eine Mythologie, die nicht mehr akzeptiert wird. Keiner kann ernsthaft vorgeben, daß er auf eine religiöse Weise an Wotan oder Fricka glaubt (auch wenn sie, Siegfried und der ganze »Ring« oft als weitgefaßter Ersatz für Religion benutzt werden). Es gibt keinen Zweifel, daß Wagner die deutsche Mythologie ausgesucht hat, um Ereignisse seiner eigenen Zeit und die Probleme seiner eigenen Persönlichkeit in eine urgewaltige Welt zu übertragen, die bis dahin noch auf keiner Opernbühne gezeigt wurde. Sein konstantes politisches Engagement und seine Aversion gegenüber italienischen und französischen Opernhandlungen unterstreichen dies. Den »Ring«-Kommentaren George Bernard Shaws zufolge wird auf der Bühne nicht oft von der Sozialkritik und den revolutionären stilistischen Elementen in den Werken Gebrauch gemacht. Mir scheint, daß es zu einseitig ist, den »Ring« nur im Stil des 19. Jahrhunderts zu spielen und nur um Verknüpfungen bemüht zu sein, die sich aus dem vergangenen Jahrhundert ableiten. Eine solche historische Unbeweglichkeit hat zu ästhetischer Abgedroschenheit geführt. Zu viele Bilder (geistig, akustisch, optisch) sind in dem Jahrhundert, in dem und für welches der »Ring« komponiert wurde, unerreichbar. Zu viele Begebenheiten enthalten – auch wenn die Geschichte der Menschheit um hundert Jahre fortgeschritten ist – eine beängstigend aktuelle Bedeutung. Aber auch noch die verblüffendsten Enthüllungen, die zeigen, wie aktuell die Bilder des »Ring« sind, sollten uns nicht dazu verleiten, den modischen todsicheren Weg der zeitkritischen Mätzchen zu gehen, Wotan zum Beispiel als Nixon darzustellen oder eine Ähnlichkeit zwischen der chinesischen Geschichte und der Nibelungen-Sage zu sehen. Solch eine Prozedur würde den »Ring« zu einem zeitgenössischen »An-die-Wand-Schreiben« machen und die epochale dynamische Reichweite des Werks einschränken. Auch die passendere Annahme, Walhalla sei eine Art Millionärs-Raumlabor der Zukunft, in welches sie sich von der Erde zurückziehen, und Gibichungs Halle sollte aussehen wie

Orwells »1984«, sollte niemanden dazu verführen, ein Science-Fiction-Musical daraus zu machen. Was sonst noch?

Die Sage steht für die künstlerische Entfremdung von der Wirklichkeit Europas im 19. Jahrhundert. Und es ist genau diese Entfremdung, die uns ermöglicht, auf zukünftige Perspektiven aufmerksam zu machen und deren aktuelle Bedeutung zu zeigen. Das »Damals« und das »Jetzt« sind die »Zeiten der Handlung« für eine »Ring«-Inszenierung.

Die Welt – das Theater

Aber wo spielt der »Ring«? In Island oder irgendwo im Norden von Schweden? Im Deutschland des 19. Jahrhunderts? Oder heute in der Nähe von irgendwelchen Regierungspalästen. Oder morgen in irgendeiner Galaxie? Entschuldigen Sie die dumme Frage genauso wie die knappe Antwort: Der »Ring« spielt in Übereinstimmung mit Wagners Vorstellungen, soweit wir sie kennen, auf der Bühne im Theater. Er ist weder Sage noch Geschichte, obwohl beide der Handlung helfen – immer abwechselnd zwischen dramatischer und psychologischer Verstärkung auf der einen und epischer Distanz auf der anderen Seite. Dieses Werk spielt, Musik und Szenerie nutzend, auf der Opernbühne im Musiktheater.

Diese grundlegende Haltung hat viele Konsequenzen. Besonders durch Wagners im »Ring« ausgedrückte »utopische« Forderungen wird das Musiktheater angegriffen wie von kaum einem anderen Werk, in der Beziehung zwischen Bühne und Musik, zwischen Gesang und Schauspiel, zwischen dem Hörbaren und dem Sichtbaren. Die komplizierte und oftmals widersprüchliche Verflechtung von Wagners Gedanken, Bühnenbildern und Visionen erfordert Konzentration auf den intellektuellen Inhalt und wirft einen frischen Blick auf viele Aspekte des Theaters.

»Das Rheingold« – Berlin 1984

Wenn der Platz der Handlung festgesetzt werden muß: Es ist die Bühne des Covent Garden. Der Grundriß, die Größe der Blende, die Abmessungen von Unterboden, Bühnenseite und Kulisse bilden den Umriß eines Bühnenareals, welches, unterstützt und bewegt von einem starken Kolbenmotor, zu einer veränderbaren Plattform wird, die die Sphäre der Götter, die Unterwelt, Erde und Wasser, Gebäude und Gebirge, Wald und Palast darstellt. Die Welt: das Theater. Die Bühne: eine Welt. Die Bewegungsmöglichkeiten scheinen unbegrenzt: friedlich, kreisend, schnell drehend, steigend und fallend, stark kippend, die spiegelnde Unterseite zeigend, aus verschiedenen Positionen in den Himmel vorspringend, scharfe und bizarre Schrägen herstellend. Doch wie variabel die Bewegungsmöglichkeiten auch sind, folgen sie doch immer erkennbaren Regeln. Sie sind durch den hydraulischen Kolbenmotor, der die Plattform hält und bewegt, zentralisiert – ein Symbol konstanter Veränderung und selbstregenerierender Energie.

Eine solche Bühne erlaubt, ja verlangt Lösungen, die weit jenseits einer normalen Inszenierung liegen. Die Gesten des singenden Schauspielers können besser unterstrichen und kontrolliert werden. Mit der Möglichkeit, sie zu kontrollieren, kann man Einsichten gewinnen. Komische Effekte wie bei den Urformen, die die Grenze zur Tragödie überschreiten, sind gleichfalls möglich. Die Bühne wirft nach innen und außen – es ist ein geographischer und psychischer Raum.

Ein Drama – vier Teile des epischen Theaters

Hinter der Idee, nicht, wie in so vielen Inszenierungen, das schmückende Symbol eines Rings als Basis für die szenischen Entwürfe zu nutzen, steht der Glaube, daß der »Ring des Nibelungen« kein in sich geschlossenes Drama ist, sondern eher vier Teile eines großen Heldengedichts. Die Idee ist, es nicht optisch zu vereinheitlichen. Es wird lebendig durch die Vielfalt an Elementen, Bühnen, Stilen und

»Die Walküre« – Berlin 1984, Julia Varady (Sieglinde), Peter Hofmann (Siegmund)

Atmosphären, welche das Werk in Bewegung setzen. Auch die germanische (?) Periode des »Rings«, die sich über zwanzig Jahre erstreckt, zieht den Zyklus wegen der durch Wagners Gedanken entstandenen Widersprüche und Formen weg von einem vereinheitlichten Stil. Gerade deshalb erfordern die verschiedenen künstlerischen und philosophischen Ideen der vier Teile jemanden, der den »Ring« als kraftvolles Musiktheaterepos versteht und spielt – ähnlich in seinen Bildern und Gedanken – angelehnt an den »Odysseus« oder an Dantes »Göttliche Komödie« und – in der Theaterliteratur – an Aischylos' »Oresteia«, Shakespeares Königsdramen oder an Goethes »Faust«.

Eine Menschheitsgeschichte im Theater sollte auf der Bühne auch die Geschichte des Theaters widerspiegeln. Folglich wählen wir für den Prolog »Rheingold« den kahlen Entwurf eines Theaters, das trotz mehrerer aktueller Bilder an die Mysterienspiele des Mittelalters erinnert: eine flache hölzerne Oberfläche, die sehr alt wirkt, Spiegel und klappbare Bretter, mit denen Stufen herstellbar sind. Die unterschiedlichen Regionen sind klar abgegrenzt: Oben sind die Riesen und die Götter, tief unten die Nibelungen, in der Mitte liegt der Rhein. Nirgendwo ist ein sterblicher Mensch zu sehen, und doch sind unter den künstlerisch gestalteten Masken oder Halbmasken überall Menschen, die in ihrem Gesang und Spiel die zeitlosen Prozesse der Welt beschreiben, wie auf einfache Weise (Himmel, Hölle, Erde) in den mittelalterlichen Mysterienspiele, in denen die »Parabel« und das »An-die-Wand-Schreiben« zitiert wurde. Und zwischen diesen Arche-

»Siegfried« – Berlin 1985, Roger Roloff (Wanderer), René Kollo (Siegfried)

typen sind moderne Köpfe der Regierung (Wotan), Staatenbundführer oder Techniker von Cape Canaveral (Fasolt und Fafner), Proletarier (Nibelungen) und Gründer revolutionärer Bewegungen (Alberich). Die Beziehungen sind vielseitig. Aber was man auch immer hervorzaubert, man sollte nie den Blick auf die essentielle Grundaussage verlieren, in die die Rheingold-Sage gipfelt: der Gang der Götter nach Walhalla, erkauft mit gestohlenem Gold, was das Ende ihres einst bedeutungsvollen Werkes auf Erden besiegelt. Jetzt gibt es nur noch die Bedrohung durch Herrschaft. Eine Herrschaft ohne Liebe.

Der erste »richtige« Mensch betritt die Bühne in Gestalt des Hunding. Die Bühne wird nun zu seinem Haus – sei es im Wilden Westen oder im Randbezirk einer Mittelklasse-Stadt des 19. Jahrhunderts, im alten Norwegen oder heute in der Peripherie von London, die Sache bleibt die gleiche. Auf jeden Fall findet er in seinem Haus einen Flüchtling: die Inkarnation des Wotan, der mit biologischen, anachronistischen, konterrevolutionären und anarchistischen Ideen und Handlungen versucht, seine angedrohte Weltherrschaft zu sichern oder zumindest zu überliefern (vererben). Nach einigen Generationen mit »Rheingold« wurde die Bühnenplattform für die »Walküre« verändert: mit blutigem Rot vollgesogene schwarze Erde. Wotan, der einst Stämme anhand von Verträgen geeinigt hat und wie ein Fürst des Friedens handelte, entfesselt nun einen Krieg, um Walhalla vor den Nachkommen der Nibelungen zu schützen. Als ein Zerrbild sei-

»Götterdämmerung« – Berlin 1985, Matti Salminen (Hagen), René Kollo (Siegfried)

nes früheren Ichs wandert der für den Krieg gekleidete Wotan (ab dem zweiten Akt) um die »Walküren«-Bühne herum, die von Felsblöcken aufgebrochen ist. Der allumfassende Weltblick im »Rheingold« wandelt sich in eine psychologische Studie einer als Wotan personifizierten Endzeit: heldenhaft in dem Versuch, sich von seinen Fesseln zu befreien, tragisch durch sein Wissen, daß sein eigener Wille gehemmt und Freiheit nicht länger sein Schicksal ist, sondern nur eine herbeigesehnte Utopie. Auch die Gesten der singenden Schauspieler zeigen, daß die Walküre das reinste unter den psychologischen Musikdramen des 19. Jahrhunderts ist – und vielleicht sogar noch mehr: die tiefsten Geheimnisse eines bahnbrechenden Musiktheaters mit utopischen Visionen.

In »Siegfried« folgt der Inkarnation des »Göttlichen« eine fragwürdige Utopie: in der Nachbarschaft eines makabren Idylls, im Stile der »Comédie larmoyante«, ein Held, in dem existentieller Glaube und bizarrer Comic-Strip heftigst aufeinanderprallen. Natur als traumatische Zuflucht und zur gleichen Zeit als ein Trauma der Perversität (»Emigrant« Mime, der Schmied; der mit Drachen drohende Wald). Rettung wird erst durch ein Durch-das-Feuer-Gehen: die einsame Freude des anscheinend Auserwählten in seinem Inselparadies – sogar die Felsen in der »Walküre« sind geschrumpft und haben ein wenig Ähnlichkeit mit denen im zweiten Teil des Zyklus.

Und dann die »Götterdämmerung« als die letzte Station der Schlußhandlung: Der glitzernde Glanz der letzten Zivilisation – ein verzerrtes Bild des einst heldenhaften Kampfes, den Untergang abzuwenden –, verkrustet alles wie ein lebender Leichnam, eine Gesellschaft der Zukunft ohne Zukunft. Hier muß Siegfried keinen Zaubertrank trinken, um seine Identität zu verlieren (oder zu gewinnen?): die paradoxe Kehrtwendung seines freien Selbst. 1880 sagte Wagner, »man sollte glauben, daß all das, Kunst, Wissenschaft, Tapferkeit und Ehre, Leben und Besitz, irgendwann aufgrund eines unvorhergesehenen Fehlers in die Luft fliegen könnte«. Nicht aufgrund eines Fehlers, sondern eher aufgrund einer großen Entscheidung löscht Brünhilde all das aus. Die Götter sind erlöst aus ihrem ewigen Schicksal – von ihrem Kampf, der Auslöschung zu entgehen – wie die Menschen von den Göttern. »Männer und Frauen stehen gaffend vor Erstaunen und beobachten das Geschehen«, schreibt Wagner in den Bühnenanweisungen für seinen »Ring«.

»Götterdämmerung« – Berlin 1985, Schlußszene

Leitmotiv – epische Geste

Die Technik des im Zyklus entwickelten Leitmotivs unterstreicht die epischen Prinzipien von Wagners Musiktheater. Seit Jahrzehnten dienen diese Leitmotive, die oftmals als geheime Zeichen für unkontrollierte Emotionen mißbraucht wurden, zur besseren Illustrierung problematischer Aspekte in vielen von Wagners kombinierten Ideen, um beim Hören der Musik, wo zu allen Erscheinungen auch die Verwirrung hinzugekommen ist, Klarheit zu gewinnen. Es ist sicher, daß Wagner mit seinen Leitmotiven nicht immer logischen Prinzipien folgt. Er gibt häufig tief versteckte Beweggründe preis und deckt Dimensionen des Unterbewußtseins auf. Aber während er normalerweise seinen Leitmotiven die Funktion klarer Kommentare zuweist, hilft er einem hier erst einmal kritisch, also dramatisch zu hören (das Walhalla-Motiv, das »Rheingold«-Finale usw.). Er benutzt die erzählende Funktion seiner Leitmotivtechnik, um dem Zuhörer einen Schlüssel zum Verständnis seiner »Ring«-Idee zu geben, er zeigt sich selbst also viel mehr als Vorbote der postromantischen Moderne, als die Modernisierer oftmals glauben wollen.

Die epische Skala macht es für unsere Produktion möglich und notwendig, die Bühnenfront und den äußeren Teil der Plattform für Anmerkungen und Fragen der Bühnencharaktere zu nutzen, die sie den Zuhörern direkt stellen. Durch die musikalische Einbeziehung des Publikums versuchen wir, sie intellektuell zu beteiligen – etwa so wie in Aristophanes' »Chorus« (Parabasis) oder in Brechts »Entfremdungseffekt«. Nicht nur Loge ist dafür wie geschaffen, auch Alberich erscheint uns mit seiner Drohung, die Nibelungen seien dabei, an Weltereignissen teilzunehmen, passend. Sogar Wotan sagt zu uns, bevor er sich entfernt: »Wer meines Speeres Spitze fürchtet, durchschreite das Feuer nie!« Die Drohung fordert unsere eigene Persönlichkeit.

Das Prinzip der Hoffnung: Liebe

Das Drama des »Rings« zu öffnen, nicht einzuschließen; dessen Ideen nicht zu umkreisen, sondern sie eher als Fragen zu präsentieren; die Vielseitigkeit von Wagners gedanklichen Prozessen nicht zu glätten, sondern sie in all ihren Widersprüchen zu zeigen – das sind die Gegenstände unserer Produktion. Mit den Hilfsmitteln in unserer Anordnung versuchen wir, ein Stück Welttheater auf der Musikbühne lebendig werden zu lassen. Überall, zu jeder Zeit in der Geschichte der Menschheit haben die Menschen Geschichten erzählt. Diese Sage beschreibt den Untergang einer Epoche. Ist es noch unsere Epoche? Die finale Handlung folgt zwangsläufigen Gesetzen. Aber in den letzten Strahlen der Götterdämmerung verkündigt das historisch und ästhetisch realisierte Prinzip der Hoffnung sanft und schüchtern: Liebe.

Von Anfang und Ende

Notate zum »Rheingold«

Der Anfang zeigt schon das Ende. Und das Ende ist neuer Anfang. Zeiten und Räume überlagern sich im »Ring«. Es gibt keine historische Zeit. Wagner schafft für seine Weltparabel die »künstliche Zeit« eines »Vorabends« mit drei darauffolgenden Werken. Diese »künstliche Zeit« reflektiert vor allem, aber nicht nur das 19. Jahrhundert. Sie umfaßt besonders, aber nicht nur die ganze bürgerliche Epoche, meint als Handlungszeit jenes Einst, das Vergangenheit und Zukunft, Erfahrung und Utopie im augenblicklichen Spielvollzug einfängt.

Wagners »Theater der Zukunft«, im »Ring« am umfangreichsten entworfen, stellt sich als epischer Report eines Untergangs dar, als grandioses Endspiel, in der Größe des Entwurfs am ehesten der »Oresteia« des Aischylos oder Shakespeares Königsdramen vergleichbar.

»Ihrem Ende eilen sie zu«, kommentiert Loge den Einzug der Götter in Walhalla. Die Tetralogie, sich der germanischen Mythologie bedienend, entzaubert den Mythos. Das Thema ist nicht Anbetung der Götter, sondern deutet auf den Schritt in die Menschlichkeit, den Brünnhilde versucht. Die Mythologie ist im »Ring« nicht (mehr) Religion, sondern das Fabel-Material, das Wagner zur Verfremdung seines großen Macht- und Endspiels einsetzt.

Die Bilder und die Assoziationen, die für die Optik der Aufführung gewählt werden, zielen weniger auf historische Abbildungen als vielmehr auf einen imaginären, phantastischen Realismus, der den »Ring« als Weltparabel vorstellt.

Gurnemanz' Wort zu Parsifal könnte die generelle Regie-Anweisung sein, Wagner zu spielen: »Du siehst, mein Sohn, zum Raum wird hier die Zeit.« Und Bernd Alois Zimmermanns Begriff von der »Kugelgestalt der Zeit« ergänzt das nur und rückt es näher dem heutigen Verständnis. Jede Gestalt, jede Situation im »Ring« sind jetzt und einst. Anfang heißt Ende und Ende Anfang.

Wotan, im »Rheingold« der »Friedensfürst« (bevor er in der »Walküre« zum »Walvater« = Kriegsherrn denaturiert), sitzt träumend entrückt, wenn wir ihn zum ersten Mal »auf Bergeshöhn« sehen. Schrekken und Furcht schwingen mit bei Fricka: »Wotan, Gemahl, erwache!« Wozu sollte er erwachen? Er ist ja schon am Ende: Die Burg ließ er sich bauen als Monument seiner selbst. Die irdische, schöpferische Zeit des obersten Gottes soll überwechseln ins »Ewige«. Und gleich zeigt sich, daß er, der den Bau entwarf und bestellte, nicht zahlungsfähig ist. Erst durch Raub – wenn auch auf fragwürdige Weise moralisch von Wotan motiviert – schafft er sich das Äquivalent für den neu von den Riesen bestimmten Preis. Der mächtigste Gott ist ein »trauriger Gott«, schlimmer noch: ein bankrotter Gott.

Fricka will in Liebe und Eifersucht ihrem Mann seine Göttlichkeit bewahren. Aber Erda raunt ihm die Wahrheit zu, die jeder, Gott

»Das Rheingold« – Hamburg 1980

»Das Rheingold« – Hamburg 1980

und Mensch, so gern verdrängen möchte: »Alles, was ist, endet. Ein düsterer Tag dämmert den Göttern.« Lange Zeit noch – bis in die »Götterdämmerung« – und mit sowohl genialen wie verrückten Ideen, als Rebell und als Bewahrer, stemmt sich Wotan gegen diese Einsicht in die Vergänglichkeit seiner selbst und der Welt, der er Gott war.

Es ist nicht *die* Welt, die in der »Götterdämmerung« zugrunde geht, sondern ein Ausschnitt aus ihr, eine Periode, ihr Gleichnis. Und damit werden die Figuren und Schauplätze auch wiederum optisch determinierbar. Selbst der »Rhein«, der erste Schauplatz im »Rheingold«, ist in solchem Kontext nicht absoluter Weltbeginn. Der »Ur-Ton«, aus dem sich das Orchestervorspiel aufbaut, ist wiederholbar oder – richtiger – bezeichnet den abermaligen Beginn des großen Spiels vom Widerstreit zwischen Liebe und Macht, Freiheitsdrang und Unterdrückungszwang. Die Menschheit macht – wie jeder einzelne im Leben – die Erfahrungen immer wieder neu. Das macht auch die Chance und die Aufgabe des Theaters aus.

So ist uns der Rhein die magische Stätte, in der Gewesenes unterging und aus der Neues entsteht – vielleicht eine Variante des nie entdeckten und nie ganz gestorbenen Atlantis, auf jeden Fall »Naturzustand« als Synonym des versunkenen »goldenen Zeitalters«, der vermeintlichen Stufe menschheitlicher Unschuld, verkörpert von drei Nixen, drei Sirenen, die den alten Schatz arglos verwalten. Von »oben« und von »unten« droht dem Rheingold in der Mitte dieser Welt Gefahr, sobald es erkannt wird als Gegenstand, der sich akkumulieren läßt und durch Zirkulation die Welt verändert, entstellt, pervertiert.

Von »unten« gerät Schwarzalberich an diesen magischen Platz. Er ist nicht böse, zunächst. Vielleicht auf der Wanderung, um eine Lösung zu finden, wie das Los der Seinen zu wenden wäre, die in der Dunkelheit unten, in den Slums der Weltgeschichte hausen, ausgeschlossen von den Verträgen, die man »oben« geschlossen hat, und bisher von den »Glücklichen« kaum beachtet.

Erst nach dem Raub des Goldes, seiner Akkumulation und Hortung, erwacht das Interesse der Götter und Riesen an den Nibelungen, erwachen ihre Angst und ihre Gier. Loge bringt nach »oben« die Nachricht von der eingreifenden Veränderung, die sich »unten« inzwischen vollzogen hat: Einer hat der Liebe abgeschworen, die nach der innersten Überzeugung Wotans und dem von Fricka vertretenen Prinzip die Welt bewegt. Er habe sich aus dem den Rheintöchtern gestohlenen Hort den Ring geschmiedet, der ihm unendliche Macht verleihe. Der Zustand der »göttlichen Familie«, Froh und Donner eingeschlossen, entlarvt sich: Man umschmeichelt und drängt Wotan, das Gold zu gewinnen. In ihm selbst erwacht die Gier, den Ring zu besitzen – angestachelt noch durch die dreiste Bereitschaft der Riesen, Freia als Preis für den Burgbau zu tauschen gegen das Gold der Nibelungen. Das Dilemma des mächtigsten der alten Götter ist nicht kleiner geworden, sondern hat sich nur noch verstärkt, als er sich mit Loge nach Nibelheim aufmacht.

Shakespeare hatte im »Timon von Athen« die alles verkehrende Macht des Geldes tragisch-satirisch beschrieben. Viel von diesem tragisch-satirischen Gestus bestimmt auch das »Rheingold«, oft bis an die Grenzen der Karikatur. Komische, bizarre Motive und Situationen verdecken aber nicht die tragische Bedeutung des Vorgangs, sondern stechen sie auf, erhellen sie in der Verzerrung.

Die Zwergenhöhlen »unten« sind zu Katakomben schrecklicher Ausbeutung geworden. Zynisch hat Alberich die Seinen wie in ein unterirdisches Konzentrationslager eingesperrt – kaum realisierend, daß er sich so auch selbst zum Gefangenen gemacht hat. Aus dem, der das Los der Rechtlosen ändern wollte, ist ihr unerbittlicher Diktator geworden. Es ist dies ein Motiv, das die permanente Aktualität der warnenden Bilder, die Wagner im »Ring« entwirft, beklemmend deutlich macht. Demütigend ist für Wotan sein »Staatsbesuch« in der Hölle. Loge hat die Verhandlungen zu führen. Und seine List ist es auch, die das fürchterliche sozialpolitische Menetekel wieder ins Theatralisch-Phantastische aufhebt: Erst verleitet er den sich eitel protzenden Alberich, sich mittels des Tarnhelms in die Schlange zu verwandeln, dann in die Kröte – einzige Chance, den hermetisch Eingeschlossenen herauszulocken und zu überwältigen.

Wieder »oben« angelangt, entlarvt sich Wotan, der Göttervater, als »Godfather«: Brutal entreißt er Alberich dessen Ring. Der traurige Gott im Morgengrauen als Mafioso, als Bandit: Immer schärfer, immer bitterer betreibt Wagner die Anatomie des vermeintlich Göttlichen.

Statt, wie Loge das anregt, den Rheintöchtern ihr Gold zurückzugeben (es hat sich freilich inzwischen vermehrt, ist fabrikmäßig her-

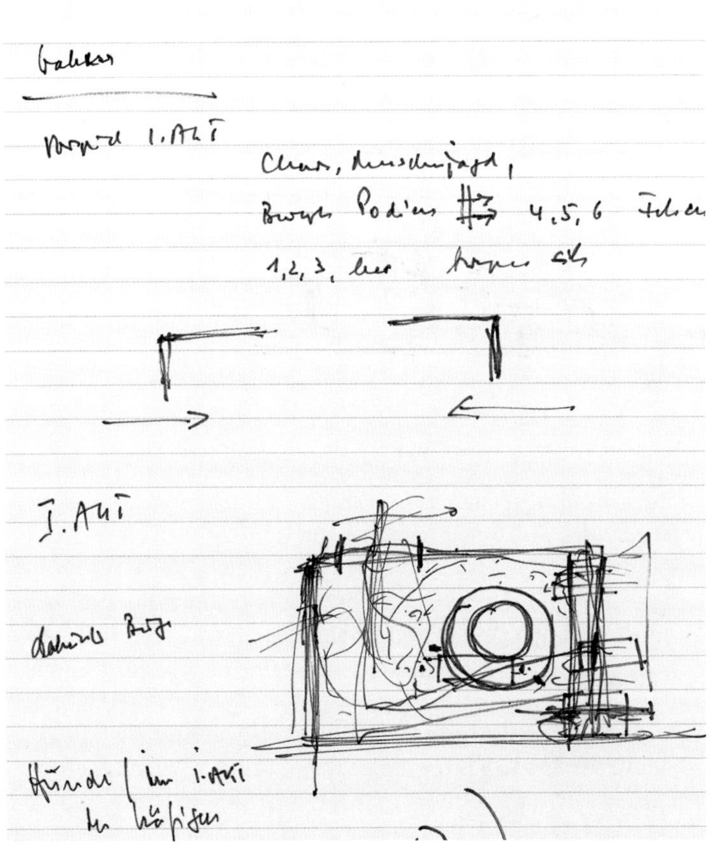

»Die Walküre« – Projekt Hamburg 1981, Konzeptions-Skizze von Götz Friedrich

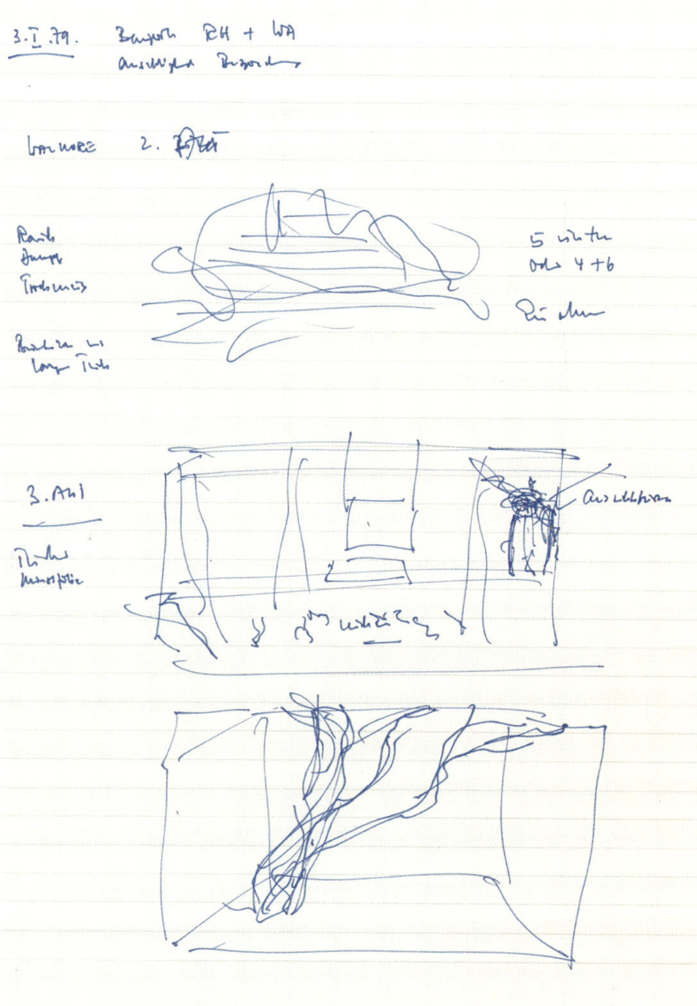

»Die Walküre« – Projekt Hamburg 1981, Konzeptions-Skizzen von Götz Friedrich

gestellt, besitzt nicht mehr den »Naturzustand«), bezahlt Wotan mit dem Schatz der Nibelungen und endlich auch dem Ring die Riesen, um Freia zurückzukaufen. Edelmut aus Hilflosigkeit und als Kapitulation: Die Welt gerät nicht wieder in die alte Ordnung. Auch wenn Donner, Mixtur aus Mars und Bramarbas, noch einmal zu mythischer Größe ausholt und die Naturgewalten beschwört und auch wenn Froh, der schwärmerische Schöngeist, noch einmal als Zeremonienmeister der theatralischen Regenbogenbrücke fungieren darf: Die Götter *fliehen* von der Erde, an dem ermordeten Fasolt vorbei und die Klagerufe der Rheintöchter nicht achtend. Wie in einer Pavane schreiten sie nach Walhalla. Mit majestätischer Grandezza täuschen sie sich selbst. Denn die Burg, als Monument geplant und schlimm bezahlt, ist nur noch Zufluchtsort, Exil.

»Siegfried« – Projekt Hamburg 1981, Konzeptions-Skizze von Götz Friedrich

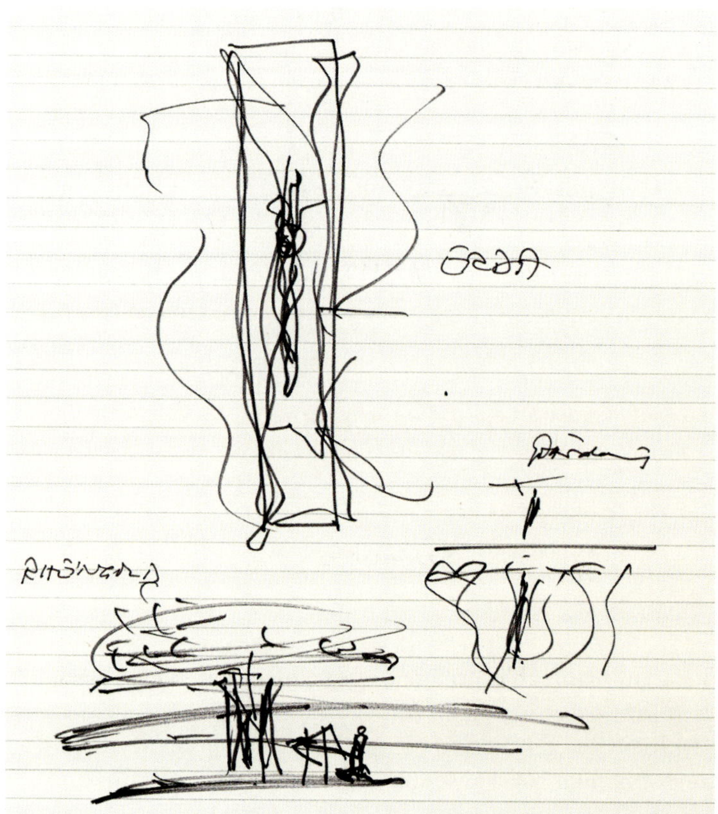

»Götterdämmerung« – Projekt Hamburg 1982, Konzeptions-Skizze von Götz Friedrich

Loge bleibt zurück. Der so kluge Katalysator im Machtspiel hat seine Rolle zu Ende gespielt. Der Narr kann gehen. »Wer weiß, was ich tu'?«

Die mythische Periode der Götter ist zu Ende. Wotan wird es nicht halten in der Burg, die er sich wünschte. Er wird zurückstreben auf die Erde, ein Verwandelter, ein Suchender, oft auch Rasender. Zwei Pläne wird er verfolgen, die sich absurd gegenseitig aufheben: Er will den Helden bilden, der ihn ablöst und ein Reich absoluter Freiheit schafft – und gleichzeitig läßt er die Erde von seinen Walküren mit Krieg überziehen, um die besten Helden zu gewinnen, die Walhalla vor den Angriffen Alberichs schützen. Angst hat ihn befallen. Der Gott wird Anarchist. So kommt es, daß er seine Lieblingstochter Brünnhilde verstößt in die Menschlichkeit. Sie wird die Chance der Liebe zu verteidigen und weiterzutragen haben. Zu welchem Ende, zu welchem Anfang?

TRISTAN UND ISOLDE

Unterwegs in den Tod

Aus meinen Aufzeichnungen bei den szenischen Proben zu »Tristan und Isolde« habe ich einige Äußerungen von Götz Friedrich zur Interpretation und Darstellung des Stoffes zusammengefaßt. Einige methodische Stichworte sind anderen Bemerkungen vorangestellt, die parallel zum Handlungsverlauf wiedergegeben sind. Sie stellen keine Zusammenfassung des Regiekonzeptes dar, sondern sollen dazu dienen, die Sichtweise von Götz Friedrich zu einzelnen Aspekten des Werkes besser zu verstehen. *Zoltan Spirandelli*

Die Inszenierung muß soviel konkrete Anhaltspunkte wie möglich bieten: über das Unerklärliche spricht die Musik.

Regie besteht nicht aus Gängen. Der Regisseur interpretiert die Szenen, die Ausführung muß von den Darstellern probiert werden.

Die Musik ist nicht die Grundlage für ein Laufpensum, sondern die Projektion des Erlebten oder Erwarteten.

Mut zum Nichtspielen.

Darzustellen ist zunächst die seelische Grausamkeit aller Beteiligten: eine furchtbare Geschichte.

Es darf nicht mit Hilfe der Musik über Unverständnis hinweggesungen werden.

Der Gesang muß aus dem Sinn der Sprache entwickelt werden.

Es muß mit Worten argumentiert werden, die Musik liefert den emotionalen Untertext.

Sachlichkeit ist dramatischer als Larmoyanz.

Wenn die Oper so oft mit dem Tod umgeht, bannt sie unsere Angst davor. Das ist der eigentliche Beitrag dieser Kunstgattung, uns freier zu machen.

*

I. Aufzug / Einleitung
Der Vorhang ist von Anfang an offen. Aus dem Dunkeln tauchen die Figuren langsam, wie aus dem Unterbewußtsein, auf. Nur so ist auf die Auseinandersetzung mit der Unendlichkeit des Zeitlichen vorzubereiten.

– 1. Szene
Der Schauplatz: Das schwarze Todesschiff = Charon. Tristan ist von Anfang an sichtbar, seine Präsenz permanent spürbar. Er hört alles, was Isolde sagt. So bereitet er sich selbst auf sein Todesurteil vor. Die Stimme des jungen Seemanns: vielleicht Tristans Stimme, sein »alter ego«.

Für Isolde ist das Schiff Gefängnis. Luxuriöse Deportation. Kann »Kornwall« für Isolde die Bedeutung von »Auschwitz« haben? Unterwegs in den Tod. Eine furchtbare Geschichte. Die Grausamkeit überträgt sich auf das Verhalten eines jeden gegen den anderen.

Isolde will die Vernichtung des Schiffes. Die Beschwörung der Elemente ist nicht leidvoll auszudrücken, sondern rabiat. Radikalität ist immer größer als der Schmerz, aus dem sie entsteht.

Brangäne versucht das Unvorstellbare erträglich zu machen. Opportunismus am Krater des Entsetzens? Oder Liebe, Solidarität zwischen den Frauen? Dennoch: Erschrocken sieht Brangäne, wie sich die irische Prinzessin zur Hexe wandelt. Sie versucht Isolde ins Weiterleben zu retten. Isolde hat die Kälte eines Opfertieres. Sie weiß: Aus Staatsraison ist sie an Marke verschachert worden. Sie fühlt sich verstoßen, verraten. Ihr Stolz bäumt sich dagegen auf.

– 2. Szene
Brangänes Weg zu Tristan ist ein Gang nach Canossa. Jeder Schritt unterstreicht die Unerträglichkeit der Situation auf diesem Schiff. Was sie Tristan bestellt, beantwortet er direkt an Isolde. Ein Dialog zu dreien, wie bei Siegmund Freud. Tristans Antworten sind ausweichend. Um so brutaler ist die von Kurwenal, weil er Tristan so ergeben liebt wie ein deutscher Schäferhund seinen Herrn. Das macht ihn grausam gegen andere.

Das Lied, zu dem er die Matrosen herbeipfeift, ist ein politischer Spottgesang, ein Pogrom-Song, und gehört ins Repertoire der gröberen Soldatenlieder.

– 3. Szene
Isolde hat alles gehört. In ihrem masochistischen Schmerz zwingt sie Brangäne, alles noch einmal zu wiederholen. Wenn sie dann die Geschichte von Tantris (= Tristan) erzählt, steht sie zwischen Tristan und Brangäne. Sie nimmt Brangäne zum Anlaß, um mit Tristan ins Gericht zu gehen. Brangäne will die anhaltende Provokation unterbrechen. Sie hat sich mit der Situation arrangiert und will Isolde zur Vernunft bringen. Anpassung statt Konflikt. Isolde reibt sich auf bis zum Zusammenbruch, Schock, Nervenfieber und greift Tristan direkt an, der sie wie eine Schattenfigur umkreist. Sie bewachend, will er sie auch beschützen. Ihr ausweichend, erwartet er doch noch vor der Landung die Entscheidung.

– 4. Szene
Brangäne will Isoldes Todes- und Tötungswillen nicht wahrhaben. Sie wehrt sich, flieht, ist kurz davor, Tristan und Kurwenal zu Hilfe zu rufen. Isolde ist manisch entschlossen. Sie zwingt Brangäne, den Todestrank, den sie ihr aufdrängt, zu bereiten. In ihrem Vernichtungswillen wird Isolde zur mythischen Hexe, ganz ähnlich der Medea. Beide Figuren zeigen: Es gibt einen Grad von Verletztheit, der Liebe in Haß verwandelt.

– 5. Szene
Die Musik beschreibt: Tristans Weg zur Hinrichtung. Der Dialog: ein intellektueller Schlagabtausch. Die Musik verrät, was die Worte verschweigen.

Beide ringen um das Sterbenmüssen. Dabei resigniert Tristan fast gegenüber der Banalität dar Argumente Isoldes: »Müht euch die?« Auf Isoldes: »Warum ich dich da nicht schlug?« reagiert er allerdings heftig, stumm fragend: »Das wüßte ich auch gern. Hättest du es nur getan.« Das Schwert, das Tristan ihr anbietet, ist für Isolde eine wirkliche Versuchung. Sie muß dagegen ankämpfen. Es hieße aber, den Verhaßten töten. Stattdessen will sie mit dem Geliebten sterben. Tristan ergreift die Schale, faßt seinen Tod. Nicht an Isolde sind seine letzten Worte gerichtet. Vielmehr sucht er egoistisch seine Selbstverwirklichung, glaubte er sich doch von Anbeginn (siehe 3. Aufzug) in den Tod geboren. Im Leben war er Emigrant. Kann das Unendliche ihm Heimat sein? Der Trank könnte auch Wasser sein. Was ist in den Becher geschüttet, den Gutrun Siegfried reichte? Die Wirkung beruht hier wie in »Götterdämmerung« auf der Disposition derer, die den Trank nehmen – wie oft auch bei Medikamenten, die harm-

»Tristan und Isolde« – Stuttgart 1981, 1. Akt

los zusammengesetzt sind. Isolde und Tristan wollen ihre Liebe in den Tod retten. Der »Tag« – die Realität, Sitte, Konvention – ist, denken sie, ihrer Liebe Feind.

Ist so etwas darzustellen? Der Trank löst Brennen, Schmerzen und Krämpfe aus. Im Sterben sind Tristan und Isolde allein. Ihr Zustand: zwischen Himmel und Hölle, zwischen Leben und Tod schwebend. Sie wehren sich gegen den Tod und wollen ihn herbeizwingen. Nur langsam, fast widerstrebend, tritt das Bewußtsein ein, daß sie noch leben.

Nur im Theater kann man im Spiel das Sterben probieren, erleben, erfahren. Am Ende läßt Wagner den Tag lautgrell einbrechen. Das subtilste Psychodrama, die Grenzüberschreitung zwischen Leben und Tod, wird ins Opernhafte zurückgerissen, nach Art der Meyerbeerschen Haupt- und Staatsaktion. Kritisches Kollegenzitat: Der »Tag« ist präpotent.

Kurwenal und Brangäne halten Tristan und Isolde wie leblose Puppen König Marke entgegen.

2. Aufzug / Einleitung
Auch hier Vorspiel bei offenem Vorhang. Optisches Thema: die Fakkel = Gefahr, Erwartung, Sehnsucht. Isolde ist der wachsamen Brangäne leichtsinnig und übermütig ausgerissen, eintauchend in das blühend lockende Rot des Gartens, in dem sich ihre Liebeserwartung erfüllen soll.

– 1. Szene
Isoldes Leichtsinn ist fanatisch. Sie ist bereit, ihr Leben wegzuwerfen. Im 1. Aufzug war Isolde verbittert wie eine Hexe, jetzt ist sie ganz liebendes Mädchen. Brangäne verzweifelt an der Unmöglichkeit, Isolde die drohende Gefahr begreiflich zu machen. Sie ist Wagners Kassan-

»Tristan und Isolde« – Stuttgart 1981, 2. Akt

dra: Alles voraussehend, aber niemand glaubt ihr. Im 1. Aufzug will sie Isolde aufheitern, ihr die Realität erträglich machen, ausgleichen. Im 2. Aufzug will sie Isoldes »Sexualkoller« bremsen und sie auf den Boden der Tatsachen zurückholen. Dann aber nimmt Isolde erschrocken Brangänes Selbstanklage, ihren Schuldkomplex wahr und will sie trösten. Mit »Frau Minne kenntest du nicht« unterstellt sie Brangäne, noch nie geliebt zu haben, und verletzt sie dadurch tief. In der ganzen Szene dürfen beide nicht monologisieren, sondern müssen engagiert miteinander reden und versuchen, den anderen argumentativ zu überzeugen. Auch hier realisiert sich Wagners Musik zuerst aus dem Wort und dessen Sinn.

– 2. Szene

Die Begegnung Tristan – Isolde im Garten der Burg ist der Drehpunkt dieser »Handlung in drei Aufzügen«, wie Wagner seine Oper nannte. Hier kulminiert auch der »Handlungs«-Begriff, wie er für »Tristan und Isolde« speziell und die Gattung Oper im allgemeinen Gültigkeit und Wert hat.

Der Regie stellt sich die scheinbar banale Frage: Lieben sich beide physisch, und begleitet die Musik den Liebesakt? Oder singen sie, anstatt sich zu lieben – »halten sie Händchen«, singend?

Was Wagner entwirft, ist in Wirklichkeit die Aufhebung solcher Fragestellung. Eros erfühlt und erfüllt sich in Musik. Die Musik ist selbst Eros. Und das bleibt bei Wagner so, wie es bei Mozart und Monteverdi war.

Hier, in diesem großen Liebesduett, offenbart aber die Eros-Musik die Todesnähe. Und mehr. Den Tod zu besiegen durch die Liebe, die nicht enden wird, sondern unendlich dauern möchte.

Dies schließlich verlangt einen aktiven, protestierenden Gestus – duldet nicht pessimistischen Nihilismus.

Und auch: Es gibt nicht a priori Gleichklang zwischen Tristan und Isolde. Sie will lebend glücklich sein, er verführt sie zur Todes-Liebe. Die Situation hat sich also gegenüber dem 1. Aufzug verkehrt: Erst wollte sie den Tod, jetzt will er ihn.

»O sink hernieder, Nacht der Liebe« ist ein Gebet beider. Das Nachtgebet. Engelbert Humperdinck hat es ins Kindermärchen zurückversetzt. Die Vereinigung vollzieht sich noch nicht. Brangänes Warnruf hält die Liebenden in der Wirklichkeit. Und läßt Isolde streiten mit der maskulinen Dominanz Tristans. Das Wörtchen »und«, die Gleichheit in der Todesbereitschaft betonend, erhellt in der richtigen Umkehrung nur die Gleichberechtigung, die im Leben nötig ist.

Mit »O ewige Nacht; süße Nacht, hehr erhabene Liebesnacht« unternehmen beide den zweiten Versuch, sich singend-liebend aufzulösen – sich zu erlösen. Oder: sich zu Tode zu singen.

Der Gesangs-Gestus muß hypnotisch aggressiv sein.

Was Tristan und Isolde von anderen Menschen unterscheidet, ist der Luxus, nicht nur zu sterben, sondern den Liebestod erleben zu wollen, zu besiegen, wovor wir uns ängstigen.

– 3. Szene

Als Melot Marke herführt, als die stechenden Scheinwerfer den Tag signalisieren und das Rot des Gartens zusammenfällt, sind in Tristan und Isolde nur maßloses Erstaunen und ratlose Enttäuschung darüber, daß die Nacht endet, der Tod nicht eingetreten ist. Es geht ihnen vielleicht auch wie zwei Drogensüchtigen in einer erzwungenen Entziehungskur. Isolde läßt nicht die geringste Spur eines Schuldbekenntnisses sehen. König Marke ist für sie ein Fremder und für Tristan wie der Vater heutzutage, der in völliger Verkennung und Mißachtung der Situation von Examen und Geldverdienen redet und Vorhaltungen macht, die der Jüngere nicht verstehen kann. König Marke ist physisch und psychisch ein kranker Mann. Seine Stimme ist seine ganze Kraft. Aus der Anklage wächst Klage, auch über die Widersprüche der eigenen Existenz. Er will Philosoph sein, die Menschen lieben, aber er ist König, muß Kriege führen. Dafür braucht er Tristan, der die Kriege für ihn gewinnt. Marke ist ein Opfer seiner eigenen, zu gut funktionierenden Staatsmaschinerie, ihrer Forderungen, ihres Ehrbegriffs. Melot ist nur ein guter Bürger, der seine Pflicht erfüllt. Aber für Brangäne und Kruwenal verkörpert er CIA, Verfassungsschutz und Sittenpolizei in einem.

Marke liebt Tristan. Seine Anklage ist ein permanenter Kuß zu Tristan. Die homoerotischen Beziehungen zwischen allen Beteiligten müssen im ganzen Stück fühlbar sein. Die Ambivalenz ist total.

Außerdem ist die Szene peinlich. Marke schreit seine Verzweiflung ins Publikum, nackt und offen, ohne »königliche Würde«. Er braucht seine Verzweiflung nicht zu illustrieren. Eine Geste kann die Hölle gar nicht beschreiben, die die Musik ausdrückt. Tristan kann Markes Fragen nicht beantworten, schwankt zwischen Mitleid und Einsamkeit. Marke sehnt sich nach Kontakt und Verstehen. Als er begreift, daß er das nicht bekommen kann, verzweifelt, resigniert er. Ein kaputter Herr. Indessen hat Isolde erkannt: Das Ganze ist eine Männergeschichte, die Männerwette in einer Männerwelt auf ihre Kosten. Von Männertreue und Freundschaft ist die Rede. Was gilt da ihr eigenes Glück, ihr eigenes Leid?

Tristan hat von Marke sein Todesurteil erwartet, aber Marke straft ihn nur psychisch. Tristan nimmt diese Bestrafung an. Er provoziert Melot, bis dieser die Kontrolle über sich selbst verliert. Er lenkt Melots Schwert in die eigene Brust. Ein Selbstmordversuch, der furchtbar mißlingt. Vergeblich wollte er sich in den Tod davonstehlen. Er antizipiert die Amfortas-Wunde.

Isolde muß sich erneut ausgestoßen fühlen. Hat der alte Ehrenkodex den Mut zur unendlichen Liebe verdrängen können? Diese Frage führt die Handlung weiter.

3. Aufzug / Einleitung
Erneut ist der Vorhang von Anfang an offen. Die Unerträglichkeit der Einsamkeit des Wartens muß quälend suggeriert werden. Das scheinbar statische offene Bild illustriert nicht die Musik, sondern potenziert das Warten zur Erlösungsnot.

– 1. Szene
Tristans Schmerz ist so permanent und ätzend, daß er nicht mehr gespielt werden kann. Hier endlich kommt es heraus: Tristan ist ein Waisenkind, ein Heimatloser, ein Fremdenlegionär. Geboren, um zu sterben. Ohne Angst vor dem Tod konnte er ein so mutiger Krieger werden.

Aber jetzt in der Sehnsucht zu sterben und vor Sehnsucht dennoch nicht zu sterben, holt ihn seine ganze Vergangenheit ein, wird ihm die Absurdität seiner und der menschlichen Existenz überhaupt ein leidvolles analytisches Vergnügen auf dem Krankenlager. Es ist gebildet aus den letzten Steinen der Burg seiner Väter, die er einst den Bauern zu eigen gab. Was aber blieb übrig? Nicht das, was Kurwenal dem Kranken schönfärbend vorgaukelt. Denn auch die frühe Bodenreform des sozialrevolutionären Outsiders Tristan ist ins Nichts der leeren Bühne vertan. Einer Bühne, die, das Schiffsdreieck vom 1. Aufzug aufnehmend, das Element bildet für die Fahrt Tristans in die Unendlichkeit: Fels, Krankensaal in einem.

Als Tristan aus wochen-, monatelangem Koma erwacht, schwankt Kurwenal in seinem Glück zwischen Umarmen und Strammstehen. Tristan ist bei Bewußtsein, wach und klar, und kann seine Situation doch nicht begreifen. Kurwenal fürchtet, Tristans Verstand habe sich verrückt.

»Tristan und Isolde« – Stuttgart 1981, 3. Akt

Wenn Tristan in das Geheimnis seiner selbst eindringen will, ist da kein Selbstmitleid, sondern tragische Analyse, die zur wilden Verzweiflung wächst. Das Licht verursacht Tristan starke physische Schmerzen, er will sich vor der Sonne verstecken. Seine Erzählung »Durch Abendwehen« ist direkt an Kurwenal gerichtet. Aber so, als ob man einem Schäferhund von einem Nietzsche-Trip erzählt. Jeder Schopenhauer braucht seinen Papageno.

– 2. Szene
Als Kurwenal die Ankunft des Schiffes meldet, wird »O diese Sonne« für Tristan eine positive Empfindung. Was immer Qual war, wird nun – zum ersten, zum letzten Mal? – Glück: Licht. Wie ein Lotse winkt er mit den blutigen Binden. Isoldes Ruf kann er nicht mehr lokalisieren, so daß er fast in den Abgrund stürzt. Er hat sich auf seinem Krankenlager dem Tageslicht so ausgesetzt, daß er blind wurde: »Wie, hör ich das Licht:« Wenn ihn Isolde vor dem Absturz zurükkreißt, rettet sie ihn nur, damit er sie erkennend stirbt. Zunächst glaubt sie, er sei nur ohnmächtig. Sie begreift nicht, daß er tot ist, oder will es nicht wahrhaben. Erst bei »Gebrochen der Blick« beginnt sie zu begreifen, daß er gestorben ist. Wie leblos sinkt sie über ihm zusammen. Das wäre das Ende der Oper, aber Wagners »Handlung« will, braucht noch die Konfrontation zwischen den Schatten des Tages, die den Tod einholen wollen, und dem kreatürlichen Wunsch, das Sterben zu überwinden.

– 3. Szene
Kurwenal will unter allen Umständen die Außenwelt von Tristans Leiche fernhalten. Sie ist für ihn ein Heiligtum, das von niemandem berührt werden darf. »Hier wütet der Tod«, ruft er klarsichtig unromantisch. Er wird Vollstrecker und Opfer der Apokalypse.

Marke monologisiert bei Tristans Leiche, als ob er eine Grabrede hielte, halb zu Tristan, halb für sich allein. »Alles tot« – Leichen ringsum, ein Endspiel wie »Hamlet«. Und kein Fortinbras in Sicht.

Ins Leben zurückgerufen wird Isolde durch die Trauer und Klagen der anderen. Aber für sie lebt Tristan. »Seht ihr's, Freunde, seht ihr's nicht?«: Betroffen weichen Brangäne und Marke zurück. Schweigend, beschämt und demütig sind sie Stellvertreter all derer, die überleben. Das Unvorstellbare vollzieht sich durch Musik: Singend überschreitet Isolde die Grenze, die unserem Leben gesetzt ist. Glück?

Fünf Takte vor dem Ende geht ein Riß durch die neue Harmonik dieser Musik. Tot fällt Isolde neben Tristans Leiche. Das Sterben ist doch einsam. Es bleibt eine furchtbare Geschichte.

DIE MEISTERSINGER VON NÜRNBERG

Komödie und demokratisches Modell

Immer noch und immer wieder sind die Werke Wagners von jahrzehntelangem Mißbrauch und Mißverständnis zu befreien, nicht nur im Bereich Bayreuths, sondern überall in der Welt, wo wir Wagner spielen, sein Werk uns vergegenwärtigend, um etwas einzufangen von der Spanne zwischen Vergangenem und Utopischem.

Selbst Wagners hellste, heiterste Schöpfung, »Die Meistersinger«, wurde oft genug mit chauvinistischem Pomp überzogen, so daß Hans Sachsens Eintreten für die »heilige deutsche Kunst« innerhalb und außerhalb der deutschen Grenzen bisweilen peinlich wirkte, manchmal bis zur Unerträglichkeit. Viele haben offenbar vergessen, daß Wagner schon 1851 angab: »Sachs« verteidigt da die Meistersingerschaft mit Humor.« Und bis heute wird oft das introvertierte Piano sorgenvoller Resignation in der Schlußansprache übersehen, besonders bei der Stelle: »Was deutsch und echt wüsst' keiner mehr, lebt's nicht in deutscher Meister Ehr'.«

»Die Meistersinger« wurden und blieben Wagners einzige »Große komische Oper« und weisen nicht nur deshalb verblüffende Parallelen zu dem »Falstaff« seines großen Antipoden Verdi auf. Den komödienhaften Aspekten fühlt sich die Stockholmer Neuinszenierung 1977 denn auch besonders verpflichtet, und es sind Elemente der Shakespeare-Bühne, von denen sich die szenische Optik anregen ließ.

Auf jeden Fall kein historischer Naturalismus: aber auch nicht abstrakte Stilisation. Das Nürnberg der »Meistersinger« ist zu einem gewissen Teil historische Realität, das 16. Jahrhundert ist nicht zu leugnen. Aber zugleich ist dies Theater-Nürnberg für das 19. Jahrhundert Modell einer demokratischen Polis, wo der Ritter (Stolting) zum Bürger wird (wichtiges Memento vor der deutschen Reichsgründung 1871!) und wo das Volk (auf der Festwiese) mit seiner Stimme den Kunststreit entscheidet, zu progressiver Entwicklung beiträgt. Und nach allen geschichtlichen Erfahrungen über NS-Reichsparteitag, Kriegskatastrophe und neuerliche Aufspaltung Deutschlands wurde nun heute dies »Meistersinger«-Nürnberg in fast erschreckender Aktualität zu einer utopischen Parabel eines Gemeinwesens, in dem Demokratie und Kultur einander bedingen.

Wagner sah in den »Meistersingern« zur Zeit seiner ersten Entwürfe ein beziehungsvolles Satyrspiel, das sich seinem »Sängerkrieg auf der Wartburg« (»Tannhäuser«) anschließen sollte, wie im antiken Theater auf die Tragödie das Satyrspiel folgte. In den »Meistersingern« wie im »Tannhäuser« eigentlich dasselbe Thema: die Beziehung zwischen Kunst und Leben und die Möglichkeiten der wechselseitigen Veränderung durch gesellschaftliche und kulturelle Faktoren, dargestellt und abgehandelt an der konfliktreichen Position des schöpferischen Menschen in oder gegenüber der Gesellschaft.

Doch im »Tannhäuser« streiten Ritter. Die Meistersinger sind Bürger. Macht das den Schritt von der Tragödie zur Komödie? Elisabeth und Tannhäuser sterben einsam und verzweifelt, der himmlischen Gnade überlassen. Die demokratische, vergnügliche Öffentlichkeit des Volksfestes auf der Wiese fängt die Katastrophe auf, die sich in tragischen Tendenzen (Beckmesser, Eva, Stolzing und Sachs!) ankündigt, und sorgt für einen ziemlich guten Ausgang der diversen Konflikte.

Freilich hat das »komische Spiel« (Wagner) der »Meistersinger« am seltensten etwas mit Behaglichkeit zu tun. Wagner spart nicht mit satirischer Schärfe, wenn er die Erstarrung der Meistersinger-Zunft und ihre bürgerliche Enge geißelt. Die Prügel-Szene zeigt ähnlich wie der Park von Windsor im »Falstaff«, welche Aggressionen in scheinbar friedsamen Bürgern schlummern und wie gefährlich und toll sie ausbrechen können. Affinität zum Tragischen haben fast alle Hauptfiguren: Stolzing gab die Burg seiner Väter auf. Ein Heimatloser, wird er von den Bürgern der unabhängigen und Freien Reichsstadt Nürn-

»Die Meistersinger von Nürnberg« – Stockholm 1977

berg angefeindet, zumindest mit Skepsis betrachtet. Mit Eva will er in ein ungewisses Dasein fliehen. Erst Sachsens Weitsicht und des Volkes Stimme sichern dem künstlerischen Genius Walthers den Platz in diesem Gemeinwesen und seiner Liebe das Glück mit Eva.

So wird auch die Gefahr abgewandt, Eva könnte – etwa der Elisabeth im »Tannhäuser« gleich – als Spielball patriarchalischer Interessen deren tragisches Opfer werden. Schwankend zwischen ihrer Neigung zu Sachs und der Liebe zu dem jüngeren Walther von Stolzing trägt dieses Bürgerkind auch selbst viel zum »guten Ausgang« bei.

Dem scheint Beckmesser am fernsten zu stehen. Das tragische Ambiente des Komischen wirkt in ihm besonders stark. Man weiß um Wagners subjektive Aversion gegen Kritiker wie Eduard Hanslick. Aber hat er sie nicht in fast selbstkritischer Disziplin bei Beckmesser bewunderungswürdig objektiviert zu einer der beklemmendsten Charakterstudien der ganzen Opernliteratur? Dies Nürnberg hält sich als Stadtschreiber sicher keinen Trottel. Alle erkennen den hohen Kunstverstand des Merkers an. Aber schon das Amt selbst macht die Fragwürdigkeit jedweder »Tabulatur« eklatant. Regeln sind – nicht nur in der Kunst – unerläßlich. Aber wie lange und wie weit gelten sie? Und wer entscheidet, ob sie gerade noch gelten oder durch andere oder auch durch gar keine zu ersetzen sind? Diese Problematik verkörpert Beckmesser. Aber er verzerrt die Konfliktsituation selbst durch seine privaten Interessen: Rivalität in der Werbung um Eva (und Pogners Geld?). Sachsens Lehrbube David – die erfrischendste Gestalt der ganzen »Meistersinger«-Komödie – prügelt ihm in der Johannisnacht die Intelligenz aus dem Leib, bis Beckmesser zum Dieb und schließlich zum Narren wird. Ihn trifft das Lachen der Komödie, das ebenso grausam wie heilend sein kann, in den »Meistersingern« jedenfalls den Wahn korrigiert – und nicht nur den von Beckmesser.

Der Wahn durchwirkt, wie Wagner Hans Sachs sinnen läßt, das Leben des Menschen in Vergangenheit und Gegenwart. Er schärft auch die komischen und tragischen Elemente dieser Oper und sorgt für deren Balance. Aber etabliert Wagner damit wirklich den Schopenhauerschen Weltpessimismus? Gerade die Entwicklung des Sachs-Monologs beweist es anders: Solange sich der alte Wahn (Sachs findet für ihn keinen anderen Namen) nicht ausmerzen läßt, will er ihn selbst zu einem »edlen Werk« fein lenken. Was nichts anderes bedeutet als gerade die Absage an eine metaphysisch-pessimistische Philosophie zugunsten der verändernden humanen Praxis im Alltag, einfach einen kleinen Schritt weiter zur realen Freiheit.

»Die Meistersinger von Nürnberg« – Berlin 1993, Bühnenbild-Modell von Peter Sykora

Und die personifiziert Sachs ganz und gar, ebenso faszinierend wie anrührend, mit einem charaktervollen Reichtum und zugleich einer männlichen Schlichtheit, die ihresgleichen in der Opernliteratur sucht. »Schuhmacher und Poet« dazu: Das ist sein Stolz und auch sein Komplex. Von Beckmesser wird er als »Gassenhauer«-Texter gescholten, vom Volk mit seinem Reformationslied »Wach auf« geehrt. Ein Eigenbrötler durchaus, ein Einzelgänger, ein derber und listiger Handwerker ebenso wie ein empfindsamer Träumer und vor allem scheu Liebender, nie jedenfalls pomphafter Repräsentant. Und eine Besonderheit bei Wagner auf jeden Fall: ein Charakter, der künstlerischen und humanen Fanatismus mit großer persönlicher Bescheidenheit paart! Seine Idee, die »neue Weise« des jungen Sängerdichters mit Hilfe des Volkes durchzusetzen, bezahlt Sachs mit zahlreichen Enttäuschungen und dem Verzicht auf eigenes Glück (Eva). Die Resignation, wie sie Wagner selbst so oft bei der Niederschrift der »Meistersinger« befiel und mit der er auch seinen Sachs versah, ist Komponente und wohl auch Voraussetzung des weiten Humors, den Sachs über die ganze Oper verbreitet und ihr den Komödiencharakter sichert. In der kritischsten Phase seiner persönlichen Existenz (Schusterstube) weigert er sich, zwischen Eva und Stolzing die Rolle des König Marke zu spielen. Weise Disziplin und menschliche Güte sind die Bedingungen und Äußerungen solchen Humors, nicht etwa biedermeierliche Behäbigkeit. Dieser Hans Sachs hat große Visionen. Aber er verfügt auch über die Einsicht, daß sie selten mit heroischen Idealtypen zu realisieren sind, sondern eben mit den Menschen, die ihn umgeben – in ihren Schwächen und mit ihren Möglichkeiten, die von Fall zu Fall zu erweitern sind. »Sachs und Walther«, schrieb Wagner 1867, »sind meine Ärzte gewesen; nun fühle ich mich auch wieder stark für Wotan und Siegfried.«

Mit den so völlig unmythologischen »Meistersingern« rang Wagner nichtsdestoweniger um eine neue Art Mythos: die Integration von Kunst und Volk, von Kultur und Demokratie. Eine Utopie?

Jedenfalls hat inzwischen jedwede chauvinistische Inanspruchnahme »versungen und vertan«. Wagners »Meistersinger«-Konzept basiert ja doch auf der Annahme, ein einiges Deutschland sei auf demokratische Weise zu schaffen und nicht auf den Speerspitzen eines Krieges, wie es 1871 geschah. Dies Deutsche Reich wie auch das sogenannte »Dritte« zergingen in Dunst. Nürnberg liegt schon längst nicht mehr in eines deutschen Staates Mitte. Der Gang der Geschichte bereitete den »Meistersingern« und speziell ihrem Finale eine besondere Art von Katharsis: Die Scheuklappen engerer, auf Deutschland beschränkter Geschichtsillustration sind abgefallen. Die »Meistersinger« präsentieren sich als unbegrenzte humane Komödie, als vitalstes Musiktheater – ein unausschöpflicher Schatz an Spaß und weisen Einsichten.

Die Paradoxie kulminiert am Ende, wo der Opernkomponist Wagner zugunsten eines großen Final-Effekts dem Theatermann Wagner fast ein Bein stellte: Laut bejubelt das Volk, was Hans Sachs eben mit Humor und stiller Sorge vortrug. So vorschnell dem Scheine nach verstanden, dünkt sich jeder Mahner einsam. Wenn solche Kontrapunktik bewußt wird, macht sie den vernünftigen Gehalt der Utopie, für die Wagners demokratisches Nürnberg-Modell noch immer steht, nur um so klarer, heute vielleicht mit neuer Aktualität.

»Er muß wachsen, ich aber muß abnehmen«

Auch die Idee zu den »Meistersingern von Nürnberg« entstammt wie die zu den Opern »Tannhäuser«, »Lohengrin« und dem Entwurf zum »Ring des Nibelungen«, aber auch dem Jesus-Drama, das später zu »Parsifal« mutierte, der revolutionären Periode Wagners vor 1848, die er mit der Emigration aus Deutschland über zwölf Jahre zu büßen hatte.

Zwölf Jahre dauerte auch das »Tausendjährige Reich«, das die »Meistersinger« vollends zur Trompete des Chauvinismus verkommen ließ. Die Schlußsätze der letzten Ansprache von Hans Sachs, an denen sich der Unverstand – in der Bejubelung wie im äußersten Unbehagen – aufhing, schrieb Richard Wagner bereits 1845 nieder: »Zerging' das heil'ge Röm'sche Reich in Dunst, uns bliebe doch die heil'ge deutsche Kunst.« Das war nichts anderes als das Plädoyer für die bestimmende Rolle der Kunst im Prozeß der nationalen Einigung. Noch in seinen »Mitteilungen an meine Freunde« 1851 vermutete Wagner, Hans Sachs könne dies mit Humor vortragen, was er dem Sänger allerdings zwanzig Jahre später durch seine Komposition schwermachte. Nichtsdestoweniger trug dieser republikanische Gedanke bis zur Uraufführung 1868 in München. Drei Jahre später wurde das Deutsche Reich dann »von oben« geeint. Und viele offiziöse Aufführungen verbogen von nun an das, was dem Werk als deutsch eignete. Den Gipfel bildete eine Aufführung im Nürnberger Opernhaus 1935, in der für die Festwiese die Fahnenordnung des Reichsparteitages nachgebildet wurde. Aber auch ohne solche signifikante Entstellung trugen viele imposant-altväterliche Hans-Sachs-Sänger und die Trompeten am Schluß dazu bei, den einst hellen, frischen Elan dieser Komödie zu verkehren.

Als ich, bisher zum einzigen Mal, die »Meistersinger von Nürnberg« 1976/77 am Königlichen Opernhaus in Stockholm inszenierte, hatte ich den eingefuchst demokratischen Schweden zu erklären, wie das aus deutscher Sicht nun nach all den schlimmen Jahren zu verstehen und umzusetzen sei. Daß München und Dresden, Weimar und Stuttgart, Hamburg und Leipzig durch Mauer und Stacheldraht getrennt waren, half, den ursprünglichen Sinn Wagners schärfer zu fassen. Außerdem entschlossen wir uns in Stockholm, bei der Festwiese Wagner auch da zu folgen, wo er in seiner ersten Konzeptionsskizze von 1845 schrieb: »Belustigungen, Spiele, Tänze etc.« Das Preissingen der Meister war also als *ein* Programmpunkt innerhalb des ausgelassenen Volksfestes zu begreifen (vielleicht war es bei den Dionysien im alten Athen ja auch nicht viel anders, als Aischylos und Sophokles – »u. a.« – aufgeführt wurden?).

Doch heute, in Berlin?

Daß die Kunst eine wichtige Vorreiterrolle bei der jüngsten Einigung Deutschlands gespielt hat, sollte außer Zweifel stehen. Muß sie dies aber nun nicht auch und gerade im gegenwärtigen Prozeß des tatsächlichen menschlichen Zusammenwachsens?

Seit seiner ersten Begegnung mit dem Stoff bestand Wagner darauf, seine »Meistersinger« als komische Oper verstanden zu sehen. Im Oktober 1861, wenige Monate nach dem »Tannhäuser«-Debakel in Paris, schrieb er an den Verleger Franz Schott in Mainz: »Ich fühle, ich müßte mich jetzt in dem großen Ernste meiner gewöhnlichen Beschäftigung einmal unterbrechen, um schnell etwas zu schaffen, was mich zunächst in eine leichtere Berührung mit dem practischen Bestand unserer Theater versetzt. Auf diesem Wege glaube ich auch der Ausführung meiner größeren und ernsteren Pläne für die Zukunft von einzig förderndem Nutzen zu werden …« Hier zeigt sich Wagner als der »bedürft'ge Mann«, wie er Hans Sachs sich später selbst bezeichnen läßt. Einmal braucht der Emigrant dringend Geld und wäre sicher dankbar, einen Preis entgegenzunehmen, wie ihn der Goldschmied Pogner ausgesetzt hat. Vor allem aber drängt es den Mann im Exil, bis 1848 Opernpraktiker par excellence, nach »leichte-

»Die Meistersinger von Nürnberg« – Berlin 1993

»Die Meistersinger von Nürnberg« – Berlin 1993

rer Berührung mit dem practischen Bestand unserer Theater«. Die Arbeit am »Ring« war unterbrochen, die Götter und Mythen hatten zu pausieren. Hans Sachs wurde Wagners Mittler auf dem Weg zu realeren Umgebungen des menschlichen Lebens.

Nürnberg geriet zum Gegenmodell zur Wartburg. Dort in der höfisch-feudalen Welt hatte der Sängerwettstreit tragisch, tödlich für Elisabeth und Tannhäuser geendet. Die Stadtrepublik Nürnberg, etwa nach dem Vorbild einer demokratischen Polis, reguliert die Konflikte anders, am Ende vielleicht auch humaner. Und hier geht es um eine Kunst, für die das Volk auch Richter sein soll, wie Hans Sachs in der Meister-Runde vorschlägt. Nürnberg als demokratisches Modell einer Kunstpraxis, die sich aus elitärer Eingrenzung befreit und für immer mehr Menschen öffnet: Das ist eine Parabel für Wagners Utopie. Daß er das Modell nicht idealisiert, sondern zugleich kritisiert, daß er dies Nürnberg als Menetekel der Fehlentwicklungen aufzeigt, vor denen kein noch so einleuchtender gesellschaftlicher Entwurf gefeit ist, das deutet auf seine schließlich doch staunenswerte politische Weitsicht hin. Die Prügelszene am Schluß des 2. Aktes – in den früheren Entwürfen der Oper nicht enthalten, obwohl Wagner 1835 in Nürnberg selbst Zeuge einer solchen Massenschlägerei gewesen sein soll! – bringt die schlimmsten Aggressionen einer scheinbar friedsamen Stadt zum gefährlichen Ausbruch. Das Modell Demokratie zeigt seine Kehrseite. Fast gerät es zum Zerrbild.

»Wahn! Wahn! überall Wahn!« erblickt Hans Sachs in der »Stadt- und Weltchronik«. Die geballte Entladung der letzten Nacht resümierend, befindet er jedoch auf einmal: »Ein Kobold half wohl da: – ein Glühwurm fand sein Weibchen nicht, der hat den Schaden angericht'.« Ist das nicht eine unzulässige Unterbewertung der Probleme, die sich in der Stadt Nürnberg – auch im späteren Verlauf ihrer Geschichte – oft genug zusammenbrauten?

Wie Wagner im Wotan die »Summe der Intelligenz der Gegenwart« sah, bezeichnete er Hans Sachs als »die letzte Erscheinung des künstlerisch produktiven Volksgeistes«. Das bestimmt die Größe, aber auch die Grenzen des Schuhmacher-Poeten. Groß ist dessen

Fähigkeit, gesellschaftliche Phänomene zu konzentrieren, auf eine kurze Formel zu bringen und sie in ein einfaches Gleichnis zu fassen. Und im Dialog mit der Natur (Holunder-/Flieder-Busch) sucht er, was er noch immer für das Wichtigste hält: die Natur des Menschen (Shakespeares »nature«), die Natur aber auch, auf deren Spuren seiner Überzeugung nach die Kunst stets bleiben sollte. Seine Grenzen setzt sich Hans Sachs selbst. Er sieht sie auch in seiner bürgerlichen Umgebung, folglich auch in der eigenen Kunstpraxis.

Aber gerade solche Selbsteinschätzung befähigt ihn, in dem Fremden, der in die Stadt kam, in dem verarmten Adligen, der als letzter seiner Familie Schloß und Ländereien aufgeben mußte, den Neuen zu sehen, so etwas wie den »Künstler der Zukunft« (nach einem Begriff Wagners). Walther von Stolzing ist für Hans Sachs die Hoffnung und die Gewähr, daß sich die am Ort institutionalisierte Kunst weiterentwickeln kann, daß Neues entsteht, über alle Grenzen hinweg, die nach konventioneller Bewertung Herkunft und Stand ziehen.

Viel ist vom Verzicht Hans Sachs' die Rede, auch und gerade im Hinblick auf Eva, die einzige Tochter des reichen Goldschmieds Pogner. Und tatsächlich gehören die nie vollends ausgesprochenen Beziehungen zwischen Eva und Sachs zu den feinsten Gespinsten, die Wagner je erdacht hat. In einem Moment bewegender Wehmut besteht Hans Sachs darauf, daß er nie das fragwürdige Glück König Markes teilen möchte. Solch eine Rolle weist er von sich.

Der wirkliche Schlüssel für den Charakter dieses Mannes liegt verborgen im Sprüchlein des Noch-Lehrlings David am Anfang der Szene in der Schusterstube

»Am Jordan Sankt Johannes stand,
all Volk der Welt zu taufen ...«,

was dann endet in dem Satz:

»... an der Pegnitz hieß der Hans.«

Die Rolle des Täufers nimmt Hans Sachs ganz bewußt an, wenn er das Lied Walthers, sein »Kind«, tauft auf den Namen »selige Morgentraum-Deutweise«. Sein ganzes Verhalten weist darauf hin, daß er wohl im Sinn hat, was Johannes der Täufer laut dem Evangelium des Johannes in Luthers Bibelübersetzung gesagt haben soll: »Er muß wachsen, ich aber muß abnehmen.« (Joh. 3,30) Dieses Wissen macht den Kern der Sachs-Gestalt aus, bezeichnet Größe und Grenzen des Mannes, der dem Anderen, dem Neuen den Weg bahnt und dem er auch einen der schönsten Grundgedanken seiner Ästhetik intim gesteht: »All Dichtung und Poeterei sind nichts als Wahrtraum-Deuterei.« Und ihm, der da wachsen soll, ihm gönnt er auch das Mädchen, dem er über viele Jahre verbunden war an Vaters und Freundes Statt.

Eva wird die Muse des jungen Genies, vielleicht – mit einem heutigen Begriff – später auch seine Managerin. Sie ist nicht zum Leiden geboren und nicht – wie ihre Wagnerschen Sopran-Schwestern – zum Untergang verdammt. Sie hält das Neue, den Neuen fest, gibt ihm Kraft, gewinnt aus ihm Kraft. Und so geht auf, was Hans Sachs in der Meister-Runde des 1. Aktes vor- und weitsichtig erklärt hatte:

»Der Frauen Sinn, gar unbelehrt;
dünkt mich dem Sinn des Volks gleich wert.
Wollt ihr nun vor dem Volke zeigen,
wie hoch die Kunst ihr ehrt,
und laßt ihr dem Kind die Wahl zu eigen,
wollt nicht, daß dem Spruch es wehrt –,
so laßt das Volk auch Richter sein:
mit dem Kinde sicher stimmt's überein.«

An solchem »Übereinstimmen« mit »dem Volk« war es Wagner auch gelegen bei der heiligen Elisabeth und Elsa von Brabant. In den «Meistersingern« äußern sich seine Utopien realer, praktischer.

Für uns gilt: Hans Sachs ist kein Großsprecher, kein Wichtigtuer. Er liebt es, sich hinter der List zu verstecken und mit Ironie zu fechten. Auf der Festwiese aber sieht er sich gezwungen, Fürsprecher des »demokratischen Modells« zu sein: »Euch macht ihr's leicht, mir macht ihr's schwer.« Und als solch ein Fürsprecher duldet er keine Ausgrenzungen: wie vordem nicht gegenüber dem Junker Stolzing, nun auch und erst recht nicht gegenüber Sixtus Beckmesser.

Unsere Inszenierung bekräftigt solche Rollenauffassungen, die Beckmesser als intelligentes, angesehenes, »hochgelehrtes« Mitglied sowohl der Meister-Runde wie der Stadtregierung sehen möchte. Daß ihn seine Begehrlichkeit auf Eva – und sicher ja auch doch nach dem Batzen Geld des Schwiegervaters in spe – blind machen und er schließlich sein Merker-Amt bis an den Rand des Mißbrauchs treibt, bringt ihn zum Straucheln, macht ihn wehrlos im Netz der ethischen List, das Sachs über ihn wirft. Es liegt sicher nicht zuletzt auch an den ganz persönlichen Aversionen, die Wagner in die Gestalt des Kritikers legte, daß ihm Beckmesser zum großen tragikomischen Charakter geriet, dessen verkorkstes Preislied am Schluß die Türen zu einem kaum schon gekannten musikalischen Avantgardismus aufstößt, mit Vorklängen des Dadaismus und des absurden Theaters späterer Generationen.

Nein, diesen Beckmesser am Ende und für Dauer auszugrenzen, duldet Hans Sachs nicht. Er streckt dem Kontrahenten, natürlich auch ein bißchen schuldbewußt, die Hand hin. Der schlägt ein. Ein Gestus, der die Integrationskraft meint, über die jedes demokratische Modell verfügen sollte.

Das Recht aber, sich selber auszugrenzen, nimmt Hans Sachs, Demokrat der eigenen Sorte, für sich in Anspruch. Als alle ihm erneut zujubeln, macht er sich aus dem Staub. Er ist eben allergisch gegen Trompeten und lauten Pomp. Lieber überläßt er das Feld den Jüngeren.

Der Ort des Geschehens (Günther Uecker)

Die Bühne ist in drei Ebenen aufgeteilt. Die erste Ebene besteht aus zwei Keilen, die zwischen den Bühnenrahmen gelegt sind. Dieser gesamte Bereich soll der realen Identität des Besuchers mit dem Werk dienen. Der Bühnenraum ist in zwei hintereinanderliegende Visionsräume geteilt. Im ersten Raum stellt sich eine Erscheinungswelt dar, die der gegenwärtigen Thematik entspricht. Der dahinter liegende zweite Raum ist kaum wahrnehmbar: das Tiefenerlebnis, durch das Licht in eine deutbare wie undeutbare Nähe rückt. Mit diesen beiden hintereinanderliegenden Bühnenräumen lassen sich zeitlich und räumlich getrennte Eindrücke vermitteln.

Zwischen diesen Ebenen ist schräg über die Gesamtbühne eine Spiegelfläche gehängt. Zwei wechselhaft oder gleichzeitig sichtbare räumliche Erlebnisse werden hier wie ein Halm im Wasserglas optisch gebrochen. Alle diese räumlichen Phänomene können wie tiefenpsychologische unbekannte Erinnerungen gesehen werden, sollen den Schichtungen und psychischen Gestalten Wagnerscher Musik zum Ausdruck verhelfen.

1. Akt: Auf der Bühne zeigt sich ein Wald von staubweiten Stäben. Durch diesen Wald sollte sehr langsam von rechts nach links ein Scheinwerfer (im hinteren Bühnenraum unter der Decke) über die Bühne wandern. Er wirft lange schwarze Schatten der weißen Stäbe in den Zuschauerraum: Die langsame Bewegung vermittelt Zeit, wie bei einer Sonnenuhr.

Schwarzer Schattenwald, weißer Lichtwald. – Hinter dem Wald erscheint der Spiegel als schwarzblauer tiefer See. Rechts und links hinter dem Portal befinden sich zwei große Lattentrommeln, durch die Licht geschickt wird: vertikale Schattenbewegung in zwei ineinander laufende Richtungen. In den sichtbar auftauchenden und verschwindenden Stäben, an den sich verschiebenden örtlichen Positionen, werden Zeit und Raum identisch vorgespielt. Die Tempelwelt wird für den hinteren Bühnenraum sichtbar.

Auf der schrägen Fläche befinden sich zwei hintereinanderliegende, lange graue Tische. Hinter den Tischen ist eine tiefe Gruft, in der Titurel liegt. Die Gruft ist vom Publikum nur durch den Spiegel zu sehen. Titurel scheint in der Form eines Kreuzes vom Himmel zu stürzen. Sein Sohn Amfortas wird auf einem Kreuz getragen.

2. Akt: Die Welt des Klingsor erscheint unter einer gehobenen Bodenfläche als eiserne Jungfrau, als Ort der nekrophilen Lust. Im Spiegel eine unheilvolle Tiefe geistiger Macht und Bedrängnis. Kundry erscheint einmal als Erdschlangenwesen, dann als große Verführerin; ihr Kleid füllt den gesamten Bühnenraum aus, als Mutter, als Geliebte und Enttäuschte.

3. Akt: Der weiße Stabwald aus dem ersten Bild ist der Ort des Karfreitagszaubers. Der Boden ist durch Lichtschlitze unterteilt. In der Verwandlung teilt sich der Waldboden nach rechts und links. Die Ritter erscheinen verstaubt und vergraut wie Nomaden. Der Gralskelch in der Mitte der Fläche auf einem verstaubten Rudiment des Tempels. – Der Boden ist von einem Graben durch die gesamte Bühnenfläche getrennt. Im Spiegel erscheint: Klingsor als Mumie im Sarg, Amfortas auf einem Kreuz. Die Ritterschaft kniet am Ende am Graben, der wie ein weißer Fluß aufglüht.

Klug von Wagner und recht modern (Götz Friedrich)

Offener Vorhang schon beim Vorspiel, wie auch beim Bayreuther »Tannhäuser« und beim Londoner »Ring«. Mich hat oft irritiert: Geht der Vorhang nach Vorschrift jeweils drei bis fünf Takte vor dem ersten Gesangseinsatz auf, wird fälschlich »subito action« suggeriert. Aber Wagner verlangt eine total andere Einstellung zur Zeit als beispielsweise Mozart und Verdi. Epische Strukturen überlagern dramatische. Er nannte seine Vorspiele »elementar«, nicht »dramatisch«. Sie berichten von Grundsituationen, meistens: Warten. Warten auf das Ungewöhnliche, Unglaubliche und doch Erhoffte, das Utopische. Elisabeth wartet während Tannhäusers Romfahrt auf die Rückkehr des Entsühnten, Musik überbrückt Raum und Zeit. Vor jedem »Siegfried«-Akt warten Mime, Alberich, der Wanderer – wie lange? unendlich! – auf den Helden, bevor »die Handlung in Gang kommt«. Warten formt den Gestus Erwartung, Bedingung wiederum der Rettung, Erlösung, Veränderung.

So wartet Gurnemanz, ob die Verheißung vom »durch Mitleid wissenden, reinen Toren« eintritt. So wartet auch Klingsor, um die Heilserwartung zu pervertieren und die Gralsritterschaft endgültig zu vernichten. So wartet abermals Gurnemanz, ohne Hoffnung schließlich, ein Einsiedler, Emigrant. Stets ist die offene Bühne ein Angebot an den hörenden Zuschauer, mitzuphantasieren, mitzuwirken an der Legende.

Was sich nach dem Warten ereignet, ist nicht reale Begebenheit, eher ein Traumspiel: Unwirkliches wird konkret nur als Traum. Um die Traumata zu bannen: Wunde, Kuß, Wunde. »Parsifal« – eine traumatische Legende: Ästhetik gewordener Report des Untergangs, Reflex der Dekadenz, märchenhafter Entwurf für die Vergegenwärtigung des neuen Erlösers.

Wir könnten Parsifal auftreten lassen in der Narrenkappe mit Schellen am Kostüm, bleich geschminkt mit roten Bäckchen. Kasperle. Vielleicht aber wäre das zu viel Koketterie mit dem, was wir generell anstreben: artifizierte Einfachheit (Wagner: »weihevolle Schlichtheit«).

Ueckers szenischer Raum gestattet und fordert, den häufigen Wechsel zwischen den epischen und dramatischen Strukturen im Werk aufzudecken und auszuspielen, auch ihren übergreifenden Zusammenhang. Die Vorbühne mit den Diagonal-Keilen ist epische Fläche. Wer erzählt, berichtet, tut das vorn, nah dem Publikum. Höchstmögliche Verstehbarkeit führt zur Schwelle, Geheimnisse zu sensibilisieren. »Schilderung« überhaupt in diesem »Parsifal« in der archetypischen Doppelfunktion des Theaters als reflektierender Bericht und dramatische Handlung.

Die Geburt des europäischen Theaters aus dem Dithyrambus scheint von Wagner vielfach vergegenwärtigt und zugleich zurückgenommen. Das Dithyrambische gewinnt wieder Gewicht gegenüber dem Dramatischen. Von Mysterien läßt sich besser erzählen als agieren. Klug von Wagner, und recht modern. Auch mit »Parsifal« fordert er die Überprüfung überkommener theatralischer Mittel, meint »utopisches Theater«.

Das Dramatische, Theatralische (= Traumatische!) begibt sich meistens auf der verwandelbaren Schräge hinter der unveränderten epischen Vorbühne: Der leidende Amfortas wird zum See getragen. Der Schwan stürzt ab. Der Gralstempel erscheint und in seiner Verkehrung Klingsors Folterkammer Zaubergarten. Dann die Blumenaue. Und der verwehte Tempel am Ende. Diese »Spielorte« erscheinen als zurückgelagerte Räume, die Illusionierung ist entrückt, wird durch Licht und Spiegelung »in die Tiefe« und zugleich wieder »nahe« gebracht.

»Parsifal« – Stuttgart 1976

Kundry ist eine schlimme maskuline Erfindung, Verdrängung patriarchalischer Komplexe. Erste Rolle: Gralsbotin, Mädchen für alles, recht unerklärlich, aber benutzbar. Zweite Rolle: Grande Courtisane mit seelischem Anspruch, Mutterkomplexe erweckend. Dritte Rolle: endlich verstummt, nur noch Dienerin. Schlimm? Eher entsetzlich ehrlich von Wagner. Und bürgerlich genau. Sie muß nicht erst am Schluß seelenlos zu Boden sinken. Die Seelenwanderung der Frau durch die patriarchalischen Geschichts- und Moralstrukturen dauert an. Ich wäre neugierig auf einen vierten Akt »Parsifal«:

»Parsifal« – Stuttgart 1976

»Parsifal« – Stuttgart 1976

Die hat ihn in eine Art »innere Emigration« getrieben, den treuesten Gefährten Titurels nun zum Outsider, zum »Pensionär« gemacht.

Und gerade in dem Frevler, der auf heiligem Gebiet jagt, will Gurnemanz den erkennen, der Erlösung bringt!?

Absurde Kontraste, ironische Verkehrungen irritieren vor allem die vermeintliche Weihe-Atmosphäre der ersten Gralsszene. Um des Grals endlich wieder teilhaftig zu werden, zwingen der greise Titurel und die Ritterschaft rücksichtslos und grausam den kranken Amfortas, gegen dessen Willen und Schuldgefühle den Ritus zu vollziehen. Seine Klage rührt die Umstehenden nicht. Wenn Wein und Brot gereicht werden, kümmert es niemanden, daß sich Amfortas, von Qual überwältigt, am Boden krümmt. Welch Widerspruch: Humanitäts-Genuß wird inhuman erstritten! Fragwürdiger kann sich Weihe kaum darstellen.

2. Akt: »Ekstatische Zuckungen«

Amfortas hatte in der Art eines aristokratischen Partisanen versucht, Klingsor als akute Gefährdung der Ritter auszuschalten. Statt eine

»Parsifal« – Bayreuth 1982

»Parsifal« – Bayreuth 1982

»Strafexpedition« zu unternehmen (mißtraut er der Ritterschaft?), sucht er den Kampf Mann gegen Mann. Aber Klingsor manipulierte den Angriff zum Kampf Mann gegen Frau. Daß Amfortas darin unterlag, macht seine Figur zur vielleicht menschlichsten im Drama. Aber daß er den Speer, Reliquie und nicht Waffe, vom Gral, den er erretten wollte, entfernte, das ist wohl die tiefere Ursache seiner Wunde, seine Schuld.

Klingsor, der Renegat, ist tragikomisch wie Alberich. Oder wie Judas, der zum astrologischen Scharlatan verkommt. Er umgibt sich mit Elementen und Instrumenten »arabischer« Wissenschaftlichkeit. Er will zurück in den Tempel, will den Gral. Keuschheit hat er sich durch Kastration erzwungen. Viele Ritter macht er dem Gral abspenstig durch die Blumenmädchen, deren Sex befremdlich manipuliert erscheint zu gläserner Sterilität und alberner Spießbürger-Provokation. Wenn die abspenstig gemachten Ritter – wie Roboter-Gestalten nach einer Operation à la »One flew over the cuckoo's nest« – gegen Parsifal in den Streit ziehen und geschlagen werden, triumphiert die makabre Groteske: »Möge denn so das ganze Rittergezücht unter sich selber sich würgen!«

Kundry ist auf den Plan gerufen. Für die konkrete Darstellung dieser »originellsten Frauenfigur« Wagners, wie er selbst befand, helfen Hinweise auf die buddhistische Seelenwanderung wenig. Sie ist Venus und Elisabeth in einem, auch Elsa in dem Widerspruch, ob es erlaubt sei, die Frage zu tun oder nicht. Und in all ihren Metamorphosen ist sie weitaus mehr: Alptraum patriarchalischer Gesinnung gegenüber den matriarchalischen Wurzeln weiblicher Bestimmung und deren Befreiung zur umfassenden Selbstverwirklichung. Den wichtigsten Aufschluß zur Kundry-Figur gab Wagner nachträglich in der letzten Schrift, die er sich vornahm: »Das Weibliche im Menschlichen.« Da schreibt er: »Gleichwohl geht der Prozeß der Emanzipation des Weibes nur unter ekstatischen Zuckungen vor sich.«

Die ekstatischen Zuckungen prägen die große Szene zwischen Kundry und Parsifal, greifen über auch auf alle anderen Momente dieses II. Aktes und setzen die Zäsuren, Drehpunkte der Verwandlungen der Kundry-Figur. Die Kurtisane mit der Mutter-Attitüde – die Büßerin, die mit ihrer Demut kokettiert und sich doch davor ängstigt – die Dienerin und Helferin, die zugleich Rächerin ist: apokalyptische Furie als Transposition der Unterwerfung im bürgerlichen Salon. Mag sein, daß die Kundry-Figur deshalb so groß ist, weil ihr gegenüber Wagners »Ideologie« versagte. Daß er sie im III. Akt mach »Dienen, dienen« verstummen läßt, ist die Konsequenz seiner Ehrlichkeit, nichts mehr zu sagen, wo er nichts mehr zu sagen weiß. Das Thema Kundry hatte das 20. Jahrhundert zu lösen. Wenn sie am Ende zusammensinkt, betreten andere die Szene.

3. Akt: Scheu gegenüber dem Utopischen

Nach hundert Jahren spielt der 3. Akt vielleicht am ehesten »heute«. Zerstörung kam über die Welt, Krisen und Kriege. »Bleich und elend wankt umher die mut- und führerlose Ritterschaft«, wie der unendlich gealterte Gurnemanz berichtet.

»Parsifal« – Bayreuth 1982

»Verändert dünkt mich alles«, sieht Parsifal, wenn er als schwarzer Ritter nach seiner Irrfahrt, nach dunklen Erkenntniswegen wieder auf Gralsgebiet gelangt. Auch er ist gealtert. Auch er hat gesehen, was seit hundert Jahren geschah ... Seine Konsequenz? Er legt Waffen und Rüstung ab. Mit der Taufe und der Salbung erspielen sich die drei, in verlorener Einsamkeit wie Figuren von Samuel Beckett, ihre Identität, die vom Gestern ins Morgen reicht. Das alles kann, muß »einfach« und »direkt« dargestellt werden, wie Richard Wagner meinte. Gerade so, als ob wir Kindheitsträume durch alle Katastrophen in die Zukunft retten.

Hoffnung macht die Blume in der Aue, die aus Zerstörung in Trümmern erblüht. Sie mit allen anderen, die auftauchen, gibt Trauer und Tränen Zuversicht auf Leben, Weiterleben, besseres Leben.

»Alles ist unausgesprochene Ekstase«, bemerkt Wagner am 3. Februar 1879.

Hundert Jahre nach der Uraufführung des »Parsifal« ist entschieden, daß sich Wagner nicht als neuer Religionsstifter etabliert hat. Allerdings hat der große Musiker und Theatermann schreckliche Mitläufer bekommen. Aber wir anderen haben das Recht und die Pflicht, die Melancholie, die Scheu, die Sanftmut des »Parsifal« herauszustellen, die der bessere Teil der Wagnerschen Herausforderung der Utopie ist – damals und heute vielleicht noch viel mehr.

Der »durch Mitleid wissend« Gewordene, der den Gral von nun an nie mehr verschlossen sehen möchte, bedarf unserer vorsichtigen Neugier. Oder noch mehr? »Diese Welt, in der wir leben, braucht meinen ›Parsifal‹ nicht«, schrieb Wagner 1879 an Ludwig II. Wie aber, wenn die Welt, in der wir heute leben, es bitter nötig hätte, »Mitleid« zu handhaben als humane, soziale Aufmerksamkeit?

Die Zeit für die Verwirklichung des bißchen Utopie, wie sie im offenen Schluß des Parsifal anklingt, ist noch nicht verstrichen.

OFFENBACH – J. STRAUSS – GOUNOD – BIZET –
MUSSORGSKI – TSCHAIKOWSKI – MASSENET – PUCCINI –
DEBUSSY – JANÁČEK – R. STRAUSS

JACQUES OFFENBACH

ORPHEUS IN DER UNTERWELT

Musikalisches Welttheater – ironisch verfremdet

Als 14jähriger war Jakob Offenbach 1833 aus seiner deutschen Geburtsstadt Köln nach Paris gekommen. Die europäische Metropole des 19. Jahrhunderts ließ ihn, der sich bald Jacques nannte, bis zum Ende seines Lebens 1880 nicht mehr los. Und er prägte, besser: entlarvte viele Züge ihres so vielfältigen Gesichts. Die Werke, die er schuf, wurden ein ironisches Spiegelbild der Epoche, die zwischen Revolution und Restauration, Zweifeln, Kaiserreich, Pariser Kommune und Dritter Republik pulsierte, glänzte und litt. Dem, was er so satirisch und prägnant attackierte, war er doch verbunden. Nicht ohne Schmerz deckte er den falschen Glanz und die Vergänglichkeit angeblich ewig gültiger Werte auf. In sein Lachen mischt sich oft Bitternis und Wehmut. Seine Frechheit und Respektlosigkeit konnten nicht immer seine sensible Verwundbarkeit und seine bohrende Sehnsucht verdecken: die Sehnsucht des zwischen den Ländern wie zwischen den Kunstgattungen doch letztlich Heimatlosen. Ein starker Teil dieser Sehnsucht galt Zeit seines Lebens der Oper. Deshalb mußte er sie in all seinen Werken parodieren, bekämpfen, demaskieren, ehe er sich am Ende an die Komposition von »Hoffmanns Erzählungen« machte. Aber diese Oper hinterließ er unvollendet, als Fragment.

Offenbachs Haßliebe gegenüber der Oper ist zweifellos nur ein Aspekt, der zur Ausprägung eines neuen Musiktheater-Genres durch ihn beitrug. Aber es lohnt sich, diesem Aspekt Aufmerksamkeit zu schenken. Als Meyerbeer die Grande Opéra mit »Robert le diable« und den »Hugenotten« beherrschte, saß der blutjunge Offenbach als Cellist im Orchester der Opéra Comique. Und an eben diesem Theater wurde er Kapellmeister, als Meyerbeer den »Propheten« aufführte, Wagner aus Deutschland hatte fliehen müssen, Liszt in Weimar dessen »Lohengrin« aufführte und Wagners »Das Judentum in der Musik« erschien. Schon hatte Offenbach eigene Kompositionen gemacht und mit zahlreichen Einaktern die kleine Form satirischen Musiktheaters ausprobiert, die er Opéra bouffe nannte. Als er 1855, im Jahr der ersten Pariser Weltausstellung, das Theater »Bouffes-Parisiens« gründet, entwickelt er für seine Stücke und für die Spielweise ein spezifisches Ensemble. Mit ihm gastiert er in London und in verschiedenen deutschen Städten. In engster Zusammenarbeit mit den Librettisten Hector Crémieux und Ludovic Halévy entsteht 1858 jenes Werk, das alle bisher von Offenbach geschriebenen Stücke weit übertrifft und für alle Zeiten den neuen Werk-Typus exemplarisch trägt, den man so unvollkommen mit dem Wort »Operette« beschreibt: »Orphée aux enfers«.

»Orpheus in der Unterwelt« – Berlin 1983, William Pell (Morpheus), Carol Malone (Cupido), Peter Maus (Merkur), Astrid Varnay (Juno), Hans Beirer (Jupiter)

Es ist verbürgt, daß Offenbach selbst die Idee hatte, den Opernstoff par excellence, mit dem von Monteverdi bis Gluck die Gestalt des edlen Sängers und die Musik als Sprache der auch den Tod bannenden Liebe gleichnishaft verherrlicht wurde, in ironischer Umkehrung zum Gegenstand einer neuen Art von Musiktheater zu machen. Groß ist vor allem der ästhetische Gedanke: Kunstparodie und Gesellschaftssatire ergänzen und stimulieren sich, werden eins im frechen, totalen Spaß. Rigoros attackieren und zerstören die Autoren die Wunschbilder des Bürgertums, von der abendländischen Kultur und von Moral und Anstand. Aus Orpheus, Mythos des Sängers, wird ein geigender Schürzenjäger, Musikprofessor in einem imaginären Theben: Karikatur der institutionalisierten Musikprominenz, Satire auf den Geniekult, der ins Kleinbürgerliche degeneriert. Eurydike leidet unter ihrem Mann nicht weniger als unter der Musik, die er macht: Entlarvung der Doppelmoral, Zerrbild der Partner-Entfremdung in der bürgerlichen Ehe. Die verheiratete Frau fliegt dem Exoten in die Arme, der alternativ lebt und Honig fabriziert. Hinter einem solchen Typ vermuten nicht nur die Alten den Teufel! Die Moralhüter richten, indem sie Schlimmes verhindern wollen, oft Schlimmeres an. Das jedenfalls gilt für die »öffentliche Meinung« als Personifikation streitbarer Scheinmoral mittels einer Presse, die allmächtig erscheint und sich schließlich doch auch als bestechlich, wenigstens anpassungsbereit, seltener als hilflos erweist. Die Götter, die nun angerufen werden, schnarchen in ihrem verkommenen Himmel – ein ironisches Gegenbild zu Wotans Sippe in Wagners »Rheingold«. Eine echte historische Funktion haben sie nicht mehr. Mit diversen Amouren retten sie sich über ihre Tage. Der Thron des göttlichen Herrschers wackelt. Bei einer Palastrevolution zitiert Offenbach die lange in Paris verpönte Marseillaise. Unter dem Vorwand einer moralischen und gerechten Mission ziehen die Götter fröhlich in die Hölle. Auch dieser Galopp kommt einem vor wie die ironische Umkehrung des Einzugs der Götter nach Walhall. Allerdings fühlen sich Offenbachs Olympier in der Unterwelt sauwohl. Sie machen selbst den Teufeln die Hölle zur Hölle und wollen hier Quartier nehmen.

Fast jede Figur, fast jede Szene lebt aus einer Fülle von zeitkritischen Beziehungen. Doch Offenbach begnügt sich nicht mit Parodie und aktueller Gesellschaftskritik. Durch die überwältigende und oft so nervöse Sinnlichkeit seiner Musik schafft er der Lust eine neue Dimension, kühn und irritierend am meisten wohl in Eurydikes »Invocation à la mort« (1. Akt). Hier ist er beim eigentlichen Thema des Mythos, der Grenzüberschreitung zwischen Leben und Tod durch die Musik. Aber er psychologisiert und erotisiert es im dämonisch-frivolen Wechselspiel einer einmaligen musikalischen Verführungskunst: Eurydike gleitet schmerzlos »hinüber«, in den Armen des Geliebten »tut es gar nicht weh«. Untergangsstimmung anderer Art, Nostalgie bestimmt im 3. Akt das Menuett, das die Götter in der Unterwelt wie einen Abschied von sich selber tanzen, bevor Pluto diese Klänge kontert mit der rhythmischen Orgie des Cancan, in der Entfesselung mänadischer Lust so sinnenfroh wie todessüchtig.

Wohin aber am Ende des ganzen Menschen- und Götterstreits mit Eurydike, dem eigentlichen »Streit-Objekt«? Operetten machen es sich immer leicht am Schluß, weil den richtigen eigentlich das Publikum finden muß. Eurydike soll schließlich niemandem gehören: nicht der verspießerten Bürgerwelt, nicht den verteufelten Göttern und auch nicht dem bizarren Pluto. Kann das Objekt zum Subjekt werden? »Ich will ich selber sein!«, singt sie. Auf Bacchus, die Zitierung eines »Deus ex machina«, kann verzichtet werden. Aber vor Offenbachs Ironie ist auch nicht sicher, was hundert Jahre danach »Prinzip Hoffnung« hieß ... Von 1858 an mußte sich Jacques Offenbach dem Maßstab stellen, den er mit »Orphee aux enfers« setzte. Und er erfüllte ihn in der Folgezeit mit solchen Werken wie »La belle Hélène«, »Barbebleue«, »La vie parisienne«, »La grande-duchesse de Gérolstein«, »La Périchole« und »Les brigands«. Längst hatte er das Theater »Bouffes-Parisiens« aufgeben müssen. Das Kaiserreich brach zusammen. Nach dem Kampf gegen die Preußen und gegen die Pariser Commune etablierte sich die Dritte Republik. Offenbach suchte unter veränderten gesellschaftlichen Umständen ein neues Zeit- und Kunstverständnis. Zum zweiten Mal übernahm er die Leitung einer Bühne, des »Théâtre de la Gaîté«. Als bald der finanzielle Bankrott drohte, besann sich Offenbach auf das Erfolgsstück aus früheren Zeiten. Er unterzog »Orphée aux enfers« einer großangelegten Bearbeitung und erweiterte das Werk durch zahlreiche Nummern. In ironischer Anlehnung an die antike Tragödie eröffnete nun ein Chor das Stück. Der Tanz als rauschhafter Exzess theatralischen Ausdrucks erhielt viel Raum in parodistischen, lyrischen und bizarr-dämonischen Passagen. Vor allem wurden die Szenen in der Unterwelt durch zahlreiche Motive und Nummern bereichert. Insgesamt verrät die Neufassung von 1874 die gesteigerte Affinität des Komponisten zu den großen Formen der Oper und zeigt, daß die Liebe zu der Gattung, die er so oft verspottet hatte, nur noch gewachsen war. Es liegt nahe, für eine heutige Aufführung sowohl die Fassung von 1858 als auch die von 1874 heranzuziehen und beide zu einer neuen Variante zu verbinden, die der Urfassung die interessantesten Teile des späteren Originals hinzugewinnt.

Offenbachs Verfremdungstechnik fordert dazu auf, aus seinen satirisch gezeichneten Figuren und Situationen so etwas zu machen wie Archetypen eines komischen Welttheaters, dessen Urahn Aristophanes war und das so alt und so neu ist, wie es gelingt, uns Offenbach als spöttisch-nostalgischen Zeitgenossen zu vergegenwärtigen. Es ist ja so lange noch nicht her, daß er mundtot gemacht wurde in Deutschland. Auch deshalb ist er noch immer wieder neu zu entdecken.

Phantastisch und trotzdem wahr

Das Interesse, das man der »Rahmenhandlung« schenkt, entscheidet darüber, ob »Hoffmanns Erzählungen« einen Sinn erhalten, ob sie ihren Sinn wieder erhalten. Zwischen den Aufführungen, die nur die drei Geschichten von Olympia, Antonia und Giulietta bringen, und denen, die wohl Lutters Keller zeigen, die Begebenheiten dort aber nur als Vorwand für die phantastische szenisch-musikalische Revue benutzen, besteht, was den Versuch der Sinngebung betrifft, kein grundsätzlicher Unterschied. Die Phantastik der »Erzählungen« wirkte und wirkt auf viele Interpreten und Opernbesucher insofern verführerisch, als man sich der Logik, Kern und Hintergrund der Hoffmannschen Phantastik, begibt.

Das Musiktheater, wie Felsenstein es anstrebt, fragt bekanntlich stets nach Anlaß und Sinn einer Note, einer Gesangsnummer, einer Handlung auf der Bühne. Darin unterscheidet es sich von der herkömmlichen Operndarbietung. Auf »Hoffmanns Erzählungen« bezogen, heißt das: das Musiktheater muß auch nach Anlaß und Sinn der drei Geschichten fragen und dementsprechend verfahren.

Der dramaturgische Aufbau des ursprünglichen Schauspiels, den Offenbach grundsätzlich übernahm, ist durchaus unüblich. Er scheint sich, auf den ersten Blick gesehen, den klassischen Regeln zu widersetzen. Drei Erzählungen, in ihrer Folge scheinbar willkürlich zusammengefügt und nur lose durch eine »Rahmenhandlung« zusammengehalten, ergeben jene »Show«, an der sich Vergnügen und Phantasie entzünden.

Doch sieht man genauer hin, dann läßt die genialische Leichtfertigkeit, mit der 1850/51 das französische Gebrauchstheater Motive aus einzelnen Erzählungen Hoffmanns für die Bühne verwendete und mit einer fiktiven Lebenssituation des Dichters verwob, ein echtes Drama ahnen. Ein Drama, das sich allerdings weniger in der äußeren Handlung offenbart, sondern sich in der Brust und im Kopf Hoffmanns abspielt, zwischen ihm, seinen Alpträumen und seiner Muse abgehandelt wird, das über seine Vergangenheit und seine Zukunft als Mensch, als Dichter entscheidet. Die Erzählungen sind die Äußerungen, die »Veräußerlichung« dieses inneren Prozesses. Sie unterbrechen nicht das Drama, das seinen Ort in Lutters Keller hat, sondern sind auf gesteigerter Phantasie-Ebene sein Ausdruck.

Die persönliche Ausgangssituation Hoffmanns, wie Felsenstein sie annimmt und gegenüber allen Vorlagen verschärft annimmt, bestimmt Gang und Aussage des Stücks. Der »Rahmen« ist der Angelpunkt. Warum erzählt Hoffmann denn, warum erzählt er jetzt und diese Geschichten?

Er ist aufgewühlt durch die Begegnung mit Stella. Sie singt heute erstmals in Berlin Mozarts Donna Anna. Hoffmann floh aus dem Parkett. Alle Bilder der Vergangenheit, die wenigen Stunden, die ihn im Glück mit ihr verbanden, und der Monate und Jahre, in denen er sich schmerzlich nach der Geliebten sehnte und sich von ihr betrogen glaubte, tauchen vor ihm auf, jagen ihn in die Einsamkeit, in die Verbitterung. In Lutters Keller stößt er auf seine Freunde und Zechkumpane. Sie sind von Stella begeistert. Aufgefordert, etwas zu erzählen, versucht Hoffmann, sich an seiner Sehnsucht, seinem Liebesschmerz, an Stella zu rächen. Aber das Bild des häßlichen Zwerges Klein-Zack kann das Bild Stellas nicht verdrängen. Die Heiratsabsichten der drei Freunde Nathanael, Herrmann und Wilhelm geben ihm das Stichwort für den dichterischen Einfall: »Meine Geliebte? Sagt doch lieber: meine drei Geliebten! Drei Frau'n in einer Frau …« Und er beginnt, das Bild Stellas vor Augen, zu erzählen, hebt an, den Schmerz zu verspotten, die Sehnsucht zu zerstören, die Liebe zu vernichten.

Zweifellos sind die Geschichten nicht lustig. Geboren aus Schmerz, Rachsucht und Sehnsucht, erfunden von einem überreizten Gehirn, und zwar in diesem Moment erfunden, schildern sie schonungslos, verzerrt, überspitzt. Im Lachen der makabren Gäste Spalanzanis »Ha, ho, ha, das ist geraten, er liebt einen Automaten« scheppert die Impotenz einer verlogen bürgerlichen Gesellschaft; der Schmerz des über der Leiche seiner Tochter zusammenbrechenden Crespel wird sarkastisch aufgespießt; im närrischen Kichern Pitichinaccios überschlägt sich die bizarre Ironie.

Die Beziehungen, die sowohl zwischen den drei Geschichten als auch zwischen den Geschichten und der realen Situation des Erzählenden bestehen, sind nur deutlich zu machen, wenn die Frauengestalten und die Varianten des »Teufels« von den Darstellern gespielt werden, die zugleich jene zwei Figuren verkörpern, die Anlaß und Anhaltspunkt der Phantasie Hoffmanns sind: Stella und Lindorf.

Die Erzählungen in der ursprünglichen Reihenfolge zu bringen, war eine selbstverständliche Voraussetzung dieser Bühnengestaltung. Die Entwicklung, auf Hoffmann bezogen, ist einleuchtend: Gegenüber Olympia schildert er sich als schwärmerischen, romantischen Jüngling; in seiner Beziehung zu Antonia erscheint er männlicher, gereifter; als er auf Giulietta trifft, hat er der »hohen Liebe« abgeschworen, verfällt aber nichtsdestoweniger, als die Kurtisane sich scheinheilig verstellt, in große, echte Liebesfähigkeit.

Der Fluch auf die Liebe – das wäre der Schlußpunkt dieser bitterbösen Geschichten, wenn Hoffmann nicht ein Dichter wäre. Wenn es keine Muse gäbe!

Die Muse zur Schlüsselfigur der Vorgänge zu machen, war Felsensteins wesentliches Anliegen. Sie inspiriert und korrigiert Hoffmann. Sie beeinflußt seine Phantasie und leitet seine Gedanken zu neuer

Erkenntnis. In den dramatischen Vorgang einbezogen und doch wieder merkwürdig von ihm distanziert, ist sie sein Motor und Kontrapunkt.

Im Prolog gibt sie das Thema des Abends an: »Mir aber geht es um den Dichter Hoffmann!« Es ist nicht eine beliebige Station im Leben Hoffmanns. Sein Liebesschmerz um Stella hat ihn als Künstler unfruchtbar gemacht, seine Schöpferkraft gelähmt, seine Phantasie in die Irre geführt. Ein Kampf also steht bevor: ein Kampf mit Hoffmann – um Hoffmann!

Indem sie das Thema angibt, verkörpert sie zugleich die Möglichkeit seiner bühnenmäßigen Durchführung. »Genau genommen, gibt es mich nicht«, bekennt die Muse. Wer ist sie? Ein Teil Hoffmanns, sein besserer Teil? Ihre menschliche Gestalt gewinnt sie als Gefährte Hoffmanns. Als Niklaus umgibt sie ihn, lenkt ihn unmerklich und kann ihn doch zu nichts zwingen, was sein freier Entschluß ihm nicht befiehlt.

Viele Stellen im Text Felsensteins erlauben das Gedankenspiel, daß die Erzählungen Hoffmanns, die Schlüsse, die er aus der Begegnung mit Stella zieht, und somit der ganze Abend ein anderes Ende nähmen, wenn sie, die Muse, nicht mitwirkte.

Die Verdeutlichung einer solchen, hier freilich nur angedeuteten Konzeption bedarf einer Textfassung, Szenenfolge und Musikeinrichtung, die sich, der Konvention entgegengesetzt, dem Wahrheitskern des vorliegenden Materials ebenso verpflichtet fühlt wie den Ansprüchen und Möglichkeiten des modernen, realistischen Musiktheaters.

In ihr haben die Prosatexte großen Raum. Sie müssen ihn haben, weil die Rezitative, der damaligen Operndarbietung gemäß, Offenbachs Intentionen aber größtenteils widersprechend, die Zusammenhänge verkürzen und verschleiern, jedwede konkrete Handlungssituation unkenntlich machen oder aufheben.

Indem die überlieferte Musik von dem Beiwerk und der Aufblähung befreit wurde, die wohl meist fremde Hände in die Partitur trugen, treten die Konturen der Musik klarer hervor; somit kann auch der Kern ihrer dramatischen Funktion und menschlichen Aussage aufgedeckt werden.

Es wäre verfehlt, diese Neugestaltung etwa als Schauspielfassung mit Musik bezeichnen zu wollen. Es galt im Gegenteil, die Musik dort, aber eben nur dort einzusetzen, wo das gesprochene Wort nicht mehr genügt, wo die Musik glaubhafte und notwendige Äußerung wird (und nicht geschmackliche Konvention bleibt), wo die Verfassung, die Emotion, die Aussage eines Menschen nur durch Offenbachs Musik gültigen Ausdruck erhalten. Diese Gedanken werden ergänzt durch die melodramatische Verwendung einzelner Motive. Sie schafft, wo es erforderlich ist, die gesteigert emotionalle Atmosphäre, offenbart, was hinter den Worten liegt, unterstützt bisweilen die Irrealität einzelner Situationen.

Phantastischer Mittel bedient sich auch die Inszenierung, der Spezifik des Stoffes entsprechend. Gerade das Melodram hebt oft die Realität von Zeit und Raum auf; beispielsweise bleibt während des Briefmonologs von Lindorf im 1. Akt die Zeit stehen, dagegen erfolgt während der letzten Worte der Muse (im 5. Akt) ein Zeitsprung. Zur räumlichen Irrealität: Während der Arie Dapertuttos verwandelt sich das Bühnenbild. Die Phantastik der Erzählungen, einmal logisch exponiert, greift über auch in Lutters Keller, wo ein Kleid durch die Luft fliegt, die Muse erscheint, wo »im Tabaksqualm und Dunst von altem Wein« sich jene Träume gebären, die die Bühne sichtbar machen muß. Dabei ging es nicht an, daß eine modernistisch-abstrakte Ausstattung die Phantastik hypertrophierte; vielmehr sollte die Dekoration, mit einigen, den jeweiligen Erzählungen angemessenen ironischen Aperçus arbeitend, den Raum schaffen, in dem sich das Phantastische vor allem aus dem menschlichen Vorgang ergeben kann.

Jacques Offenbachs Musik hält das Maß und die Mitte zwischen Phantastik und Realität. An sie wird man sich also vor allem halten, wenn man den menschlichen Bezug der oft bizarren Vorgänge offenbaren will.

Hoffmanns erste Romanze an Olympia ist nur ein Beispiel dafür, daß es gerade die Musik ist, die sowohl distanzierende Ironie wie echte Liebessehnsucht zusammenklingen läßt: Hoffmanns jugendliche, tiefste Gefühlsäußerung richtet sich – an eine Puppe!

Es ist Offenbachs Musik, die über das ursprüngliche Schauspiel hinausgehend, hinter der Karikatur, dem Schmerz, der Verbitterung, der Spottlust, der Selbstzerfleischung die Sehnsucht und den Glauben hindurchscheinen läßt. Der Fluch auf die Liebe muß, aus neuer Erkenntnis gewachsen, dem Bekenntnis zu ihr weichen.

Hier liegt der entscheidende Aussagewert, zu dem Felsenstein seine Bühnengestaltung führte. Hoffmann hat seinen »unfruchtbaren Schmerz« durchlitten. Die Überwindung des privaten, egozentrischen Anspruchs ist das Bekenntnis zu der Aufgabe, die ihm die Muse stellt:

»Bist du nicht ein Dichter? Dazu da,
dein ganzes Leben lang das Glück z u s u c h e n,
um andere auf seine Spur zu bringen?«

Hoffmann weist Stella ab, die nur seinetwegen nach Berlin kam; sie fand ihn – tragische Ironie – »zu spät«. Und er überwindet den Alptraum Lindorf, rechnet mit ihm ab, dem »Teufel«, der ihn plagte, dem Rechner, dessen Rechnung nicht aufging, dem Kleingeist, Bürger und Pandektenhengst, der ein Hemmnis jeder schöpferischen Entfaltung des Menschengeistes ist – einer Entfaltung, die ohne Liebe nicht möglich ist.

»Drum liebe sie! Und laß in deinem Werk
die Menschen wieder an die Liebe glauben.«

JOHANN STRAUSS

DIE FLEDERMAUS

Die Rache des Doktor Fledermaus

Als Eisenstein vor einigen Jahren mit Dr. Falke bei einem Maskenball war, trug Dr. Falke das Kostüm einer Fledermaus. Am Morgen nach diesem Ball ließ Eisenstein den stockbetrunkenen Dr. Falke auf der Straße zurück, wo er von Marktweibern und Kindern unter Hohngelächter und mit großem Hallo nach Hause geleitet wurde. Seitdem heißt Falke »Dr. Fledermaus«.

Warum trägt Dr. Falke den Spaß, den sich Eisenstein mit ihm erlaubt hat, noch Jahre später nach?

Bedeutet seine Kostümierung als Fledermaus vielleicht mehr als nur eine Verkleidung? Fühlt er sich durch Eisenstein demaskiert?

Woher kennt Dr. Falke Eisensteins Frau Rosalinde so gut? Haben sie vielleicht eine dunkle gemeinsame Vergangenheit oder einen geheimnisvollen Bund in der Gegenwart?

Warum ist sie auch dem Prinzen Orlofsky so vertraut?

Hat jener Prinz aus Rußland (oder vielleicht besser: Transsylvanien) etwas zu verbergen? Vielleicht seine Zähne? Er lächelt nämlich niemals!!!

Und dann – warum ist Orlofsky eine »Hosenrolle«, also eine androgyne Figur? Und – warum beendet Orlofsky die ganze Geschichte im Gefängnis am nächsten Morgen so überstürzt? Vielleicht weil es ihm zu heil wird …? Schließlich – warum nennt Falke die von ihm inszenierte Komödie »Die R a c h e der Fledermaus«?

Gerade weil die »Fledermaus« viel von der Lebenslüge entlarvt, deren sich die bürgerliche Gesellschaf zur Selbsterhaltung seit langem bedient, amüsiert sie nicht nur hundert Jahre nach der Uraufführung, sondern irritiert auch, reizt zur Gegenwehr.

In drei Akten, auf drei für das bürgerliche Leben charakteristischen Schauplätzen wird die Komödie um die Rache einer Fledermaus vorgeführt: im scheinbar wohlbehüteten bürgerlichen Heim (sich darstellend als silberner Käfig, aus dem die Ehepaare ausbrechen möchten), auf der Gartenparty des Prinzen (exotische Antwort auf die soziale Krise, Tummelplatz des Vergnügens, wo man unter dem Reiz fremdartigen Schauers ausbrechen, ausflippen möchte) und schließlich im Gefängnis, wo nur ein (überdies irrtümlich festgenom-

»Die Fledermaus« – Hamburg 1978, Gabriele Fuchs (Adele), Silvia Fenz (Ida)

»Die Fledermaus« – Hamburg 1978

mener) Häftling einsitzt: absurde Umkehrung einer Zeitrealität, die nachweislich zu wenig Zuchthausplätze für die Krisengeschädigten hatte. Und für diese Schauplätze jeweils charakteristische Repräsentanten: Herr von Eisenstein, ein zu früh auf Rente gesetzter Lebemann, der am Ende als Sündenbock herhalten soll. Darin Prinz Orlofsky, an dessen Herkunft, Funktion und Geschlecht sich dunkle Vermutungen und deshalb um so mehr außergewöhnliche Hoffnungen knüpfen: der Heiland des Grusicals. Und endlich der Gefängniswärter Frosch: als Trottel, als vermeintlicher Blödian ein schlau philosophierender Narr, der mit absurden Witzen dieser absurden Welt begegnet. Und gegen die männliche Gesellschaft in Auflehnung die weibliche Kavalkade mit Rosalinde, Adele, Ida, so daß ein Spiel getrieben wird, das vielleicht auch heute noch – oder wieder – manches enttabuisiert.

CHARLES GOUNOD

FAUST

Dieser Faust will Jugend

Oft überlesen, besagt eine Szenenanweisung am Schluss der Oper: »Mephisto steht halbgebeugt unter dem Schwert des Erzengels.« Goethes »Vorspiel im Himmel« wird am Ende memoriert. Kein anderer als einer der Erzengel steckt in Mephisto: Luzifer – der Helle, Lichtträger, auch Irrungen Erhellende. Gott hat ihn auf die Erde gestürzt. Dort treibt er oft als zynischer Spötter, Aufklärer, Clown sein Spiel mit dem Ziel, Täuschungen und Illusionen zu entlarven. In der Absicht, das letzte Mysterium erfahrbarer zu machen? Teufel und Engel: zwei Kehrseiten derselben Medaille.

Hier gilt die Attacke der Selbstüberschätzung des »wissenschaftlichen Zeitalters«, personifiziert in Faust. Dessen Unterschrift unter den Pakt führt nicht nur dem Teufel, sondern damit wohl auch dem Himmel eine neue Gefolgschaft zu, was nicht erst heutzutage ein bemerkenswerter Gewinn ist. Denn seit dem Alten Testament gibt es keinen Gott ohne Teufel und keinen Teufel ohne Gott.

Am Anfang war … was? Goethe läßt seinen Faust die unterschiedlichsten Möglichkeiten des philosophischen Gedankenansatzes erwägen und wieder verwerfen: das Wort; der Sinn; die Tat! Wie wäre es, wenn wir geltend machten: Am Anfang war der Klang? Die Musik?

Gounods greiser Faust weist die Angebote des von ihm herbeigerufenen Teufels ab: Er will nicht Reichtum, nicht Ruhm (die zahlreichen Ernennungen zum Nobelpreisträger sind im Fernschreiber hängengeblieben …!), nicht Macht, offenbar noch nicht einmal des Welträtsels Lösung. Er will JUGEND! Alles noch einmal. Alles wieder. Anders? Wotans und anderer Sehnsucht nach »ewiger Jugend« kommt uns in den Sinn. Aber Vorsicht! Wir sind bei den Franzosen. Mephisto inszeniert zwischen Tragik und Amüsement die Lektion,

»Faust« – Zürich 1997, Ruggero Raimondi (Méphistophélès), Nadine Asher (Marthe), Elena Prokina (Marguerite), Francisco Araiza (Faust)

wohin ein ebenso begreiflicher wie hybrider Wunsch führt. Und er wählt für diese Lektion das Feld der Liebe. Um als Ergebnis Schuld, Enttäuschung, Wahnsinn übrig zu lassen. Und eben dadurch gerade auch die Notwendigkeit der Gnade?

Héctor Berlioz hatte mehr als zehn Jahre vor Gounods erstem Entwurf seine »Faust«-Version »La Damnation de Faust« geschaffen als bitter-geniale Adaption Goethes eben auch durch einen Franzosen. Ein schroffes, kühnes, noch heute in seinen geistig-kompositorischen Dimensionen kaum begriffenes Werk, das im 19. Jahrhundert mehr Erfolge in Deutschland hatte als in Berlioz' Heimatland. Um so erstaunlicher bleibt seine ebenso noble wie kritische Einschätzung der »Faust«-Oper seines nur wenig jüngeren Kollegen Gounod. Auch dieser war von Jugend an vom Werk Goethes fasziniert. In Jules Barbier und Michel Carré fand er Librettisten, die – wie es kurz vorher die Librettofabrik Sardous tat – den französischen Komponisten brillante Vorlagen lieferten, auch Jacques Offenbach, ihm zuletzt für »Les Contes d'Hoffmann«. Solch zuarbeitende Professionalität findet man im 20. Jahrhundert eigentlich nur noch bei den Drehbuchstars von Hollywood. Die französischen Autoren gaben der Gretchen-Geschichte nicht nur ein spezifisch romanisches Sentiment, sondern auch eine transparente Ironie, die sich seit kurzem in Schauspielinszenierungen von Goethes »Faust I« und »Faust II« gelegentlich wiederfindet. Das Recht, Verkürzungen, auch Verflachungen gegenüber großen Schauspielvorlagen vorzunehmen, hat sich die Oper seit ihrer Geburt immer wieder herausgenommen. Vor allem, um »Raum und Zeit« für die Musik zu schaffen. Kein Grund deshalb, das Team Bar-

»Faust« – Zürich 1997

bier-Carré-Gounod zu schelten. In geschicktester Montage konzentrieren sie den europäischen Weltstoff zu einer eigenständigen Essenz von Unterhaltung und Betroffenheit. Und ein bißchen haben sie sicher auch Gustave Doré über die Schulter geschaut.

Ihre Adaption, anfangs im Stil der Opéra comique (mit gesprochenen Dialogen), war über zehn Jahre lang in Paris ein derartiger Erfolg geworden, daß der Wunsch entstand, das Werk umzugestalten für die Gattung der Grande opéra. Ein ähnlicher Fall wie bei Bizets »Carmen«. Allerdings wurde bei »Faust« die Umformung von den Autoren selbst vorgenommen – und freiwillig! Zu den durchkomponierten Rezitativen traten zahlreiche Hinzufügungen, auch wucherndes Material. Balletteinlagen natürlich eingeschlossen. 1894, ein Jahr nach Gounods Tod, erfolgte die 1000. Vorstellung in Paris.

»Faust« – Zürich 1997, Francisco Araiza (Faust)

Wohl große Oper, aber nicht Ausstattungsprunk. Dazu ist die Dramaturgie zu klug, die Musik human zu konkret. Aus der Vielzahl der Fassungen trifft die Zürcher Inszenierung 1997 auf der Grundlage der kritischen Ausgabe von Fritz Oeser eine spezielle Auswahl. Unsere Aufführung beendet (gegenüber traditionellen Praktiken) den 3. Akt (früher zählte man ihn als den 4. Akt) natürlich mit dem Fluch Valentins gegen Marguerite und seinem Tod. Vorher ist die Kirchenszene zwischen die Rückkehr der Soldaten und das Duell zwischen Valentin und Faust/Mephisto gestellt. Und in der Walpurgisnacht ist ein Teil der später hinzugefügten Ballettmusik eingebracht.

Dies alles dient unserer Absicht, Mephistos Lektion über die absurden Folgen des Wunsches nach JUGEND und seine Demonstration des LEBENS als kontrapunktische Mischung zwischen Trauma und bösem Witz zu erzählen. Und selbst wenn ihm seine Vorführung der Walpurgisnacht konfus, zerfahren und vielleicht bisweilen schal geraten sollte, könnte dies auf die sehr begrenzte Macht eines Regisseurs, wie auch Mephisto einer ist, hindeuten, Hölle und Himmel ganz zu umfassen.

Bleibt Marguerite. Sie hat durch Gounod vielleicht die stärkste Mutation des deutschen Gretchens ins Französische erfahren, erscheint auch in ganz unterschiedlicher Gestalt. Sie muss sich ihren Lebensunterhalt verdienen. Vielleicht als Serviererin. Da ist sie auch zahlreichen männlichen Attacken ausgesetzt. *Bin weder Fräulein, weder schön, / Kann ungeleitet nach Hause gehn.* Der Satz erweist sich heutigen Ohren als ebenso kokett wie lebenserfahren. Ist sie schon zu oft »angemacht« worden? Was sie nicht hindert, sich angesichts der kostbarsten Geschenke in romantische Gier zu verlieren. So weit, daß sie sich nach dem üblichen Zögern bereits am ersten Abend dem jungen Fremden hingibt. Ein Anspruch auf Glück, den dieses Mädchen mit bitterster Not bezahlt.

Sie weiß ja nicht, daß sie zum Spielball immer wieder neuer Reibereien zwischen Himmel und Hölle gemacht wurde. Sie irritiert schließlich auch den Satan. Ihn, dessen Teufelswerk sie in den Kerker und in die Verwirrung getrieben hat, erfaßt plötzlich Mitleid mit ihr. Er will sie befreien. Dem »Regisseur« Mephisto entgleiten, wie Don Alfonso in »Così fan tutte«, die Fäden. Die Zwangsjacke wählt Faust. Was taugt Wissen? – Marguerite wird von himmlischen Chören empfangen. »Mephisto steht halbgebeugt unter dem Schwert des Erzengels.«

»GERETTET«? Wenn nicht am Anfang, so doch am Ende war und ist die Musik! Da sind sich die Autoren auch wieder mit Goethe einig.

GEORGES BIZET

CARMEN

Neue – alte »Carmen«

Angesichts des üblich gewordenen Aufführungsbildes von »Carmen« fällt es nicht leicht, sich Ursache und Ausmaß des Schocks vorzustellen, den die Oper 1875 auslöste. Denn heutzutage scheint »Carmen« fast alles Beunruhigende, Provokative verloren zu haben. Woran liegt das? Daran, daß die Opernbühne sich seit »Carmen« durch Werke wie die von Puccini, Janáček und Berg an krasse Gegenstände und deren krasse Gestaltung gewöhnt hat? Eigentlich kaum. Denn gerade die Aufführungsgeschichte von »Carmen« zeigt, daß solch eine zunehmende »Gewöhnung« Hand in Hand ging mit zunehmender Entschärfung und Entstellung des Ur-Bildes.

Ernest Guirauds umstrittene Einrichtung läßt erkennen, zu welch schweren, den Willen des Komponisten oft mißachtenden Kompromissen sich selbst ein Freund und Schüler Bizets gezwungen sah, wenn das Werk »spielbar« gemacht werden sollte: Mit der Umwandlung der Prosatexte in verkürzende Rezitative wurden nicht nur wesentliche Handlungsmotive und Charakterzüge eliminiert, sondern auch Bizets besondere Stilabsichten zurückgenommen, die ja gerade in der Steigerung der Gattung der Opéra comique zu einer Stoffgestaltung von derart realistischer Schärfe und zugleich mythischer Tiefe bestanden hatten. Daß Guiraud auch in die musikalische Architektur der einzelnen Nummern eingreifen mußte, beweist nur, daß mehr als die Prosadialoge aufgeopfert wurde: nämlich die stilistische Eigenart und die inhaltliche Struktur des Originals sowie die Kenntnis davon.

In Guirauds Fassung »gewöhnten« sich Bühnen und Publikum an »Carmen« und machten sie zum Welterfolg. Dennoch gab es Versuche, das Original in Erinnerung zu halten (Aufführungen der Pariser Opéra Comique) oder wiederherzustellen. Solche Versuche sind an die Namen von Männern gebunden, die sich prinzipiell für eine dem Willen der Autoren verpflichteten Opernkunst einsetzten: 1906 hatte Hans Gregor an der damaligen Berliner Komischen Oper auf die Sprechdialoge zurückgegriffen, ebenso ein Jahrzehnt später Georg Hartmann.

Gustav Brecher erprobte 1924 in Leipzig eine neue Übersetzung mit Prosa, die 1938 auch Bruno Walter in Wien benutzte. Weniger bekannt ist, daß Stanislawski »Carmen« mit den Sprechdialogen aufführte. Walter Felsenstein führte frühere Bemühungen um die Originalfassung – er hatte »Carmen« bereits 1935 in Köln und später in Zürich mit von ihm neu übersetzten Dialogen gespielt – mit seiner Inszenierung 1949 an der Komischen Oper Berlin, die Otto Klemperer musikalisch leitete, zu einem vielbeachteten Höhepunkt. Seine Neuübersetzung ist nun zur Grundlage des deutschen Neudrucks der Original-»Carmen« gemacht worden, die der Bärenreiter Verlag 1964/65 vorlegte. Fritz Oesers verdienstvolle Quellenkritik, die auch zu Neuentdeckungen in Pariser Archiven führte, weist in Verbindung mit Felsensteins Übersetzung diesen Neudruck als gegenwärtig exaktestes Dokument der Urfassung aus, das in der wissenschaftlichen Genauigkeit auch die Fassung von Stoll – Strobel 1961 übertrifft. Die Bremer Neueinstudierung basiert auf dem jüngst erschienenen Neudruck. Sie bemüht sich, unter Verwendung der Prosatexte ein (musikalisch nahezu strichloses) originales Werkbild zu vermitteln. Z.B. wird mit der vollständigen Ausführung der Duellszene im 3. Akt wie auch von musikalischen Passagen, die noch in jüngster Zeit gestrichen wurden, ein weiterer Schritt unternommen, das Original auch aufführungspraktisch wiederherzustellen. Das erstreckt sich freilich bis auf die Instrumentierung, auf Gesangsphrasierungen und nicht zuletzt auf die gedankliche und optische Struktur der Wiedergabe.

Denn die philologische Treue gegenüber dem Original kann nur Schlüssel und Mittel sein für den Versuch einer szenisch-musikalischen Verwirklichung des Originals, die sich dem Willen der Werkschöpfer ebenso verpflichtet fühlt wie den Interessen und Bedingungen der heutigen Musikbühne und des gegenwärtigen Publikums. Walter Felsenstein definierte hinreichend die Schwierigkeiten, die sich der Aufführung der Ur-»Carmen« entgegenzustellen pflegen. So erschien es auch der Bremer Neuinszenierung nützlicher, einige typische Aspekte hervorzuheben, die zur weiteren Wiedergewinnung der originalen »Carmen« beitragen können, als sich zu vermessen, alle künstlerischen Probleme dieses gerade in seiner äußeren Klarheit so geheimnisvollen Werkes auf einmal zu lösen.

Die Kenntnis der Originalfassung läßt plötzlich viele bisherige Fragestellungen unzutreffend oder überflüssig erscheinen: z.B. ob man Carmen mehr »von der Novelle her« oder »als Opernfigur« aufzufassen habe. Bizet führt die wilden, beunruhigenden Züge der Mériméeschen Zigeunerin zu Dimensionen, die diese Figur in unse-

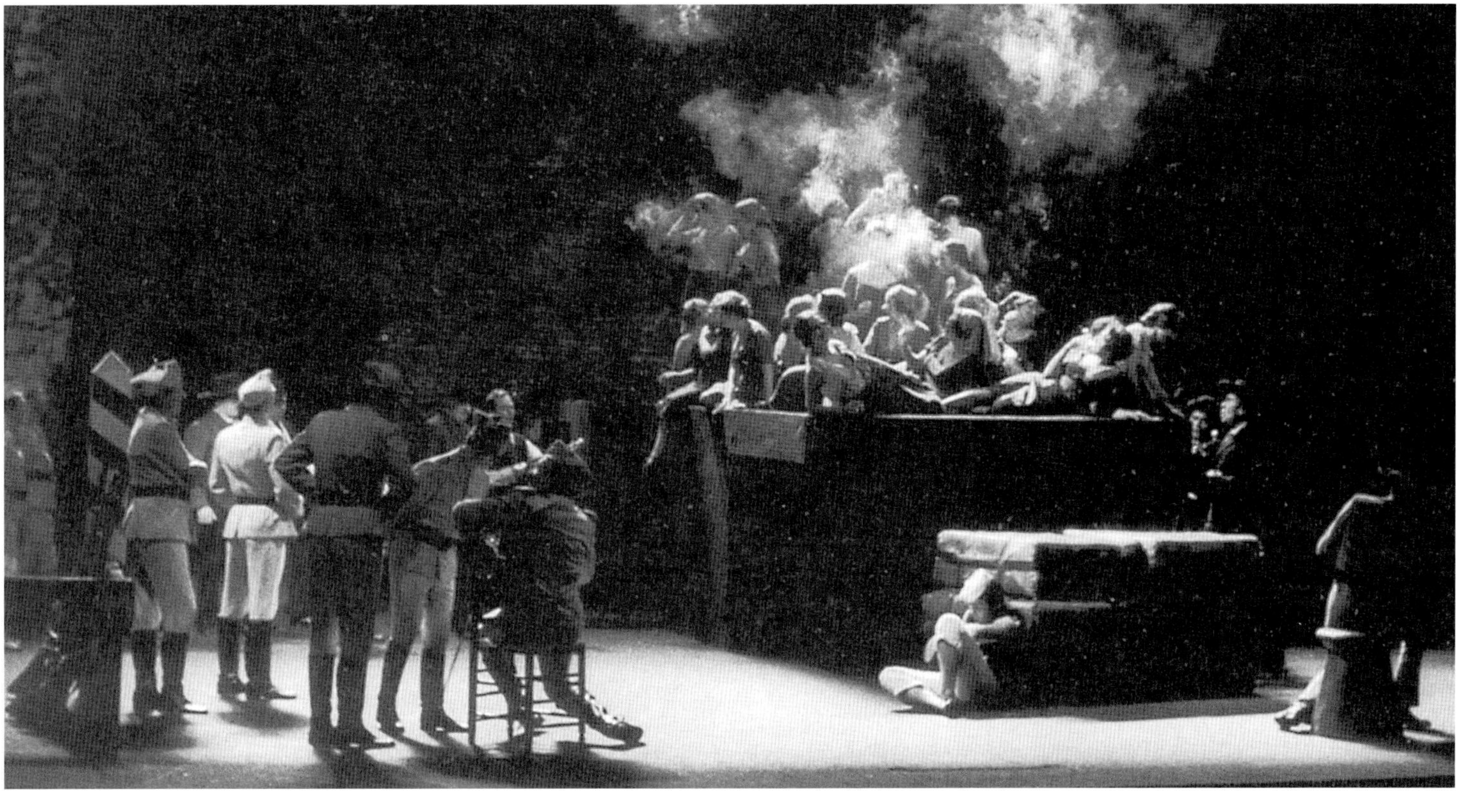

»Carmen« – Bremen 1965

rem Bewußtsein unversehens, aber recht »hörbar« neben Gestalten wie Medea, Salome, Faust, Hamlet und Don Juan stellen. Postkarten-Glätte und Touristen-Attraktion sind jedenfalls das Fremdeste für und in »Carmen«. Das gilt selbst für den von Bizet anfangs leicht ironisch behandelten Escamillo, der – Matador des 19. Jahrhunderts! – ein sehr viel wilderer, robusterer Bursche ist als manche heutigen Arena-Ballerinos.

Auch das Rätselraten, ob Carmen nun nur Escamillo und nie Don José geliebt hat oder beide nacheinander oder gleichzeitig usf., hebt sich auf in dem durch das Original freizulegenden tiefen Widerspruch, der Carmens Schicksal bestimmt. Sie erkennt nur zwei Triebkräfte an: Eros und Freiheit. Diesen Triebkräften folgt sie mit aller Unbedingtheit. Wo aber Eros schließlich Bindung heißt, gerät er in Widerspruch zu dem absoluten Freiheitsdrang, den Carmen verkörpert. Dieser Widerspruch wird von Carmen total gelebt, erlebt. Für ein Wesen ihrer Art ist er erst lösbar im Tod. Das wahrhaft Ungewöhnliche, Schockierende scheint darin zu bestehen, daß Bizet und seine Textautoren das Thema mit sozialer Prägnanz (Tabakfabrik) exponieren, ehe sie es schließlich in der Todesszene, im Orkan des Stierkampfe, zu mythischer Größe führen. Dazwischen entlarvt sich der Alltag als Lebensgesetz, »Eleganz« als unromantische, intelligente Sachlichkeit, Sex als Eros – und »Exotik« offenbart jene wirkliche Fremdheit, die jeder üblichen Gewohnheit extrem entgegengesetzt ist. Aus einer psychologischen, nationalen und sozialen Präzisierung von nahezu photographischer Schärfe wächst das Schicksal Carmens zu einem Archetypus des Menschlichen, dem die voll erlebte Polarität von Bindung und Freiheit, Eros und Tod zum unausweichlich tragischen Geschick wird.

Hierin sehen wir einen Aspekt der Wirkungsmöglichkeiten und des Sinnes der neuen, alten »Carmen«.

MODEST MUSSORGSKI

BORIS GODUNOW

Nicht heute oder gestern, sondern heute und gestern

Bei der Einführung für das Ensemble
»Boris Godunow« ist ein »work in progress«. Immer wieder gab es neue Kombinationen der Abfolge der Szenen. Das Werk mutet an wie eine großangelegte Montage, weist in seiner Schnitt-Technik auf die »Russenfilme« Eisensteins und Podovkins hin, die in den zwanziger Jahren gerade auch in Berlin so viel Furore machten.

Wann spielen wir das Stück? Heute? Um 1600? Oder 1870? Wenn wir später an den einzelnen Szenen und Figuren arbeiten, werden wir feststellen, wie verblüffend aktuell manches ist, was Mussorgski schrieb, als lägen nicht vierhundert Jahre zwischen uns und dem Stoff, sondern nur vierzig. Und manchmal nur vier! Ausschließlich russisch ist das ja alles auch gar nicht. In unseren »modernen Zeiten« wissen wir heute noch immer nicht genau, wer den Auftrag für den Mord an John F. Kennedy gegeben hat. Und auch die Ermordung der Zarenfamilie 1919 liegt noch vielfach im Dunkeln. Wenn es im 20. Jahrhundert eine Anastasia gab, warum soll es nicht lange vorher einen Dimitrij gegeben haben? Allerdings ist die Ermordung des Zarewitsch damals in Uglitsch das Menetekel des Boris. Hier liegt ein Kern seiner Ängste und späteren Zerrüttung. Aber vielleicht hat er, als er Regent, aber noch nicht Zar war, nur einmal beiläufig geäußert: »Alles wäre leichter, wenn es das Kind nicht gäbe!« Die Todesmaschinerie setzte sich in Bewegung. Das war damals so, wie es bis in die jüngsten Zeiten ist. Welche Schuld trägt der Mann an der Spitze?

Stalin ließ keinen Geringeren als Eisenstein 1942 den Film »Iwan der Schreckliche« drehen. Als Legitimation? Zur Ablehnung? So wie Goebbels Veit Harlan mit »Jud Süß« beauftragte? Das sind nur einige der Gedanken, Parallelen, Zusammenhänge, denen wir uns stellen müssen, wenn wir »Boris Godunow« heute spielen wollen.

Dabei konnen wir uns nicht hinter historisierende Pracht flüchten. Aber wir dürfen bei Gott auch nicht aktualisieren. Am besten folgen wir Mussorgski, der als seine Aufgabe beschrieb: »Das Vergangene im Gegenwärtigen.« Eine hinreißende Regieanweisung, zumal sie in der Umkehrung stimmt. »Das Gegenwärtige im Vergangenen entdecken.« Also nicht heute o d e r gestern, sondern heute u n d gestern. Und damit meinen wir nicht die oft zitierte unverbindliche Zeitlosigkeit, sondern eine die Zeiten kombinierende Permanenz der Aktualität.

Putzen wir die Machenschaften im Spiel der Mächtigen – gestern wie heute – ein bißchen blanker. Aber achten wir darauf, daß dabei die thematische Hauptachse nicht verlorengeht: Boris und das Volk. Da legt der Schlüssel zur Tragödie. Ein Mann wird – widerstrebend – Herrscher. Nicht vom Gottesgnadentum her, sondern aus seiner hohen eigenen Moral leitet er die Verpflichtung ab, das Los des Volkes zu verbessern, seinem Land Glück zu bringen. Es gelingt ihm nicht. Ob er versagt oder ob andere ihn daran gehindert haben, zählt für die Menge nicht, die noch elender geworden ist als zuvor. Die ihm am Anfang zujubelten, fluchen ihm jetzt. Boris steigert sich in seine Schuld und zerbricht. Das Volk jubelt dem Nächsten zu und sieht sich erneut enttäuscht. So geht es weiter. Immer?

1. Bild
Zum Chor:
Ihr singt auf Befehl. Ja, eure Bitt- und Jubelgesänge sind von der Obrigkeit befohlen! Das kennen wir doch, oder? Aber selbst unter dem Gummiknüppel macht ihr noch eure Späße und veralbert den Kommandeur, der euch die Musik eintrimmt. Und jeder bekommt kostenlos ein Transparent, auf dem der abgebildet ist, der an die Spitze des Staates treten soll. Mit grotesker Komik eröffnet Mussorgski seine Oper. Zeigt das, singt das bitte auch so!

2. Bild
Zum Chor:
Ihr jubelt vorschriftsmäßig. Aber wie das so manchmal z. B. bei den Aufmärschen zum 1. Mai zuging: Man sang plötzlich mit wachsender Begeisterung. Die Massenhysterie tat ihre Wirkung. Jahrzehntelang lief vielen der Schauer über den Rücken oder der Honig durch die Kehle, wenn »Heil Dir im Siegerkranz« oder die »Internationale« über den großen Platz schallten. Um so größer ist bei euch der Schock, wenn nicht alles programmgemäß abläuft, weil Boris offensichtlich die Zarenkrone nicht annehmen will. Monologisierend singt er Dinge, die ihr so genau nicht versteht. Dann aber, wenn er gekrönt vor euch steht, brecht ihr durch den Polizeikordon. Denn jeder will den neuen Herrscher berühren, den Retter des Vaterlandes, wie einen Heiligen. Für einen Augenblick siegt Hoffnung.

1. Akt, 1. Bild
Zu Grigorij (Ochman):
Als Einzelgänger bietest du alle Voraussetzungen zu einer hochgradi-

gen Autosuggestion. Alles, was Pimen erzählt, stimuliert deine Phantasie soweit, daß du am Ende glaubst, Dimitrij in dich aufzunehmen, Dimitrij zu sein. Ein schwieriger darstellerischer Prozeß. Wir wollen andere Wege probieren.

Zu Pimen (Rydl):

Deine Chronik hat für dich eine Bedeutung wie die steinerne Gesetzestafel für Moses. Dein Haß auf den vermeintlichen Kindesmörder ist von alttestamentarischer Verbissenheit. Aber du mußt vorsichtig sein, auch gegenüber dem Schüler. Verrat lauert überall. Und Klöster können schnell geschlossen werden.

4. Bild

Zur Wirtin (Walther):

Wir müssen die ganze Szene wegführen von pittoresker Folklore. Du betreibst in der Nähe der Grenze einen lebhaften Auto- und Zigarettenschmuggel. Da mußt du dich auch selber schützen vor Räubern, der Russen-Mafia und der Obrigkeit. Sei robust und listig!

Zu Warlaam und Missail (v. Kannen, Griffith):

So lustig ihr euch gebt – man muß eigentlich Angst vor euch Vagabunden haben. Echte Schmarotzer der Unordnung im Land. Mit deinem Lied, Warlaam, von der Schlacht bei Kasan »bezahlst« du die Unmengen von Alkohol, die du in dich hineingießt. Aber es muß auch die reaktionäre Grundhaltung solcher Leute deutlich werden, nach dem Motto: »Früher war alles besser.« In der Briefszene läuft deine List natürlich zu großer Form auf. Das ist die List des Volkes, von der Brecht oft sprach.

Zu allen:

Die Entzifferung des Steckbriefs zeigt den Einfluß Gogols auf Mussorgski. Grigorij kann entkommen, weil ihr alle, Hauptmann, Solda-

»Boris Godunow« – Berlin 1995

ten, die Wirtin und Missail, gebannt seid davon, daß einer von euch, eben Warlaam, doch lesen kann. Eine Groteske in Todesgefahr.

Zu Fjodor (Capasso/May):

Nur um Ruhe für deine Schularbeiten zu bekommen, tröstest du sie zusammen mit der Amme. Tu das bloß nicht mit der üblichen Opernmitleidigkeit. Die Krokodilstränen der Oper sind schrecklich. Sei frech, zielbewußt. Du hast den großen Schreibtisch von Papa total okkupiert und räumst ihn auch nicht, als er kommt und arbeiten will. Er soll die Papiere, die du zu Boden geschoben hast, bitteschön selber aufheben und sich auf einen Stuhl in einer anderen Zimmerecke setzen. Schließlich hat er dir immer gesagt, du sollst lernen. Nun soll er dich dabei auch nicht stören. Man inszeniert immer etwas autobiographisch …

Zu Boris (Salminen):

Deine Einsamkeit ist grenzenlos. The big loneliness eines Mannes, der an der Spitze steht. Und du kannst keinem vertrauen, keinem!

Zu Schujskij (Kollo/Helleland):

Du bist der echte, wirkliche Politiker hier. Seien wir bloß nicht so albern, das als Negativum zu verstehen. Beileibe kein Intrigant! Eher die Graue Eminenz, die lenkt. Auch hinter den Kulissen, wie es der politische Verlauf zu unterstreichen scheint. Als es für das Land gut schien, hast du Boris auf den Zarenthron gehoben. Als sich zeigt, daß er die in ihn gesetzten Erwartungen nicht erfüllt, geht es darum, seine Belastbarkeit zu prüfen und Entschlüsse über seine weitere Verwendungsfähigkeit zu fassen. Das haben wir doch oft genug erlebt. Nicht nur im Moskauer Politbüro, auch bei den Troikas in unseren Landen. Schnell trennen sich enge Bundesgenossen, Vertraute gehen auf Distanz, liquidieren einander sogar. Alles unter Berufung auf die politische Notwendigkeit.

Der Gestus solcher Machtspiele ist selten pathetisch oder von großen Krawallen bestimmt. Denken wir nur an den Moment, wie Boris Jelzin Michail Gorbatschow mit ein paar Schritten zum Rednerpult entmachtete. Hier seid ihr aber ganz unter euch, nicht in der Öffentlichkeit. Da geht es zu wie in der »Familie«. Studiert nur ausgiebig die »Godfather«-Filme. Mit einem Kuß entsendet man den ehemaligen Boß in den Tod. Und aus eiskalten Augen fließen Tränen. Unheimlich.

3. Akt

Zu Rangoni (Carlson):

Deine Ausbildung ist so vorzüglich, daß du auch den Sex in deine Taktik einbeziehst. Molière glossierte das im »Tartuffe«. Das fanatische Ziel: Rußland wird Rom untertan. In deinen Geheimeinsätzen mußt du dich dieser ehrgeizigen Polin versichern. Der Jesuit als James Bond.

»Boris Godunow« – Berlin 1995

»Boris Godunow« – Berlin 1995

Zum Chor:
Euer Nachvornschreiten in der Polonaise muß wie die verhaltene Attacke einer weißen Armee wirken – glanzvoll und beängstigend.

Manche von uns kennen solche Suggestion aus frühen Sowjetfilmen. Das Fest gipfelt in Eurem Ruf: »Auf nach Moskau!« Einen größeren Kontrast zwischen der militanten Schickeria, die ihr hier gebt, und dem hungernden Volk in Moskau, das ihr im nächsten Bild spielt, gibt es nicht. Bravo, wenn ihr das schafft.
Zu Marina (Cioromila):
Schon in der Szene mit Rangoni leidest du ja nie wirklich. Du spielst permanent Mata Hari. Nur scheinbar unterwirfst du dich dem Jesuiten. Du fürchtest ihn und verachtest ihn zugleich.

Als du später mit Dimitrij allein bist, merkst du erst, wie verrückt dieser Russe ist. Aber das ist dir jetzt alles egal. Wenn ihr Moskau erreicht, gibst du ihm eine Ölsardine mit Zyankali. Das gibt es in der Oper nicht so oft, daß zwei sich umarmen und gleichzeitig nur daran denken, wie sie sich gegenseitig umbringen können.

7. Bild
Zum Chor:
Wir spielen die Szene im selben Grundriß wie das Krönungsbild. Es ist seine Umkehrung. Jetzt ist die Menge ohne Hoffnung, voller Haß. Und trotz strengster Polizeiaufsicht tauscht ihr die Geheimberichte über den Vormarsch Dimitrijs aus. BBC 1944. Untergrund. Boris erscheint aus der Kathedrale mit hochgeschlagenem Mantelkragen, frierend, nicht nach rechts und links schauend. Solcher Bilder erinnern wir uns. Denkt auch an einen einen Mafia-Boß, dem alle Felle weggeschwommen sind. Und fleht nicht um Brot, sondern fordert es, klagt und klagt an. Was ist euch alles versprochen worden?! Almosen sind kein Ersatz für Reformen. Spielt das bitte alles sehr heutig.
Zum Gottesnarren (Peper):
Das ist keine Partie, um einen Belcanto-Wettbewerb zu gewinnen. Plärre, färbe deine Stimme grell. Und schrei', wenn die Kinder dir die Kopeke stehlen, so unerträglich, wie es manchmal aus Nachbarswohnungen klingt, wo ein krankes Kind lebt. Und sei in der Konfrontation

mit Boris ganz unheroisch, eher leicht, eben kindlich. Und auch das traurige Lied sollst du mit seltsam heiterem Ausdruck bringen.
Zu Boris (Salminen):
Der Weg aus der Kathedrale durch das Volk ist ein Spießrutenlauf. Die Worte des Narren besiegeln für dich dein Schicksal.

In der Konfrontation mit dem von dir enttäuschten Volk beginnt dein Sterben. Deshalb brauchen wir dieses Bild ganz notwendig. Man kann es nicht streichen.
8. Bild
Kälte in euch und um euch herum. Duma oder Zentralkomitee, das bleibt sich gleich. Einige Bojaren sind nicht erschienen. Ihre Stühle bleiben leer. Im Land geht es drunter und drüber. Und von außen her droht der Angriff des Dimitrij.

In dieser fast aussichtslosen Situation werdet ihr aufgefordert, eure Stimmen zum Todesurteil über Dimitrij abzugeben. Aber ihr streitet euch, in vier Gruppen, über bestimmte Modalitäten, über das Wenn und Aber. Lächerlich und grausam. Ist es die Vision Mussorgskis von einem künftigen Pseudo-Parlamentarismus?

Die Erregung angesichts der Reaktionen des Boris auf die Erzählung Pimens gehen über in Kälte, als Boris stirbt und nun der Zarewitsch zur Disposition steht. Zeigt diese Gesichter, in denen sich Teilnahmslosigkeit mit geheuchelter Trauer mischt – steinerne Mienen, aus denen Fischaugen glotzen.
Zu Schujskij (Kollo/Helleland):
In der Duma lieferst du ein Meisterstück dir politisch erforderlich erscheinender Demagogie. Marc Anton konnte das nicht besser. Shakespeare gab ihm nur mehr Text. Und niemand stört sich an dem Widerspruch, der darin besteht, daß Boris ja gar nicht der Mörder Dimitrijs sein kann, wenn dieser als Usurpator aus Polen naht! Es gehört zu deiner Überzeugungskunst, daß sich Boris eines Mordes beschuldigt, den er nach scheinbarer Lage der Dinge ja gar nicht hat begehen können! Aber auf den Wegen zur Macht verflüchtigten sich logische Beweiskraft und Vernunft. Heute wie gestern. Gestern wie heute.
Zu Pimen (Rydl):
Aus der Klosterzelle heraus, wo du die Chronik schreibst, willst du nun selber in die Weltgeschichte eingreifen. Erlöse die Figur aus falscher Rührseligkeit. Zeig uns die Vermessenheit eines alten Mannes, der einmal in seinem Leben mosaische Größe beweisen will. Aber auch er: ein Wirrer.
Zu Boris (Salminen):
Vielleicht bist du gar nicht hier? Vielleicht schweifen deine Gedanken in die Zukunft, bewegen die Frage, wie du es hättest anders und besser machen können? Die Begegnung mit dem Volk im letzten Bild hat dich zerbrochen. Und während der Schilderung Pimens über Uglitsch, in der sich ja die Erzählebenen ohnehin schon überlagern, überlagert sich auch das Bild des ermordeten Zarewitsch mit dem deines Sohnes Fjodor. Vielleicht stirbst du, weil du begriffen hast, ihn, deinen Sohn, nicht schützen zu können. Nun doch ein Kindesmörder – aber ganz anders, als andere es dir vorwerfen? Im Sterben impfst du ihm ein, was er tun, welche Vorkehrungen er treffen soll als dein Nachfolger. »Höre, Fjodor!« muß fast ärgerlich klingen. Der Junge sitzt auf dem Zarenstuhl und scheint bereits wie verzaubert vom Machtzwang. Du krümmst dich zu seinen Füßen. Aber kurz vor dem Ende reckst du dich in deiner wunderbaren Körperlänge Gott hoch entgegen. Dessen Strafe trifft die Großen am vernichtendsten. Und die Gnade?
Zu Fjodor (Capasso/May):
Als dein Vater tot ist und du in die starren Gesichter der Bojaren blickst, packt dich auf einmal panische Angst. Wie ein Hase jagst du von Ausgang zu Ausgang. Aber jeder ist versperrt. Sie werden den Hasen erlegen.
9. Bild
Zum Chor:
Ein entsetzliches, großartiges Bild. Auch der Text stammt von Mussorgski. Das ist seine ureigenste Szene. Ihr plündert, jubelt, foltert die Unterdrücker von gestern und berauscht euch an eurer vermeintlichen Kraft. Bitte spielt das alles, als ob man im Gefängnis Freiheit spielt. Etwas »Marat« von Peter Weiss. Und Mussorgskis Dramaturgie erweist sich hier noch einmal ebenso bedenkenlos wie kühn. Ihr denkt ja noch, Boris lebt. Ihr zertrampelt die Fotos des vermeintlich noch Herrschenden. Wir müssen uns das so vorstellen, daß das Duma-Bild und dieses letzte zeitlich parallel spielen. Aber das kann man eben nur im Film. Gut, daß euch Mussorgski gewissermaßen das letzte Wort gibt. Und gut, daß er das Volk weder idealisiert noch diffamiert. Selbst die Soldaten, die es gibt, sind orientierungslos geworden, wissen nicht, wie sie sich in der Wende wenden sollen.

Der Auftritt der Polen und Dimitrijs als neuer Zar rauscht an euch im Eiltempo vorbei wie eine Halluzination. Der neue Mann kommt gerade mal vorbei auf dem Weg nach Moskau. In unserer Version lauft ihr ihm nicht nach. Das Diminuendo des Jubelchores inszenieren wir nicht als Klang der sich entfernenden Volksmenge, sondern verstehen es als Abebben eurer aufgewühlten Leidenschaften, eurer Hoffnungen. Übrig bleibt, womit wir am Anfang begonnen haben. Das Warten auf die Beseitigung der Ratlosigkeit. Der Kreis hat sich geschlossen. Ich will und kann da am Ende, wenn ihr wieder, wie zu Beginn, hinter den Gittern steht, keine Regie mehr führen. Es ist eure persönliche Sache.

PETER TSCHAIKOWSKI

EUGEN ONEGIN

Die Oper als »Lyrische Szenen»

Auch wenn romanischer Sprachgebrauch die Kunstgattung Oper in der Regel »teatro lirico« oder »drame lyrique« nennt, beschreibt doch die Bezeichnung »Lyrische Szenen«, die Tschaikowski seiner Oper »Eugen Onegin« gab, auf aufschlußreiche Weise die ästhetische Haltung dieses Werkes, wie sie sich aus der literarischen Vorlage, aus der neu entwickelten Dramaturgie und aus der musikalischen Struktur der Partitur ergibt.

Vielfach wurde und wird Tschaikowskis Verzicht auf eine lückenlos durchgeführte, wirkungsstarke Dramatik als Mangel empfunden. Der Komponist selbst schrieb 1877 an seinen Bruder Modest: »Ich weiß genau, daß die Oper wenig Handlung, zu wenig Bühneneffekte haben wird. Aber der große Reichtum an Poesie, die Lebenswahrheit und Einfachheit der Vorgänge sowie die genialen Verse Puschkins wiegen solche Mängel gewißlich auf.«

Was als Mangel galt, hat sich längst als interessanter und besonders subtiler Beitrag innerhalb der Vielfalt musikalischen Theaters

»Eugen Onegin« – Zürich 1976

erwiesen. Denn zwischen den verschiedenen Polaritäten, innerhalb derer Oper gespielt wird, zwischen sogenanntem Aktionstheater und Symboltheater, zwischen vorwiegend dramatischer oder epischer Gestaltung, zwischen den seinerzeit von Verdi und Wagner antipodisch markierten Entwicklungslinien stehen die »Lyrischen Szenen« Tschaikowskis als etwas ganz Eigenes, dessen Reiz gerade durch jüngste Entwicklungen auf der Musikszene offenbar neu begriffen wird.

In der lockeren, scheinbar kaum zwangsläufigen Reihung von Situationen variiert Tschaikowskis Werk die Form von Puschkins Versroman und entspricht zugleich der Praxis der slawischen Oper, die meistens eine epische Dramaturgie bevorzugt: Sie erzählt eher in Gestalt von lose aneinandergereihten Szenen, statt daß sie nach klassischen Regeln ein Drama aufbaut. Das Eigenartige und im damaligen Umkreis der russischen Oper Neue ist, daß die Szenen des »Onegin« nicht patriotische Geschichtsbilder entrollen oder nationale Sagen benutzen, sondern daß sie in szenisch-musikalischen Sequenzen komplizierte innere Vorgänge von recht unheroischen Menschen im gesellschaftlichen Alltag vorstellen. Der Begriff des »Lyrischen« charakterisiert demnach den Wert des scheinbar Kleinen, Unauffälligen, gegenüber dem, was als groß und exemplarisch gilt; er bezeichnet das besondere Gewicht innerer, verborgener Vorgänge gegenüber äußeren Geschehnissen. Das heißt für die Oper, daß eine neue Art Aufmerksamkeit entsteht, durch die das Zuhören zu einem In-sich-selbst-Hineinhorchen zu entwickeln ist. Der Stimmungswert wird zu einer wesentlichen Bedingung des Wahrheitsgehaltes. Das scheinbar schlichte, verinnerlichte künstlerische Bild weckt im hörenden Zuschauer die Assoziationen, zu denen jeder einzelne bereit ist. »Deshalb werden diejenigen, für die vor allem die bewegte Handlung wesentlich ist,

»Eugen Onegin« – Zürich 1976

»Eugen Onegin« – Zürich 1976, Wolfgang Brendel (Onegin), Marilyn Zschau (Tatjana), Matti Salminen (Gremin)

nicht befriedigt sein«, schreibt Tschaikowski 1877 an Nadeshda von Meck, »wohl aber jene, die in diesem musikalischen Werk keine theatralischen Effekte und keine Tragik, sondern alltägliche schlichte Gefühle suchen, die der ganzen Menschheit gemeinsam sind.«

Ein Schlüssel für den besonderen Stil des »Eugen Onegin« ist – musikalisch wie dramaturgisch – Tatjanas Briefszene. Das Lied, die Romanze bildet für Tschaikowski eine wichtige Grundlage der Komposition. Durch die sequenzartige Verarbeitung von Melodienstrukturen erreicht er eine Intensivierung des Psychologischen, das selbst im höchsten Erregungsgrad durch humane Schlichtheit geadelt wird. Die konventionelle Arienform ist gänzlich überwunden. Zwischen dem Abgang und dem Wiedereintritt der Njanja liegt eine ganze Nacht! Es sind lebensentscheidende Stunden für Tatjana, in denen jäh erwachtes Liebesgefühl und große Sehnsucht den Kampf zwischen Mut und Konvention, Freiheit und »Brauch« ausfechten. Auf solch dramatischem Grund formt sich diese »lyrische Szene« in der Sequenz einzelner, deutlich voneinander abgesetzter Abschnitte. Der »normale« Zeitablauf wird aufgehoben, eine »künstliche Zeit« konzentriert ihn oder fächert ihn auf. Mit der Relativierung von Zeitabläufen werden auch die Ebenen zwischen Realität und Phantasie, zwischen tatsächlichem Schreiben und träumender Sehnsucht miteinander verwoben oder gewechselt. Der sowjetische Komponist und Musikwissenschaftler Boris Assafjew-Glebow bemerkt dazu in seiner »Onegin«-Studie: »Die ganze Briefszene entwickelt sich gleichsam in längeren

JULES MASSENET

DON QUICHOTTE

Ein Don Quichotte von 1910

Manche Bühnenwerke lassen sich erst von der Schlußszene her entschlüsseln. Solch analytische Dramaturgie bestimmt auch Massenets »Don Quichotte«. Die Figur, wie der französische Komponist sie schildert, erfüllt sich im Sterben. Das Scheitern des seltsamen Humanitäts-Apostels widerlegt aber weniger ihn selbst, sondern signalisiert die Endzeit der Welt, die ihn umgibt und in der er zugrunde geht: Fin de Siècle.

Und es scheint auch, als fände Massenet erst in der berühmt gewordenen Sterbeszene wieder zur Identität mit den Dimensionen des Cervantesschen Originals, von dem er sich vier Akte lang manchmal recht weit entfernt hat. Klug hüten sich Massenet und sein Librettist Cain davor, eine »Dramatisierung« des großen spanischen Epos zu wagen. Sie reduzieren manches, verwandeln dabei die Geschichte und geben dem Ritter von der traurigen Gestalt einen spezifischen persönlichen Aspekt. Mittels solcher Verfremdung der klassischen Vorlage gelangen sie zu einer ebenso amüsanten wie kritischen Darstellung der eigenen Epoche und deren fragwürdigem Selbstverständnis anhand der Außer-Ordentlichkeit des Mannes, der sich Don Quichotte nannte.

Schon die Entstehungsgeschichte zeigt, daß kein Anlaß besteht, diesen Opern-Don-Quichotte als szenisch-musikalische Illustration des Romanhelden von Cervantes zu begreifen. Er ist ein Nachfahre von ganz eigener, aufschlußreicher Prägung. Denn nicht so sehr am Roman des Spaniers orientierten sich Massenet und Henri Cain, als sie für Schaljapin und die Uraufführung in Monte Carlo eine Oper planten, sondern mehr an einem Schauspiel, das 1904 von der Comédie française erstmals gebracht wurde.

Von dessen Autor Le Lorrain weiß man nicht viel. Er war eine morbunde Sternschnuppe am schillernden Himmel des Paris um die Jahrhundertwende. Schustersohn aus Bergerac, war er aus der Provinz in die Metropole geflohen. Dort schien er sich als Bohèmien mühsam durch. Er soll selbst wie ein Abbild des Ritters von der traurigen Gestalt erschienen sein. Die Premiere seines zwiespältig aufgenommenen Werkes konnte der Schwerkranke nicht besuchen. In die zweite Aufführung ließ er sich auf einer Tragbahre bringen. Am nächsten Tag lieferte man ihn in ein Spital ein, wo er im Alter von 48 Jahren starb.

Immerhin ist es bemerkenswert, daß der berühmte Massenet, Mitglied der Académie Française, stark von dem Werk seines so viel elenderen Kollegen berührt wurde. In seiner Autobiographie schreibt er: »Was mich bezauberte und zu dem Entschluß brachte, dieses Werk zu komponieren, war der geniale Einfall von Le Lorrain, das derbe Dienstmädchen Cervantes' in eine frivole und schöne Dulcinea zu verwandeln. Die berühmtesten französischen Dramatiker kamen nicht auf diesen Gedanken.«

Der Komponist der »Manon« und des »Werther« entdeckte also in der phantastischen Konstellation des sonderbaren Schwärmers zur umschwärmten Edelkurtisane den für ihn reizvollen Ansatzpunkt, die Geschichte von Don Quichotte und seinem Ende auf der Musikbühne anders und neu zu erzählen. Die Opernfabel, wie sie Massenet und sein Librettist im Auge hatten, schildert in fünf Akten auf fünf verschiedenen Schauplätzen:

In einem spanischen Städtchen des 16. Jahrhunderts huldigt die Menge, die sich zum Markttag versammelt hat, der Kurtisane Dulcinea, deren gefälliger Gunst die vier Liebhaber Juan, Rodriguez, Pedro und Garcias am nächsten zu stehen scheinen. Als Don Quichotte und Sancho Panza auf Rosinante und dem Esel eintreffen, werden sie als altbekannte Gestalten mit fröhlichem Gelächter begrüßt. Der Ritter beschenkt die Armen, um dann der Dame seines Herzens ein Ständchen zu bringen. Belustigt über seine Liebesanträge, fordert sie ihn auf, das ihr von Banditen geraubte Collier zurückzuerobern. – Auf dem Ritt durch die Mancha kümmern Don Quichotte die Warnungen und Proteste Sanchos nicht. Als im Nebel Windmühlen auftauchen, glaubt er feindliche Giganten zu sehen und kämpft gegen sie. – Im Gebirge stellt er die Banditen. Aber er wird schnell überwältigt und soll getötet werden. Von seinen Reden aber zeigen sich die Banditen so erschüttert, daß sie ihm den Schmuck Dulcineas ausliefern und um seinen Segen bitten. – Während eines Festes im Palatio Dulcineas überbringt Don Quichotte das Collier. Als er um ihre Hand bittet, lacht sie ihn aus und gibt sich ihm als Dirne zu erkennen. Don Quichotte ist dem Spott der Gesellschaft preisgegeben. Sancho stellt sich schützend vor den gebrochenen Ritter. – In einem Hohlweg rasten beide. Über ihnen glänzen die Sterne. Der Sterbende verheißt seinem Knappen als Lohn für die treuen Dienste die Insel der Träume. Den Gesang Dulcineas im Ohr, entschläft er.

»Don Quichotte« – Berlin 1971

Ohne Zweifel kann und will diese Geschichte mit den Dimensionen des Romans nicht wetteifern. Was als Willkür, fast Simplifizierung gegenüber Cervantes erscheinen mag, entpuppt sich aber doch bei näherem Hinsehen als intelligenter Versuch, durch notgedrungenen Verzicht auf bedeutende Motive des Romans eine Konzentration zu erreichen, die dennoch etwas von der großen Geschichte dieser Figur auf die damalige Musikbühne bringen konnte. Dabei ist – bei einem Seitenblick auf jüngere »Literatur-Opern« – bemerkenswert, daß die Autoren nicht einfach nur »wegließen«, sondern eine Variierung und Metamorphose der Gestalt anstrebten, die es erlaubte, in ihr Gedanken, Empfindungen und Atmosphäre der eigenen Zeit mittels Musik auszudrücken. Ausgelöst wird die Opernhandlung durch die Begegnung Don Quichottes mit Dulcinea. Daß der entscheidende dramaturgische Motor nichts anderes als der Auftrag zur Wiedereroberung des Colliers ist, bedeutet fraglos eine Beschränkung der Beweggründe, die den Helden des Cervantes in Marsch setzten. Dennoch gewinnt dadurch die Opernfigur als leitendes Motiv das, worin alles andere einfließt: Liebe. Daß dabei aus dem schlichten Bauernmädchen, in dem Don Quichotte seine Dulcinea sah, eine mondäne Stadtkurtisane wird, ist charakteristisch für die »Urbanisierung« und Verbürgerlichung, die der ganze Stoff bei den Franzosen erfuhr. Die recht willkürliche Einfügung des Mühlenkampfes im Libretto von Cain mag man noch hinnehmen. Spätestens aber die Räuberszene zeigt, wie der ursprünglichen Opernversion doch ironische Brechung gut täte. Denn die Autoren nahmen der Banditenszene nicht nur die Schärfe, die in der – freilich ganz anders angelegten – Verbrecherepisode des Romans herrscht; sie zeigen echte Banditen echt überwältigt von der Redegewandtheit des Apostels in der Ritterrüstung. Hier offenbart sich genau der Massenetsche Typus eines Don Quichotte, den Louis Schneider 1926 »eine Art Prediger und Apostel des Guten« nannte. Die starke Lyrisierung der Gestalt, die Reduktion ihres phantastischen, grotesk-kühnen und überschwenglich-tapferen Charakters auf das Idealistisch-Schwärmende, Predigerhafte, Träumerische treten als wichtigste Kennzeichen der Umdeutung zutage, wie sie die Oper von 1910 vornahm. Unser Entschluß, diese Figur nun auch szenisch real in die Umgebung zu stellen, die ihre Metamorphose geprägt hat, also in eine Monte-Carlo-ähnliche Welt um 1910, bietet sich um so mehr an, je stärker wir daran interessiert sind, Massenets Oper vor dem Maßstab des literarischen Originals zu bewahren und sie als eigene Schöpfung fürs Musiktheater zu bewerten, der auch heutiges Interesse gelten kann. Beließe man Massenets Don Quichotte in der szenischen Umwelt eines Alt-Spaniens, das Cervantes-Nähe suggeriert, würde viel vom Eigenwert und der Faszination verlorengehen, die er gerade dadurch erhält, daß er eine Opernfigur geworden ist, die ebenso für wie gegen das »Fin de Siècle« zeugt. Vor allem aber ist Massenets Musik so sehr dem eigenen Zeitgefühl und -geschmack verhaftet, daß wir heute ihren sensiblen Reiz und ihre szenische Präzision wohl am ehesten dann realisieren können, wenn die Bühne die Zeit, die das Werk behandelt, nicht verleugnet, sondern als »Zeit der Handlung« dramaturgisch nutzt und optisch zeigt.

»Don Quichotte« – Hamburg 1975

»Don Quichotte« – Hamburg 1975

Die Neufassung nimmt sich vor zu erzählen: Ein Mann, der sich Don Quichotte nannte, tritt mit seinem Begleiter in eine Stadt der Jahrhundertwende, die ihn nicht mehr losläßt. Nach einem letzten Abenteuer der Liebe erleidet er hier den Tod. Ein doppelbödiges End-Spiel. Eine Donquichotterie 1910.

Die Ansiedlung der legendären Figur in der Entstehungszeit der Oper und in der Umwelt ihrer Uraufführung zieht die Konsequenz aus der Umfunktionierung, die bereits Massenet vorgenommen hat. Diese besondere Form historischer Konkretisierung möchte vor allem dem spezifischen Zeitgefühl entsprechen, wie sie die Musik so empfindsam und genau zum Ausdruck bringt. Mit solch modischen Unternehmungen, z. B. »Carmen« in die dreißiger Jahre unseres Jahrhunderts zu verlegen, hat die Methode nichts zu tun, nach der unsere Neufassung verfährt. Eher regeneriert sie ein altes Operngesetz, das erst im 19. Jahrhundert verlassen wurde: daß Figuren auch aus fernerer Vergangenheit in Kostüm und Gestus als Menschen jener Zeit dargestellt und begriffen wurden, deren Musik sie singen.

Aus solchen Erwägungen möchte unsere Neufassung Vergleiche und Querverbindungen zu Cervantes noch konsequenter vermeiden, als es das Libretto ursprünglich vorsah: zugunsten der Vergegenwärtigung des spezifischen Einfalls der Franzosen. Die Handlung wird konzentriert auf nur einen Spielort: die »Stadt«. Und sie umspannt nur die wenigen Stunden, die zwischen dem Auftritt des grotesken Schwärmers und seinem Ende liegen. »Einheit des Ortes, der Zeit und der Handlung« wird hergestellt im Interesse ironischer Brechung in der Haltung eines epischen Theaters, das die Begebenheit stets erkennbar als Spiel ausweist – freilich mehr und mehr als böses Spiel, das die Gesellschaft mit dem Sonderling treibt. Ohne daß eine Note von Massenet ausgelassen oder verändert wurde, also durchaus »partiturgerecht« und mit nur wenigen textlichen Akzentuierungen setzt die Neufassung die ursprüngliche Story Henri Cains fort durch folgende Handlung auf der Bühne: Als das neue Jahrhundert anbrach, hat sich ein Mann aufgemacht, um auf alte Ritterart und nur begleitet von einem Gefährten Gerechtigkeit und Liebe in aller Welt durchzusetzen. Sie bezeichnen sich selbst als Don Quichotte und Sancho Panza. Mit ihrem Ritt durch die Lande wollen beide durch das Exempel der subjektiven Tat helfen, aufrütteln. Mancherorts hat man von dem seltsamen Paar gehört. So werden sie auch bald »identifiziert«, als sie in eine der ruchbarsten Städte der damaligen Zeit einreiten. In der begehrtesten Kurtisane dieses modernen Babels glaubt der Mann die Dame seines Herzens gefunden zu haben: »Dulcinea«. Sie ist über die Anträge des merkwürdigen Bewerbers ebenso belustigt wie verwundert. Um ihn loszuwerden, trägt sie ihm auf, ein Collier zurückzuerobern, das ihr nie geraubt wurde. Die Bereitschaft des Fremden, sich sofort auf den Weg zu begeben, wollen die Galane der Kurtisane und die übrige Gesellschaft nutzen für pervertiertes Amüsement. Sie lassen den absonderlichen Narren nicht aus der Stadt heraus und verfolgen seinen absurden Ritt zunächst als Zuschauer. Sancho durchschaut die Absicht der anderen und versucht immer wieder, seinen Freund von hier wegzubringen. Da greift die Gesellschaft direkt in das Spiel ein und gaukelt der Phantasie des von seiner Aufgabe Besessenen Giganten und Windmühlen vor. Schließlich übernehmen die Herren selbst die Rollen der von ihm gesuchten Banditen und heucheln Rührung und Bekehrung. Ein Liebhaber der Kurtisane übergibt dem »Ritter« seinen eigenen Halsschmuck, damit er, der verrückte »Bote«, ihn als Geschenk der Dame bringe. Das Lachen der »Banditen« mißdeutet dieser Quichotte als reuevolles Weinen. Segnend breitet er die Hände über Leute, denen menschliches Empfinden nur noch Anlaß zur Manipulation ist. Die »Inszenierung« der Gesellschaft scheint aufzugehen, wenn dieser Mann den Schmuck tatsächlich zu seiner vermeintlichen Dulcinea bringt. Als die Kurtisane aber, berührt vom seltsamen Wesen des Fremden, sich von ihren bisherigen »Freunden« abkehrt, rächt sich die Gesellschaft und überhäuft den Gebrochenen mit Hohn und Spott. Sancho schleudert den Lachenden seine drohende Anklage entgegen, ehe er seinen Freund hinwegführt. Der gescheiterte Idealist stirbt zwischen Schutt und Müll in einem Hinterhof dieser Stadt, die sein Ende besiegelt hat.

So erzählt unsere Aufführung im Stil einer »traurigen Operette« von den Abenteuern, den Träumen und dem Sterben eines Mannes, dessen naive Utopien am kühlen Zynismus einer spätbourgeoisen Gesellschaft zerschellen. Und wohl auch im Sinne Massenets erzählt sie vom Ende der Möglichkeiten, ein Don Quichotte zu sein in einer Welt, die immer selbstgefälliger wird und unempfindlicher gegen Ideale, die nur noch von einzelnen besessen vertreten werden – kommen sie närrisch daher oder auch gefährlicher. Ein Märchen vielleicht das alles, gemischt aus Scherz, Satire, Wehmut und dennoch etwas Hoffnung. Mit dem Decrescendo des vollen Einsatzes an theatralischen Mitteln strebt die Aufführung jedenfalls kontrapunktisch ein Crescendo der inneren Bereitschaft an, humaner Utopie wenigstens bei ihrem Scheitern zu lauschen. Angesichts der arrivierten Monotonie des internationalen Opernrepertoires lohnt es sich vielleicht, das heutige Musiktheater auch für solche Klänge in Anspruch zu nehmen.

GIACOMO PUCCINI

LA BOHÈME

Musiktheater – Schule der Phantasie

Natürlich machen wir Musiktheater, gerade damit das Publikum Vorgänge versteht, Informationen erhält. Gleichzeitig ist aber zu bedenken, daß diese Informationen beim Musiktheater auf poetische, ästhetische Weise zu vermitteln sind. Die jeweiligen Vorgänge werden nur zu einem bestimmten Teil durch das Wort erfaßt und vermittelt – die entscheidende Transmission auf der Opernbühne ist und bleibt die Musik; dazu kommt als wesentlichster, korrespondierender Faktor die szenische Darstellung. Nur unter Berücksichtigung dieses Spannungssystems von Musik, Wort, Szene können wir untersuchen, wie Verständlichkeit zu erreichen ist, wonach sie sich mißt.

Es ist nun einmal das Dilemma – und vielleicht ist Oper überhaupt ein Dilemma? –, daß man das ursprüngliche Wort-Ton-Verhältnis zerstört, wenn man Werke nicht in der Original-Sprache aufführt (und das klassische wie das moderne Repertoire besteht nun einmal zum geringeren Teil aus deutschen Opern). Wir bemühen uns immer wieder um verbesserte Übersetzungen, aber das ändert nichts daran, daß eine übersetzte Oper eben nicht das Original ist. Nun kann man sagen: Wir spielen ja auch Shakespeare in Übersetzungen – aber das Wort-Ton-Verhältnis, von dem ich spreche, ist gerade der Kern, der Schlüssel für unsere Information, für die künstlerische Gestaltung von Vorgängen. Wir haben nun von Werk zu Werk, von Stadt zu Stadt, von Ensemble zu Ensemble zu entscheiden, welches Dilemma das tragbarere ist. Einem Argument muß bei der Entscheidung für eine russische, französische, italienische usw. Original-Fassung allerdings entgegengetreten werden – wenn nämlich Interpreten kommen und sagen: »Man versteht ja eh nichts, also brauchen wir uns keine besondere szenisch-darstellerische Mühe zu geben – wir machen halt kostümiertes Konzert.«

Fremdsprachige Aufführungen also als Inkarnation des Kulinarischen, für die »Verständnis« geradezu eine Kunstabwertung bedeuten würde?

Ich meine es anders: der Wegfall des Verständnisses durch das Wort zwingt alle Darsteller, alle Mitarbeiter, ihre gesanglich ausgedrückte Meinung um so präziser zu gestalten und auch die Mittel der physischen Darstellung noch präziser zu erarbeiten als bei Werken in deutscher Sprache (in denen man sich oft auf den Prozentsatz der Transmission durch Sprache allzusehr verläßt). Wir wollen nicht darüber sprechen, wieviel ein Publikum von deutsch gesungenen Opern versteht – das ist kein Argument, weil es unsere Pflicht wäre, so zu arbeiten, daß das Publikum hier mindestens 95% versteht (bei Stellen, die der Komponist verständlich haben will; es gibt natürlich

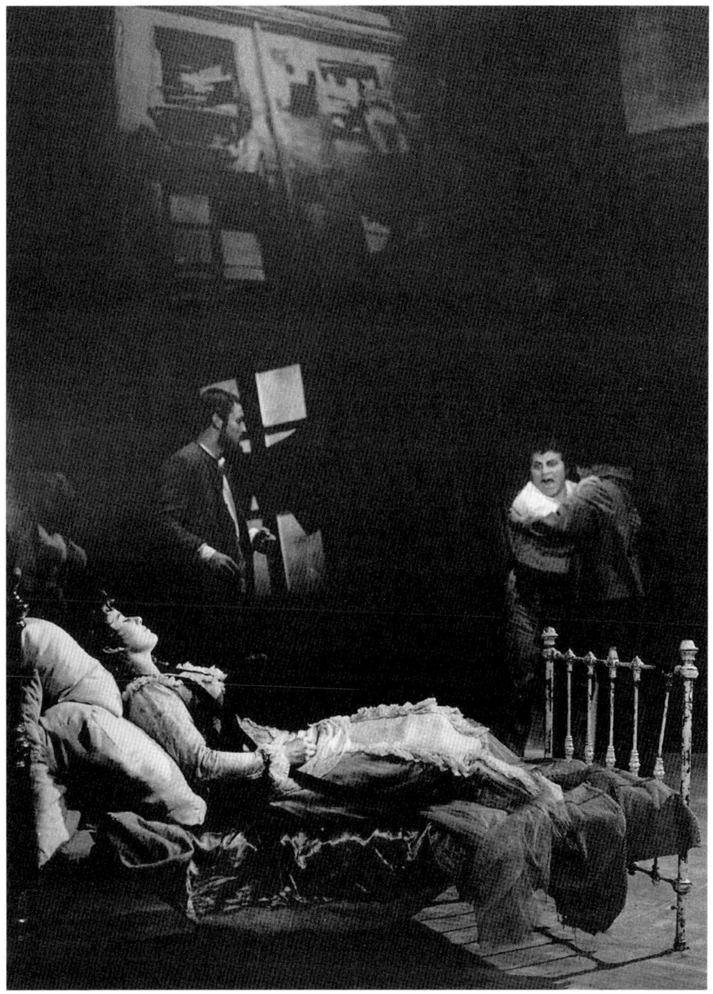

»La Bohème« – Berlin 1959, Sonja Schöner (Mimi), Werner Mißner (Schaunard), Hermin Esser (Rudolf), Uwe Kreyssig (Marcel)

Fälle, wo das gar nicht beabsichtigt ist – etwa bei der Judenszene in »Salome«).

Dem Nachteil einer fremdsprachigen Aufführung stehen auch durchaus Vorzüge gegenüber: der genannte pädagogische Vorzug für die Sänger und zudem die Pädagogik dem Publikum gegenüber, das so gezwungen ist, die Vorgänge um so aufmerksamer zu verfolgen, mit um so größerer Aufmerksamkeit Inhalten, die die Musik vermittelt, zu lauschen, und damit seine Phantasie zu stimulieren. In die-

»La Bohème« – Stuttgart 1974, Wolfgang Schöne (Marcello), Roland Bracht (Schaunard), Carlo Bini (Rodolfo), Wolfgang Probst (Colline)

sem ästhetischen Aspekt ist ein humaner enthalten: haben wir nicht die Pflicht, Menschen zu verstehen, deren Sprache wir nicht ohne weiteres beherrschen? In Deutschland hat sich ja sowieso seit Jahrzehnten eine gewisse Arroganz im ausschließlichen Gebrauch der eigenen Sprache breitgemacht; in der Regel sprechen wir weniger Fremdsprachen als z.B. die Skandinavier, die Holländer oder andere sogenannte kleinere Nationen. Immer wieder werden Werke der Filmkunst, des Fernsehens synchronisiert, eingedeutscht. Ich finde es aber jedesmal ein großes Erlebnis, diese Werke im Original zu verfolgen, weil durch die Kenntnis des Originals – auch wenn sich das äußere Verständnis vielleicht ein wenig verringert – ein umso größeres inneres Verständnis, ein Verständnis dem Werk gegenüber erzielt wird. Das Verständnis dem Wesen des Werkes gegenüber – darum geht es in unserer Arbeit überhaupt, und das schließt die Original-Sprache nicht aus, sondern kann durch sie eher stimuliert werden.

*

Freilich ist das Nicht-Verständnis bestimmter Wortwitze ein Manko; das ist aber beim »Don Giovanni«, der zu den Werken zu gehören scheint, die man überall ohne großen Widerspruch italienisch bringen kann, nicht minder so, denn die »Giovanni«-Rezitative sind ein Muster-Beispiel für satirische Brillanz, ein geistiges Feuerwerk. Kann man darauf verzichten? Wir tun es bei den meisten Übersetzungen ins Deutsche, weil sie ein Merkmal der »Giovanni«-Rezitative, nämlich den Reim, der hier in seiner Geschliffenheit oft bis zur Absurdität geht, gar nicht realisieren können. Wenn wir Franzosen oder Italiener oder (etwa auf dem Bahnhof in Stuttgart) Türken beobachten, so können wir – das ist eine Sache der Aufmerksamkeit, auch der sozialen Aufmerksamkeit – sehr wohl untersuchen: Geht es ihnen im Moment um tiefer liegende Dinge oder ist es eine mehr witzige Konversation? In der Konversation ist der Gestus ein anderer als der, den beispielsweise Puccini in seinen Arien vermittelt; und die Herausarbeitung dieses Gestus ist eine reizvolle Aufgabe.

Wenn man sich aber eingestehen muß, daß dennoch ein wichtiger Rest unverständlich bleibt, dann sollten Theater, die sich – aus welchen Gründen immer – für die Original-Sprache entscheiden, ihre Publikationsmöglichkeit nutzen, die Information des Publikums auch mit anderen Mitteln zu vervollständigen. An der Hamburgischen Staatsoper, wo wir in dieser Spielzeit »Don Giovanni« und »Falstaff« im Original erarbeitet haben, ist die Dramaturgie dazu übergegangen, 1. im Programmheft eine neue Form von Handlungsnacherzählung mit eingearbeiteten wichtigen Signal-Texten (Dialoge wie Arien) zu veröffentlichen und 2. mit dem Programmheft zusammen eine Rohübersetzung zu liefern. Beides kann der Zuschauer schon mit der Theaterkarte erwerben.

Das Mitspielen des Zuschauers – Felsensteins Forderung und Ziel – sollte meines Erachtens erzielt werden durch Erzeugung von Phantasie. Es ist eine Gefahr bei Opernaufführungen, daß man Verständnis aufoktroyiert und dabei einen Phantasie-Raum für das Hören, für das Beobachten, dezimiert; daß also Verständnis Phantasie tötet. Ein Mitspielen ohne Aktivierung der Phantasie ist nicht möglich, und der Raum für die Phantasie wird bei fremdsprachigen Aufführungen größer, wenn das Verständnis in der genannten Weise abgestützt wird. Die Oper – und Kunst überhaupt, glaube ich – ist eine permanente Schule der Phantasie. Und wenn ich das Leben um uns herum anschaue, scheint mir, daß es nicht die unwichtigste Funktion von Kunst ist, in unserer heutigen Zeit menschliche, poetische, soziale Phantasie und Aufmerksamkeit zu schärfen.

*

Die Historizität von Oper, die ja nicht nur durch die Handlung, sondern gerade auch durch und in der Musik unüberhörbar ist, tritt gerade durch diese Musik immer wieder in eine echte Reibung zur Gegenwart. Es ist eine Eigenart von Musik, weniger historisch als unmittelbar gehört zu werden. Damit ist also der Oper die Spannung zwischen Historischem und Aktuellem a priori immanent. Nun haben wir von Fall zu Fall bei den Werken zu entscheiden: Betonen wir das Historische, um gerade mittels Distanzierung Disproportionen zwischen Einst und Jetzt um so klarer auszustellen, oder nutzen wir die Historie, um Dinge, die uns momentan besonders interessieren, in der poetisch-historischen Einkleidung um so exemplarischer bezeichnen zu können. Beides sind nur zwei verschiedene Wege der einen Sache. Die Historie als Verfremdung schließt – so wie es auch Brecht immer versteht – die aktuelle Wirkung nicht aus, sondern provoziert sie eigentlich. Indem ich für solche Aktualisierung bin, bin ich gegen aufgesetzte Modernisierung – also dagegen, »Carmen« so zu spielen, daß Escamillo ein Boxer ist, der im Buick vorfährt, oder mich von dem, was ich in »La Bohème« für hochaktuell halte, verführen zu lassen, das Stück im Paris der Studenten-Revolution von 1968 spielen zu lassen.

Immerhin: Wir haben es in »La Bohème« mit vier jungen Männern zu tun, die ganz bewußt am Rande der Gesellschaft leben (ob aus eigenem Entschluß oder weil die Gesellschaft sie dahin drängte – das haben wir zu beantworten). Sie sind gefährdet durch verschiedene Dinge, sie sind nicht in der Lage oder bereit, sich anzupassen. Ich meine, das ist schon eine Frage, vor die junge Leute gerade heute immer neu gestellt werden. Puccini verherrlicht diese jungen Leute nicht, die sich nicht anpassen wollen oder können, er stellt sie »nur« dar: realistisch, unsentimental. Und er stellt neben sie noch einen ganz anderen Menschen, für den es nicht um Probleme der Rebellion oder Anpassung geht, sondern ums Leben, ums Überleben – Mimi. Mimi ist eine Halbproletarierin, sie hat – was oft vergessen wird – anfangs mit der Bohème nichts zu tun, wird am Weihnachtsabend überhaupt erst mit dieser Gesellschaft konfrontiert. Die Freunde

»La Bohème« – Stuttgart 1974

ihrerseits werden konfrontiert mit einem Menschen, dessen Not aus ganz anderen sozialen Ursachen resultiert als die ihre. Die Armut der Freunde ist ja mehr oder weniger eine selbstgewählte: Protest und Martyrium für die Freiheiten, die sie meinen. Für Mimi ist die Armut eine reine Frage der Verhältnisse, unter denen sie so lebt, daß sie nicht länger leben kann, sondern sterben muß.

Wenn ich heute Studenten sehe, wenn ich heutige Bohème betrachte, wenn ich untersuche, wie sich heute die intellektuelle Jugend gegenüber ärmeren Schichten der Bevölkerung verhält und wie es überhaupt mit dem Verhältnis zum Arbeiter steht (und in scheinbar romantischer Verkleidung ist Mimi eine junge Arbeiterin), dann meine ich, können wir durch Puccinis Oper Informationen erhalten, die uns betreffen, uns vielleicht auch betroffen machen. Die Haltung der Bohémiens zu ihrem Elend und gegenüber Mimi, die Bedingungen ihres Dahinsterbens. Das muß nicht Kitsch sein oder Sozialmuseum, sondern geht uns an, ist so aktuell. Dabei meine ich keine Aktualität, die aufgesagt werden muß, vielmehr die Aktualität, die Bestandteil von Kunst ist; denn es ist eine Eigenart von Kunst, Geschichte zu erzählen in Form von Geschichten von und über den Menschen. Wenn diese Geschichten gut sind, bleiben sie auch über ihre Entstehungszeit hinaus aktuell und exemplarisch.

*

Musette gehört ebensowenig zu dieser bürgerlichen Bohème wie Mimi. Sie ist der Antipode zu Mimi; immer wieder besteht sie Marcel gegenüber auf ihrer Freiheit – nicht so, wie es »moderne« Ehefrauen zu tun pflegen, sondern mit ganz eigenen Konsequenzen. Musette mag sich nicht etablieren, was für sie ja nur heißen könnte, daß sie in irgendeiner Wäscherei oder Fabrik für schlechtes Geld ausgenutzt, ausgebeutet wird. Mit ihren Reizen und ihrer Cleverness will sie höher pokern. Wir sollten ihre Prostitution, genauer ihr Call-Girl-Dasein verstehen als individuellen Versuch dieser Pariserin zur Emanzipation. Auch das eine antibourgeoise Haltung, für die sie immer wieder teuer bezahlt, nämlich mit dem Schmerz der Liebe um Marcel. Diese Liebe spaltet sich ja: Sie liebt Marcel und ist im Interesse ihrer Emanzipation gezwungen, dieses Verhältnis durch käufliche Liebe immer wieder zu gefährden und zu zerstören. Ein sehr interessanter Versuch, meine ich, wie ein Mensch eine persönliche Rebellion versucht, um sich zu emanzipieren, dabei aber die Federn der eigenen Würde und des persönlichen Glückes lassen muß.

*

Ja, man ist verführt, über die Perspektive der Figuren nachzudenken – bei diesem Stück eigentlich mehr noch als über ihr Herkommen. Murgers (in der Nähe Balzacs begreiflicher) Realismus sagt, daß diese so antibourgoisen, so anarchischen Bohémiens früher oder später in das Establishment integriert, ja sogar Vertreter dieses Establishments werden. Puccini sagt darüber nichts. Ich meine nicht, daß Puccini damit weniger realistisch ist. Mit seinem offenen Schluß aktiviert er vielleicht Nachdenken. Die Jugend am Ende, am Scheideweg: Wohin geht sie, was macht sie, und was macht sie aus solchen Erlebnissen, wie sie die Bohémiens hier im Falle von Mimi gehabt haben?

*

Ich sehe in der Darstellung der Armut nirgendwo den Wunsch nach romantischer Verklärung. Vielmehr sehe ich in den Späßen, die diese Burschen treiben, wenn sie frieren, wenn sie nichts haben, einen frechen, trotzigen Überlebenswillen selbst in einer elenden Umgebung.

»La Bohème« – Stuttgart 1974, Carlo Bini (Rodolfo), Sylvia Geszty (Mimi)

Es wird der kreatürliche Protest ausgedrückt: Ich lasse mich nicht unterkriegen. Da diese vier sehr klug sind und ihre Klugheit mit Witz verbinden, benutzen sie diesen Witz als Sieg über die materielle Not. Daher hätte sich eine Aufführung sehr davor zu hüten, aus den Freundesszenen permanenten, klamottigen Studentenulk zu machen. Stattdessen müßte sie versuchen, aus dem intelligenten Schlagabtausch dieser Burschen die Methode zu entwickeln, wie man eine Zeit lang mit der Not lebt, ohne sich von ihr unterkriegen zu lassen.

Eine andere Dimension bekommt die Armut der Freunde durch die Gestalt der Mimi. Rudolf ist im 3. Akt auf dem Punkt einer verzweiflungsvollen Erkenntnis, wenn er zu Marcel sagt: »Liebe genügt nicht, damit Mimi am Leben bleiben kann.« Das ist für mich einer der Kernsätze des Stückes, denn hier wird formuliert, daß es für materielle Not keine romantischen Lösungen gibt. Liebe oder Mitleid allein genügen nicht, um schlechte Zustände zu verändern; da ist etwas anderes nötig. Daß Rudolf dann den fragwürdigen Weg geht, Mimi in die Arme eines reichen Grafen zu treiben, nur damit sie möglicherweise an der Côte d'Azur eine Kur machen kann, ist ein grelles Zeichen für menschliche Hilflosigkeit in solchen Situationen.

*

Wenn Puccini sagt, daß ihn die kleinen Dinge und Geschichten interessieren, so sollte man das nie als Verniedlichung verstehen, sondern im Umkreis eines Gerhart Hauptmann, eines Tschechow, eines frühen Gorki durchaus als progressive Ausweitung und Vertiefung bisheriger Opernthematik. Indem sich Puccini den Kleinigkeiten des menschlichen Alltags widmet, verengt er nicht die Thematik der Oper, sondern erweitert sie. Dinge, die scheinbar klein sind, gewinnen Bedeutung. Schein und Sein werden genau unterschieden. Die Opernbühne stellt sich in den Prozeß der Entwicklung einer sozialen Aufmerksamkeit. Nicht allein Helden oder abnorme Kreaturen sind oder bleiben Gegenstand von Kunst. Das scheinbar Kleine wird kunstwürdig. Auch und gerade in der Gosse, in einer Seitenstraße finden Tragödien statt. Und diese Tragödien sind für die Menschen, die davon betroffen werden, möglicherweise noch größer, als wenn sie Weltherrscher oder Leute betreffen, die im Mittelpunkt des Weltinteresses stehen. So gesehen, ist »Bohème« meines Erachtens eine der wichtigsten Stationen der Opernkunst auf dem Wege der Gestaltung des menschlich-sozialen Details und steht in der Reihe von Werken, die von »Carmen« über »Jenufa« und »Wozzeck« bis zu »Porgy und Bess« reicht. Diese Linie könnte »permanente Vermenschlichung« heißen – auf der Musikbühne stattfindend und von ihr ausgehend.

Für unsere Aufführung von »La Bohème« heißt das, sich vor Idealisierung ebenso zu hüten wie vor Verniedlichung. Wir können auch nicht die Kunst-Dimension Puccinis aufblähen. Doch was wir für »Groß« befinden und was für »Klein«, ist am Ende wohl nicht nur eine ästhetische Frage, sondern eine simpel humane.

Persönliches P. S.

Es sind ziemlich genau dreißig Jahre, die zwischen der Weihnachtspremiere 1988 von »La Bohème« an der Deutschen Oper Berlin und meiner ersten Berliner Opernregie liegen: »La Bohème« an der Komischen Oper. Walter Felsenstein hatte mich beauftragt, eine bestehende Inszenierung aufzufrischen. Aber in freundschaftlicher Konspiration besonders mit Rudolf Heinrich, dem damaligen Ausstattungschef in der Behrenstraße, gelang es uns, eine Neuinszenierung durchzusetzen in eigens angefertigten neuen Bühnenbildern und Kostümen sowie in neuer deutscher Übersetzung. Im Dezember 1958 waren die Weichen für die Neuproduktion definitiv gestellt. Viele der »Stars« der Komischen Oper bildeten das Ensemble, zum Beispiel Sonja Schöner (Mimi), Irmgard Arnold (Musette), Hermin Esser (Rudolf), Josef Burgwinkel (Alcindor). In der glühenden Sommerhitze des Juni 1959 fand die Premiere statt. Den frierenden Freunden schlug schallendes Gelächter aus dem Auditorium entgegen, in dem der Schweiß floß. Aber als sich am Ende der Vorhang schloß, herrschte eine lange Stille, bevor der Applaus losbrach. Kurt Westphal merkte im damaligen Kurier an: »Diese Inszenierung zeigt, was Puccinis Werk wirklich ist: keine Melodien-Oper, über die intellektuelle Snobs die Nase rümpfen zu können glauben, sondern ein Ausschnitt aus einer Lebenswirklichkeit, in der jedes Ereignis, auch das kleinste, Melodie geworden ist ... Eine hinreißende Comédie humaine, ein Szene und Musik gewordenes Pariser Sittenbild.«

Nun werde ich gefragt, was sich in den dreißig Jahren seither am damaligen Grundkonzept geändert hat, das Puccinis psychologische Präzision aus sozialem Schärfenblick gewann, die epische Erzählweise mit starker Emotionalität anfüllte und Mitleid als Appell an humane Aufmerksamkeit begriff. Über den Umgang mit der Partitur hieß es im damaligen Regiekonzept: »Es galt, die verschiedenen Stufungen des Singens bei Puccini genau zu entdecken, parlando, recitativo, arioso, den besonderen Stiltypus seines Melos zu erfassen und besonders auch den Rhythmiker Puccini neu zu entdecken. In der rhythmischen Struktur liegt die Handlungsstruktur beschlossen, das Melos ist das Klangwerden der Psyche. Schon in der musikalischen Analyse mußte ebenso wie in der späteren Interpretation auf die eigentümliche Verbindung oder Gegenüberstellung von Härte und Weichheit, von Strenge und Süße, von Schärfe und Zärtlichkeit geachtet werden. Erst diese Polarität des Musikalischen kann der Funktion Puccinis wirklich gerecht werden, sie muß der Ausgangspunkt für die szenische Realisierung sein.«

Ja, was hat sich inzwischen geändert?

Ich habe seit 1959 durch meine Regietätigkeit an die achtzig Opern besser kennengelernt. Aber diese Kenntnis hat nur meine Überzeugung gefestigt, daß wir in Puccinis »La Bohème« ein singuläres

Meisterwerk human orientierter Opernliteratur besitzen, dessen Kostbarkeit immer wieder blank zu polieren ist. Staubschichten sind nicht dem Werk anzulasten, sondern auf jahrzehntelangen Routinemißbrauch zurückzuführen.

Auch die 68er-Studentenbewegung markiert diese Periode zwischen 1959 und 1988. Gerade sie zeigt, wie wenig »La Bohème« gealtert ist. Denn Puccini hat Henri Murgers Beschreibungen kongenial aufs Musiktheater übertragen: »Ein Geschlecht hartnäckiger Träumer, für welche die Kunst ein Glaube geblieben ist, statt ein Beruf zu werden … Ein herrliches Leben und ein entsetzliches Leben, das seine Sieger und seine Märtyrer hat.«

Da ist, wenn wir die Begebenheiten in der Entstehungszeit der Oper, im Paris der neunziger Jahre des 19. Jahrhunderts ansiedeln, keine abermalige »Modernisierung« vonnöten. Gerade mittels der historischen Verfremdung entschlüsselt sich die unverminderte Aktualität dieser Szenen aus dem Leben der Bohème, gespannt zwischen Rebellion und Resignation, zwischen Sarkasmus und neuer Romantik: Dies alles eben auch Erfahrungen der Jugend aus den späten sechziger Jahren …

Nicht geändert hat sich meine Überzeugung, daß es gut ist, für das 4. Bild einen anderen Bühnenraum zu wählen als für das 1. Bild. Die Oper erzählt in vier Bildern aus dem Leben der Bohème. Puccinis Bühnenkomposition trägt den Charakter einer Symphonie in vier Sätzen. Spielt man das letzte Bild in der Dekoration des ersten, wird eine dramatische Struktur vorgetäuscht, die es nicht gibt: ein gewissermaßen geschlossenes Drama. Hingegen wird der epische Charakter dieses Musiktheaters unterstützt, wenn wir zeigen, daß die Freunde nunmehr ganz unten angelangt sind. Es begann über den Dächern von Paris, dem Elfenbeinturm des Ateliers. Im 2. Bild befindet sich der Vorgang im Trubel des Weihnachtsmarktes am Montmartre. Das 3. Bild drängt die Schicksale an den Stadtrand von Paris. Das Souterrain, der Keller, durch den Abwässerungsrohre gezo-

»La Bohème« – Berlin 1988

»La Bohème« – Berlin 1988, Kallen Esperian (Mimi), Antonio Ordonez (Rodolfo), Andreas Schmidt (Marcello), Ralf Lukas (Schaunard), Gwendolyn Bradley (Musetta)

gen sind, beschließt den Report, von dem keine Zeitung, selbst auf der letzten Lokalseite nicht, Notiz nimmt. Eben nur die Oper ... ! – Das sind Puccinis »kleine Dinge«.

Dieser oder jener wird einwenden, Mimi erkenne doch am Ende die Räumlichkeiten ihrer ersten Begegnung mit Rodolfo wieder. Ein solches Bedürfnis nach Glaubwürdigkeit wird von Peter Sykora beantwortet, indem der Kellerraum durchaus mit Gegenständen (wie dem Bett und anderem) bestückt ist, die Mimi vertraut sind. Wichtiger aber ist zu vermitteln, daß Mimi die jetzige Behausung mit der früheren verwechselt. Denn nur so kann immer wieder unerbittlich auf den bedrohlichen und gänzlich trostlosen Zustand der fieberkranken Mimi verwiesen werden. Der scheinbare inszenatorische Trick macht Puccini als Vorboten des absurden Theaters erkennbar.

Aber gibt es etwas, was sich außerdem wirklich geändert hat? So wie »La Bohème« immer Persönlichstes anspricht und herausfordert – intellektuelle Snobisten und frustrierte Beckmesser sollten die Oper meiden! –, kann ich nur sehr persönlich hinzufügen:

In dreißig Jahren etwas älter geworden, ist die Sehnsucht gewachsen, den Hoffnungen und den Enttäuschungen, den Träumen und den Schmerzen der Jugend nachzuspüren und sie im Spiel, zu Bild, Handlung und Klang geformt, nachzuvollziehen. So wird die neue Begegnung mit diesem Werk Ausdruck der Sehnsucht nach der eigenen Jugend.

Ich denke, darin liegt das offene Geheimnis der noch immer lebendigen Aktualität von Giacomo Puccinis 1896 uraufgeführter Oper »La Bohème«.

Ein Weg nach Wagner und Verdi

Das große Übel mit Puccini besteht in seiner Popularität. Was – trotz aller elitären und esoterischen Thesen – das Werk eines Künstlers eigentlich auszeichnen sollte, wurde der Nachwirkung dieses Oeuvres zum Verhängnis und ließ manche am Kunstgehalt Puccinis zweifeln: eben diese Popularität, die seine Opern in höherem Maß als die jedes anderen Komponisten der letzten hundert Jahre errangen. Eine paradoxe Folge davon war, daß sich die Bühnen bei Puccini-Einstudierungen allmählich – da der Kassenerfolg ja als »gesichert« gelten konnte – kaum mehr in besondere (vor allem nicht geistige!) Unkosten stürzten. Gedankenlosigkeit, Interpretenwillkür, Schlamperei bemächtigten sich seiner Opern, bis ein Puccini-Bild entstand, für das Sentimentalität, Verlogenheit, Kitsch und »Melodien-Service« die Synonyme wurden. Puccini mißriet zum Courths-Mahler der Opernbühne. Die Folgen der Popularität kehrten sich gegen deren Ursache.

Für ein präziseres Qualitätsbewußtsein in deutschsprachigen Landen sorgte z. B. Karajan mit seinen »La Bohème«-Interpretationen. Zur gleichen Zeit twisteten Schüler in der Aufführung einer norddeutschen Bühne zu Mimis letzten Lebenslauten, offenbar im Protest gegen eine zur Opernroutine degradierten Lebenswahrheit. Bei kaum einem anderen Komponisten ist die fortwährende Verwechslung von Werk und Wiedergabe so eklatant wie bei Puccini. Pseudo-Kenntnis verdrängt noch immer genaue, sensitive Analyse. Und die vornehme Zurückhaltung der Musikwissenschaft (wieviel ergiebige, gründliche Untersuchungen gibt es schon in deutscher Sprache!) trug nicht dazu bei, der Verseichtung zu begegnen. Um so stärker ist die Praxis der Musikbühnen aufgerufen, Puccini aus den Dunkelkammern der Routine zu befreien. Und erst, wenn seine Werke vielerorts wieder in höchstmöglicher Annäherung an seine aufregenden künstlerischen Intentionen aufgeführt werden, könnte eher begriffen werden, wie unersetzlich sein Beitrag für ein humanes Opernspielen ist, in dem sich menschliche Aufmerksamkeit und kulinarisches Vergnügen nicht gegenseitig ausschließen, sondern einander bedingen.

Freilich standen und stehen da deutschsprachige Bühnen vor einem besonderen Dilemma. Die gängigen Übersetzungen können selten die präzise Ästhetik Puccinis wiedergeben. Andererseits verzichten die Vorstellungen in der Originalsprache zu oft auf die konkrete menschlich-dramatische Motivierung. Puccini aber erschöpft sich nicht im »kostümierten Konzept«, duldet keine inhaltliche Verschwommenheit. Die Menschen und Situationen, die er gestaltete, waren neu, überraschend und sind auch heute oft bestürzend. Das erfährt man, wenn man zum Beispiel die herbe Poesie des »Tosca«-Textes im 3. Akt studiert und berücksichtigt, oder wenn man sich vergegenwärtigt, welche Worte die originale Mimi erst stottert und dann immer mehr singend sagt, als sie dem Poeten Rodolfo vom eigenen Leben erzählt. Es waren Kleinigkeiten, die mich bei meinen ersten Puccini-Inszenierungen (an der Komischen Oper Berlin »La Bohème« 1959 und »Tosca« 1961) besonders aufregten: die Nachricht, daß die in der »menschlichen Wendung« der Muffszene am Schluß von »La Bohème« geschilderte humane Geste einer direkten Anweisung Puccinis an Giacosa und Illica entsprang, daß alles, was mit Mimis »Er kostet viel« zusammenhängt, Puccinis eigener präziser Menschenbeobachtung und anderen wahren Träumen entstammt – und die Feststellung, daß der Text von Cavaradossis Arie im 3. Akt der »Tosca« Puccinis eigener Gegenvorschlag zu der Vorlage der Librettisten ist, die ursprünglich dem Maler-Rebellen vor seiner Hinrichtung ein pathetisch-patriotisches Credo in den Mund legen wollten. Statt dessen nun: Wortfetzen, ungereimte Sätze, die direkt, ohne literarisch-poetische »Brücke«, zu einer Komposition führten, die jegliche bisherige Arienform und damit auch jedes Denk- und Gefühlsklischee aufhebt. »Ich sterbe in Verzweiflung«: Die Zukunftsvision der Rebellen – so meint wenigstens Puccini – ist am Ende kein Ersatz für die Todesangst der Kreatur, in der auch der Gekreuzigte aufschrie.

Zwei »Kleinigkeiten«, die auf Puccinis Begriff von »Wahrheit« hindeuten. Kleinigkeiten, die durch unzählige andere Beobachtungen zu ergänzen wären: zum Beispiel durch die Übereinstimmung zwischen Puccinis Musiksprache, speziell in der Tosca-Arie des 2. Aktes, und der Lebensgeschichte, die Sardou von Floria Tosca gibt und die übrigens – entgegen dem herkömmlichen Primadonnen-Klischee – auf einen ebenso einfachen wie sensitiven Charakter hindeutet – oder durch die genaue Fixierung der Situation, aus der »O dolci mani« entsteht, die ja, wie kaum eine andere Stelle, den zutiefst humanen Anlaß und Bezug der melodischen Magie Puccinis offenbaren kann: Floria Tosca steht unter dem Schock ihrer Tat, Cavaradossi versucht, ihn zu lösen, das Geschehene zu begreifen, bezeichnet sie als Vollstreckerin der Gerechtigkeit, sieht in ihr die Göttin der Revolution – und kniet am Ende dennoch ratlos, demütig vor der Frau, die nur aus individueller Bedrohung tat, was niemand sonst wagte. Gesang drückt aus, was Worten allein nicht faßbar ist.

Solche Passagen entdecken den Kern des Phänomens der Puccinischen Kunst: singend, mit einer »zu Herzen gehenden« Weise zu protestieren gegen die vielerlei Erscheinungen von Bedrohung, Gefährdung, Zerstörung des Humanen gerade auch im kleinen, von der offiziösen Welt kaum registrierten Lebensbereich.

Gut, das ist von der Umgebung des Naturalismus oder des »verismo« mitgeprägt. Aber aus dem historischen Umkreis stilistischer Prägungen klingt immer noch ganz direkt, eigentlich ganz unmaniriert, Puccinis Appell, aufmerksam zu sein gegenüber allen Details unseres Lebens – als Mixtur von humanem Engagement, künstlichem Kalkül und elementarer Leidenschaft. Entkleidet man Tucholskys Wort »Puccini ist der Verdi des kleinen Mannes« des ironischen, auf zeitbedingte »Wiedergabe«-Wirkungen zielenden Anlasses, so erfaßt es ziemlich genau die von Puccini vollzogene Revolution der Opernbühne. Die alten Helden waren müde geworden. Mimi zum Beispiel ist innerhalb der Normen des damals Üblichen ein völlig neuer Frauentypus auf der Bühne des Drame lyrique. Und wenn Rodolfo im 3. Akt singt: »Um sie am Leben zu erhalten, genügt nicht Liebe allein«, dann offenbaren Aufschrei und Resignation eine wesentliche Bedingung der humanen Aufmerksamkeit Puccinis: die soziale. Das Mitleid, das er komponierte, begnügt sich nicht mit abstrakten Bereichen, sondern zielt auf Unruhe, Veränderung. Aus den »kleinen Dingen«, die Puccini mit modernem Understatement als seinen Gegenstand bezeichnete, werden »große«, sofern wir das nur wollen.

Nur wenn man den Zusammenhang zwischen Puccinis – direkt und indirekt vom Geist Zolas, Hauptmanns und Gorkis beeinflußter

»Tosca« – München 1976

»Tosca« – München 1976, Bühnenbild-Modell von Rudolf Heinrich

– Stoffwahl und seiner Kompositionsweise beachtet (deren Entwicklung von »Manon Lescaut« bis zu »Turandot« allein schon erstaunlich ist), kann man dem Musiker Puccini gerecht werden. Es wird, scheint mir, zu selten darauf hingewiesen, daß es wenig einbringt, Puccini nur als Verdi-Nachfolger zu bezeichnen und ihn in die Verismo-Schablone zu pressen. Bekanntlich war er ein großer Wagnerverehrer, aber alles andere als ein Epigone. Vielmehr tat er etwas, was sich nach dem Nebeneinander der Titanen Wagner und Verdi für die Oper als dringend notwendig herausgestellt hat: Er schuf eine sehr persönliche Verbindung aus einigen Errungenschaften beider. Alle gewonnene Verfeinerung der Harmonie und alle Differenzierungen der Instrumentation verarbeitend, »erlöste« er dennoch die Stimme aus der orchestralen Verflechtung und gab ihr zugleich ein weitaus gebrocheneres, klangsensibleres Accompagnato im Orchester als der radikale Lakoniker Verdi. Auch er erwies sich als notwendiger Nachfahre seiner italienischen Komponisten-Ahnen, die vor dreihundert Jahren die Oper erfunden hatten gerade durch die Befreiung des Individuums zur vokalen Existenz, zur humanen Stimme.

Nicht weniger als das ist schließlich auch die ästhetische Thematik der »Tosca«. Die drei Protagonisten beanspruchen Freiheit in jeder persönlichen Variante: als dynamisch-subjektiven Machtanspruch (Scarpia), als auf Veränderung zielendes rebellisches Ethos (Cavaradossi), als private, schlichte und zugleich grenzenlose Liebe (Tosca). In einer Zeit epochaler Umwälzungen gewinnen solche Haltungen exemplarische Sinnfälligkeit. Je nachdem, wie wir uns und Puccini in dieser Zeit begreifen, bleibt »Tosca« eine Schauerromanze oder gerät zum Menetekel des Themas Freiheit. Jedenfalls bezahlt jeder der konträren Partner dieser Dreiecksgeschichte mit dem Tod. Ihr Sterben nimmt keine Erlösungsglorie für sich in Anspruch, sondern ist bitter, entsetzlich, definitiv.

Der Gestus, den Puccini der Musikbühne aufgab, ist ebenso brutal wie zärtlich, intelligent wie sentimental, präzise wie träumerisch. Er möchte: unbedingte Lebenswahrheit, Genauigkeit des (auch musikalischen) Details, soziale Aufmerksamkeit, den poetischen Klang des scheinbar Alltäglichen, das Heroische mit Fragezeichen, den Kontrast zwischen engagierter Leidenschaft und distanzierter Lakonik. Und immer wieder und vor allem: die Demut vor der Dämonie des Singens, in dem wir in seltenen Sternstunden den Sinn und die Metaphysik unserer individuellen und gesellschaftlichen Existenz begreifen oder erahnen, unseres kleinen, großen Da-Seins.

TURANDOT

Das Opernrätsel Turandot

»Turandot« bezeichnet für die Gattung Oper die Grenzsituation, zu der sich das Musiktheater nach dem ersten Viertel des 20. Jahrhunderts entwickelt hatte. Puccini sah die Lage aus seiner Sicht sehr klar. Während der Arbeit an »Turandot« schrieb er am 1. Mai 1922 an Renato Simoni: »Glaubst Du vielleicht, daß ich für nichts arbeite. Jetzt hat das Publikum für die neue Musik keinen richtigen Geschmack mehr; es liebt und erträgt unlogische Musik ohne Sinn. Man macht keine Melodien mehr oder, wenn man sie macht, sind sie vulgär. Man glaubt, daß der Sinfonismus regieren soll, und ich glaube hingegen, daß dies das Ende der Opernkunst ist. In Italien sang man früher, heute nicht mehr. Schläge, disharmonische Akkorde, vorgetäuschter Ausdruck, Blässe, Opalismus, Lymphatismus.«

Nahezu aus jeder Note der »Turandot« spricht das Aufbäumen des italienischen Maestros gegen eine Entwicklung, die vielfach glaubte, auf die Melodie, auf die sinnliche Überredungskraft des Gesangs und auf so vieles andere verzichten zu können, worauf gerade Puccini so lange gesetzt hatte und was er zu unvergleichbaren Kunstbeispielen führte. Aber man würde Puccini und seiner letzten Oper kaum gerecht, wenn man »Turandot« lediglich als traditionelle Antithese zu den sich neu abzeichnenden Wegen verstehen wollte. Unter dem Vorwand des sogenannten »Exotismus« arbeitete und erfand Puccini eine Unzahl instrumentaler Effekte und klanglicher Wirkungen, rhythmischer Strukturen und die Tonalität auflösender Formen, die das Neue in der Musik nicht nur aufgriffen, sondern vielfach sogar antizipierten. Daß er dabei auf der Kraft des Melos als dem unmittelbarsten und glühendsten Ausdruck der individuellen Empfindung beharrte, läßt die Frage entstehen, ob »Turandot« nicht doch auch so etwas wäre wie ein Brückenschlag der Oper über Wege und Irrwege der jeweiligen Avantgarde hinweg in die noch immer neu zu definierende Zukunft des Musiktheaters.

Jedenfalls weist schon die Stoffsuche Puccini als einen unermüdlichen Streiter für neue Themen, neue Dimensionen aus, mit denen er der Zeit auf die Spur kommen wollte.

Mit dem »Trittico«, 1918 in New York uraufgeführt, hatte er die Tendenz der damaligen Moderne aufgegriffen, gerade durch Einakter die große, konventionelle Opernform zu durchbrechen und die experimentelle Entwicklung durch Kurzopern, durch verringerten Umfang zumindest im Szenischen voranzutreiben. Die hervorragendsten Beispiele dafür sind Schönbergs »Pierrot lunaire« (den Puccini hörte und sah) und »Erwartung«. Aber auch »Salome« und Hindemiths Miniopern gehören dazu. Mit »Schwester Angelica«, »Der Mantel« und »Gianni Schicchi« gab Puccini auf einen Schlag eine Antwort darauf, welch vielfältige Wirkungen ein Komponist seines Kalibers der Form des Einakters abzugewinnen vermochte.

Daß im Gegenzug darauf die Entscheidung des inzwischen fast Sechzigjährigen für »Turandot« erfolgte, erscheint im Sinne der schöpferischen Dialektik ebenso einleuchtend wie zwangsläufig. Der Stoff hielt für ihn die stärkste Herausforderung bereit, mit der »›magna‹ opera« (Puccini an Simoni, 22. Dezember 1923) Stellung zu beziehen, Stellung im künstlerischen, thematischen und ideologischen Umfeld der Zeit unmittelbar nach dem Ersten Weltkrieg.

Vorherrschend wurde der expressionistische Gestus. Literatur und Kunst entdeckten den fernen Orient als Parabel für die Auseinandersetzungen, die in Europa auszutragen waren. Die Tradition reicht bis zu Brechts »Der gute Mensch von Sezuan«. Zugleich aber waren in den thematischen Expeditionen nach Indien und China Vorahnungen darauf enthalten, daß sich eine Umschichtung weltgeschichtlicher Prozesse und eine Verlagerung ihrer Schwerpunkte ankündigte, in deren Verlauf Europa zurückschrumpfen könnte zum alten, kleinen Kontinent gegenüber den Ländern und Reichen, die für Millionenmassen den großen Sprung aus hunderttausendjähriger Geschichte in die Zukunft vorbereiteten.

Für die Oper war es eine natürliche Folge, daß die Rolle der Massen ein Gewicht erhielt, wie es die alte Funktion des Chores nicht mehr trug, sondern wie es sich manifestierte in den Filmen von F. W. Murnau, Fritz Lang und Mauritz Stiller. Pudowkins »Sturm über Asien« (1928 gedreht) erscheint auf einmal wie ein filmisches Pendant zu Puccinis »Turandot«.

Der Kunstgriff des Märchens soll nicht dazu dienen, »Turandot« aus der Zeit zu lösen. Er vermittelt vielmehr eine Zeit, deren Schichten sich überlagern, so wie es auch die Handlungsmotive und die Situationsbeschreibungen tun. Und er macht aus der Historie eine Geschichte, die andauert und die trotz und bei aller Archaik aktuell ist. Daraus folgt für unsere Inszenierung und ihren Bühnenraum:

Peking, ein Metropolis der toten Seelen, besteht aus einem Getümmel von Häusern zu Füßen des Palastes, der sich in den Himmel türmt und der die »Unnahbaren« birgt. Unten, aus der dunklen Stadt kriecht das Volk hervor, lüstern nach der Teilnahme an den Hinrichtungen, deren düsteres Spektakel die Kompensation für Armut und Unterdrückung bilden soll. Es ist ebenso irritierend wie realistisch, daß dieses Volk bei Puccini keine ideologisch klare Haltung bezieht und dafür auch nicht zu benutzen ist. Es schwankt zwischen Grausamkeit und Mitleid mit den Opfern, ergreift Partei für den kühnen Rätsellöser und bedroht ihn mit Messern, als er seinen Namen nicht preisgibt. Das Schicksal Liùs läßt die Solidarität der Menge mit dem Opfer aufklingen. Da gönnt Puccini sich und uns ergreifende Töne der Trauer.

Mit dieser Dramaturgie der Massen erinnert »Turandot« vielfach an »Boris Godunow«, »Die Macht des Schicksals« und an »Simon Boccanegra«. Es scheint nur folgerichtig, daß auf solchem Grund die

»Turandot« – Berlin 1986

»Turandot« – Berlin 1986

Einzelschicksale nicht in linearer Plausibilität vorgeführt werden. Sie treten oft wie in filmischen Aufblendungen hervor, kurz, prägnant und widerspruchsvoll. Timur versucht geradezu, in die Anonymität der Menge zu versinken: ein gestürzter König auf der Wanderschaft, ein Emigrant, zum Clochard verkommen. In seiner Blindheit wird er sehend, als er am Ende den Fluch über die Stadt schleudert, die das Opfer Lius verschuldet hat. Und diese Liù selbst: Schwester Manons, Mimis und Cho-Cho-Sans und doch unverwechselbar in ihrer scheuen Tapferkeit. Puccini hat sie mit den zwei letzten Belcanto-Sopran-Arien des 20. Jahrhunderts ausgezeichnet. Adelt er damit nicht all die namenlosen, unbekannten Frauen und Mädchen, die sich opferten im Zeitalter der Grausamkeiten?

Auch Kalaf ist ein Operntyp modernerer Art: ein vertriebener Prinz, der keinen Anspruch mehr erhebt auf den Thron der Väter, der incognito in der Welt sein Glück machen will – oder vielleicht der Welt Glück bringen möchte? Er sagt sich vom Vater los, wie Jesus die Mutter verleugnete. Ein Abenteurer der zwiespältigsten Art: »Midnight Cowboy« asiatisch-archaischen Zuschnitts und zugleich potentieller Befreier zeitgemäßer Konvenienz.

Die Rätsel, die er löst, gelten dem Wesen der Frau. Turandots Geschichte atmet eines der Themen der Zeit, das sich gerade am Anfang des 20. Jahrhunderts mit feministischer Vehemenz artikulierte. Sie ist die Stolze, die sich der Unterwerfung unter das Patriarchat entziehen will. Daß sie sich dennoch nach Liebe, nach der Selbstbefreiung durch Liebe sehnt, macht sie zu einer solch besonderen Gestalt in der Geschichte der Emanzipationsbestrebungen der Frau, die nach Richard Wagners 1883, kurz vor seinem Tod niedergeschriebenen Worten »nur unter ekstatischen Zuckungen« vor sich geht. Und daß Turandots Grausamkeit nur der verkehrte Ausdruck ihrer Liebessehnsucht ist, das macht sie für Puccini zur großen Gestalt.

Als er an den empfindlichsten Nerv seines Themas kam, mußte Puccini aufgeben. Die Schluß-Szene hinterließ er unvollendet. Und damit gliedert sich »Turandot« ein in die Reihe solcher Werke wie Janáčeks »Aus einem Totenhaus« oder Schönbergs »Moses und Aron«, die auf ihre Weise die Grenzsituation der Oper und der Zeit berührten und Fragment blieben.

Unsere Aufführung folgt jedoch dem erklärten Wunsch Puccinis, seinem letzten Werk die Apotheose nicht vorzuenthalten. Sie gilt dem, was der, Komponist als Lösungsmöglichkeit aller menschlichen Konflikte vorschlug. Es ist der Name, den Turandot am Ende dem Prinzen gibt: »Amore«. Uns, die wir gegenüber der Realisierung solcher Utopien skeptisch geworden sind, bleibt aufgegeben, den Weg solcher Utopien auch inszenatorisch als Fragment auszustellen. Die Szenerie streicht die Segel. Die Musik hat das letzte Wort, in gekürzter Form erklingt am Ende die Fassung von Franco Alfano.

Vor dem Schluß-Duett, nach dem Tod Liùs, hatten sich die drei Minister von der Bühne verabschiedet: »Zum erstenmal entlockt mir der Tod kein höhnisches Lachen. Allzu sehr spür' ich heute das Herz, den alten Quälgeist, in meiner Brust. Dieses tote Mädchen lastet auf meinem Herz wie ein großer Stein.«

Gerade das Minister-Trio zeigt, was Puccini und seine Librettisten aus der Vorlage Carlo Gozzis gemacht, wie sehr sie sie verwandelt, wirklich in die Gegenwart des 20. Jahrhunderts gebracht haben. Die Minister tragen ihre Masken in unserer Aufführung überall dort, wo sie vor dem Hof und vor dem Volk fungieren. In dem Terzett zu Beginn des 2. Aktes, das als Beschwörung der Commedia dell'arte gilt, verhalten sie sich umgekehrt zur üblichen Erwartung. Sie entledigen sich der Maskerade und entlarven sich als das, was sie sind: Beamtete der Macht, korrupt und opportunistisch, auf die private Bereicherung bedacht und in arroganter Distanz zu den Herrschenden, denen sie dennoch meinungslos dienen. Es scheint, als habe Puccini gerade dort, wo er am ehesten auf die Tradition Gozzis zurückgegriffen hat, die Schärfung zum modernen Musiktheater am stärksten betrieben. Das pure Musiktheater der kleinen Form, ein Ideal der Avantgarde damals: Die Ministerszene ist ein Modell dafür.

Das Thema der Oper sind Turandots Rätsel. Auch Puccinis letztes Werk in seinen Ausmaßen und in seinen vielfältigen Schichtungen wird und soll uns ein Rätsel bleiben, was den Weg des Musiktheaters in die Zukunft betrifft, auch wenn wir manches aufhellen können. Wenige Monate, bevor er starb, schrieb Puccini: »Ich glaube, gut ›geackert‹ zu haben; doch ich kann mich auch irren, bei den Wendungen, die heute versucht werden, auf Wegen, die mit Tönen und Dissonanzen gespickt sind, denen die Empfindungskraft fehlt, die Empfindungskraft, die Freude und Trauer hervorruft, und außerhalb der Regel und weit hergeholt ist. Ich habe in diese Oper mein ganzes Herz gelegt; wir werden sehen, ob meine Vibrationen mit denen des Publikums synchron gehen.« (25. März 1924 an Renato Simoni)

Vier Jahre hatte Puccini »geackert«. Zwischen seinem Tod und der Uraufführung des hinterlassenen Werkes an der Mailänder Scala fand ein anderes Ereignis statt, das die Operngeschichte beeinflußte wie kaum ein anderes: die Berliner Uraufführung von Alban Bergs »Wozzeck« am 14. Dezember 1925. Die Gegensätze zwischen beiden Werken scheinen groß. Aber sie stehen einander viel näher, als wir gemeinhin denken, vor allem in der Bereitschaft zum Mit-Leiden durch Erkenntnis. Und erst die Parallelität zwischen »Turandot« und »Wozzeck« kennzeichnet die Grenzsituation, die beide Werke verkörpern – ganz im Sinne Puccinis, der in dem oben zitierten Brief schrieb: »Wenn ich nach Mailand komme, und wenn Du kannst und willst, können wir es [das Schlußduett] noch einmal durchsehen und sei es auch nur, um ihm noch ein paar Bilder und ein paar chinesische Züge mehr hinzuzufügen. Doch ich wollte eine menschliche Sache, und wenn das Herz spricht, so kann es in China oder in Holland sein, es gibt nur eine Empfindung und die Zielrichtung ist dieselbe überall.«

CLAUDE DEBUSSY

PELLÉAS UND MÉLISANDE

»Kein Land, keine Zeit«

»Symbolisches Theater«, wie Maeterlinck wollte, heißt, hinter die Oberfläche der Erscheinungsbilder und Vorgänge zu gelangen. Der Begriff war historisch Antithese zu Naturalismus einerseits und positivistischem Heroenkult andererseits. Er kann heute nicht als Aufforderung verstanden werden dafür, symbolistische Purzelbäume zu schlagen oder Verundeutlichung, Verwirrung zu zelebrieren. Wir müssen immerhin die Geschichte erzählen, um die es geht, die Geschichte von Pelléas und Mélisande, wir müssen die Charaktere sehr präzis erfinden und zeichnen, allerdings unter Einbeziehung aller Parallelvorgänge, Hintergründigkeiten, Unterbewußtseinsstrukturen.

Der Schauplatz ist »Allemonde«, schon das ein Symbol. Alter mundi? »Man sieht den Himmel nicht«, klagt später Mélisande. Die Gärten sind dunkel, die Wälder dicht und finster. Andreas Reinhardts Grundbau ist von dunklen Baumsäulen beherrscht, abendländische Kulturpartikel, schief geworden, verkrustete Natur. Wenn wir genau hinsehen, entdecken wir Gebeine an den Säulen. Eine Pyramide ist zur Grabkammer der ersten Frau Golauds geworden, Obelisken sind da, ein zerstörtes Schiff. Ein Totenreich, Endzeit, Fin de Siècle. Was viele Inszenierungen verschweigen, wollen wir aufzeigen: Es herrscht Hungersnot. Die Leute sterben dahin. Pelléas spricht davon, Golaud auch. Ist Arkel darüber erblindet?

Die Familie der Schloßbewohner ist wie eine »geschlossene Gesellschaft«. Eine der Hauptfiguren, der kranke Vater von Pelléas, taucht nie auf. Man weiß nicht, woran er wirklich leidet. Und ob Golaud seine erste Frau umgebracht hat, bleibt ebenfalls offen. Sein Jähzorn, seine Brutalität sind gefährlich. Im Gegensatz dazu halten manche Pelléas für nicht so ganz richtig im Kopf. Der kleine Yniold scheint Arkel auch nicht recht nachfolgewürdig. Geneviève ist hier stumm geworden, fast stumm. Deshalb ist die Partie klein, die Rolle groß.

Solch eine Familie braucht Blutzufuhr, Jugend, Leben, Frische. So umkreisen alle Mélisande wie Vampire. Sie wird von Golaud gerettet. Aber sie soll die andern retten. Woher sie kommt, sagt sie nicht. Literarisch Gebildete wissen, daß eine der Frauen Blaubarts auch Mélisande hieß. Ein Wesen, das sein Geheimnis nie ganz lüftet. Eine Krone ist ins Wasser gefallen. War sie eine Prinzessin, eine Mätresse? Auch Lulus Herkunft ist verschleiert …

»Pelléas und Mélisande« – Berlin 1984, Wolfgang Schöne (Golaud), Karan Armstrong (Mélisande)

Sie wird der Katalysator dieser Gesellschaft, schließlich so etwas wie eine Märtyrerin. Arkel knüpft an ihre Mutterschaft die Hoffnung: »Du wirst für die neue Zeit, die ich voraussehe, das Tor öffnen.«

Alles ist anders in dieser Oper, fremd, unbekannt. Maeterlinck will das »drame statique«. Ein Widerspruch in sich? Freilich auch hier die Antithese: gegen laute Affekte und billige Effekte. Und gegen die scholastische Emotionsdramaturgie. »Drame statique« meint wohl auch, die Existenz des Menschen als schließlich ohnmächtig zu erkennen gegenüber dem »wahren Endzweck unseres Lebens« (Mozart): dem Tod. Es ist dies der Keim zum Existentialismus, meldet auch Skepsis an gegenüber der leichtfertigen Benutzung des Begriffs Utopie. Meint, daß am Ende der Zeiten die Zeit stehen bleibt.

Debussy will in der Oper eine Musik, die aus dem Schatten kommt, die schweigsam ist. Eine schweigsame Musik?! Auf jeden Fall eine Musik der feinen Untertöne, Zwischenklänge. »Es wird in der Oper heutzutage zu viel gesungen«, meinte Debussy. Weniger vornehm hätte er »schreien« sagen können und wäre noch immer aktuell. Musik soll das »Unaussprechbare« ausdrücken, nicht sich marktschreierisch gebärden. Solche Auffassungen haben ihm freilich den Vorwurf der Monotonie eingehandelt. Dem müssen wir entgegenarbeiten wie der vermuteten Langeweile. Arbeiten wir die Kontraste stark heraus. Seien wir sensitiv, rationell, grausam – wie es die Leute im Stück sind. Spielen wir präzise und denken wir vor allem immer daran, daß das Publikum kaum versteht.

Singen wir menschlich. Dann wekken wir vielleicht »symbolisches« Verständnis. Auf jeden Fall hoffentlich Neugier und Phantasie. »Pelléas et Mélisande« ist ein vornehmes Plädoyer für die Empfindsamen, für die Schwachen. Lauter Aktivismus (= Golaud) führt sich selbst ad absurdum. Die Scheuen, Geschlagenen, die Outsider, Pelléas und Mélisande sind das Paar, das der Oper den Titel gibt. Es ist eine im Theater nicht allzu häufig gestaltete Art von Liebe. Sie hat Angst vor der Präpotenz des Maskulinen. Pelléas ist geschlechtlich ambivalent. Darauf basiert die Annäherung zwischen beiden. Vor allem deshalb auch unsere Pelléas-Besetzung mit einem Tenor. Eine Liebe, die in kein Schema paßt.

»Pelléas und Mélisande« – Berlin 1984, Karan Armstrong (Mélisande), Ryland Davies (Pelléas)

LEOŠ JANÁČEK

JENUFA

Der Glaube an die menschliche Kraft

An der Schwelle unseres Jahrhunderts entstanden, wurde »Jenufa« eines der ehrlichsten und ergreifendsten Zeugnisse für das, was wir die konsequente Humanisierung der Opernbühne nennen. Nicht posierende oder papierene Helden, nicht Sprachrohre des Zeitgeistes oder einer modernen »Richtung« wurden auf die Bühne gestellt, sondern die Bühne wurde zum Raum für die Leiden, Leidenschaften, Träume, Taten echter Menschen. Janáček hat sich in »Jenufa« nicht auf die verschiedenen Strömungen und -ismen in der Opernkunst der dama-

»Jenufa« – Stockholm 1972

»Jenufa« – Stockholm 1972, Elisabeth Söderström (Jenufa), Kolbjörn Höiseth (Laca)

ligen Zeit orientiert, sondern auf die Wurzeln jeder Kunst: auf das Leben des Volkes. Das verleiht seinem Werk jene vitale Ursprünglichkeit, die es – wo immer wir ihm auch begegnen – gegenwärtig und lebensnah macht.

Es war das Leben seines Volkes, das Janáček gestaltet, das Schicksal der Bewohner seiner mährischen Heimat. Es war die Sprache dieser Menschen, die er auf ihren Klang hin durchforschte, ehe er sie Musik werden ließ. Doch indem sein Ohr Dinge hörte, indem sein Herz und sein Verstand Inhalten nachspürte, die zum tiefsten Ursprung des Menschlichen vordringen, stehen diese Menschen aus dem kleinen mährischen Dorf für alle Menschen, die so unmittelbar fühlen, handeln, leiden und erkennen wie die Figuren, die Gabriela Preissova in ihrem Drama »Ihre Ziehtochter« vorgezeichnet hat. Etwas Bemerkenswertes ist eingetreten: Der Naturalismus, dem als damals weithin progressiver Literaturrichtung das Prosadrama der Preissova angehört, wurde von Janáček aufgehoben in einer expressiven Wahrheitsgestaltung, die in der Konzentration und philosophischen Durchdringung der Vorgänge so gültig erscheint wie die Tragödien der Antike oder die Dramen Shakespeares. Diese Bauern aus Mähren, die wir in »Jenufa« kennenlernen, sind unverwechselbare Individuen und doch zugleich Gleichnisfiguren einer menschlichen Grundsituation. Der enge, konkrete Kreis dieses mährischen Dorfes ist nicht nur Abbild nationalen Lebens, sondern wird Sinnbild menschlich-sozialen Schicksals. Das Mühlrad, das Janáček im Vorspiel musikalisch anzeigt, wird zum Gleichnis der Lebenseinstellung des Komponisten, wie sie sich auch im »Schlauen Füchslein« besonders deutlich ausdrückt: die ewige Bewegung, die das Leben der Menschen vorantreibt, dieser ewige Kreislauf der Natur …

Es wird berichtet, die Geschichte vom Kindesmord der Küsterin sei in Wirklichkeit geschehen. Gabriela Preissova formte daraus ein »Drama aus dem mährischen Bauernleben«. Janáček dann gestaltete durch die Vertiefung der Charaktere die Ballade vom Menschen. Wie er hinter der Sprache seiner Mitmenschen die verborgenen Melodien entdeckte, wie er im Trillern eines Vogels oder im Quaken eines

Frosches den Laut der Natur vernahm und aufzeichnete, so hat er in der Geschichte von der Küsterin und ihrer Ziehtochter die tiefe Weisheit aufgetan, die vor zweieinhalbtausend Jahren der attische Tragiker Aischylos in dem Chorlied des »Agamemnon« formulierte: daß der Mensch leidend lernt und durch das Leid erkennen wird.

Durch diesen Ideengehalt grenzt sich »Jenufa« gegenüber vordergründigem Naturalismus ab. Das erweckte Mitleid bescheidet sich nicht in passivem Mitdulden, nicht allein in der sozialen Anteilnahme an den Erniedrigten, Geschlagenen, Entrechteten. Das Mitleid Janáčeks mit den Menschen hat einen aktiven Kern, ist von tiefer Gläubigkeit und fordert die Veränderung ihres Lebens. In welche schuldhafte Verstrickung die Abhängigkeit vom Alten, Bisherigen führt, wird deutlich im Verhalten der Küsterin. Sehr differenziert motiviert und analysiert Janáček ihre Handlungsweise, sie vor allem zwischen zwei Pole stellend: die Abhängigkeit von einem gerade durch sie selbst vertretenen und bestimmten bigotten Moralkodex einerseits und dem fieberhaften Bestreben, ihre Ziehtochter »glücklich« zu sehen. In dem Irrtum, dieses »Glück« innerhalb des lastenden Vorurteils der überkommenen dörflichen Verhältnisse herstellen zu wollen, wurzelt die tragische Schuld der Küsterin. Sie scheint, solange sie den Boden, auf dem sie steht, nicht verläßt, nicht anders handeln zu können, als sie es tut. Sie ist im Teufelskreis von Stolz, Liebe zu Jenufa, Eigenliebe und Angst gefangen. So bekommt ihr Verhalten eine unerbittliche Zwangsläufigkeit, und der Grundirrtum, dem sie verfällt, ist typisch für die Zeit, für Menschen wie sie. Ihre Schuldhaftigkeit ist notwendig, damit die Enge erkannt und überwunden werden kann. Durch den Mund Jenufas aber fordert Janáček: »Niemand darf sie verdammen – und seid gerecht mit ihr!«

Jenufa geht einen Leidensweg, wie er im Umkreis ihres Lebens schlimmer kaum zu denken ist. Aber man sollte ihr nicht das Signum einer passiven Dulderin verleihen. Auch sie ist nicht ohne Schuld, und deshalb kann Janáček gerade in ihre Gestalt den tiefsten Sinn seines Werkes und seiner Weltanschauung legen: Das Leid ist die Prüfung, die Jenufa besteht und aus der sie gereifter und stärker hervorgeht. Das aus Leidenschaftlichkeit entstandene Leid fordert leidenschaftlich die Überwindung des Leidens. Janáček zeigt, welche Mittel den Menschen dafür gegeben sind: die aus dem Leid gewonnene tiefere Erkenntnis und die Liebe, die Kraft und Mut gibt.

Es entspricht Janáčeks Humanismus, daß er keine bösen, keine schlechten Menschen zeigt. Auch kategorisiert er sie nicht. Sie fehlen, irren, doch selbst in tiefster Schuld tragen sie den Keim der Erkenntnis, der Erlösung und Entwicklung in sich. Selbst Stewa – leichtsinnig und bedenkenlos, weil hofiert und verzogen – kann aus dem Geschehen, an dem er ein Großteil Schuld hat, gereifter hervorgehen. Sein Gegenpol ist Laca. Genau begründet Janáček auch sozial die Unterschiede in der Handlungsweise der beiden Männer, zwischen denen Jenufa anfangs steht, und es ist gewiß kein Zufall, daß Laca die aktive Verkörperung der Humanität Janáčeks wird. In ihm ist die Kraft gestaltet, die den Kerker, in den Jenufa gesperrt ist, sprengen kann und die drückende Last von Leid und Schuld überwinden wird. Wenn beide am Ende hinausgehen, fort aus der Dunkelheit und Enge, dann ist zu glauben, daß sie mitbauen werden an dem neuen Leben, das sie brauchen. Sie haben aus dem Leid gelernt, wie es der Menschheit seit Anbeginn aufgegeben worden ist. Diese Erkenntnis zeigt uns »Jenufa« als eine optimistische Tragödie besonderer Art, die den Glauben Janáčeks an die menschliche Kraft des Menschen offenbart: die Bedingungen des Lebens so zu verändern, daß der Mensch menschlich leben kann.

KATJA KABANOWA

»Ich sterbe, wenn ich ihn nicht sehe«

Das Bühnenbild
»Landschaft«: Anblick, Eindruck eines alten Steges, der an der Wolga endet, 13 Meter Breite und 20 Meter Tiefe mit verschiedenen Bodenwellen auf verschiedenen Höhen, gebaut aus parallel zur Rampe laufenden Bohlen in unterschiedlichen Rottönen.

An beiden Seiten des Bodens Schilf in dunkelblauer Farbe.

Über dem ganzen ein Plafond, der die negative Form des Bodens wiedergibt, betonfarben, insgesamt monolithische Struktur, auf dem vorderen Teil der Oberfläche begehbar, Höhe ca. 2,50 Meter.

Dieses Bühnenbild ist sowohl realistisch, wie auch symbolisch zu betrachten. Der Bühnenboden ist auf der einen Seite ein konkreter Bretterboden, der zum Wolga-Ufer führt und der durch die verschiedenen Bodenhöhen unterschiedliche Spielhöhen ermöglicht, auf der anderen Seite gibt er im Gesamtanblick als rote Fläche den Symbolcharakter von Blut und Tod wieder.

Der Plafond dient sowohl als Haus, Dach und Rückwand für die Szenen, ist aber auch durch seine differenzierte Beweglichkeit Sinnbild für Katias Beklemmungsgefühl und Zustand des Eingesperrtseins, er verbildlicht ihre Klaustrophobie und letztendlich ihren Grabstein. Jeder, der unter dem abfahrenden Plafond steht, wird von ihm erdrückt, wie auch die Gesellschaft in ihre Löcher = in ihre Rollen gedrückt wird.

Der Plafond steht im Gegensatz zu Katias einzigem Wunsch, der ist, fliegen zu können. Diese Vision wird durch einen die Vorbühne sowohl abgrenzenden wie einbeziehenden schwarzen Vorhang dargestellt, auf den zwei weiße Vögel, vielleicht Tauben, gemalt sind. Die Vögel scheinen vom Himmel zu stürzen, ob sie abgeschossen wurden, bleibt offen. Dieser Vorhang deutet bereits auf die überschattete Stimmung des Stückes hin.

Spielzeit und Spielort
Im Unterschied zur Vorlage, das Stück »Das Gewitter« von A. Ostrowski, siedeln wir die Handlungszeit nicht um 1860, sondern ca. vierzig Jahre später an, um 1905, kurz vor der ersten russischen Revolution. Der Spielort ist die Kleinstadt Kalinow am Ufer der Wolga, wobei der Zeitunterschied von 1860 bis 1905 in dieser Kleinstadt keine Veränderungen mit sich gebracht haben wird, die Bewohner wollen keine Entwicklungen durchmachen und beharren auf ihren Traditionen, versuchen aber nun, sich vor den Vorboten einer neuen Zeit zu verschließen, und blockieren bewußt die ersten Manifestationen des Umbruchs. »Katja Kabanowa« ist jedoch keine Aufführung, die typisch die Geschichte Rußlands zeigt, es ist keine Darstellung Rußlands in einer bestimmten Zeit, die dargestellte Situation ist überall möglich, zu jeder Zeit.

Personen der Handlung und ihre Beziehungen untereinander
»Ich sterbe, wenn ich ihn nicht sehe, und ich weiß, daß ich sterben muß, wenn ich ihn sehe.«

Am Anfang des Personenregisters steht die namenlose Masse der Bewohner der Kleinstadt, die Gesellschaft. Das Verhalten dieser Gesellschaft ist rein äußerlich von harten, moralischen Gesetzen diktiert; hinter der Kabanicha stehend, lehnt auch die Gesellschaft Katja ab, stempelt sie zur Außenseiterin, ohne Katja kennen oder verstehen zu wollen. Die Gesellschaft hält sich an Traditionen und an dem, was als Tradition gilt, fest und wehrt sich gegen alles Fremde oder Neue. Katja wird ins Abseits gedrängt, da sie ein Eindringling in diese Gesellschaft ist. So wie Kabanicha im Vorspiel Katja ihre Puppe entreißt, so reagiert auch die Gesellschaft feindselig auf Katjas Verhalten, das bislang nur als rätselhaft ausgelegt wird. Auf der anderen Seite ist die Gesellschaft von einer zweifelhaften Doppelmoral geprägt, nur der äußere Anschein gilt, was soviel bedeutet, als daß »hinter den Vorhängen alles möglich ist, solange es der Nachbar nicht sieht«.

Daher zeigt sich auch die Neugierde an allem Unrechten, Katjas Geständnis in der Gewitterszene ist ein höchst aufregender Moment, den sich niemand entgehen lassen will, die Tatsache, daß Katja Selbst-

»Katja Kabanowa« – Paris 1988, Karan Armstrong (Katja)

mord begangen hat, erzeugt als Akt an sich Interesse; daß Katja tot ist, bewirkt Teilnahmslosigkeit. Katja ist allerdings nicht die einzige Außenseiterin, sie ist die einzige, die dem gesellschaftlichen Druck nicht standhalten kann.

Um die ewigen Zustände beibehalten zu können, verläßt sich die Gesellschaft auf den Einsatz der Polizei: Die ersten Revolutionäre werden aufgespürt und verhaftet; Dikoj bittet die Polizei um Hilfe, als er merkt, daß er Kurdrjasch und seiner Elektrizitätserfindung nicht beikommen kann. Alles Neue wird als Teufelswerk abgestempelt und soll möglichst schnell entfernt werden.

Das anerkannteste Mitglied dieser Gesellschaft ist die Kabanicha, die reichste und somit mächtigste Frau im Ort, wahrscheinlich verwitwet. Sie kennt ihre Stellung sehr genau und hat daher auch am meisten Angst, ihrer Position nicht gerecht werden zu können. Sie ist die Besitzerin eines Handelsgeschäftes, vermutlich handelt sie mit Holz, Getreide und anderen Umschlagprodukten. Sie hat es dennoch sehr schwer, weil sie eine Frau ist, der Tod ihres Mannes hat die Geschäfte zurückgehen lassen, obgleich sie besessen arbeitet. Ihr Sohn Tichon, den sie abgöttisch liebt, ist in ihren Augen nicht der ideale Nachfolger, ein Gedanke, der sie in einen Teufelskreis verstrickt: Auf der einen Seite macht sie selbst die ganze Arbeit, weil sie ihren Sohn für ungeeignet hält, auf der anderen Seite kann Tichon ihr nie seine Fähigkeiten beweisen, da sie ihn nichts tun läßt. Sie hält ihren Sohn für einen Schlappschwanz, sieht aber nicht, daß ihre Affenliebe zu ihm mit ein Grund dafür sein könnte. Jedoch glaubt sie, daß ihre Vormachtstellung bei ihm durch seine Ehe gefährdet ist, ganz besonders, da er eine Frau geheiratet hat, die ihr unpassend erscheint. Kabanicha ist als Machthaberin keineswegs a priori negativ, sie befindet sich in einer »Zwischenstellung, in der das Matriarchat ins Negative verfallen kann«; ihr Hauptcharakterzug, geprägt durch eine orthodox strenge Erziehung, ist der der Unduldsamkeit. In ihren Augen ist Katja eine Träumerin, hinter deren Wesen sie nicht kommen kann. Sie erkennt in ihr nur die Konkurrentin im Kampf um Tichons Liebe, die sie nicht teilen möchte. Aus dieser Haltung heraus wartet sie nur auf alle Fehler, die Katja begeht, um in den Augen ihres Sohnes recht behalten zu können (»Wenn Katja einmal vergißt, den Bortsch zu wärmen, glaubt Kabanicha gleich, daß Katja ihren Sohn verhungern läßt!«).

Sie sieht in Katja auch sich selbst als junge Frau wieder und muß sich neidvoll eingestehen, daß sie, als sie in Katjas Alter war, ihren Mann längst nicht mehr so sehr geliebt hat. Auch ärgert es sie, daß Katja den Mut hat, sich ihr zu widersetzen, etwas, was sie nicht gewöhnt ist und für sie immer wieder unfaßbar bleibt. Sie kann und will Katja nicht als Schwiegertochter akzeptieren, da sie sich nur mit Menschen umgeben kann, die in ihre Wertvorstellung passen. Insofern verachtet sie eigentlich auch die Gesellschaft, gebraucht sie aber zu ihrem Nutzen und spielt ihre Macht aus; so lädt sie den Doktor, den Apotheker und den Eisenbahnchef nach dem Kirchgang zu sich zum Tee, da sie unter Umständen auf diese Menschen angewiesen sein könnte. Sie ist eine kluge Frau, doch blockiert durch ihre Liebe zu Tichon und ihren Haß auf Katja. Diese übersteigerten Empfindungen machen, daß sie das Unglück fast herbeiredet, und man weiß nicht, was genau bei Katjas Tod in ihr vorgeht: Schmerz und Trauer, vielleicht Trauer, daß sie doch recht gehabt hat, oder auch Triumph, vielleicht Triumph, daß die alten Zustände nun wieder eingekehrt sind. Allerdings ist für sie die Hauptsache, daß die Leute nicht reden.

Der einzige, der in ihren Augen als relativ ebenbürtig gilt, ist der Kaufmann Dikoj. Sie kann ihn nicht ganz genau einschätzen und fällt auch hin und wieder auf sein Gebahren herein, ohne ihm jedoch wirklich zu erliegen. Eigentlich mag sie ihn nicht besonders, reagiert aber auf seine exponierte Stärke. Ihre gesellschaftliche Stellung erlaubt ihr, über seine Anwesenheit bei ihr zu entscheiden. »Sie behandelt ihn wie einen großen Hund, den sie 'mal, streichelt und 'mal schlägt«. Auf der anderen Seite ist sie auch sehr geschmeichelt, er ist der einzige Mann, der anscheinend auch Interesse an ihr als Frau hat. Ob seine Zuneigung zu ihr nur finanzieller Natur ist, weiß sie nie ganz genau und geht darum ab und zu auf sein Werben ein: Es ist keine Frage der Gefühle, sondern der Wahllosigkeit, ihre Beziehung ist von Stimmungsschwankungen und einer gewissen Perversion gezeichnet.

Tichon, Sohn der Kabanicha, ist Kaufmann wie sein Vater und designierter Nachfolger im Geschäft, zu dem er wegen seiner dominanten Mutter nie wirklich heranreifen kann. Er ist seiner Mutter vollständig gefügig, gleichwohl hat er keinen großen Respekt vor ihr. Er versucht, sich ihr zu widersetzen, ist aber zu kraftlos, um seinen Willen durchsetzen zu können. Er ist zerrissen zwischen der Liebe zu seiner Mutter und zu Katja, wohingegen aber die Angst vor seiner Mutter größer ist als die vor seiner Frau. Insgesamt leidet er sehr unter den Streitigkeiten zwischen seiner Mutter und Katja, findet jedoch niemanden, mit dem er sich richtig aussprechen könnte.

Selbst Varvara, seine Halbschwester, kann ihn, wie er meint, nicht verstehen, sie wirft ihm vor, nicht genügend zu seiner Frau zu halten und sich zu sehr von der Mutter einschüchtern zu lassen. Sein einziger Trost ist daraufhin der Alkohol, der ihn für einige Zeit seine Probleme vergessen läßt. Tichon ist nicht dumm, er kann nur den Konflikten nicht standhalten, und so versucht er, vor der Realität zu fliehen. Erst viel zu spät, wenn Katja davongelaufen ist, erkennt er, wie sehr er sie liebt und was er in der Zeit mit ihr, ihr gegenüber versäumt hat. Für sich selbst wäre er bereit, ihren Seitensprung hinzunehmen, fürchtet sich aber da auch zu sehr vor dem strengen Urteil der Mutter. Als Katjas Selbstmord bekannt wird, wagt er es zum ersten Mal, seine Mutter für die Geschehnisse verantwortlich zu machen, doch selbst in seinem übergroßen Haß aus der Verzweiflung über Katjas Tod erkennt er, daß er seine Mutter nie wirklich überwinden kann.

Varvara, ursprünglich bei Ostrowski Tichons leibhaftige Schwester und Tochter der Kabanicha, ist bei Janáček die Pflegetochter der Kabanicha, was die komplizierte Mutter/Sohn-Beziehung verstärkt. In der Oper ist sie dadurch möglicherweise eine entfernte Verwandte, die unter Umständen aus einem anderen Dorf stammt und auch vielleicht nicht immer bei den Kabanoffs wohnt, jedoch gehört sie voll zur Familie. Sie mag Tichon, den sie wie einen Bruder akzeptiert, versteht die Haltung der Kabanicha und begreift aus einer gewissen Distanz heraus die gefängnisähnliche Situation dieser Familie. Aufgrund ihrer Stellung ist sie in die Geschehnisse nur halb involviert, sie ist glücklich, daß sie ihre Freiheit hat, die es ihr ermöglicht, gehen zu können, wenn sie es nicht mehr aushält. Sie nimmt voll am Familienleben teil und kann ihre Unabhängigkeit wahren. Diese Unabhängigkeit ist gleichzeitig auch eine Art von Hilflosigkeit. Sie ist in ihrer Position zu schwach, um eingreifen zu können, »sie kann nur ein bißchen helfen«. Sie ist die einzige Person, der Tichon, wenn auch nur selten, etwas von seinen Problemen anvertraut, sie sieht aber auch seine Fehler und versucht ihm und damit auch Katja zu helfen, indem sie ihm zu mehr Stärke rät. Sie verurteilt seine Feigheit und seine Flucht in den Alkohol, schafft es aber nicht, ihn zu beeinflussen.

Sie ist auf der anderen Seite Katjas einzige Freundin und Vertraute, sie mag Katja sehr, versteht sie und möchte ihr gerne helfen. Da Katja keine Geheimnisse vor ihr hat, kennt sie Katjas intimste Wünsche und Sehnsüchte. Sie hofft, Katjas Leben erträglicher machen zu können, indem sie ihr ein Stück von ihrer eigenen Freiheit abgibt und für sie ein Treffen mit Boris arrangiert. Sie erkennt später die fatalen Konsequenzen dieses Treffens und sucht, Katja an ihrem Geständnis zu hindern, um sie vor der aufgebrachten Mutter zu schützen. Allerdings ist sie erstaunt, daß die Strafen der Mutter sich auch gegen sie richten können, und so denkt sie zunächst an sich, indem sie entscheidet, die Familie Kabanoff für immer zu verlassen. Ihre Liebesbeziehung mit dem jungen Lehrer Kurdrjasch ist für Varvara nur eine Art von Amüsement, »er ist vermutlich nicht die erste und nicht die größte Liebe ihres Lebens«, er ist für sie eine Gelegenheit, nicht alleine zu sein, sie ist glücklich, mit jemandem zusammen zu sein, einem Partner, mit dem sie das Dorf verlassen kann.

Glascha, Dienerin im Hause Kabanoff, bei Ostrowski eine ehemalige Pilgerin (»die aber wohl über 20 km nicht hinausgekommen ist«), ist eine eigentlich noch recht junge Frau, sehr fromm und etwas unabhängig: Sie ist eine genaue Beobachterin, macht sich ihre eigenen Gedanken und wäre gerne auch etwas intrigant. Sie ist somit »eine Quickly-Figur auf ganz ganz andere Weise«. Sie arbeitet bei den Kabanoffs, um Geld zu verdienen, ist devot und unterwürfig der Kabanicha gegenüber, läßt sich aber keinesfalls einschüchtern. Fekluscha ist ein noch sehr junges Mädchen, das vermutlich seine erste Anstellung im Hause Kabanoff gefunden hat. Sie bestaunt den Reichtum des Hauses und tut unterwürfig ihre Pflicht und ist so vom äußeren Anschein geblendet, daß sie die inneren Vorgänge und Konflikte der Familie nicht genau mitbekommt und versteht. Sie geht all diesen Dingen aus dem Weg, ist aber doch auch neugierig.

Kurdrjasch, ein junger Mann von ungefähr 32 Jahren, ist vermutlich im Dorf aufgewachsen und dort Lehrer geworden. Sein Hauptinteresse gilt jedoch der Wissenschaft und den Fortschritten der Wissenschaft. Er ist eine durch und durch sympathische Figur; grundsätzlich möchte Janáček aus seiner eigenen Erziehung und Jugend in einer Kleinstadt heraus solche Lehrerfiguren. »Kurdrjasch ist durch seinen Forschergeist schon fast eine charakteristische Čechov-Figur«. Mit seinen Experimenten möchte Kurdrjasch zeigen, daß die Kleinstadt nicht das Ende der Welt ist, »am liebsten möchte er den Telegraphen und das Telephon auch gleich miterfinden«. Aufgrund seiner Lehrertätigkeit hat er nur selten Gelegenheit, seiner Leidenschaft nachzugehen, sodaß er seine Freizeit nur seinen Erfindungen widmet. Jedes Naturschauspiel ist für ihn ein willkommener Anlaß, wissenschaftliche Beobachtungen anzustellen: wenn er von der Wolga spricht, ist es weniger Naturschwärmerei als das Entdecken wissenschaftlicher Phänomene, Gewitter und Blitze sind für ihn schon lange nicht mehr Gottesstrafen, wie es im Dorf heißt, sondern vielmehr natürliche Entladungen von Elektrizität, und um seiner Freundin in einer Liebesnacht imponieren zu wollen, bringt er ihr ein selbstgebautes Grammophon mit. Er versucht seine Tüftlereien den Mitbürgern vorzustellen, stößt jedoch auf wenig Gegenliebe; er wird verlacht (von Glascha) oder als Mitstreiter des Teufels verkannt (von Dikoj). Insgesamt ist er ein geselliger Mensch, hat Interesse an allem Neuen und sucht so auch den Kontakt zu Boris, für den er zum einzigen Freund wird.

Er ist über die Beziehung zu Varvara sehr glücklich und das nicht nur, weil sie seinem Bastlergeist viel Sympathie entgegenbringt, doch so aufgeklärt und offen er im Bereich der Wissenschaften ist, so ist er ein wenig zerstreut und ungeschickt in der Liebe. Varvara wird für ihn somit zur Lehrmeisterin, und er nimmt ihre Ratschläge gerne an. Kurdrjasch findet genügend Stärke und Unabhängigkeit, um mit Varvara die Kleinstadt zu verlassen, sie fliehen nach Moskau im Wissen um eine bessere Zukunft.

Kuligin, ein anderer junger Mann aus dem Dorf und Freund des Kurdrjasch, ist der einzige, der an Kurdrjaschs Experimenten großes Interesse zeigt. Er versucht seinem Freund nachzueifern und unterstützt ihn bei den Streitigkeiten mit den traditionsgebundenen Mitbürgern.

Die in der gesellschaftlichen Rangordnung nach der Kabanicha stehende Person ist die Figur des Kaufmanns Dikoj. Er ist kein zu schlechter Charakter, er ist ein guter Bourgeois in der Stadt, und seine Hauptinteressen sind rein materieller Natur. In seiner ganzen Wesensart ist er sehr sklavisch, er nimmt am gesellschaftlichen Leben rein aus seiner Position und Gepflogenheit heraus teil, grundsätzlich ist ihm vieles zu bigott. Er sieht Dinge nur so, wie er sie von jeher kennt, seine Traditionsgebundenheit erklärt sich mehr durch Gewohnheit und Unwissen als aus Beharrlichkeit. Kabanicha ist so seine Ansprechpartnerin, er braucht sie als Frau und als Kapital. Seine Vermögensverhältnisse sind unklar, vermutlich benötigt er aber einen Teil von Kabanichas Geld, schon um seinen Neffen Boris auszahlen zu können, dessen Erbe er vermutlich schon in zweifelhafte Geschäfte investiert und damit verloren hat. Er biedert sich der Kabanicha an, ist unterwürfig und versucht mit allen Mitteln, sich mit ihr vertraut zu machen. Hat er es einmal geschafft, in ihre Privatsphäre einzudringen, verleiht im dieser erste Triumph eine unglaubliche Stärke. Wie auch Tichon schöpft er diese Kraft des öfteren aus der Wirkung des Alkohols, »er ist ein Mensch, der ohne seine drei Flaschen Wodka zum Frühstück nicht leben kann«. Der Alkohol macht ihn in seiner Wesensart sicherer, wenn auch körperlich noch schwerfälliger. In leichtem Trunkenheitszustand wird er ganz Mann, und er kann sich wenngleich nicht ohne Widerstand, der Kabanicha erklären und es wagen, sich ihr geschickt unsittlich zu nähern. Nichtsdestotrotz sucht er gerne Streit und liebt es, sich aufzuregen. Dikoj ist dadurch die Figur, die die Meinung der Bevölkerung verkörpert und ausspricht, indem er deutlich die sogenannten Außenseiter ausgrenzt: Über Boris sagt er »Pfui, Taugenichts (...) Fürchterlich, wie mir dieser Kerl zur Last fällt!«, über Kurdrjasch: »Bist du ein Tartar, bist du ein Gottloser?«, und schließlich über Katja: »Seht nur, die hat wohl besondere Sünden!« Wenn er mit seinem Urteil auch schnell bei der Hand ist, so ist er doch so sentimental und soweit distanzvoll, daß er das gleichgültig Verhalten der Kabanicha nach Katjas Tod ablehnt. Sein Neffe Boris ist für ihn auch ein Fremdkörper, er ist für ihn das personifizierte schlechte Gewissen, da er weiß, daß er ihm Geld schuldet. Boris erhält sein Erbe mit der Auflage, sich mit Dikoj zu vertragen. Schon aus diesem Grunde versucht Dikoj, Boris diese Bedingung so gut als möglich zu erschweren. Es ist nicht so, daß Dikoj Boris haßt, er fühlt sich aber von ihm kontrolliert, und diese Tatsache irritiert ihn. Auf diese Weise versucht er, seine familiären Bindungen, so gut es geht, zu verneinen, auch schon, weil er glaubt, daß Boris Anwesenheit mit ein Grund dafür ist, daß seine Einladungen bei der Kabanicha immer seltener werden.

Boris, Neffe des Dikoj, ist ein junger Mann, den es nach einer Jugend in der Metropole Moskau in die Kleinstadt verschlagen hat. Da er nicht aus freiem Willen gekommen ist, kann er mit der Kleinstadt und ihren Einwohnern nicht viel anfangen, sein Benehmen ist zunächst sehr arrogant. Er ist mehr ein Einzelgänger. Sein Onkel Dikoj ist für ihn die einzige Bezugsperson, und diese Beziehung ist sehr gespannt. Er findet nur in Kurdrjasch einen ersten Bekannten, der für ihn dann auch zum Vertrauten wird. Obgleich die beiden jungen Männer sich noch eher fremd sind, erzählt Boris ihm seine ganze Lebensgeschichte, von den Streitigkeiten mit seinem Onkel und von den Erbbedingungen und schließlich auch von seiner Liebe zu Katja, die er bislang nur in der Kirche gesehen hat und sie noch nicht kennt.

Doch trotz der eindringlichen und mehrfachen Warnungen Kurdrjaschs ist es für Boris unmöglich, seine Leidenschaft zu zügeln.

Boris hat nie vorher in seinem Leben eine Frau wie Katja gesehen. Sie hat eine ganz besondere rätselhafte Ausstrahlung auf ihn, auf der einen Seite ist sie sehr praktisch, zupackend und ländlich kerngesund, aber sie erscheint ihm nicht immer unbedingt geistig anwesend; »etwas, was er sich nicht erklären kann«.

Da Boris soweit arbeitslos ist und in den Tag hineinlebt, gewinnt diese Liebe zu der unbekannten Frau, Katja, immer größeren Stellenwert für ihn, sie wird für ihn zur »idée fixe«, er beginnt sie zu lieben, sie zu vermissen und letztendlich sie zu begehren, und das nicht nur platonisch, sondern vor allem physisch. Das nächtliche Treffen mit ihr, von Varvara arrangiert, ist die erste wirkliche Begegnung mit ihr, das erste Einandernähern. Sowohl Boris wie auch Katja sind überglücklich, Boris kann sie zum ersten Mal berühren, er fühlt sie, er spürt sie und kann sie dennoch nicht greifen. Auch dann bleibt sie für ihn noch rätselhaft, was seine Verliebtheit steigert. Boris seinerseits erkennt bei dieser Gelegenheit, wie sehr sie ihn auch liebt, und so merkt er zunächst nicht, daß er sie zerstört, er zerstört sie keineswegs aus Leichtsinn, sondern weil er nichts anderes weiß, was er tun könnte.

Boris ist dabei, wenn Katja in der Gewitterszene ihre Untreue gesteht, er greift jedoch nicht ein, kann ihr in dieser Situation doch nicht helfen. Es ist für ihn keine Frage von Mut, er weiß nur, daß er sonst seine Zukunft für immer kaputt machen würde, ihr Geständnis ist für ihn schlimm genug. Nachdem Katja fortgelaufen ist, ist Boris der einzige, der sie vor ihrem Tod noch findet und mit ihr spricht. Er ist schon abreisefertig, doch er versucht zunächst, ihr seinen Abschied zu verheimlichen, indem er ohne sein Gepäck zu ihr tritt. Auch er hat einen Schock erlitten, da er sich dieser fatalen Konsequenz nicht bewußt war, er will sie nicht noch weiter treiben, erkennt aber nicht, wie schlecht es ihr geht. Er weiß nicht, wie nahe sie dem Tod bereits ist, und fragt sie, die sie weiterleben will, ist sich aber für sich im klaren, daß er sie nicht mit sich nehmen kann, »da er sonst eine Verantwortung hätte, so jung wie er ist, die er nicht unbedingt tragen kann und will«. Er ist in dieser Situation völlig hilflos, da es für sie keinen Unterschied macht, ob er bei ihr bleibt, sie mitnimmt oder alleine fortgeht, er kann ihr doch nicht helfen. Dennoch ist der Abschied von ihr sehr schwer, indem Katja sich zum Tode bereitet, ist es fast sie, die sich von ihm trennt.

Katja ihrerseits hat für sich keine andere Wahl aufgrund des vorangegangenen gesellschaftlichen Drucks und der unerträglichen Situation in ihrer Familie. Sie hat Tichon vermutlich als junges Mädchen geheiratet, ist direkt aus dem Schoß ihrer Familie in die Familie ihres

Mannes gewechselt, in der sie jedoch immer ein Fremdkörper bleibt. Sie findet in dieser neuen Familie selbst in ihrem Mann keinen Partner, nur Tichons Halbschwester Varvara wird für sie zu einer Art Freundin, der sie alles anvertrauen kann, doch auch für Varvara bleibt sie immer etwas geheimnisvoll.

So erzählt Katja ihr auch, daß sie als kleines Mädchen schon immer etwas merkwürdig war, den Kopf immer voller Grillen und Träume. Bei dieser Gelegenheit zeigt Katja auch ihren größten Wunsch auf, der ist, fliegen zu können, »fliegen wie die kleinen Vögel«, doch daß es ihr selten und wenn, dann nur in ihrer Vorstellungskraft gelingt. Varvara nimmt diese Visionen nicht unbedingt ernst, obgleich Katja es bitterernst meint. Sowie dieser Wunsch für sie ganz realistisch ist, so würde sie auch gerne endlich aus der so wenig erträglichen Familie davonfliegen, um sich von ihrer tyrannischen Schwiegermutter und ihrem ihr gegenüber gleichgültig gewordenen Ehemann zu befreien. Um ihres Mannes willen, den sie trotz allem noch immer respektiert, erträgt sie weitgehend die Schmähungen der Schwiegermutter, ohne sich jedoch einschüchtern oder ins Unrecht setzen zu lassen. Sie versucht, der Kabanicha alles recht zu machen, wagt es jedoch, sich ihr zu widersetzen, was den noch größeren Unbill der Kabanicha hervorruft. Katja ist auch bereit, für ihren Mann Partei zu ergreifen, da sie die Tyrannei der Mutter auch ihrem Mann gegenüber nicht ertragen kann und weiß, daß Kabanichas Dominanz auch mit dazu beiträgt, daß Tichon ihr gegenüber so lieblos geworden ist. Indem sie Tichon hilft, hofft sie auch sich selbst helfen zu können, doch sie scheitert in ihren Bemühungen.

Nachdem sie Varvara ihre Liebe zu dem anderen Mann gestanden hat, wird sie bereits von ersten Schuldgefühlen so überwältigt, daß sie bei der von der Kabanicha verlangten Abreise ihres Mannes geradezu den Verstand verliert. Aus dem schlechten Gewissen heraus, zugegeben zu haben, daß sie einen anderen Mann liebt, klammert sie sich mit aller Kraft an Tichon, denn sie weiß, daß, wenn er ihr in diesem Augenblick nicht seine Liebe zeigt, sie dem Verlangen nach Boris während seiner Abwesenheit nachgeben wird. Ein erster kurzer Augenblick der Zärtlichkeit, wohl nach langer Zeit, zwischen Katja und Tichon, wird ebenfalls von der Kabanicha zerstört, und Katja läßt resigniert die Abschiedsprozedur über sich ergehen.

Nach Tichons Abfahrt verschlimmert sich der Alltag für Katja noch mehr, nicht ohne Skrupel nimmt sie also Varvaras Vorschlag an, sich mit dem so geliebten jungen Fremden zu treffen. Dieses erste Treffen ist für Katja entscheidend. Sie wird sich gewahr, daß dieser Mann für sie die einzige richtige Liebe ihres Lebens ist, doch sie weiß, daß sie etwas Unrechtes tut. Die Rückkehr ihres Mannes bringt sie in eine überdimensionierte Gewissensangst, so daß sie bereit ist, alles zu gestehen. Wenn sie in der Gewitterszene ihre Untreue gesteht, blickt sie zu ihrer Familie: Diesem Personenkreis wollte sie treu sein? Die Schrecken überwältigen sie dermaßen, daß sie wegläuft, einfach weglaufen muß. Sie glaubte, sich durch Reue helfen zu können, und erkennt nun, daß auch das Geständnis sie nicht mehr retten kann. Wenn Boris ein letztes Mal zu ihr kommt, sind sie sich bereits fremd geworden: In den Liebesnächten waren sie frei, doch jetzt wissen beide, daß sie nicht unabhängig sind.

Katja möchte ihm nicht zeigen, wie schwach sie schon ist, sie ist nur froh, daß er ihr wegen des Geständnisses nicht zürnt. Während sie noch mit ihm spricht, bereitet sie sich schon auf den Tod vor, sie befindet sich »in einem Zwischenstadium zwischen verrückt und normal, zwischen lachend und weinend«. Sie ist sich bewußt, daß sie sich umbringen wird, und so ist sie es, die von Boris Abschied nimmt. In ihren letzten Empfindungen spürt sie »eine Heimatlosigkeit der Seele, eine innere Schwerelosigkeit«, denn sie weiß, daß um ihr Grab ihre Freunde, die Vögel, flattern werden.

Katja ist im Gegensatz zu Jenufa von vornherein todgeweiht, und sie weiß es bereits, wenn sie sagt: »Ich sterbe, wenn ich ihn nicht sehe, und ich weiß, daß ich sterben muß, wenn ich ihn sehe!«

AUS EINEM TOTENHAUS

Diebe, Räuber, Mörder?

Sibirien unter dem Zarismus? Auch Dachau, Buchenwald? GULAG? Oder ein Fußballstadion in Lateinamerika? Ein Slum in New York oder in Tokio? »One flew over the cuckoo's nest«?

Die Bühne, Parabel und Menetekel zugleich, läßt die Gefängnisse und Folterkammern in aller Welt und zu allen Zeiten austauschbar erscheinen. Pars pro toto. Es bedarf nicht der rasselnden Fußketten. Dostojewskis Palisadenzaun wird zum Stacheldraht. Der ist permanent aktuell.

Wie das, was nicht austauschbar ist in den Gefängnissen und Folterkammer in aller Welt und zu allen Zeiten: die bohrende Frage nach dem Warum und die trotz allem nicht zerstörbare Sehnsucht nach Freiheit, Frei-Sein. Von dieser Sehnsucht singt Janáčeks Musik.

Die Männer auf der Bühne sind Leute, denen wir im Alltag nicht gern begegnen, von denen wir wegschauen, wenn wir sie treffen: Diebe, Räuber, Mörder und politisch Unerwünschte. Aber Janáček regt an, auf sie zu hören, ihnen wenigstens zuzuhören.

Die Oper weckt humane Aufmerksamkeit. Und die Regie hat sich zu hüten, die Sträflinge zu »edlen Menschen« zu stilisieren oder sie mit der bequemen Mitleidsgeste zu versehen. Zugleich ist sie aufgefordert, das Aufflackern von Überlebenslust zu zeigen. Janáček folgend, ist der szenische Gestus lapidar und streng, aber auch zärtlich und lyrisch.

Das Fremdeste wird uns in der Oper immer am nächsten gerückt. Bis wir der Frage nicht ausweichen können, ob nicht jeder von uns unter bestimmten Voraussetzungen, Bedingungen, Gefährdungen selbst Gefangener ist oder werden kann – als ein Sträfling oder als dessen Aufseher.

Die Zweifel, die uns dabei kommen, und unsere Hoffnungslosigkeit korrigiert Janáček: »Menschen aus purem Gold.«

»Die schönsten Träume von Freiheit werden im Kerker geträumt«, schrieb Schiller in seinen Briefen zu »Don Carlos«. Inzwischen ist es längst Zeit, daß jedermann diese Träume träumt.

Luka berichtet
Sein Name ist eigentlich Filka Morosoff. Er ist schuldig geworden am Tod einer jungen Frau, die er einmal sehr geliebt hat. Sie liebte ihn auch, und deshalb mußte sie sterben, denn sie war mit einem anderen verheiratet, und der brachte sie um. Später, als Soldat, kam er auf die schiefe Bahn. Er ließ sich einiges zuschulden kommen. Schließlich ist er verhaftet worden. Jetzt ist er hier als Luka Kusmitsch, der seinen Vorgesetzten ermordet hat. Er wird nie mehr aus diesem Lager herauskommen. Er wird später im Stück sterben. Seine Geschichte hat er schon oft erzählt, keiner hört ihm mehr zu.

Und eines Morgens zum Appell, ich borg ein Messer aus – endlich kommt der Schinder.
Schreit gleich. In den Männern gärt es.
Es kniet keiner.
»Was ist? Was ist? Ich bin Zar und Gott!«
Wie er's sagt, schon pack ich mein Messer.
»Nein«, sag ich, »Euer Gnaden irrt wohl!«
Und ich geh zu ihm hin ganz nah.
»Wie wär's möglich, daß Ihr Gott für uns seid, Zar und Gott?«

»Aus einem Totenhaus« – Berlin 1981

»Halt dein Maul, Räuber!«
»Nein«, sag ich, und geh zu ihm ganz nah, »Gott heißt nur der Eine, Allgerechte, Allmächtige! Der Einzige! Und der Zar? Er herrscht über uns allein auf Erden! Und Ihr«, sag ich, »Ihr seid Kommandant von des Zaren Gnaden und nach Euren Verdiensten.«
»Wa-wa-was?«, stottert er.
Mitten in den Hals trifft mein Messer. Abgestochen.

Skuratoff berichtet
Er versucht krampfhaft, sich zu erinnern. Aber manchmal ist es weg. Er kann sich einfach nicht mehr erinnern. Er war einmal Schuhmacher. In Moskau. Das war schön. Und dann war er in Jurjew als Soldat. Und er verliebte sich in ein Mädchen. Dann muß etwas Schreckliches passiert sein. Vielleicht kommt die Erinnerung, wenn er anfängt zu erzählen.
Ich bin nichts wert, tauge gar nichts mehr!
Man hat mich hergeschickt, nur weil ich liebestoll war.
Nur deshalb. Und da habe ich dann auf einen Deutschen geschossen.
Sagt selbst, verdient man gleich dafür das Zuchthaus?
Hört alles denn, vom Anfang denn! Hört mir zu!
Es geschah in Jurjew. Schön ist das Städtchen, viele Deutsche.
Ich schau nach Frauen aus, verlieb' mich in 'ne Deutsche, sie hieß Luise. Sie und die Tante – Wäscherinnen. Erst geh' ich nur am Fenster vorüber. Aber nach und nach kommen wir näher uns.
Richtig lieb war meine Luise, wie's mir noch nie begegnet war. Wollte ich dann dies und das, sagte sie mir: »Sascha, das darf doch nicht sein, ich will meine Unschuld bewahren, denn ich will dir eine würdige Frau sein!«
Dann lachte sie: »Willst du mich heiraten?«
Nun, denkt nur, Brüder! Mann und Frau! Mann und Frau! Mann und Frau!
Ich gleich zum Oberst hin.
Da – eines Tages kommt sie nicht. Warte umsonst von Tag zu Tag – schreibe ihr, niemand antwortet.
Warum? Aus vielleicht? Ach, niemals log sie doch! Und Verrat kennt sie nicht.

»Aus einem Totenhaus« – Berlin 1981

Schreib' ihr: »Kommst du heut' nicht, hol' ich dich. Schuld hat die Tante!«
Sie kam, kam und weinte. »Sascha, denk', ein reicher Verwandter, der will mich zur Frau.« Bin wie vor'n Kopf geschlagen. Und sie weint nur. »Für meine Zukunft ist das sich' rer.« Küßt mich noch einmal.
Luise! Ein Soldat, der sei ja nichts sich'res für die Zukunft! Gleich nächsten Tag geh ich zu seinem Laden.
Schau ihm ins Fenster! Sitzt der Deutsche, so an die fünfzig rum, bleich, Nase krumm, Augen 'rausgequollen. Also ein Uhrmacher.
»Soll ich's Fenster einhau'n?«, sag ich mir, »ach wozu?« – »Laß so etwas«, denk ich, »hin ist hin.«
Spät kam ich heim in die Kaserne.
Lag da, und denkt, Petrowitsch, fing zu weinen an.
Ein Tag verging, zwei und dreie. Und Luise kam nicht mehr.
Er hat den Schwur verlangt, daß sie mich nie mehr sieht.
Als ich merke, daß alles aus ist, zieh ich mich an und geh hin.
Für alle Fälle nehm ich die Pistole mit.
Öffne. Der Herr Bräutigam da, 'rausgeputzt, Luise ihm gegenüber. Dann noch ein paar Alte. Sitzen und schweigen.
Voller Wut der Freier, bleich Luise.
»Was belieben?«, sagt der Deutsche.
»Was belieben? Nur Gastfreundschaft! Schenk mir Wodka ein! Ich bin als Gast gekommen!«
»Setzt Euch denn!« – »Mußt du denn so grob sein?«
»Ich will Freundschaft und will dich lieb haben!«
»Das ist uns nicht lieb, Muschkotenfreundschaft.«
»Du Vogelscheuche, weißt du, daß ich mit dir mache, was ich will? Willst du, daß ich dich abknalle?«
»Niemals dürfen Sie das!«
»Darf nicht?«
»Nein!«
»So, siehst du!« Und es krachte plötzlich. Alle kreischen. Ich laufe weg. Kam nicht weit. Haben mir dann »Lebenslänglich« aufgebrummt. Luise!

»Aus einem Totenhaus« – Berlin 1981

Schapkin berichtet:
Schapkin versucht mit seiner Geschichte die Angst zu vertreiben, die sich um den stöhnenden Luka verbreitet. Denn würde man sich von dieser Angst überrumpeln lassen, käme man nie mehr aus diesem Totenhaus heraus. – Schapkin ist ein kleiner, dicker Spitzbube, ein pfiffiger Strauchdieb, der es versteht, immer und überall durchzukommen. Seine »Ohrengeschichte« hat er schon oft erzählt und tut es immer wieder gern, auch wenn ihm keiner mehr zuhört.

»Dein Name?«
»Klaue-und-laufe-dann-weg!«
»Und deiner?«
»Und-ich-ihm-nach. Wirklich, das ist mein Rufname, deshalb weiß ich nichts mehr!«
»Wer gab dir den Namen?«
»Gute Menschen. Ohne die wär ja die Welt nicht.«
»Und wer sind die guten Menschen?«
»Hab sie vergessen, ach, verzeih'n Sie, selbst den Vater, und die Mutter.«
»Marsch ins Loch mit dem da! Aber du bleibst! Nimm die Feder, schreib!«
Packt an den Ohren mich und zerrt sie und zerrt sie und zerrt sie und zerrt!
»Habt doch Erbarmen, Euer Wohlgeboren!«
Und zerrt und zerrt mich: »So schreib!«
Abgehau'n war damals auch nämlich so ein Schreiber, die Ohr'n wie die Finger lang.
»So schreib!« Und zieht mich. Ich schmier was, meine Ohren zerreißen.

Schischkoff berichtet
Schischkoffs Erzählung kommt aus einem »langen, schweigenden Urgrund«, aus einer großen Stille. Bisher ist er nur wie ein Schatten durch das Stück gegangen, wortlos; vielleicht wird sein Erzählen durch das Geheimnisvolle dieser Lazarett-Situation, durch das müh-

»Aus einem Totenhaus« – Berlin 1981

same Sterben Lukas ausgelöst. Er fängt mitten in der Geschichte an, entdeckt plötzlich Zusammenhänge aus Erinnerungssplittern, ein Gehirnkrampf löst sich. Er konnte bisher den Grund seiner Verhaftung, seines Gefangenseins nicht erklären, hatte vielleicht vor Gericht eine Gedächtnissperre, die es ihm unmöglich machte, sich zu rechtfertigen. Die Erinnerung war verschüttet, die Mordtat verdrängt. Nun bricht plötzlich die Gehirnkruste auf, wie Klötze fallen ihm die Worte aus dem Mund. In ständiger Angst, den einmal aufgefundenen Faden nicht wieder zu verlieren, bittet Schischkoff mit seinem »warte, warte, dräng doch nicht so«, ihn nicht zu unterbrechen.

Es bleibt völlig offen, ob Luka wirklich jener Filka Morosoff war. Es könnte auch nur eine Vermutung Schischkoffs sein, denn es wird von keiner Seite bestätigt.

Schischkoffs »Hundesohn« wird nicht mit Haß, sondern mit einer verzweifelten Liebe gesungen. Schischkoff war diesem Filka hörig, liebte ihn und neidete ihm, daß er ihm immer ein Stück voraus war. Auch jetzt stiehlt er sich davon, stirbt, bevor Schischkoff selbst bereit zum Sterben ist. Schischkoff erreicht Filka nicht mehr.

Warte, warte! Eins ums andre!
Wo der auch erschien – tiefe Verehrung – er war sehr reich!
Tscherewin: Wohl ein Kaufmann?
Große Felder, Knechte die Menge, Pferde und Bienen. Er handelte mit allem.
Wenn dann Markttag war, »Grüß Euch, Väterchen«, »Gott zum Gruße!«
»Die Geschäfte?« – »Ach es geht so, wie weiße Kohle!«
»Das Befinden?« – »Wir leben trotz all' unsrer Sünden.«
Mit jedem Wörtchen macht er einen Rubel.
Hatt' zwei Söhne und dann die Akulina.
Tscherewin: Also war die dein Mädchen?
Warte, dräng mich nicht so! Versprochen war sie Filka Morosoff.
»Du«, sagte Filka zu ihrem Vater, »zahle mir, was du mir noch schuldig bist! Will nicht länger mehr schuften hier. Nichts mit dir zu schaffen haben!«
»Und Akulka«, sagte er, »will ich auch nicht mehr, will zu den Soldaten, werd' bald General sein!«
Auf die Kopeke zahlt der Alte aus. »Verlor'ner Mensch, du!«
Drauf sagt Filka: »Mag ich verloren sein! Doch bei dir, alter Geizhals, lernt man nichts als mit dem Schusterpfriem die Milch zu löffeln. Und Akulka, die nehm' ich trotzdem nicht! Schlief nur mit ihr!«
»Du beschimpfst eines ehrenhaften Vaters ehrliche Tochter? Sag mal, du Rabenaas, sag, wann wär das geschehn?« Und bebt vor Empörung. »Und nicht nur das«, sagt Filka, »so weit bring ich's noch, daß sie keiner hier nehmen wird – weil das Mädel ehrlos ist. Seit einem Jahr lieg ich jede Nacht bei ihr, ich hab genug jetzt.«
Der Alte schrie, daß die Erde zitterte.
Und Filka fängt zu saufen an und treibt sich nachts mit Huren rum.
Tscherewin: Und mit der Akulka ging er weiter?
Warte, dräng doch nicht so! »Ihre Türe jetzt mit Pech anstreichen!«
So gehn wir und streichen tüchtig.
Schreit der Alte: »Ach, Schmach auf uns und Finsternis!«
Maria Stepanowna packt sie: »Laß mich, ich erschlag sie!«
Dann hör'n die Nachbarn, wie Akulka den ganzen Tag geprügelt wird! Und das Mädchen schreit und weint nur!
Filka verhöhnt sie: »Schöne, ehrbare Akulina! Dich vergöttern alle! Prachtvoll gewachsen, sauber gekleidet! So sag doch, wen du liebst?«
Ich bin dabei und helf ihm: »Gruß euer Gnaden Akulka! Sauber gekleidet! Und wer zahlt das? Wer ist dein Gatte?«
Kaum daß ich's ausgesprochen, tut es mir leid. Sie schaut mich mit so großen Augen an.
Gleich glaubt die Mutter, daß sie mich anlächelt.
»Kokettier' nicht, Unverschämte! Ich erschlag dich! Du bist mein Kind nicht mehr!«
Tscherewin: So war sie eine Leichte?
Warte, höre doch!
Ich lieg, und meine Mutter kam: »Du Faulpelz du, heirat' Akulka, die bekommst du leicht jetzt!«
Filka, der droht mir: »Du Akulkas Mann? Alle Rippen brech' ich einzeln dir! Nimmst du sie zur Frau, jede Nacht hol ich sie, schlaf mit ihr!«
Ich sag drauf: »Schweig, du Teufel!«
Tscherewin: Und drehte man sie dir an?
Dräng doch nicht so!
Ich soff nur, Brüderchen, bis die Hochzeit kam! Nach der Trauung gings heim sogleich. Wir saßen alle. Sagt der Onkel:
»Alles ist getan, ohne Ehre, doch sicher!«
Wie es Brauch ist, gehn wir in die Kammer. Dort läßt man uns allein. Und sie sitzt ganz bleich da, kein Blut in ihren Wangen – und das Haar wie Flachs, groß die Augen, sie sitzt und spricht nicht – so seltsam! Ich hatte mir den Ochsenziemer mitgebracht! Da zeigt sich aber, wie sie war –
Tscherewin: Wie? Unschuldig?
Ehrbar, unberührt! Unberührt! Ehrbar, noch eine Jungfrau. Lieb war sie zu mir und freundlich … engelsgleich …
Warum hat Filka so ihren Ruf kaputtgemacht?
Tscherewin: Ja, wirklich, wirklich!
Dann kniet' ich am Bettrand nieder, hob die Hände: »Mein Täubchen Akulka, geliebter Engel, verzeih' mir! Auch ich glaubte, du bist unrein.«
Und sie sitzt vor mir auf den weißen Bettrand und weint nur.
Wie ich ihr den Arm auf die Schulter lege, lächelt sie, lächelt so und weint.
Und wie sie so dasitzt, sag ich ihr: »Dieser Filka, wenn ich ihn seh, töt' ich ihn!«

Und dann jammern ihre Eltern, sind wie von Sinnen schier.
Die Mutter weinend auf den Knien – der Alte: »Wenn ich gewußt hätt', daß du rein bist, hätt' ich einen andern dir ausgesucht!«
Tscherewin: So so, so soll es sein!
Wart' doch, eil' nicht immer!
Und andern Tags ganz betrunken lauf ich, auf den Straßen schrei ich:
»Gebt mir den Filka Morosoff, gebt mir den Schurken her!«
Bald hat man mich überwältigt. Dann kommt Filka, gleich fängt er zu höhnen an:
»Du Dummkopf! Dich hat man im Vollrausch verheiratet. Du warst so besoffen – kann man da was merken?«
Ich komm nach Hause – »Habt mich im Vollrausch verheiratet!«
Angst kriegt die Mutter, bettelt. Und ich: »Du schweig, Mütterchen, hast dein Ohr mit Gold verrammelt. Her sie jetzt, Akulka!«
O Bruder, ganz wild, dresch' ich Akulka, bis ich selbst umsinke.
Tscherewin: Das ist altbekannt: Man soll Frauen manchmal prügeln, sonst sind sie …
Traurig ist sie, sagt nichts, weint, schaut aus dem Fenster.
Und ich schlage, schlage. Sie tut mir leid, aber trotzdem schlag ich, schlag ich! Schlag sie halb tot!
Tscherewin: Und mit Filka wart ihr wieder Freunde?
Warte! Eil nicht immer!
Anstelle eines Reichen läßt er sich anwerben.
»Wenn ich wohltätig bin, will ich, daß man mich ehrt.«
Schläft mit der Tochter, dem Alten zapft er Geld ab. Täglich ins Dampfbad, läßt er sich Wein gießen. »Nicht durch die Türe! Nur durch den Zaun.«
Filka sagt es, alle folgen. Bis dann mal die Ernüchterung kam.
Filka muß zu den Soldaten! Heute ist Abmarsch! Und Filka verneigt sich zu allen Seiten! Aus dem Garten läuft auch meine Akulka her. Filka erblickt sie gleich und springt vom Wagen. Beugt sich tief zur Erde nieder:
»Meine Seele, Mädchen mein, drei Jahre lieb ich dich allein! Eines Vaters ehrbare Tochter, ach, verzeih mir! Ich log nur, bin ein Schurke!«
Und bückt sich vor ihr zum Erdboden. Akulka ist steh'n geblieben, starr vor Schrecken, tritt dann nah an ihn heran und verbeugt sich. Und sagt zu ihm:
»Verzeih auch du, guter Junge, du, ich bin nicht bös auf dich!«
Ich stell' sie zur Rede: »Was hast du gesagt, was, du Hündin?«
Und sie drauf, glaub es, glaub's nicht, schaut mir ins Auge:
»Wisse, ich liebe ihn, mehr als alles sonst, ja, ich liebe ihn!« Sch!
Diesen Tag sprach ich kein Wort mehr, schimpfte nicht. Abends dann sage ich:

»Aus einem Totenhaus« – Berlin 1981, Kostümskizzen von Jan Skalický für das Intermezzo

»Akulka, nun ist's um dich geschehn!«
Schlief in der Nacht nicht, ging hinaus, um Wasser zu trinken.
Die Sonne ging auf. Ich weck' sie. »Akulka, heute gibts Feldarbeit!«
Sie erwidert: »Kurz der Sommer, groß die Arbeit!«
Ich schirr das Pferd an, schweige, fahr' drei Werst weit, immer durch Wälder, halt den Wagen an: »Aufstehn, Akulka! Wir sind angelangt!« Sie steht ganz verschreckt am Wege, zittert …
»Bete zu Gott jetzt!« Ich zieh das Messer, pack sie am Hals und in die Kehle die Schneide.

SALOME

Die Gier nach dem Neuen

Die historischen Quellen sowie die musikalisch-szenische Struktur des Musikdramas »Salome« lassen erkennen, daß sich im Geschehen auf der Bühne durchaus zeittypische politische und persönliche Vorgänge auf eine Grenzsitutation zubewegen, die schließlich im konfliktreichen Charakter und Verhalten der Titel-Figur gipfeln.

Wiewohl kein »historisches Drama«, erfordert und erlaubt die Oper im Interesse der Bestimmbarkeit der Handlung freie, phantasievolle Verwendung historischer Motive. Dementsprechend wäre das Geschehen »in einem der Paläste des Herodes Antipas« anzusiedeln, und zwar in der Feste Machaerus, wo der Prophet Johannes (hebräisch: Jochanaan) der Überlieferung nach in Gewahrsam gehalten und 29 n. Chr. getötet wurde. Es erscheint bei der Zusammenfügung der

»Salome« – Stuttgart 1977

Vorgeschichte der Handlung einleuchtend, daß Herodes den »Aufrührer« nicht in seiner galiläischen Residenz Tiberias festsetzte, sondern ihn an die äußerste Grenze des peräischen Landesteiles bringen ließ; denn dort wußte er ihn fern sowohl von denen, die seine Freilassung forderten, als auch von denen, die seinen Tod verlangten und deren Wortführerin Herodias war. Den Quellen nach war es dem Propheten gestattet, im Gewahrsam manchmal mit einigen der ihm verbliebenen Jünger zu sprechen – möglicherweise aus keinem anderen Grund als dem, damit Herodes die Gespräche belauschen lassen konnte, um endlich die ihn stets beunruhigende Frage beantwortet zu sehen, wer dieser Mann wirklich sei, worin seine eigentlichen Absichten bestünden.

Politische Erwägungen mochten den Tetrarchen bewogen haben, sich vorübergehend in Machaerus aufzuhalten. Die ständigen Grenzkonflikte mit den Arabern begründen das ebenso wie das vor allem von Herodias inaugurierte Bestreben, Judäa seinem Herrschaftsbereich einzugliedern und somit – wenn auch unter römischer Oberherrschaft – dem Ziel näher zu kommen, das Gesamtreich seines Vaters wiederherzustellen. In diese Richtung schielende Absichten sollten sich in der Nähe Jerusalems eher durchsetzen lassen als von Tiberias aus, zumal Herodias ihre Tochter aus erster Ehe an den Hof ihres jetzigen Gatten geholt hatte, damit sie, die »Prinzessin von Judäa«, die Legitimität des Herrschaftsanspruchs der engeren »Familie« auch nach außen hin bekundet. Schließlich sollten Einladungen zu den Geburtstagsfeierlichkeiten des Herodes Antipas in Machaerus die verschiedenen für die politischen Intrigen wichtigen Partner vereinen: Römer, Ägypter, Hellenen aus den Küstenstädten, Vertreter der Pharisäer aus Jerusalem u. a. m. Daß Herodes schließlich (zumindest an diesem Abend) politische Erwägungen hintansetzt und sich in den Sinnenrausch stürzen will, entspricht dem Gang solcher Feste, entspricht dem zwischen Herrscherpose und Angst zerrissenen Charakter des Herodes und verdeutlicht um so mehr die Grenzsituation, die ja Herodes besonders empfindet.

Im Interesse der weiteren Fixierung der Opernhandlung erscheint durchaus denkbar, daß Herodes als besonderen Gnadenbeweis oder

»Salome« – Bremen 1967

aus Gründen der dringend gewünschten Information anordnete, gerade heute Jünger zu dem Propheten zu lassen. Die Grundsituation der Oper und der im elften Kapitel von Matthäus gegebene Bericht über die Begegnung zwischen zwei Jüngern des Jochanaan und Jesus lassen sich möglicherweise – wenn es auch kühn erscheint – verbinden zu der Annahme, daß nun endlich diese zwei Jünger ihrem Meister die Antworten des Jesus von Nazareth überbringen konnten. Dann nämlich wäre für die Kündergewalt des Jochanaan gerade an diesem Tage ein besonderer Grund gefunden. Dann auch müßte der Jochanaan der Oper die Tatsache, daß er jetzt zum ersten Mal seit seiner Haft aus der Zisterne emporgeholt wird, begreifen als das Zeichen dafür, daß der Tag der Tage gekommen ist. Sein Sendungsauftrag

»Salome« – Stuttgart 1977, Karan Armstrong (Salome)

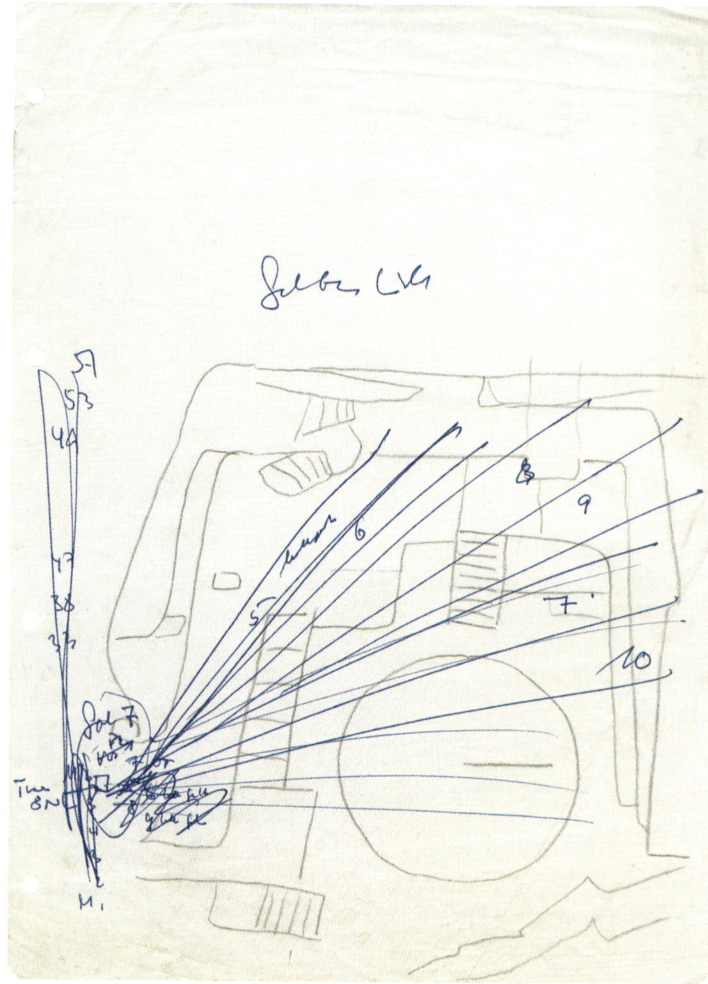

»Salome« – Stuttgart 1977, Beleuchtungs-Skizze von Götz Friedrich

hätte seinen Gipfel erreicht. Er hat sich erfüllt und endet. Die Begegnung mit Salome besiegelt seine einstigen Worte: »Er muß wachsen, ich aber muß abnehmen.« Angst, Intrige, Laster der alten Welt kulminieren in der Konfrontation mit der Haltung und Botschaft des Jochanaan. Die Weltkrise wird auch naturhaft empfunden. Fast allen erscheint der Mond seltsam, so seltsam »nahe«, als ob er sich langsam auf die Brust jedes hier senkt. »Schreckliches wird geschehen!«, warnt und weist der junge Page. Das Chaos taumelt dem Abgrund zu. Gegenüber dessen Dissonanzen klingt die Stimme des Propheten wie das Streben nach einem neuen Ordnungsgefüge.

Aus dem Chaos ausbrechend und auf das Andere, das Neue stoßend, führt Salome im eigenen Verhalten das Chaotische an die Grenzsituation zu dem »Neuen«, der Erlösung, der neuen Ordnung.

Bestimmen Laune oder Notwendigkeit ihre Handlungen? Die Beantwortung dieser Frage entscheidet darüber, ob das Werk von Strauss heute lediglich als schillerndes Zeugnis dekadent-perverser Raffinesse zu gelten hat oder ob ihm – da er selbst an der »Grenzsituation« steht – eine Ahnung des Neuen immanent ist, ob es deshalb objektiv von der Notwendigkeit der Suche danach spricht.

»Ich will nicht bleiben, ich kann nicht bleiben«: So flieht Salome vor dem an ihr emporkriechenden Laster aus dem Bankettsaal, aus ihrer Welt.

Wohin? Es überfällt sie die Stimme. Das so ganz Andere will sie sehen. Und da sie es sieht, will sie es begreifen, wie ein Kind das Wunderbare nur verstehen kann, wenn es »fassen« darf. Die »Laune« des Kindes wird zum Bedürfnis des Weibes, und beides ergibt die Notwendigkeit des *Menschen* Salome: Animalische wie existentielle Phantasie und Sehnsucht werden Einheit. Das Andere ist für sie das Neue. Und das Neue muß sie in Gestalt des Mannes, dieses Mannes total in sich aufnehmen. Dabei zieht das Neue sie an und ängstigt sie zugleich – wie der Mann das Kind in seiner Grenzsituation zum Weib anzieht und ängstigt.

Neu-Gier in des Wortes ursprünglichstem Sinne ist der Grundzug im Wesen Salomes. Diese Neugier vereint das, was in ihrem Charakter durch ihre Herkunft geprägt wurde, mit dem, was in ihr an Liebesanspruch und Erlösungsdrang ist. Ihre Gier nach dem »Neuen« ist grenzenlos. Sie vermag sich ihm ebenso vorbehaltlos auszuliefern, wie sie es dann, wenn sie zurückgestoßen wird, zerstören muß.

Einseitige »Vamp«- und »Luder«-Auffassungen von der Figur der Salome erübrigen sich aus der Sicht unserer Zeit und aus der von ihr diktierten Lesart der Partitur. »Laune« bei und gegenüber Salome würde das Pathologisch-Sensationelle in den Vordergrund stellen, wo es doch nur die ganz der Zeit und ganz dem Charakter Salomes eigentümliche Vollzugsebene einer tiefen menschlichen Tragik ist. Diese Tragik besteht in der Unmöglichkeit einer »normalen« Vereinigung zwischen dem Liebesanspruch von Salome und dem Sendungsbewußtsein des Jochanaan, besteht in der Unmöglichkeit, die Brücke zwischen zwei Welten durch den »Kuß« zu schlagen, einen welthistorischen Prozeß im individuellen Liebesvorgang zu umschließen. Die Tragik steigert sich durch die Unbedingtheit, mit der Salome diese »Unmöglichkeit« zu überwinden sucht, mit der sie, an ihre Welt gekettet, aus ihr ausbrechen will. Ungewöhnlich ist ihre Kraft, ungeheuerlich sind ihre Mittel: Sie sprengt die Grenzen des Lebens, das ihr die Vereinigung auf »normalem« Wege nicht gestattete, und vollzieht durch Zerstörung und Opfer die Brautschaft mit dem »Neuen«. Indem sie das Chaos erfüllt, schafft sie der Welt die Voraussetzung eines neuen Lebens. Ihre Erkenntnis erhält so einen tiefen humanistischen Sinn: »Und das Geheimnis der Liebe ist größer als das Geheimnis des Todes.«

ELEKTRA

Die Türen bleiben geschlossen

Vorgeschichte

Ein Fluch lastet auf dem Geschlecht der Atriden. Blut wurde mit Blut gerächt: Auge um Auge, Zahn um Zahn.

Als König Agamemnon zum großen Krieg aufbrach, opferte er seine älteste Tochter Iphigenie, um die Götter gnädig zum stimmen. Die aber verweigerten das Opfer und entrückten Iphigenie ins Land der Taurier. Von dieser Fügung erfuhr Agamemnons Weib Klytämnestra nichts. In ihrem verletzten Mutterstolz tat sie sich zusammen mit Ägisth, einem Verwandten der Familie. Als Agamemnon nach vielen Jahren aus dem Krieg heimkehrte, an seiner Seite eine geliebte Sklavin, erschlug ihn Klytämnestra mit Hilfe Ägisths im Bad.

Das jüngste Kind Orest, als einziger Sohn auch der Thronfolger, entkam in die Fremde. Der Verdacht ging, Elektra habe das bewirkt. Sie wurde aus dem Palast verbannt. Im Protest gegen die Usurpatoren haust sie in einem schmutzigen Loch des Hinterhofs, jahrelang den Tag herbeisehnend, an dem Orest käme, Vergeltung zu üben für die Bluttat an dem geliebten Vater.

Handlung

Noch immer mühen sich die Mägde vergeblich, das vergossene Blut, das an den Wänden des Palastes klebt, abzuwaschen. Als Elektra auftaucht, verspotten sie sie verängstigt und mit Verachtung. Nur eine bekennt sich zu der Prinzessin. Sie wird dafür von den Aufseherinnen ausgepeitscht.

In der Stunde des Todes Agamemnons beschwört Elektra wie oft seither den Geist ihres Vaters. In fieberhafter Vision erlebt sie das Freudenfest, das sie Agamemnon bereiten wird, wenn die Untat an ihm gerächt wäre.

Ihre Schwester Chrysothemis, die trotz aller Unbilden noch immer im Palast wohnt, berichtet Elektra in teilnehmender Furcht, daß Klytämnestra und Ägisth planen, Elektra in den Turm der Narren zu sperren, wo sie umkäme.

Elektra verlacht die Warnung. Chrysothemis will frei sein von den finsteren Zwängen vergangener Schuld und glücklich werden als Frau und Mutter. Harsch weist Elektra solches Begehren zurück. Als sich aus dem Palast Geräusche eines großen Opferzuges nähern, berichtet Chrysothemis, daß ihre Mutter gerade in der letzten Nacht schreck-

»Elektra« – London 1990, Valerie Robinson (Schleppenträgerin), Patricia Purcell (Vertraute), Marjana Lipovsek (Klytämnestra), Eva Marton (Elektra)

liche Alpträume gehabt habe, die sie durch Blutopfer nun tilgen will. Elektra ist jäh entschlossen, ihre Mutter zur Auseinandersetzung herauszufordern. Deren Zeuge will Chrysothemis nicht sein.

Mit scheinheiliger Liebenswürdigkeit lockt Elektra ihre Mutter aus dem Palast, fort von den Opfern.

Klytämnestra hofft auf eine bessere Beziehung zu ihrer störrischen Tochter. Sie fleht um Ratschläge, wie die bösen Träume zu lindern seien, die sie nie mehr schlafen lassen und ihren Körper und ihren Sinn zunehmend zerstören. Geheimnisvoll antwortet Elektra, die Mutter selbst müsse das Opfertier werden. Sie lenkt die Rede auf Orest. Erschrocken und verlogen gibt Klytämnestra vor, der Sohn sei in der Fremde ein Blödian geworden. Da bricht der Haß zwischen den beiden Frauen in aller unlösbaren Unerbittlichkeit aus. Elektra beschreibt der Mutter, wie sie durch alle Winkel des Palastes zu Tod gejagt werden wird; Klytämnestra droht der Tochter die schlimmsten Strafen an. Da eilt die Vertraute der Königin herbei und flüstert ihr eine Botschaft ins Ohr, die Klytämnestra mit höhnischen Lachen in den Palast zurückkehren läßt.

Verwirrt, ratlos bleibt Elektra zurück. Chrysothemis bringt die Nachricht, zwei Fremde seien im Hof, die den Tod des Orest bezeugten. Er sei durch seine eigenen Pferde umgekommen.

Die Hoffnung von Jahren ist in Elektra zusammengebrochen. Jäh faßt sie den Entschluß, daß sie das Werk der Rache nun gemeinsam mit ihrer Schwester zu vollbringen habe. Aber trotz aller Überredungskünste Elektras verweigert Chrysothemis die Mittäterschaft. Entsetzt läuft sie davon.

Elektra sieht keinen anderen Weg, als nun die Tat allein auf sich zu nehmen, die ihr ebenso schrecklich wie notwendig erscheint. Sie sucht nach dem Beil, mit dem ihr Vater einst erschlagen wurde und das sie versteckt hat.

Da tritt ein Fremder ein mit seinem Begleiter. Der Bruder erkennt seine Schwester, sie den Orest. Die Nachricht von seinem Tode war nur aus List ausgestreut, damit die Arglosigkeit der Opfer geschürt würde. In dem großen Glück der Wiederbegegnung aber wehrt sich Elektra gegen die Umarmungen des Bruders. Sie bietet sich ihm dar als Beschmutzte, als Geschändete. Orest ist irritiert. Sein Lehrer und Vertrauter mahnt ihn, unverzüglich ans Werk zu gehen. Beide verschwinden im Palast.

Elektra hört die Todesschreie ihrer Mutter. Als Ägisth, von anderen Vergnügungen herbeigerufen, erscheint, leuchtet sie ihm zum Eingang in den Palast. Auch seine Todesrufe gellen hinab.

Die Männer und Frauen der Stadt sind aufgescheucht. Im Palast tobt ein erbitterter Kampf. Blut tritt aus den Wänden. Viele preisen den Orest als Befreier und neuen Herrn.

Chrysothemis will ihre Schwester holen, an den Freudenfeiern teilzunehmen. Aber Elektra nimmt die äußeren Vorgänge kaum mehr wahr. Sie gibt sich den inneren Vorstellungen von einer neuen gewaltig aufbrechenden Zeit hin. Auf dem Höhepunkt ihrer Glücksekstase bricht sie tot zusammen. Verzweifelt ruft Chrysothemis nach Orest. Aber die Türen bleiben geschlossen.

DER ROSENKAVALIER

»... ein halb imaginäres, halb reales Ganzes«

Der letzte Walzer? Jedenfalls: genug des Infernos, das mit »Salome« und »Elektra« entfesselt war. Wenige Jahre vor dem Ersten Weltkrieg, der nicht nur der k. u. k. Monarchie ein Ende bereitete, beschwört der »Rosenkavalier« heiter-melancholisch den Abglanz einer verlorenen Epoche. Hofmannsthal hatte 1909 »ein komplettes, ganz frisches Szenar einer Spieloper gemacht« – aus einer vermeintlich heilen Welt, die

»Der Rosenkavalier« – Stuttgart 1981

heilen sollte. »Mozart – nicht Lehár« wollte Strauss. Aber immer wieder irritierte er Hofmannsthals »Zeit: Maria Theresia« mit dem Walzer, der wohl faszinierendsten Erfindung wienerischen Weltgehörs nach Mozart und nach Beethoven. Das »Duidu« des Johann Strauß, beschwipste Variation über »diesen Kuß der ganzen Welt«, feiert in der »Walzer-Oper« des Richard Strauss das letzte schöne Fest.

»Der Rosenkavalier« – Stuttgart 1981, Doris Soffel (Octavian), Karan Armstrong (Marschallin)

Es liegt nahe, solch vorsätzlichen Anachronismus heutzutage auch szenisch zu nutzen und die »Komödie für Musik« in der Zeit spielen zu lassen, in der sie geschrieben wurde. Das ist kein inszenatorischer Mode-Gag, sondem auch eine Methode, die seit Erfindung der Oper üblich war: die Psyche der Opernfiguren anzusiedeln in der Zeit ihrer Musikalisierung. So gerät auch der (von Hofmannsthal erfundene) Brauch der Überreichung der silbernen Rose zu einem nostalgischen Trip in die Vergangenheit, in die »verlorenen Paradiese«. Vergangenes, Gegenwärtiges und auch Künftiges mischt sich und geht ineinander über, alles Konkrete in der Schwebe haltend. So ist die »Zeit der Oper« von permanenter Aktualität. »Dahinter war der geheime Wunsch, ein halb imaginäres, halb reales Ganzes entstehen zu lassen« (Hofmannsthal).

Das Ausstellen des Anachronismus legt auch den Blick freier auf die psychologischen und sozialen Strukturen der Charaktere, die Strauss »famos, scharf gezeichnet« fand. »Brauche leider wieder sehr gute Schauspieler, mit den gewöhnlichen Opernsängern geht's schon wieder nicht.« Sic!

Zum Beispiel will er die Marschallin als »eine junge schöne Frau von höchstens 32 Jahren, die sich bei schlechter Laune einmal dem siebzehnjährigen Oktavian gegenüber als ›alternde Frau‹ vorkommt ... Oktavian ist weder der erste noch der letzte Liebhaber der schönen Marschallin.« Und auch bei Ochs fordert er Besonderes: »Ochs muß eine ländliche Don-Juan-Schönheit von etwa 35 Jahren sein, immerhin Edelmann (wenn auch etwas verbauert) ... Er ist innerlich ein Schmutzian, aber immerhin noch so respektabel, daß ihm Faninal nicht auf den ersten Blick ablehnt.« Ochs erzählt auch, woher der frisch geadelte Faninal seinen Reichtum hat: Er betreibt umfangreiche Waffengeschäfte und »hat die Lieferung für die Armee ...«.

Das alles erweist sich vor dem Hintergrund des heraufziehenden Krieges und der Weltkatastrophe als überraschend zeitgerecht. Und typisch ist vor allem, daß die Jugend sich in solcher Zeit anachronistisch verhält, sich nostalgisch orientieren will. Im bestickten Rokokokostüm überbringt Octavian als Brautwerber die silberne Rose. Ein legitimer Nachfahre Cherubinos, sucht er zwischen den Salons und dem Kadettendienst seine Identität, bis er sich in den ausgestreckten Armen Sophies verfängt, die Hofmannsthal noch als »hübsches, gutes Dutzendmädchen ... bürgerlich albern« bezeichnet hatte. Aber auch hier hilft Strauss, der Musiker, nach. In den Duetten zwischen Octavian und Sophie klingt viel von der Hoffnung einer Jugend, die von den Krisen um sie herum – den persönlichen und den politischen – keine Notiz nehmen möchte.

Im dritten Akt verläßt das Spiel die Paläste und wechselt in den Bereich der Posse, der Wiener Volkskomödie: ins Wiener Beisel. Dort feiern die einfachen Leut' Fasching. Was schon der erste Akt zeigte: Es ist die Zeit der Redouten. Man verkleidet sich, schlüpft aus seiner Haut in eine andere und vertauscht die Zeiten, die Stände, die Geschlechter, man verdrängt Ängste und Melancholien. Halb imaginär, halb real: »Eine Wienerische Maskerad'.« Und wirklich weiter nichts?

Ochs, diese bäuerisch-dionysische Irritation des alten Wien und irgendwie auch der niederösterreichische Vetter des Falstaff, wird davongejagt. Es bleiben die drei zurück, die den Sieg der Komödie über die tragische Gefährdung zu entscheiden haben: die Marschallin, Octavian und Sophie. Hofmannsthal selbst hatte schließlich Bedenken, ob der Schluß nicht zu breit geraten könnte. Selbstsicher widersprach Strauss: »Daß der Musiker dagegen an dem Schluß, wenn ihm überhaupt etwas einfällt, gerade seine besten und höchsten Wirkungen erzielen kann – dies zu beurteilen können Sie beruhigt mir überlassen.« Auf seinen letzten Wunsch erklang bei der Trauerfeier 1949 für Strauss in München gerade dieses Terzett.

In der Stuttgarter Neuinszenierung fahren die Kulissen des Possenspiels nach der Austreibung des Ochs zur Seite. Das Theater macht sich »unsichtbar«, bildet den neuen imaginären Raum für den Klang, mit dem drei Menschen Abschied nehmen und einander neu finden – »in der richtigen Weis«?

Der »Rosenkavalier« heute: ein Endspiel und ein Traumspiel zugleich – »... ist halt vorbei«. Ein Spiel dazu da, unsere Träume festzuhalten und neu zu finden – gerade angesichts heraufziehender neuer Krisen.

Das lohnt den zeitgemäßen Anachronismus der Oper.

»Der Rosenkavalier« – Stuttgart 1981, Doris Soffel (Octavian), Patricia Wise (Sophie)

»... eine Farce.« Und weiter nichts?

Der Anachronismus im »Rosenkavalier« ist sprichwörtlich. Schuld hat der Walzer. Er unterminiert und irritiert die Vorgabe Hofmannsthals, diese »Komödie für Musik« spiele im »Jesuiten-Barock« Wiens während der Regierungszeit Kaiserin Maria Theresias. Dabei war es der Dichter selbst, der dem Komponisten vorschlug: »Lassen Sie sich für den letzten Akt einen altmodischen, teils süßen, teils frechen Wiener Walzer einfallen, der den ganzen Akt durchweben muß.« (Hugo von Hofmannsthal an Richard Strauss am 24. April 1909)

Strauss nahm seinen Partner mehr als beim Wort. Das ganze Werk wird »durchwebt« vom Wiener Walzer. Und Richard Strauss bekannte sich zu den Anleihen bei Johann Strauß. Er »ist von allen Gottbegnadeten für mich der liebenswürdigste Freudenspender ... Er gilt mir als einer der letzten, die primäre Einfälle hatten.« (»Neues Wiener Tageblatt« vom 25. Oktober 1925)

Viele Zeitgenossen der Uraufführung waren ob solchen »Stilbruchs« entrüstet. Thomas Mann schrieb nach der Münchner Premiere an Hofmannsthal: »Vier Stunden Getöse um einen reizenden Scherz! Und wenn dieses Mißverhältnis die einzige Stylwidrigkeit bei der Sache wäre! Wo ist Wien, wo ist achtzehntes Jahrhundert in dieser Musik ? Doch nicht in den Walzern? Sie sind anachronistisch und stempeln also das Ganze zur Operette. Wäre es nur eine. Aber es ist Musikdrama anspruchsvollsten Kalibers.« Es ist nicht bekannt, daß Hofmannsthal Thomas Mann darauf geantwortet hätte.

Aber er mußte mit Betroffenheit zur Kenntnis nehmen, daß sich viele seiner Schriftstellerkollegen von ihm abwandten, weil er sich mit Strauss eingelassen hatte. Ursprünglich hatte er sich selbst gegenüber seinem Freund Harry Graf Kessler beklagt: »Strauss ist halt ein so fabelhaft unraffinierter Mensch. Hat eine so fürchterliche Tendenz zum Trivialen, Kitschigen in sich.« (Hugo von Hofmannsthal an Harry Graf Kessler am 12. Juni 1909)

Aber die Zusammenarbeit beider erbrachte der Opernkunst unverzichtbare Höhepunkte. Fünf Jahre vor seinem Tod bekannte Hofmannsthal gegenüber Strauss: »So hat nichts von dem, was ich für Sie gearbeitet habe, auf den ersten Blick bei den Zeitgenossen und ihren Wortführern besonderen Anklang gefunden: das Gestaltete erschien, als wenn es nichts besonderes wäre, das Lustige wollte man nicht als lustig gelten lassen, das Gefühlvolle nicht als gefühlvoll, das Erfundene nicht als erfunden ... – immer entleert sich auf das Libretto der ganze Unmut aller derer, die beständig auf das Schöne warten, aber es um alles nicht kommen sehen wollen. Wer immer alles, was da war, erkannte – und es mit voller Freude aufnahm, schöpferisch aufnahm und in ein noch höheres Leben hinüberführte, waren Sie.« (Hugo von Hofmannsthal an Richard Strauss am 4. Juni 1924)

Inzwischen haben wir erkannt, daß die scheinbare Stilwidrigkeit des beim »Rosenkavalier« immer wieder kritisierten Anachronismus einer der genialsten Kunstgriffe war, die Strauss vornahm, um gerade der Historien-Oper zu entgehen und ein Musiktheater zu schaffen, das der neueren Ästhetik der Oper Wege wies. Ein Zeitstück durchaus. Und dazu ein Stück über die Zeit. Die ist ein »sonderbar Ding«.

Solche Irritationen sind künstlerisch produktiv zu nutzen. Die Epoche Maria Theresias, die Entstehungszeit des Werkes (kurz vor Beginn des Ersten Weltkrieges, der den Zusammenbruch der k. u. k. Monarchie brachte!) und unsere Gegenwart überlagern sich und legen nahe, eine neue, andere Zeit zu finden, in der wir das Stück spielen: die künstliche Zeit. »Alles kann geschehen. Alles ist möglich und wahrscheinlich«, wie Strindberg in seiner Vorbemerkung zum »Traumspiel« schreibt. Und zu einem Traumspiel gerät auch das Endspiel »Der Rosenkavalier«, wenn wir das Geflecht aller Einflüsse und Beziehungen, die in dem Werk wirksam geworden sind, verfolgen. »Dieses seelische Gewebe ist das Eigentliche und das andere (was Sie mit dem treffenden Wort Architekturgarten bezeichnen) ist nur drum herum, so wie im ›Rosenkavalier‹ das Zeitkolorit, das Zeremoniell, der Dialekt usf. um das Eigentliche herum ist.« (Hugo von Hofmannsthal an Richard Strauss am 28. Mai 1911)

Orientierung dieser Art greift unsere Neuinszenierung auf. Und so fanden wir auch, daß es sicher an der Zeit sei, sich einmal mehr von dem jahrzehntelang prägenden (und 1911 genialen!) Interpretationsmodell Alfred Rollers zu verabschieden und eine Atmosphäre herzustellen, die uns die Charaktere näherrückt und sie »entpudert«, damit wir den Menschen direkter unter die Haut sehen können.

Hofmannsthal hatte das Eigentümliche der scharfumrissenen Figurenkonstellation so bewertet: »Die Marschallin ist nicht für sich da, und nicht der Ochs. Sie stehen gegeneinander und gehören doch zueinander, der Knabe Octavian ist dazwischen und verbindet sie. Sophie steht gegen die Marschallin, das Mädchen gegen die Frau, und wieder tritt Octavian dazwischen und trennt sie und hält sie zusammen. Sophie ist recht innerlich bürgerlich, wie ihr Vater, und so steht diese Gruppe gegen die Vornehmen, Großen, die sich vieles erlauben dürfen. Der Ochs, sei er, wie er sei, ist immerhin noch eine Art von Edelmann; der Faninal und er bilden das Komplement zueinander, einer braucht den anderen, nicht nur auf dieser Welt, sondern sozusagen auch im metaphysischen Sinn. Octavian zieht Sophie zu sich herüber – aber zieht er sie wirklich zu sich und auf immer? Das bleibt vielleicht im Zweifel. So stehen Gruppen gegen Gruppen, die Verbundenen sind getrennt, die Getrennten verbunden. Sie gehören alle zueinander, und was das Beste ist, liegt zwischen ihnen: Es ist augenblicklich und ewig, und hier ist Raum für Musik.« (Ungeschriebenes Nachwort, 1911)

Aber eben dieser Raum für Musik muß nach Jahrzehnten neuer-

»Der Rosenkavalier« – Berlin 1993, Bühnenbild-Modell von Gottfried Pilz

lich entschlackt werden, um Richard Strauss gerecht zu werden, der 1916 an Hofmannsthal schrieb: »Ihr Notschrei gegen das Wagnersche ›Musizieren‹ ist mir tief zu Herzen gegangen und hat die Tür zu einer ganz neuen Landschaft aufgestoßen … Ich verspreche Ihnen, daß ich den Wagnerschen Musikpanzer nun definitiv abgestreift habe.« (Richard Strauss an Hugo von Hofmannsthal etwa 16. August 1916) Man kann hinzufügen, was Ernst Krause meinte: »Die Welt des Klangs fängt bei Strauss da an, wo Wagner aufhört.«

Auch in ihrem Erscheinungsbild sollte eine heutige Inszenierung gegen das Mißverständnis angehen, die Partitur des »Rosenkavaliers« sei rückwärtsgewandt. Strauss hat versucht, die Opera buffa als durchkomponiertes Musikwerk neu zu kreieren, durchaus in der Folge der »Meistersinger« und des »Falstaff«, vor allem aber sekundiert von der Tendenz der jüngeren Zeitgenossen, die zu Anfang des Jahrhunderts überwiegend mit Einaktern und Monodramen an der Herausarbeitung eines neuen nach-Wagnerschen Musiktheaters arbeiten. Während diese jedoch den großen Orchesterapparat oft vorsätzlich aussparten, nutzte ihn Strauss für die Entwicklung einer ebenso kommentierenden wie tonangebenden Mit-Sprache des Orchesters an der Komödie in einem Sinn, der weit über die Erfindung eines neuen Konversationsstils hinausgeht und Dimensionen des Menschlichen aufzutun in der Lage ist wie beim Terzett der drei Frauenstimmen am Ende der Oper. Und daß gerade hier der Musiker seinen zuletzt noch um Kürzungen besorgten klugen Librettisten überrumpelt hat, ist ein besonders aufschlußreiches Aperçu der im Briefwechsel zwischen Hofmannsthal und Strauss so spannend dokumentierten Entstehungsgeschichte, an der kein Regiekonzept vorbeikommt.

Nur der Polizei-Unterkommissarius gibt sich ebenso schnell wie verständnislos zufrieden, wenn die Marschallin bescheidet: »Das ganze war halt eine Farce. Und weiter nichts.« Er: »Genügt mir. Retirier mich ganz gehorsamst.« Wir anderen aber möchten das nicht so bedingungslos glauben und hören kurz darauf aus dem Mund der Marschallin: »Is' eine wienerische Maskerad' und weiter nichts.«

Mit dieser Bemerkung wird gegen Ende der Oper der Blick auf ein Ambiente freigelegt, das bisher beim »Rosenkavalier« selten beachtet wurde: die enge Zusammengehörigkeit von Wiener Walzer und Wiener Fasching. Der von den Autoren immer wieder empfohlene leichte Sinn mutiert zu einer Art Leichtsinn, die Realität verschiebt sich, Wirklichkeit und Traum gehen ineinander über – ganz in der Stimmung Wiens vor dem Ersten Weltkrieg und oft danach. Es liegt nahe, die Liebesnacht zwischen der Marschallin und Quinquin als Ergebnis einer Faschingslaune zu verstehen, die nichtsdestoweniger Wunden hinterläßt. Und auch im Beisel des 3. Aktes feiert man den Fasching. Eine Bühne gibt es da in der fortgeführten Tradition des Pawlatschen-Theaters. Und von daher werden Personnage und Requisiten für das inszenierte Rendezvous zwischen »Mariandel« und dem Baron Ochs rekrutiert, der schließlich – ganz wie sein Bruder im Geiste Falstaffs – gefoppt und ausgetrieben wird. Das Zeremoniell der

Überreichung der silbernen Rose zitiert, gemäß dem Wunsch Fanimals und des Barons, die Zeit, die ursprünglich dem »Rosenkavalier« zugedacht war: Mitte des 18. Jahrhunderts. Aber nie zitiert Strauss diese Periode musikalisch. Gerade mit der Arie des Sängers während des Levers treibt er listig und lustig seinen Spott mit den »Stilisten«, Intrigen, Geldsucht, Komplotte, Verwirrungen sind das äußere dramaturgische Material. Alles läuft auf die Liebe und ihre verschiedenen Spielarten hinaus: »Eine wienerische Maskerad'.« Aber – auch hier – weiter nichts?

Ein drittes Mal bescheidet die Marschallin: »Die ganze Brautschaft und Affär' und alles sonst, was drum und dran hängt, ist mit dieser Stund' vorbei.« Die anderen wiederholen ebenso ungläubig wie ahnungsvoll: »Ist halt vorbei.« Und so wird dieses Vorbei ein Stichwort, das schließlich weit über die Liebes- und Intrigenkomödie hinausweist auf die Dimensionen einer großangelegten »Comédie humaine«.

Etwas geht zu Ende. Alle spüren es. Vielleicht auch wir. Man befindet sich in einem Zustand des Übergangs zwischen der Vergangenheit und der Zukunft. Könnte uns das heute nicht besonders betreffen?

Ein Abschied, wie »Der Rosenkavalier« ihn vornimmt, verweist zugleich auf neue Hoffnungen. Die Marschallin überantwortet das Liebespaar seiner Zukunft. Wie sieht sie aus? Sollen »die jungen Leut'« es doch herausfinden …

End- und Traumspiel in einem. Oder, wie es Hofmannsthal vorschwebte: »… ein halb imaginäres, halb reales Ganzes.«

DIE FRAU OHNE SCHATTEN

»Ich preise die Seltsamkeit«

»Euch macht Ihr's leicht, mir macht Ihr's schwer«, möchte ein Regisseur mit Hans Sachs ausrufen angesichts all dessen, was über »Die Frau ohne Schatten« gesagt worden ist. Die Ehrfurcht vor diesem Sonderwerk der Gattung Oper ist weit verbreitet. Hätte Regie also nichts weiter zu tun als szenisch zu repetieren, zu bebildern, was die Autoren – freilich verschlüsselt genug! – aufgeschrieben haben?

Ich gestehe frank und frei, daß ich es mir zusammen mit meinem engsten Mitarbeiter Peter Sykora selten so schwer gemacht habe wie bei meinem Regiedebüt mit »Die Frau ohne Schatten«. Dabei ist mir ja der Umgang mit Richard Strauss nicht fremd. »Salome« habe ich seit 1964 öfters inszeniert, auch hier in Stuttgart zusammen mit Silvio Varviso, wie den »Rosenkavalier«. Mit Dr. Karl Böhm habe ich Filmfassungen von »Salome« und »Elektra« hergestellt. In jüngeren Jahren habe ich »Ariadne auf Naxos« inszeniert und Walter Felsenstein bei »Die schweigsame Frau« assistiert. Ein dringender Wunsch bleibt »Capriccio«. Aber nun »Die Frau ohne Schatten«!?

Für einen Regisseur, der gewohnt ist, die Autoren zunächst einmal beim Wort zu nehmen, kompliziert sich die Aufgabe angesichts der von Hugo von Hofmannsthal und Richard Strauss sich gegenseitig immer wieder beteuerten Auffassung, diese Oper sei das »Größte« und »Gewichtigste«, was sie sich je vorgenommen hätten. Paralysiert das nicht jeden kritischen eigenschöpferischen Interpretationsansatz? Oder provoziert es nicht jene heute unter Regisseuren so weit verbreitete Haltung der Besserwisserei gegenüber den Autoren?

An kritischen Vorbehalten hat es seit der Uraufführung 1919 nicht gefehlt. Sie sind leicht zusammenzufassen. Die eine Seite meinte, Hofmannsthal habe den Märchenstoff übergebührlich verklausuliert und mit einer überästhetisierenden Literatensprache die Verrätselung der Zeichen, der Vorgänge und der Figuren so weit getrieben, daß sie kaum noch für die Musik wirklich greifbar und für das Theater begreifbar sind. Von diesen Nöten spricht ja manchmal auch Richard Strauss in seinen Briefen an den Dichter. Die andere Seite schlägt auf Richard Strauss ein und kritisiert, er habe den Gedankenreichtum Hofmannsthals nicht genügend luzid und tief erfaßt und mit der Brachialgabe seines großen Könnens alle feinsinnige Philosophie verdeckt, kurz: statt Ratio Routine eingesetzt.

Derlei kritischen Anwürfen wurde seit der Premiere begegnet, zuerst durch die treffliche musikalische Analyse von Franz Schalk, zuletzt in unseren Tagen durch die Betrachtungen Hans Mayers und z. B. auch Ernst Krauses und Peter Wapnewskis. Sofern die kritischen Vorwürfe jedoch einen Konflikt zwischen der Ästhetik des Dichters und des Komponisten befestigen wollen, ist ihnen ein Mißverständnis immanent, was noch heute oft das Verständnis von Oper behindert.

Der unvorstellbare Reiz der Opernkunst besteht aus den Widersprüchen und Spannungen, die aus den verschiedenen in ihr wirksamen Künsten entstehen: Wort und Ton, Literatur und Musik, dazu Bildende Kunst, Malerei, Bewegung etc. Diese Spannungen harmonisieren, nivellieren zu wollen, wäre ein Fehler, durch den gerade Oper mit der Zeit langweilig würde. Wenn die Spannungen so eklatant sind, wie sie gerade in dem Briefwechsel zwischen Hofmannsthal und Strauss erkennbar werden, dann muß man sie aufgreifen, ausspielen. Man muß sie sich vergegenwärtigen!

Nochmals: Das hat nichts mit Besserwisserei zu tun. Auch nicht mit Aktualisierung oder Modernisierung. Sehr viel aber mit dem richtig verstandenen Begriff der Vergegenwärtigung all dessen, was da zu Beginn des 20. Jahrhunderts aufgeschrieben wurde, auch der Spannungen, die zwischen den Autoren herrschten. Doch wem und was nützt museales Nacherzählen? Der große Reiz lebendiger Kunst, also auch des Musiktheaters, besteht in der ästhetisch verwirklichten Konfrontation zwischen Damals und Heute, der Vergangenheit und der Gegenwart, aus der im besten Fall auch Perspektiven für die Zukunft zu gewinnen wären.

Angesichts der Verschlüsselungen und Verrätselungen, aus denen »Die Frau ohne Schatten« ihre geheimnisvolle Kraft gewinnt, angesichts aber auch der enormen künstlerischen Schwierigkeiten, die dieses magnum opus bereithält, drängt sich dem Regisseur wiederum Hans Sachs auf mit seiner Berufsbeschreibung: Schuhmacher und Poet dazu. Man muß sehen, wie aus all dem, was die Autoren aufgetürmt haben, ein Schuh wird für das moderne Musiktheater. Und man muß dazu Poet sein: mitdichten, nachdichten, auch deuten, was sich dem ersten Verständnis verschließt, das Verschlüsselte entschlüsseln, um neue, uns erfaßbare zeitgemäße Assoziationen freizusetzen.

Was eigentlich ist der Schatten? Doch keine Aufgabe für die Beleuchtung (allein)! Wer ist Keikobad? Wie begründet sich das harsche Wesen der Färberin, woher stammen ihre Neurosen? Mit wem paktiert die Amme? Oder unterliegt sie nur ihrer egoistischen Liebe (gleich der Küsterin aus »Jenufa«)? Und was meint die Warnung und Drohung akut: »Der Kaiser muß versteinern«?

Fragen über Fragen, die dieses »Märchen« aufwirft. Halten wir uns noch einmal an Hofmannsthal, den Autor: »»Die Frau ohne

»Die Frau ohne Schatten« – Stuttgart 1987

Schatten‹, ein phantastisches Schauspiel. Die Kaiserin, einer Fee Tochter, ist kinderlos. Man verschafft ihr das fremde Kind. Schließlich gibt sie es der rechten Mutter zurück. Das zweite Paar zu Kaiser und Kaiserin sind Arlekin und Smeraldine. Sie will schön sein, er täppisch und gut. Sie gibt ihr Kind her einer als Fischhändlerin verkleideten bösen Fee. Der Schatten als Zugabe.«

Hugo von Hofmannsthal bezeichnet das als »Kern des Stoffes«. Aber ein soziales Drama mit Commedia-Einschlag, wie er es hier andeutet, vielleicht nicht allzu weit von Gerhart Hauptmann, hat er ja nicht geschrieben! Was aber entwickelt er aus diesem »Kern«? Nichts Geringeres als eine Fortsetzung der »Zauberflöte« strebte er an, die Goethe zwar entwarf, die aber nie verwirklicht wurde. Und nachdem auch noch Anregungen Nestroys, Raimunds und Grillparzers durchmessen wurden, schwebte den Autoren gar so etwas vor wie die Aufhebung des »Rings des Nibelungen«!

Verwegen sind solche Ansprüche allemal. Versuchen wir, sie besser zu begreifen.

Auch die »Frau ohne Schatten« benutzt das Märchen als Parabel für verschlüsselte Wirklichkeit. Aber anstelle der Weltprozesse des »Rings« finden wir hier eher ein Spiel der Tugenden wie in einer sinnlich gesteigerten Moritat. Es sind Tugenden, die den alten Normen abendländischer Ethik und Kultur entsprechen: das Bekenntnis zu Treue und Opfer; der Begriff von Herrschaft, die sich nur als Dienst an den anderen rechtfertigt und ihre Beziehung in der sozialen Verantwortung findet; der Begriff von Liebe, die ihre Erfüllung in der Bindung findet, der Institution der Ehe, die wiederum der Quell und Nährboden ist dafür, daß die Ungeborenen ans Licht treten. Indem solche Tugenden von einer imaginären Geisterwelt, der Oberschicht und der unteren sozialen Klasse verkörpert bzw. verworfen werden, wird das ganze Gebäude abendländischer Kultur ins Spiel gebracht, auch in seinen Rissen und Erschütterungen. »Übermächte sind im Spiel«, konstatiert die Amme.

Wenn wir die Entstehungszeit eines Werkes nicht nur als mehr oder weniger subjektive Chronologie verstehen, sondern als Epoche, die das entstehende Werk entscheidend – den Autoren auch manchmal unbewußt – mitprägt, dann erscheint plötzlich der Anspruch, so etwas schaffen zu wollen, wie das Resumée abendländischen Kulturguts, eingefangen im Prisma der Oper und geortet in der deutsch-österreichischen Sprachlandschaft, gar nicht mehr so verwegen. Vielmehr entsteht die Vermutung, als solle hier ein Gegenmodell zu den Zeitereignissen entworfen werden, das das Überkommene aufhebt in jenem doppelten Sinne des Bewahrens und Verwerfens zugunsten neuer Ereignisse.

So wurde zum wichtigsten Schlüssel der heutigen Interpretation die Einsicht, daß »Die Frau ohne Schatten« ein Stück über den Krieg, über den Ersten Weltkrieg ist, und dies in dreifacher Hinsicht:

Von der ersten Konzeptionsidee (1911) bis zur Uraufführung (1919) spannt sich die Verwirklichung des Werkes über den Ersten Weltkrieg, die größte Erschütterung, die Europa, zumal Deutschland und Österreich, bis dahin erlebt hatten. Das Gebäude fast aller bis dahin gültigen Regeln, Ideale und Systeme geriet ins Wanken und zerbrach. Wie total die Destruktion war, offenbarte der Zweite Weltkrieg, der eine noch schlimmere Katastrophe bedeutete und die Umbrechung Europas einleitete. Viel spricht dafür, daß die Autoren das nicht nur ahnten, sondern visionär erfaßten.

Deshalb ist trotz aller konservativ-patriotischer, gelegentlich auch chauvinistischer Bekenntnisse der Autoren unbestreitbar, daß der Schaffensprozeß an »Die Frau ohne Schatten« für beide eine Art Friedensarbeit wurde, über den Krieg hinweg, auch über die Schützengräben hinweg gedacht, wie der aufschlußreiche Briefwechsel Richard Strauss' mit Romain Rolland zeigt. 1917 schrieb er: »Wir Künstler müssen versuchen, unseren Blick für das Schöne und Erhabene allenthalben uns frei zu erhalten und in den Dienst der Wahrheit zu stellen, die ja doch endlich einmal wie das Licht die Finsternis auch das dichte Gewebe von Lüge und Trug durchdringen wird, in das die wahnbetörte Welt jetzt eingesponnen scheint.«

Und über den Krieg hinweg erstreckt sich auch die Botschaft, die Aussage der »Frau ohne Schatten«, gipfelnd im Plädoyer für das Überleben der Menschheit, wie Hans Mayer treffend formulierte. Es ist das Plädoyer dafür, daß die Ungeborenen ans Licht treten und in einer Welt leben können, die den Frieden wahrt oder schafft. Daß Strauss »Die Frau ohne Schatten« in C-Dur ausklingen läßt, ist für den Meister, der gerade mit »Salome« die Tonalität in einer bis dahin kaum gekannten Weise aufgerissen hat, eine nahezu messianische Hinwendung zur Naivität eines Glaubens, der aus Not und Verzweiflung gewonnen wurde. Der Schluß des 2. Aktes hatte das Weltenchaos in der persönlichen Tragödie der Menschen komprimiert, eine, wenn man so will, minimierte »Götterdämmerung«. Aber anders als in Wagners »Ring«-Zyklus, vielleicht aber doch im Nach-Denken zu »Parsifal«, streiten Hofmannsthal und Strauss am Ende für das lichte, schlichte Abbild einer Utopie, gönnen den Menschen die Erlösung nicht durch den Untergang, sondern im Glück geprüfter Liebe.

So verstanden, erhalten die Verschlüsselungen einen aufhellenden Sinn. Die Märchensymbole erweisen sich als Zeichen, Parabeln einer aus den Fugen geratenen Zeit und geben doch zugleich den Halt einer höheren Ordnung, die Hofmannsthal und Strauss in ihrer Umgebung nicht mehr finden, an die sie sich aber den Glauben wachhalten möchten.

Der Weg dahin führt durch Chaos, Not und Bedrängnis. Der Zwist im Geisterreich greift über in die Menschenwelt. Die Beweggründe der »Übermächte« sind für den Einzelnen kaum auszumachen – »es ist etwas, und wir wissen nicht, was es ist«, stammeln Baraks Brüder.

Nimmt man die Entstehungszeit als »Zeit der Handlung«, dann wird Barak, der einzige Charakter, der einen Namen trägt, sozial genauer definierbar, als wenn es sich um eine Figur aus »1001 Nacht« handelte. Aus vielen Eigenschaften setzt sich der Prototyp eines anständigen, biederen Sozialdemokraten Bebelscher Prägung zusammen, begabt mit großer Menschlichkeit und voller Geduld gegenüber seiner Frau bis zu der Grenze, die seinem Verständnis gezogen ist. Der Handwerker ist auch Künstler (Poet) dazu. Durch seinen Umgang mit den Farben erfährt er etwas vom Wesen der Verwandlung (dem »Segen der Widerrufbarkeit«). Künstler-Egozentrik wurde, von Hofmannsthal kommend, oft auch dem Kaiser zugeschrieben. Es ist aber sicher noch beklemmender sich vorzustellen, was im Umkreis der Entstehung des Werkes der Satz ausgelöst haben könnte: »Der Kaiser muß versteinen«. Der »Kaiser der südöstlichen Inseln« (Hofmannsthal) entschlüsselt sich unversehens als Kaiser der südöstlichen Insel deutsch-österreichischen Kulturgebiets, der 1918 Thron und Reich verlor und – so schreibt die Geschichte an den Opern immer mit! – Menschlichkeit nur bewahren oder neu hätte gewinnen können im Bund mit den Nichtprivilegierten, den einfachen Menschen, zu denen ihn die Kaiserin führt.

Ihre Leistung ist es, daß sie die Liebe zu ihrem Mann nicht höher ansetzt als die Liebe zu den Menschen. Sie überträgt das als Mozartsches Ideal der Verbindung von Eros und Humanitas in eine neue Epoche. Sie, die zunächst den Schatten erlangen wollte, um den Kaiser zu retten, verzichtet auf den Schatten, als sie feststellt, daß sie ihn nur durch das Unglück der Menschen erkaufen kann. Diese Haltung gewinnt sowohl ihr als auch der Färberin den Schatten neu.

Die Autoren schildern die Färberin als junge, reizvolle Frau. Barak hat sie, wie sie kritisch berichtet, für Münze auf dem Markt gekauft. »Sie haben es mir gesagt, daß ihre Seele seltsam sein wird und ihr Tun befremdlich die erste Zeit.« Woher stammt sie, woher kommen ihre Neurosen, ihr Schock? Die Autoren verraten darüber kaum etwas. Aber, ich wiederhole es, die Geschichte schreibt an den Opern immer mit. Wir haben in den letzten Jahren viel Anschauungsmaterial darüber erhalten, um welche Art junger Frauen es sich handeln könnte, die aus fernen Kriegsgebieten herkamen und in europäischen Familien ein neues Zuhause suchten und dennoch

»Die Frau ohne Schatten« Stuttgart 1987, Toni Krämer (Kaiser)

lange fremd blieben. Der Schatten der Färberin entschlüsselt sich mittels solcher Assoziationen als Stigma kaum verheilter Wunden. Es ist das Mal menschlicher Leiden, das sie an sich trägt. Und dieses Mal läßt sich nicht allein durch psychotherapeutische Behandlung beseitigen. Dazu ist Liebe nötig. Das ist, was der Färber lernen muß. Und das praktiziert die Kaiserin im alten Sinne des Mit-Leidens. Erst daraus wird die Reife gewonnen, Leben zu zeugen und zu erhalten. Erfahrenes Menschenleid und Fruchtbarkeit bedingen einander. Das lehrt zumindest »Die Frau ohne Schatten«.

»Ich preise die Seltsamkeit« ist das verblüffendste Wort unter so vielen, die in dieser Oper überraschen. Baraks Ausruf ist ein Appell zu einer akuten Toleranz gegenüber dem Anderssein, dem Fremden, wie es sich in der heftig widerspruchsvollen Figur der Färberin verkörpert. Nur weil sie die Liebe so hoch ansetzt, versperrt sie sich und Barak so lange den Zugang dazu. Sie ist sogar bereit, den Tod von ihrem Mann zu empfangen, wenn dies die Konflikte lösen könnte.

Aber das Märchen gestattet die Erlösung: Das »hohe« und das »niedrige« Paar verbinden sich in unserer Inszenierung auf dergleichen Ebene durchlebter Erfahrungen zum gemeinsamen Verstehen und zu einer Ahnung vom Glück.

Aus ihm ist nur die Amme ausgeschlossen. Wie eine archaische Suffragette der verfehlten Liebe, verstellt ihr der Haß auf die Menschen die letzte Zuneigung der Kaiserin, der sie auf dem Weg ins Mit-Leiden nicht folgen will und kann. Der Schatten war für die Amme nur eine Ware. Für die Färberin und für die Kaiserin ist er Lebenserkenntnis. So isoliert sich die Amme. Ihr Untergang wäre um so tragischer, je mehr wir feststellen müßten, daß die Zeitläufe und die Entwicklung des menschlichen Geschlechts die Utopie der Liebenden nur als schönen Schein entlarven und die Skepsis der Amme bestätigen. Aber vor solchen gedanklichen Konsequenzen bewahren uns Hofmannsthals Märchen und die Musik von Richard Strauss.

Sie spielen bei uns gleichsam in einem Parabel-Raum: einem reichen, aber zerfallendem Wiener Palais, das wie ein Gebäude alter Kulturbeharrung, wie der Oberbau all der Haltungen und Erfahrungen wirkt, um die das Spiel geht. Im Keller hat der Färber seine Werkstatt. Diesen imaginären Raum erschüttern die Katastrophen der Menschen und der Zeiten. Er wird zum Gleichnis einer wankenden Welt, im Sinn des Spruchs: »Zum Raum wird hier die Zeit.« Und so entschlüsseln sich auch die drei Wächter am Ende des 1. Akts als drei vielleicht von der Front heimkommende Soldaten, die eine weiße Fahne aufpflanzen, als Signal des Endes aller Kriege. Was sie singen, können sie ja nicht von einem orientalischen Muezzin gelernt haben. Es konzentriert die Mahnung dieser Oper, wie sie aus Not und Gefährdung gewonnen wurde:

Ihr Gatten, die ihr liebend euch in Armen liegt,
ihr seid die Brücke, überm Abgrund ausgespannt,
auf der die Toten wiederum ins Leben gehn!
Geheiligt sei eurer Liebe Werk!

ARABELLA

Der Sprung ins Märchen als Protest gegen die Realität

»Es ist zu viel an Spannung in dieser Welt,
man muss wirklich Lustspiele schreiben –
sonst weiss man nicht wo aus noch ein.«

Hugo von Hofmannsthal, 1929

Das Wasser steht vielen bis zum Hals. Nicht nur der Familie des hoffnungslos verschuldeten Grafen Waldner, Rittmeister a.D. Man ist angesichts der Weltwirtschaftskrise erheblich ins Trudeln gekommen. Während sich Richard Strauss mit der Komposition mühte, äußerte er sich 1932 über die »gegenwärtig so misslichen Verhältnisse« aus seiner Sicht: »Weder der Verleger noch die Theater noch das Publikum haben Geld ...«

Jedenfalls hat Graf Waldner keines mehr. Um wenigstens die ältere der beiden Töchter, Arabella, unter die Haube zu bringen, wählt er ziemlich dubiose Mittel. Er verschickt ihre Fotos als Köder an alte Regimentskameraden. Und weil die Eltern nicht daran glauben, auch die Jüngere »standeswürdig« versorgen zu können, wird sie in Männerkleider gesteckt – »für ew'ge Zeiten«, wie die Mutter wenig zartfühlend befürchtet. So hat die Oper ihre Hosenrolle und die Natur ihre in diesem Fall nun wirklich alles andere als amüsante Verkehrung. Die Krise nimmt zu, der Eklat scheint vorprogrammiert.

Es wäre zu einfach zu sagen, daß mit Mandryka die Operette in die Oper tritt. Hofmannsthal sah ihn aus einer »halbfremden Welt« kommen, wünschte sich ihn als »großartigen Kerl, tiefer Gefühle fähig, wild und sanft, fast dämonisch ...«. Verschlüsselter, aber auch entschiedener klingt Hofmannsthals folgende Anmerkung: »Die Hauptfigur ist eine weibliche ...«.

Unschwer ist auszumachen, daß hier kein sopranistischer Leidenstyp gemeint ist. Vielmehr distanziert sich Arabella durch ihren Stolz, ihr Selbstwertgefühl, aber auch durch eine gute Portion Frohsinn von der sie umgebenden Bürgerlichkeit und deren schäbiger Pseudomoral. Ihr weiblicher Emanzipierungsdrang und Mandrykas kräftiger Unabhängigkeitssinn prallen mit Gewalt aufeinander. Und es liegt nicht an den vielerlei dramaturgischen Intrigentricks der Autoren, wenn sich auch ein tragischer Ausgang der Begegnung dieser zwei »Outsider« abzeichnet. Strauss meinte beispielsweise am Anfang der Arbeit zu Hofmannsthal: »Es muss ja kein Lustspiel sein, besonders wenn es wie jetzt schon eigentlich gar nichts Komisches und Witziges enthält und alles nach der Tragikomödie zuneigt ...«.

Je mehr man »Arabella« von ihrer Entstehung her als Zeugnis einer Endzeit begreift, um so erklärlicher erscheint – gerade auch im Kontext zu anderen Werken – der schließlich wirksame Wunsch der Autoren nach dem »Happyend«: der Sprung ins Märchen als Protest gegen die Realität. Filme haben das vor- und nachgemacht, von »Das Wunder von Mailand« bis »Pretty Woman«!

Zu solcher Endzeitsituation ist ja auch die oft beschworene Verwandtschaft »Arabellas« zum »Rosenkavalier« am nächstliegenden. Strauss selbst sorgte für die Irritation, »Arabella« sei nur ein Remake des »Rosenkavalier«, indem er vor Beginn der Arbeit an Hofmannsthal schrieb: »Also bitte dichten Sie! Es darf sogar ein zweiter ›Rosenkavalier‹ sein, wenn Ihnen nichts Besseres einfällt.« Hofmannsthal parierte: »Der Ton der ›Arabella‹ ... unterscheidet sich sehr von dem des ›Rosenkavalier‹. Es ist beidemal Wien – aber welch ein Unterschied liegt dazwischen – ein volles Jahrhundert! Das Wien unter Maria Theresia – und das Wien um 1866.«

Zwischen der Komposition beider Werke liegen zwanzig Jahre. Die Musik des »Rosenkavalier« atmet unüberhörbar die Epoche vor dem Ersten Weltkrieg. »Arabella« wiederum bezeichnet ziemlich genau den Standort von Strauss am Ende der zwanziger Jahre gegenüber Komponisten wie z. B. Janáček, Hindemith, Křenek, Schönberg oder Berg. Nahezu »werkgerecht« habe ich in meinen beiden bisherigen »Rosenkavalier«-Inszenierungen die Geschichte aus der Zeit Maria Theresias mehr an die Gegenwart herangerückt, und zwar in die Zeit der Entstehung des Werkes. Die große Epoche der k. u. k. Monarchie geht ihrem Ende zu. Die Marschallin ist die klügste und charmanteste Ab-Sängerin einer großen Vergangenheit: »S' ist halt vorbei ...« Richard Strauss spielt auf zum »letzten Walzer«. Und niemand weiß, ob der junge Offizier Octavian demnächst in den Maschinengewehr-Salven von Langemarck oder in Galizien fallen wird.

Aber 1918 war nicht einfach Schluß mit dieser Welt. Wien hinterließ eine Menge von ebenso kostbaren wie überflüssigen Relikten. Zu ihnen gehört das Grafenehepaar Waldner. Und Wien gebar gleichzeitig eine Vielzahl neuer Impulse, von denen die Fiakermilli bis ins Showbusiness weist (Liza Minnellis Vater Vincente war Österreicher). Diese verlängerte Endzeit stieß 1933 und in Österreich noch danach an eine Barriere, hinter der die politische und geistige Barbarei lauerte. Dies kann eine »Arabella«-Inszenierung heute nicht vergessen.

An solchen Kulminationspunkten der Krise des gesellschaftlichen Selbstverständnisses darf, muß man das Märchen hinterfragen. Es unterstreicht hier wie zu allen Zeiten den individuellen Anspruch, dem Dilemma der Realität wenigstens als einzelner zu entkommen. Die Boulevard-Zeitungen sind auch heute voll davon. Die Kunst besteht darin, zwei starke Charaktere zu schaffen und zu profilieren, die den Sprung aus der Realität wagen und verkraften. Das gipfelt in dem Glas Wasser, das Arabella Mandryka reicht, und in seinem Kniefall vor dieser Frau, die Hofmannsthal »weiblich« nannte – die modernere (was immer das heißen möge) Nachfahrin der Marschallin.

Daß Richard Strauss in den berührendsten Szenen der »Arabella« zu Volksliedzitaten griff, sollte ihm nicht als konventionell oder als geschmackliche Anbiederung an Franz Lehár angelastet werden. Eher verweist es auf Bartók, Strawinski und so viele andere. Bei Strauss spricht es wohl immer noch und besonders heute wieder von der Einsicht des fast siebzigjährigen Komponisten, der schließlich, nachdem er alle denkbaren musikalischen Register gezogen hatte, mit schlichten Mitteln dafür plädierte, daß die Natur, daß unsere »Wurzeln« ein gutes Korrelat sind in den gesellschaftlichen und kulturellen Wirrnissen der Zeit. Und da es um die Oper geht: die Natur des Menschen, festgehalten in Gesangscharakteren wie Mandryka und Arabella.

SCHÖNBERG – BARTÓK – BERG – ENESCU – ORFF –
GERSHWIN – TAL – ZIMMERMANN – LIDHOLM – BERIO –
HENZE – KELTERBORN – MATTHUS – SINOPOLI – RIHM

ARNOLD SCHÖNBERG

MOSES UND ARON

Ein Grenzfall des Musiktheaters

Durch die Verbindung von höchstem Ideengut und sublimster Kunsttechnik ist »Moses und Aron« eine permanente Herausforderung an das gegenwärtige Musiktheater und dessen Publikum, zu testen, wie weit es sich von »alten Bildern« des Illusionismus und des Kulinarischen zu entfernen in der Lage und fähig ist, vorzudringen zu einer ungewohnten, ungewöhnlichen Erfassung konsequenter Gedanklichkeit. Die thematische Grundfrage des Werkes nach der Realität und Realisierungsmöglichkeit einer Idee berührt Grundprobleme unseres Jahrhunderts. Damit rührt sie auch an die Grundfesten des üblichen Opernspielens. Aber »Moses und Aron« stellt nicht nur die Mittel und Methoden der konventionellen Oper in Frage. Indem das Werk Fragment geblieben ist, stellt es schon wieder den eigenen

»Moses und Aron« – Wien 1973

Weg, wie er bis Ende des 3. Aktes konzipiert war, in Frage – mit einer Ehrlichkeit, die auf die Notwendigkeit einer Übereinstimmung von Kunst und Gesinnung hinweist.

Man kann zahlreiche Vermutungen darüber anstellen, warum Schönberg seinen Textentwurf für den 3. Akt nicht ausgeführt, nicht komponiert hat. Zu den vielfältigen Gründen gehört sicher das Unbehagen daran, daß sich mit der Bestrafung Arons ein »Bild« bequemer und befriedigender abgerundet hätte, als es die bis dahin verwirklichte Konsequenz des Werkes und nicht zuletzt die Erfahrung aus den Zeitereignissen zu gestatten schienen.

Bekenntnis zum Fragmentarischen

Indem die Inszenierung der Wiener Staatsoper 1973 – wie die erste szenische Aufführung des Werkes 1957 in Zürich – dort endet, wo Schönberg seine Komposition 1932 abgebrochen hat (also mit dem 2. Akt), bekennt sie sich zum Fragmentarischen als dem höchsten Ausdruck einer Kunsthaltung, die nicht mit ästhetischen Mitteln »fertige Lösungen« anbietet, wo es darum geht, das Bewußtsein für das noch Ungelöste oder vielleicht sogar Unlösbare im gesellschaftlichen Leben und in dessen künstlerischer Widerspiegelung zu wecken, wachzuhalten. Die Legitimation, das Fragment in dieser Fassung aufzuführen, gab Schönberg selbst (in einem Brief an Francesco Siciliani vom 27. November 1950)

Schönberg an Siciliani

Los Angeles, 27. XI. 1950

Ich höre von Ihrer Absicht, meine Oper »Moses und Aaron« innerhalb des Maggio Musicale Fiorentino aufzuführen, mit größter Freude. Jedoch, es sind nur der erste und zweite Akt komponiert, und der dritte existiert nur als Text. Es kommen also folgende Möglichkeiten in Betracht:

1.) nur die beiden ersten Akte aufzuführen, den dritten aber

a) wegzulassen oder

b) nur gesprochen darzustellen. (Es ist ein Dialog zwischen Moses und Aaron, dem, nach Aarons Tod, ein langer Monolog Moses' folgt.)

2.) Nur die Szene »Tanz um das Goldene Kalb« (im zweiten Akt) oder

3.) den ganzen zweiten Akt aufzuführen …

Francesco Siciliani war damals künstlerischer Direktor des Maggio Musicale Fiorentino. Schönberg schreibt in diesem Brief den Namen: Aaron (mit zwei a), während er die Oper in früheren Briefen und auch im Manuskript »Moses und Aron« nennt. Die Aufführung in Florenz kam nicht zustande.

Daß Arons Bestrafung – von Schönberg als Thema des 3. Aktes konzipiert, dann aber in den weiteren zwanzig Jahren seines Lebens nicht ausgeführt – in dieser Inszenierung ausbleibt, ist eine naheliegende Konsequenz aus dem Grundgefüge der musikalischen Dramaturgie Schönbergs und verlangt Folgerungen auch für die szenische Darstellung bis ins Detail von Gestus und Kostüm. Denn gegenüber dem alttestamentarischen Stoff bilden die Akzentuierung der Aron-Gestalt und die geistige Dynamisierung der Beziehung zwischen Aron und Moses den entscheidenden Kunstgriff, durch den Schönberg das Thema in die Polarität analytischer Dramatik spannen konnte. Viel von dem, was in der Bibel Moses selbst eignet, überträgt Schönberg auf Aron. Indem dieser wesentliche Züge des Volksführers und Religionsstifters erhält, wird die Moses-Figur gleichsam auf ihren allzeit alarmierenden Kern geführt und erscheint als unmittelbare Personifikation der Idee des »unerbittlichen Denkgesetzes«.

»Moses und Aron« – Wien 1973, Bühnenbild-Modell von Rudolf Heinrich

Dialogisches Theater als Mittel der Analyse

Ein Schlüssel für das Verhältnis beider zueinander sind die Worte, mit denen der Moses der Oper Aron begrüßt: »Du Sohn meines Vaters, Bruder des Geistes, aus dem der Einzige sprechen will.« Hieraus ist für die beiden Gestalten auf der Musikszene eine spezifische Wirklichkeit zu gewinnen: Aron erscheint wie der andere Teil, wie das »zweite Ich« des Moses, dessen historische Funktion durch Schönberg aufgefächert, gespalten wird zugunsten der Analyse – nach Ansicht des Komponisten ein Prozeß der Erkenntnis wie der Kenntlichmachung. Was andere »Interpretation« nannten und nennen, heißt ihm »Analyse«. Sie findet ihre entscheidenden Drehpunkte in den großen Dialogen zwischen Moses und Aron nach ihrer Begegnung in der Wüste und später nach dem Tanz um das Goldene Kalb.

Für die Gegenüberstellung von Denkhaltungen, in denen Grundfragen nicht nur der Religion, sondern menschlicher Existenz und Erkenntnismöglichkeit überhaupt eingefangen werden, hat Schönberg das Mittel verdoppelter musikalischer Verfremdung gewählt. Moses, der »denken, aber nicht reden« kann, spricht (in vorgezeichneten Tonintervallen und rhythmischen Strukturen); Aron, sein »Mund«, singt. Solche Technik ist weder in der Operngeschichte noch in Schönbergs eigenem Schaffen neu. Aber in »Moses und Aron« wurde sie mit verblüffender Folgerichtigkeit zu höchster Entsprechung von philosophischem Thema und musikszenischer Gestaltungsmöglichkeit geführt. Die Gegenüberstellung, Überlagerung, gegenseitige »Störung« und dennoch innig verschlungene Einheit von Sprech- und Gesangsstimme sind unmittelbarer Ausdruck eines die Brüder sowohl einenden wie trennenden Gedankenkampfes.

Eine dialogische Analyse von solcher Form und solchem Format

»Moses und Aron« – Wien 1973

erbringt für die Entwicklung der Mittel zeitgenössischen Musiktheaters neue Aspekte, speziell hinsichtlich der Funktion des Singens auf der Bühne. Wenn in den überkommenen Auffassungen der Gesang – noch immer nach den Prinzipien der Affektlehre – als Steigerung des gesprochenen Wortes zu begreifen ist, dann wird diese Tradition in den Dialogen zwischen Moses und Aron kritisch bestätigt und gleichzeitig aufgehoben: In der Faszination des Aron'schen Gesangs ist permanent die Gefahr der Verdrängung, gar Verfälschung des Gedankens enthalten; und der Sprachgestus des Moses wiederum macht kenntlich, daß es sich hier nicht um mangelnde Emotionalität handelt, sondern um gedankliche Konzentration, deren stilisierter Ausdruck sich in permanenter – kritischer wie sehnsüchtiger – Affinität zum Gesang befindet.

Der Sprachgestus des Moses stellt den Gesang in seiner bisherigen Form als spezifisches Gestaltungsmittel der Oper in Frage. Aber stellt sich am Ende auch wieder selber in Frage, wenn Moses erkennt, daß ihm »das Wort« fehlt. Es ist ein anderes Wort als das, was Aron »sang«. Aber es muß auch in anderer Sprache gesagt werden, als Moses sie fand. So sind »Moses und Aron« und das Musiktheater, wie Schönberg es entwarf, am Ende des 2. Aktes in jene Grenzsituation geführt, in der die theologischen, gesellschaftsbezogenen und autobiographischen Züge des Werkes kulminieren.

Die Rolle des Volkes

Dialogisches Musiktheater, wie es in den Szenen Moses/Aron entsteht, wird zum dialektischen Musiktheater durch ein konkretes Drittes: das Volk. Unverkennbar läßt Schönberg das Volk zum wesentlichen Bezugspunkt des Gottesbegriffes und zum lebendigen Krite-

»Moses und Aron« – Wien 1973, Sven Olof Eliasson (Aron), Rolf Boysen (Moses)

rium der Auseinandersetzung zwischen Moses und Aron werden. Religiöse und soziale Aspekte verbinden sich, wie es im Auftrag an Moses erkennbar wird: Befreiung aus der ägyptischen Sklaverei und Einswerden mit dem neuen Gottesbegriff bedingen einander.

Aber gerade das Problem, wie das Volk den mosaischen Gedanken erfassen kann und wie es als »auserwähltes Volk« zu leben hätte, läßt die Einheit Moses und Aron auseinanderklaffen. Nur wenn das Volk als tatsächlich handelndes Element, konkret reagierend und Aktionen fordernd, begriffen und dargestellt wird, erschließt sich der besondere Aspekt des Schönbergschen Werkes, gerade im Volk so etwas zu sehen wie den »gesellschaftlichen Test« auf die Ideen des Moses und deren Realisierungsmöglichkeit.

Groß sind die Belastungen und Hoffnungen, denen dieses Volk ausgesetzt ist, die Situationen, die es durchlebt auf der Suche nach der eigenen, besseren Bestimmung. Um dies darzustellen, scheint ein oratorischer Stil nicht zutreffend. Daß die Bühne als Vollzugsraum des individuellen und gesellschaftlichen Handlungsprozesses gebraucht wird, macht »Moses und Aron« gerade durch Volksszenen bewußt. So ist mit spezifischen szenischen Mitteln die konfliktreiche Reaktion des Volkes Israel auf die mosaischen Gedanken und die Aron'sche Auslegung in den verschiedenen Stationen sinnfällig zu machen: Angst und Kleinmut in der Gefangenschaft bis zum Aufbruch in die Freiheit; Unsicherheit, Zersetzung in eben dieser »Freiheit« (die sich hier als Rückfall in Stammesfehden, in Anarchie darstellt); Entfesselung unmittelbarer sinnlicher Bedürfnisse und deren Umschlag in Selbstzerstörung beim Tanz um das Goldene Kalb; und schließlich der Marsch ins »gelobte Land«. »Darf Aron, mein Mund, dies Bild machen?«, fragt der Moses Schönbergs unter der Last prophetischen Wissens.

1932, vor dem Beginn von Ereignissen die in ihrer Grauenhaftigkeit und deren Beantwortung ohne Beispiel in der menschlichen Geschichte sind. Wo wäre, was wäre das Wort, das aus der Hoheit des ethischen Gesetzes in die Praxis des gesellschaftlichen Lebens und seiner Prozesse reichte? Das sich dem Volk »verständlich«, es im eigentlichen Sinne glücklich machen könnte?

Die geistige Optik

Ebensowenig wie »Moses und Aron« lediglich als musik-szenische Illustration biblischer Ereignisse zu begreifen ist, kann auch die Bühne für die Aufführung dieses Werkes historisch illustrieren. Vielmehr hat sie kenntlich zu machen, daß es sich bei »Moses und Aron« um ein gewaltiges Werkfragment aus der ersten Hälfte des 20. Jahrhunderts handelt, das ebenso historisch wie aktuell erscheint. Die geistige Optik bestimmt sich aus dem Versuch, die drei zeitlichen Ebenen einer solchen Aufführung bewußt zu machen: die legendäre Stoffwelt – die Entstehungszeit der beiden Akte Ende der zwanziger und Anfang der dreißiger Jahre –, Zeitpunkt der Inszenierung 1973. Wenn auf solche Weise Historisches als aktuell und Aktuelles als historisch begriffen wird, kann die Bühne ein spezifisches Zeitbewußtsein vermitteln, in dem die drei Zeitebenen zugleich sichtbar gemacht und aufgehoben werden in einer neuen szenischen Wirklichkeit.

Die anzuwendenden Mittel entstehen aus der Notwendigkeit, Illustrationsstreben (Aron!) und abstrahierenden Rationalismus (Moses!) ausgetragen zu sehen mit jenem wechselnden Gewicht, das die Dramaturgie des Werkes erfordert, gespannt in Kontraste, wie sie zwischen Wüste, Gefangenschaft und dem Tanz um das Goldene Kalb bestehen. Weder Illusions- noch puritanische Abstraktionsbühne, sondern Funktionsbühne für die Suche nach der Realisierung des Gedanklichen ist die Absicht der Optik entsprechend dem Thema des Werkes. Sie will der Vollzugsraum werden für ein Musiktheater, das sich selbst an die Grenze seiner Existenz- und Ausdrucksmöglichkeit führt.

Der konservative Revolutionär

So scheint es von weher, wissender Konsequenz, daß der Mann Moses, wie Schönberg ihn schuf, am Ende allein steht und in der Anmut des verzweifelnd Sehnsüchtigen sagt, fragt: »O Wort, du Wort, das mir fehlt.«

Vielleicht liegt die Tragik einer solchen Grenzsituation begründet in der Selbstvermutung Schönbergs: »Ich bin ein Konservativer, den man gezwungen hat, ein Radikaler zu werden.«

BÉLA BARTÓK
HERZOG BLAUBARTS BURG
ARNOLD SCHÖNBERG
ERWARTUNG

Dialoge mit dem Unbewußten

Schon die zeitliche und geokulturelle Nähe der Entstehung von »Herzog Blaubarts Burg« und »Erwartung« legt eine Zusammenbindung gerade dieser beiden Werke in einer Aufführung nahe. 1911 und 1909 komponiert, dokumentieren beide Stücke auf besondere Weise das Fin de Siècle der k. u. k. Monarchie, vielfältige geistige und künstlerische Fäden aufnehmend und weiterspinnend, nicht zuletzt die aufreizenden Anstöße Sigmund Freuds.

Musikalisch und theatralisch überschneiden sich die seinerzeit ebenso modernen wie modischen Elemente des Symbolismus und Expressionismus und kennzeichnen eine Avantgarde, deren Haltung sich noch zuspitzt durch die Wahl der einaktigen Form, wie sie zum Beispiel auch Strauss mit »Salome« und »Elektra« zum Aufbrechen überkommener Opernstrukturen benutzte, wobei »Erwartung« schon durch das Konzept des Monodrams am konsequentesten in neue Bereiche des psychoanalytischen Musiktheaters vorstößt.

Eine gemeinsame Aufführung beider Werke rechtfertigt sich indes erst wirklich, wenn eine korrespondierende Thematik zu inszenieren ist. Sie ergibt sich aus der Suche, dem Kampf, dem Leiden und der Leidenschaft zweier Frauen, die – beide einander ähnlich und doch zugleich ganz gegensätzlich – ihre Erfahrungen durchleben auf dem Weg der Selbstverwirklichung, der Selbstfindung gegenüber männlicher Präpotenz. Richard Wagner, einer anderen Generation als Bartók und Schönberg angehörend, hat das Thema unseres Abends gleichsam vorformuliert, als er in seinem Essay »Das Weibliche im Menschlichen« 1882 schrieb: »Gleichwohl geht der Prozeß der Emanzipation des Weiblichen nur unter ekstatischen Zuckungen vor sich.« Ein – freilich ungerader, widersprüchlicher – Weg von Kundry über Salome zu Judith und der Frau in »Erwartung«, weiter über das Paar Elektra/Chrysothemis und Turandot/Liu zu Lulu? Lou Salomé befand sich in der Nähe, auch Alma Mahler, etwas weiter entfernt Clara Zetkin oder Rosa Luxemburg. Der Lebensweg und Berufsgang in Marie Pappenheim selbst mutet wie ein Roman an darüber, wie die mutige Emanzipation einer Frau immer wieder durch die Ängste und Bedrohungen eingeholt wird, die aus der Zeitgeschichte kommen.

»Herzog Blaubarts Burg« – Wien 1985, Klara Takács (Judith), Siegmund Nimsgern (Blaubart)

*

Die Wege der Erfahrung von Judith und der Frau in »Erwartung« verlaufen umgekehrt. Beide Rollen sind gegensätzlich angelegt. Die Inszenierung gewinnt daraus so etwas wie ein psychologisches Krebsgangprinzip (und greift damit der seriellen Entwicklung im Musiktheater voraus beziehungsweise auf sie zurück).

Tapfer betritt Judith die dunkle, tiefe Burg Blaubarts. Ihr Gestus ist aktiv. Sie will erfahren, heilen und geheilt werden, retten und errettet sein. Was wir gemeinhin unter »Liebe« verstehen, erscheint verdrängt von ihrem femininen Elan oder darin aufgehoben, wenngleich sie öfter formuliert: »Ich liebe dich.« Tür um Tür öffnet sie in Blaubarts Burg (sprich: Seele). Aus dem Dialog zwischen Mann und Frau erwächst, auf den ersten Blick, ein Kampf der Geschlechter, in Wirklichkeit die Dialektik im psychoanalytischen Prozeß. Indem sie immer mehr über Blaubart erfährt, enthüllt sie genauer den Grund ihrer Ängste und Erwartungen: die »Kunde«! Der Erfahrungsprozeß (gleichzusetzen mit psychotherapeutischer Arbeit) wirft beide, Mann und Frau, wechselweise auf und nieder, die Rollendynamik ändert sich oft und heftig. Den Schlüssel zur letzten, der siebten Tür, birgt die Wunde Blaubarts. Judith sieht die früheren Frauen Blaubarts: lebend! Leben sie wirklich? Judiths Suche versagt vor dem letzten Rätsel. Sie zerbricht. Der Mantel, mit dem Blaubart sie umhüllt, drückt sie nieder. Mühsam schleppt sie sich in die lebendige Todesstarre. Aber auch Blaubart hat sich erschöpft. Oft sind die psychotherapeutischen Prozesse ein Pyrrhus-Sieg. Ewige Nacht …

»Erwartung« – Wien 1985, Karan Armstrong (Die Frau)

Gegensätzlich sind Haltung und Entwicklung der Frau in »Erwartung«. Zwar sucht auch sie. Aber sie ist voller Angst, erscheint anfangs schwach und zerbrechlich. Was ist mit ihrem geliebten Mann geschehen? Sie findet ihn tot, erschossen. Stammen die Schüsse, die am Anfang, noch bevor die Musik einsetzt, die Stille zerreißen, von ihr? Dann würde sich auch der Titel »Erwartung« umkehren: Ihre Suche ist gleichzeitig Flucht vor dem Unbewußten. Aber ihr Davonlaufen wird ein Hinlaufen zum Tod. Den Geliebten suchend, sucht sie sich selbst. Fliehend vor etwas Entsetzlichem, was zu entdecken sie sich fürchtet, will sie entkommen und kommt doch zu sich. Ihre Energie kann und will schließlich der Wahrheit nicht ausweichen. Hier wird nicht Psychoanalyse vorgeführt, wie im »Blaubart«, sondern Schönbergs Monodram ist der psychoanalytische Prozeß selbst! Spielt es da eine Rolle, ob es den Toten wirklich gibt oder nicht? Er, der Mann, ist tot – und wenn er es nur in der Vorstellung, der Erfahrungssuche der Frau wäre. Die mögliche Schuld einer anderen Person nimmt sie sogar als ihre eigene an. Sie beweint den Geliebten und beklagt seine Untreue, wütend, exzessiv. In hektischen Raffungen und Bewußtseinsstürzen durcheilt sie die Landschaft ihrer Erinnerungen, ihrer Liebe. Leidvoll macht sie die Erfahrung des Todes und gelangt zur Erkenntnis ihrer Einsamkeit. Gewinnt sie daraus ihre neue Kraft?

Schönberg gibt die Momentaufnahme der Psyche, die er musikszenisch zerlegt, zerdehnt: analysiert. Damit behauptet er eine der besten Eigenschaften der Oper seit altersher und rettet sie in die Zukunft des Musiktheaters. Sein Werk ist Prozeß der Psychoanalyse und dessen Protokoll zugleich. Damit ist es ebenso bahnbrechend wie in den künstlerischen Anforderungen halsbrecherisch.

*

Dialoge mit dem Unbewußten: Was ist Traum, was Wirklichkeit? Was Halluzination, was konkret?

Sicher nicht zufällig werden »Blaubart« und »Erwartung« häufiger noch im Konzertsaal aufgeführt als auf der Bühne. Aber es läßt sich nicht leugnen, daß die Autoren beide Werke für das Theater konzipiert haben – kühn gegen die Konvention gerichtet, Alternatives provozierend.

Vom Librettisten Béla Balázs stammen genaue Anweisungen für die Ausführung, die sein späteres filmisches Denken durchaus antizipieren. Und Schönberg hatte für die Aufführung an der Berliner Kroll-Oper 1930 sogar ein eigenes Bühnenbild-Modell angeboten: zwei sich gegeneinander bewegende Drehscheiben, szenischer Kinetik sich annähernd. Nichtsdestoweniger insistiert er gegenüber Ernst Legal, es müsse »ein wirklicher Wald sein und kein bloß ›sachlicher‹«.

Und bezüglich der ebenfalls an der Kroll-Oper vorgesehenen »Glücklichen Hand« ergänzt er: »Ich bin kein Freund sogenannter ›stilisierter‹ Dekorationen (welcher Stil?) und liebe es in den Bildern die gute, geübte Hand eines Malers zu sehen, der einen geraden Strich gerade macht und sich nicht an Kinderzeichnungen und der Kunst der wilden Völker ein Beispiel nimmt.« Wie problematisch es oft ist, die bühnenoptischen Wünsche eines Komponisten getreulich zu befolgen, wird um so deutlicher, wenn wir Schönbergs kurze Zeit danach für die »New York Times« gegebene treffsichere ästhetische Definition seiner von ihm auch »Kurzoper« genannten »Erwartung« eher beherzigen möchten: »In ›Erwartung‹ the aim is to represent in ›slow motion‹ everything that occurs during a single second of maximum spiritual excitement, stretching it out to half an hour.«

An den meisten, auch musikalischen, Bühnenwerken schreibt die Zeit seit der Uraufführung weiter mit. Primär gilt uns ein solches Werk als bleibend, als Kulturvermächtnis, das nicht uns standzuhalten hat, sondern demgegenüber wir standzuhalten haben. Die anderen Werke, die bei neuerer Betrachtung Auskünfte über solche ästhetische Dialektik nicht hergeben, werden vergessen oder kommen ins reiche, prächtige Opernmuseum. »Blaubart« und »Erwartung« gehören zweifellos zu den Schöpfungen, die, aus dem Anfang unseres Jahrhunderts stammend, noch da es sich seinem Ende zuneigt, durchaus geeignet scheinen, befragt zu werden, was wir aus der Spannung zwischen Traum und Wirklichkeit – dem Kunstthema des Jahrhundertbeginns – mitnehmen können und sollen ins nächste Jahrhundert, das ein nächstes Jahrtausend wird. In solche Befragung sind freilich auch die Werke Zemlinskys, Schrekers und Korngolds einzubeziehen.

Allerdings können wir heute stilistisch (Schönberg: »... welcher Stil? ...«) den damaligen Symbolismus und Expressionismus nicht museal repetieren. Dies um so weniger, als die Entwicklung des Theaters gerade in jüngster Zeit darauf zielt, sich aus den verschiedensten -ismus-Kategorien, die die ästhetisch-ideologischen Kämpfe dieses Jahrhunderts bestimmten, zu befreien: hin zu einer neuen, autochthonen *Eigenwirklichkeit*, die *nicht abbildet*, sondern *ist* und die »Richtungen«, Ideologien, nicht *bedient*, sondern *Freiheit* beim Wort nimmt, indem sie in jeweils offenen Assoziationsvorgängen Protokolle und Modelle unserer bewußten und unbewußten Ängste, Sehnsüchte, Erfahrungen schafft.

Ein solches Theater sollte, denke ich, besonders gern mit der permanent widersprüchlichen Überschneidung, Überlagerung von Traum und Wirklichkeit, von Konkretem und Unbewußtem arbeiten. Damit würden wir freilich nichts anderes tun, als uns eine der ursprünglichen Aufgaben und Chancen des Theaters zu vergegenwärtigen. Ist Hamlets Vater auferstanden oder ist er ein »Geist«? Erscheint der Komtur wirklich oder ist er eine Halluzination Don Giovannis? Sind Blaubarts Frauen tot oder lebendig? Findet die Frau in »Erwartung« den Toten tatsächlich oder ist das alles nur eine Vision?

Es ist gut und notwendig, daß sich das Theater da nicht vorschnell entscheidet. So konnte es zum Raum psychoanalytischer Prozesse werden, lange schon, bevor Sigmund Freud zu wirken begann. Aber Freuds Arbeit hat uns bewußt gemacht, daß Theater ein großangelegter, gesellschaftlicher psychotherapeutischer Vorgang sein kann, der ebenso unzuverlässig wie unverzichtbar ist. Unzuverlässig: Eindeutigkeit, eindeutige Erfolge sind nicht garantiert. Aber Vieldeutigkeit als Alternative wäre Dilettantismus. Es geht allein um die Erziehung zur Phantasie – uns, unserer Vergangenheit und unserer Zukunft, unserem Sein und Anders-Sein gegenüber. Solche Schule der Phantasie erscheint mir unverzichtbar – heute vielleicht mehr denn je. Und auf jene Dimensionen, die Musik dabei öffnet und strukturiert, sollten wir am wenigsten verzichten wollen.

*

Die Bühne zu »Herzog Blaubarts Burg« illustriert nicht die Musik, sondern ist der Raum der psychoanalytischen Vorgänge, die vom Komponisten bezeichnet werden. Die Türen – vertikale wie horizontale – öffnen die Kammern zu Blaubarts Seele ebenso, wie sie die »Kunde« bloß- oder widerlegen, die zu Judith gedrungen ist. Es sei nicht verschwiegen, daß der Bühnenbildner Hans Schavernoch und ich anfangs durchaus eine Jugendstilvilla im Auge hatten, in der ein Sonderling namens Blaubart, wie ihn später zum Beispiel Friedrich Dürrenmatt und Peter Rühmkorf weiter verbürgerlichten, sein Unwesen treibt. Dann aber entschieden wir uns dafür, einen balladesken Raum der Maskulinität zu bilden, zumal in Korrespondenz zu »Erwartung«, wo die festen Mauern dieses Raums zerbrochen werden, sein Boden zerborsten ist und verwirrt, bedeckt mit rotem Laub und bestückt mit Zeichen der Erinnerung der Frau an ihre Liebe. Wenn man so will, ist die »Erwartung«-Bühne die Verkehrung, die Umwandlung des ummauerten maskulinen Raums von »Blaubart« in eine offenere feminine Seelenlandschaft. Architektur zerbirst in neu begriffene Natur. Die Burg zerbricht zum »Wald«.

So unterstreicht die Szenographie die folgerichtige Zuordnung beider Werke in unserer Aufführung. Der psychoanalytische Dialog des »Blaubart« erzwingt im Monodram »Erwartung« den Dialog mit dem Unbewußten. Von Adorno allerdings gewinnen wir einen Hinweis, der das Thema unseres Abends in jene weiteren Zusammenhänge stellt, die ein Grundphänomen unseres Jahrhunderts treffen: »Schönberg ist auf den gesellschaftlichen Charakter der Einsamkeit gestoßen, indem er diese bis ins Extrem festhielt.« Die letzten Worte der Frau, die ihren Charakter auch wieder an das Schicksal Judiths bindet (»... ich suchte ...«), lassen den Schluß offen. Die Suche setzt sich fort. Und die Dialoge gehen weiter.

ALBAN BERG

WOZZECK

Vereinsamung

Permanenz der Aktualität
Die Bühne unserer Inszenierung ist nicht zeitlos, das wäre das falsche Wort, aber sie möchte eine Permanenz der Aktualität vermitteln. Es ist die Permanenz zweier Grundsituationen: »Garnison« und »Armut«. Wenn wir diese Permanenz der Aktualität zeitlich mehr einkreisen in die Zeit um den Ersten Weltkrieg, dann nicht, um zu modernisieren, sondern weil wir auch gern dem alten Opern-Interpretationsgesetz folgen, daß Stoffe meist in der Zeit spielen, in der sie komponiert worden sind. Wenn man weiß, daß Alban Berg durch seine Erfahrungen als Soldat im Ersten Weltkrieg besonders von Erscheinungen wie »Hauptmann« und »Doktor«, »Schöpsenfleisch« und »Kaserne« geängstigt, nahezu paralysiert wurde, dann denke ich, ist das eine richtige Ortung, die zugleich zurückweisen kann auf das Jahr 1820 oder voraus auf das Jahr 1980. Eine definitive Jahreszeit für die Zeit der Handlung wäre einengend für die Permanenz der Aktualität.

In welcher Bühnenrealität bewegt sich das Stück?
Andreas Reinhardt hat verbrannte Erde gebildet, er hat hohle, dunkle Häuserfassaden aufgerichtet, Menetekel einer Welt, wie sie aussehen könnte, wenn diese Art von Militär, die uns vorgeführt wird, hemmungslos weiterfunktioniert hätte. Die schreckliche Perspektive der Verwandlung einer solchen Welt in eine Ruinenlandschaft liegt meiner Ansicht nach schon im Stück. Es ist, als ob wir von den späteren Folgen einer früheren Konstellation von menschlicher Entfremdung im kafkaesken Sinne zurückblenden zu übersehbareren Tagen, bevor die allgemeine Zerstörung eintrat. Zuerst wird das Gehirn zerstört, dann die Welt vernichtet.

Simultandramaturgie und absurde Schauplatzkombinationen
Das Bühnenbild hält sich an die episch-dramatische Erzählweise des Stücks in Bildern, wie Berg sie nach Georg Büchner konzentrierte. Beim Übergang zwischen dem 2. und 3. Akt kommen wir zu einer Technik der Simultan-Dramaturgie, zu einer Auflösung der Bilddramaturgie des episch-musikalischen Theaters, wie es Berg vorschwebte, wobei wir in die Nähe von absurden Schauplatzkombinationen gelangen. Marie liest die Bibel in dem nun geteilten Raum, in dem noch Wozzeck in der Kaserne ist: Beide zusammen sind auf der Bühne. Wozzecks und Maries Weg zum Teich ist ein direkter Weg, der nicht durch Fallen eines Vorhangs unterbrochen wird. Der Weg von der Leiche Maries zurück in das Wirtshaus ist ein direkter Sprung, und dieses Wirtshaus ist auch nicht mehr das Wirtshaus von

»Wozzeck« – Zürich 1981, Christian Boesch (Wozzeck), Karan Armstrong (Marie)

»Wozzeck« – Stockholm 2000

vorher, sondern ein Albtraum, eine Phantasmagorie. Am Ende sind es auch nicht mehr die Kinder, die Ringelreihen spielen und Maries Kind zur Leiche der Mutter rufen, sondern nur Frauenköpfe, Frauenstimmen – wie eine Vervielfachung der Marie selbst –, die das einsame und vereinsamte Kind von der Bühne wegzitieren – Vereinsamung auch für das Kind und Vereinsamung schließlich zuletzt für den Narren, der das »Hopp, hopp!« des Kindes übernimmt in einer seltsamen Aufforderung an das Publikum, das mit dem »Hopp, hopp!« anfangen soll, was es mag.

Die Konsequenz: Das Stück ohne Pause zu spielen

Ich halte wenig von einer Regiepraxis, die schon a priori die von den Autoren gewünschten Schauplätze meidet oder collagiert, während ich, und das läßt sich von meinem ersten Berliner »Troubadour« an verfolgen, den Schritt bevorzuge, mit einer Inszenierung erst einmal die Exposition zu akzeptieren, die die Autoren ästhetisch und dramaturgisch gegeben haben, um im Laufe des Stückes das Werk mehr und mehr zu öffnen für theatralisch-dramaturgische Überlegensweisen, zu denen auch die Autoren nachweislich hindrängen. Im »Wozzeck« ist dies eine Öffnung des Werkes zu einer Form hin, die schließlich, in der Tradition Büchners, Bernd Alois Zimmermann aufgegriffen hat mit seinem Begriff von der »Kugelgestalt der Zeit«. So etwas zeichnet sich bei Berg schon von der Mitte des zweiten Aktes an ab. Das begründet die Öffnung der »Wozzeck«-Dramaturgie hin zu einer absurden, surrealistischen Schauplatzkombination von der Mitte des Stückes an, wo der zunehmende Prozeß der Bewusstseinspaltung erzählt wird. Die Entwicklung unserer Szenographie beabsichtigt von der Mitte des Stücks an das Wechselspiel zwischen subjektiver und objektiver Sicht des Bühnenraums. Nicht die Geschichte Wozzecks wollen wir illustrieren, sondern die Ambivalenz zwischen dem, was man normalerweise sieht, und dem, was man sieht, wenn man sich einläßt in solche unter die sichtbare Oberfläche weisende Dimensionen.

Bildnis Lulu

Es ist seit jeher Chance und Fluch des Theaters, das biblische Gebot zu mißachten: »Du sollst dir kein Bildnis machen …« Von Beginn an vermenschlichte das Theater die Götter. Das trug dazu bei, daß wir uns unser Bild vom Menschen, von uns selbst machten. Freilich: Es wurde immer wieder geändert, ergänzt, verworfen, neu modelliert. Und bleibt unvollständig, Fragment auf jeden Fall.

So wie Lulu. Wie gerade Lulu! Hier wird nicht eine Göttin vermenschlicht, vielmehr wird ein Straßenmädchen vergöttert – als erotisches Idol. Vorübergehend. Bis, wie Adorno sagt, »die organisierte Menschheit keinen Spaß versteht« und Lulu vom Piedestal stößt. Findet sie in der Gosse als Straßenmädchen in London zu ihrer Identität zurück? Fast scheint es so. Falls der Tod eine Korrektur des Lebens wäre. Oder des Bildes, das man sich zeitlebens von jemand machte.

Nachdem der Tierbändiger Lulu zunächst als Schlange vorgestellt hat, erscheint sie innerhalb der »organisierten Gesellschaft« im ersten Bild der Oper als Modell für ein Gemälde. Dr. Schön hat »ein Bild-

»Lulu« – Berlin 1982, Manfred Röhrl (Tierbändiger)

»Lulu« – Berlin 1982, Karan Armstrong (Lulu), Donald Grobe (Der Marquis)

nis« seiner mit einem Medizinalrat verheirateten Geliebten beim Maler bestellt. Das unvollendete Ölbild begleitet die Stationen von Aufstieg und Fall der Lulu wie ein ironisch-romantischer Kommentar, wie der schließlich vergebliche, auf jeden Fall fragmentarische Versuch, den »Erdgeist« zu bannen, festzuhalten.

Das »Bildnis Lulu« formt sich am ehesten aus der Begehrlichkeit und Angst der Männer und der Frau, die sie vergöttern, dann erpressen und schließlich vernichten. In vieler Hinsicht ist sie so etwas wie die plebejische Schwester Giovannis. Sie ist die Inkarnation des femininen Eros, wie jener verdammt ist, den maskulinen Eros zu typisieren. Beide sind nicht eigentlich aus sich selbst heraus zu begreifen, zu definieren. Giovannis Arie »Fin ch'han dal vino« gibt ein ähnlich irisierendes Psychogramm wie Lulus »Lied« im zweiten Akt. Eher sind die anderen dazu bestimmt, im Sextett Nr. 19 und im Finale ein Bildnis von Giovanni zu skizzieren. Auch Berg wählt im Quartett der London-Szene noch einmal die überkommene Ensemble-Form, dem Bildnis von Lulu beizukommen. Aber während der spanische Grande, zum Anarchisten verkommen, sich seiner Be- und Verurteilung in den mysteriösen Tod entzieht, während für seine »Bestrafung« der Geist des Komturs bemüht wird, ist Lulus Tod trivial, kriminell. Ein Kranker bringt sie um. Jack the Ripper heißt die Wiedergeburt Dr. Schöns, den Lulu wirklich, am meisten geliebt hat.

Die Parallelen zwischen Don Giovanni und Lulu, zwischen Mozart und Berg sind ebenso faszinierend wie ernüchternd. Der maskuline Eros wurde, aus der Aristokratie kommend, asozial. Der feminine Sex, aus der asozialen Anonymität kommend, zeitweilig verbürgerlicht, bevor ihn die »organisierte Gesellschaft« in die Gosse zurückverweist. Da rächt sich einer, dem die Pornographie zur Passion geriet. Und macht gerade dadurch Lulus Lebensgang zur Passion.

Denn Lulu ist nie eigentlich Täterin, eher Opfer. Auf jeden Fall Katalysator all derer, die Sex als bürgerlichen Ausgleichssport betreiben, weil sie den Eros als humanes Identifikationsprinzip verloren haben. Mozart drohte den Bürgern solche Entfremdung an. Berg durchmißt sie qualvoll, ehe er der Geschwitz vergönnt zu singen: »Lulu, mein Engel« und doch offen läßt, ob sie endet mit »Verflucht«.

Ich habe »Lulu« bisher dreimal inszeniert. Im dänischen Fernsehen 1969 als Film in der zweiaktigen Fassung mit den damals üblichen Ergänzungen durch die Variationen und das Adagio. Als 1979 Cerhas Herstellung des dritten Aktes fertig war, inszenierte ich in Zürich die zweite europäische Aufführung als »Zirkus Mensch« mit Motiven eines psychiatrischen Klinikums. In London 1981 geriet die Menagerie zum »Weltgefängnis«, aus dem die einzelnen Menschen-Tiere vergeblich auszubrechen versuchen und dessen Trostlosigkeit durch Lulus Tod bezeichnet wird. Jetzt, in Berlin, scheint sich, nachdem der Ton einer mythologischen Groteske angestimmt wurde, so etwas wie die Pathologie der Psyche unserer gefährdeten Zivilisation abzuzeichnen.

Schon Wedekind fand bloße Sozialkritik ungenügend. Er irritierte durch mysteriöse und bizarre Absurditäten. Berg griff all die grotesken Motive auf, verstärkte sie noch, machte sie greller und insistierte doch auf einer ihm gemäßen Grundhaltung, die er bereits im »Wozzeck« exemplifizierte: Mitleid mit der gejagten, ausgelieferten Kreatur. Wenn Wedekind »Lulu« als eine skandalöse Story vorstellt, wird die Geschichte bei Berg zum Skandal für die humane Sozietät.

Lulu weiß nichts von Emanzipation. Aber es gibt kaum eine Figur auf dem Theater, die für solche Befreiung mehr durchlebt hat. Vielleicht einfach nur deshalb, weil sie nicht, wie Giovanni, glücklich s e i n , sondern glücklich m a c h e n wollte. Das macht den ganzen Unterschied. Lulus Begriff von Freiheit jagt allen anderen Angst ein. Ihre Passion: Das ist der Protest.

Bevor Jack the Ripper Lulu umbringt, zerschneidet er das Bildnis, das sich die Bürger von Lulu hatten machen lassen. Sie verlacht diese Zerstörung. »Du sollst dir kein Bildnis machen.« Auch das bezeichnet Lulus Freiheit. Aber ihr Todesschrei reißt ein Stück vom Himmel weg. Wer wirft den ersten Stein?

GEORGE ENESCU

OEDIPE

Alte Modelle – neu verstanden

Diesen gewaltigen Stoff, möglicherweise der gedanklich reichste, der uns aus dem antiken, attischen Theater überliefert ist, muß man immer wieder neu lesen, neu interpretieren, weil ja an diesen Geschichten die Erfahrungen der Menschen auch immer weiterschreiben. Und es ist wie mit alten Sagen, auch wenn sie aufgeschrieben sind in grandiosen Werken, wie den Tragödien der Griechen: Wir erleben in allen diesen Stücken, ob es die »Orestie« ist, die »Antigone«, die »Medea«, daß immer wieder die alten Modelle neu verstanden, neu gelesen werden sollen. Manchmal meint man dann, die alten Modelle sind eben doch das große Muster geblieben, und manchmal kommt manches Neue hinzu.

Wie kam es nun also zu diesem Entschluß, den Enescu-Oidipus zu bringen? Vollendet hat er das Werk 1931, aufgeführt wurde es 1936, angefangen zu komponieren hat er es 1912, also im Grunde für ihn ein Lebenswerk. Und als es dann 1936 aufgeführt worden ist, ist es nicht gleich, wie viele andere überall nachgespielt worden. Es

»Oedipe« – Wien 1997

»Oedipe« – Wien 1997

wurde dann in den fünfziger Jahren in Brüssel gespielt, dann in Bukarest, aber alles bereits nach dem Tod von Enescu.

»Edipe« wurde 1992 in einer deutschsprachigen Fassung in Kassel aufgeführt. Ein Operntheater in Wien hat es vor kurzem gebracht. Aber es ist ein Werk, an dem Enescu ja ein Vierteljahrhundert, wenn nicht länger gearbeitet hat, und dann ist mehr als ein Vierteljahrhundert vergangen, ehe er es aufgeführt sah, dieses Werk hat den großen Durchbruch, und ich sage es jetzt ganz vorsichtig, noch nicht erfahren gehabt. Lawrence Foster kam eines Tages und schenkte mir so ein CD-Paket. Er hatte die Oper in Monte Carlo aufgenommen. Diese Aufnahme hat den *Grand Prix du Disque* bekommen. Er legte es hin, und er wußte, daß es eine Zeitbombe ist, die da tickt. Und da mein Tick ja ohnehin der Oidipusstoff generell ist …

Ich habe Anfang der achtziger Jahre am Wiener Burgtheater mit Rolf Boysen den »Oidipus Tyrannos« und den »Oidipus auf Kolonos« inszeniert, damals mit einer Bühnenmusik von Siegfried Matthus. Dann kam der Rihmsche Oidipus, wir haben daran gemeinsam mit ihm lange gearbeitet, wir haben das nicht fertigbekommen und dann trotzdem einfach inszeniert. Es sind aufregende Beschäftigungen mit dem, ich wiederhole es, wahrscheinlich größten Stoff gewesen. Es gibt doch so viele andere aus der Antike, aus der römischen Antike auch, die als Oper immer wieder bearbeitet, aufgenommen, rezipiert wurden. Warum eigentlich nicht der Oidipus? Ich habe da einen Verdacht, daß die Oper lange selber nicht begriffen hat, daß sie analytisch ist und daß sie analytisch vorgehen kann. Das Thema des Oidipus ist die Selbstanalyse des Menschen, zugespitzt in dem Teil »Oidipus

Tyrannos«, wo Oidipus den verflucht, der die Pest über die Stadt gebracht hat. Also den Mörder des Lajos verflucht, und er sucht diesen Mörder rücksichtslos, bedingungslos, bis er sich selber als diesen Mörder entdeckt hat. Das ist nun der beste Krimi, den es überhaupt gibt. Bevor wir in Schicksal- und Tiefenpsychologieebenen gehen, halten wir fest, RTL und SAT. 1 haben nichts von dieser Kriminalität in ihren Krimis.

Aber was steckt dahinter? Wen sucht er, und was ist das Rätsel der Sphinx? Er hat ja die Stadt befreit von einer irrsinnigen Last, von einer Bedrohung, von einer Mauer ringsum, indem er das Rätsel der Sphinx gelöst hat, und da wird es nun doppelt interessant mit dem Stoff. Bei Sophokles wird gar nicht gesagt, welches Rätsel ihm die Sphinx gestellt hat, es wird nur gesagt, er hat das Rätsel der Sphinx gelöst, und nun bleibt ein anderes Rätsel: Wer ist der Mörder? Andere Versionen sagen, das Rätsel der Sphinx war: »Am Morgen geht es auf vier Beinen, am Mittag auf zwei und am Abend auf drei.« Die Antwort ist: der Mensch, und bei Enescu stellt die Sphinx die Frage: »Was ist gewaltiger als das Schicksal?« Die Antwort des Oidipus ist: »Der Mensch!«. Das Stück, der ganze Oidipusstoff ist auf der Suche nach dem Selbstbegriff vom Menschen, des Menschen von sich selber. Und deshalb ist auch ein anderer Spruch der Antike so grandios, dieses »Erkenne dich selber« von Sokrates. Das heißt, der Mensch soll sich erkennen in seinen Freiheiten, aber auch in seinen Abhängigkeiten. Das ganze Thema, wie wir es verstehen, die Antwort des Oidipus, so wie wir sie verstehen: »Der Mensch ist stärker als das Schicksal!«, ist eigentlich, wenn wir es genau sehen, ein problematischer Spruch, er hängt aber davon ab, was wir als Schicksal verstehen, ob wir überhaupt ein Schicksal als solches anerkennen. Für die Griechen war das ein bestimmter Begriff. Dem Schicksal waren sogar die Götter unterworfen, die Götter waren zwar unsterblich, aber sie waren dem Schicksal unterworfen. Die Menschen waren sterblich und dem Schicksal unterworfen, nur das hat sie von den Göttern unterschieden. Aber, wenn wir nicht lange philosophieren wollen, stimmt die Antwort des Oidipus? Nur dann, und davon erzählt Enescu, ist der Mensch stärker als das Schicksal, wenn er sein Schicksal annimmt. Nur dann ist er stärker als Krankheit, als Tod, als Fluch, als irgendwas, wenn er dieses Schicksal annimmt. Und das Bedeutende, was nun durch Enescu hinzugekommen ist, zu dem alten Stoff, ist daß Enescu deutlich macht, daß Oidipus dieses Schicksal annimmt. Er klärt nicht nur auf, er entlarvt nicht nur sich selber als den Täter, als den Frevler, der nichtsdestoweniger unschuldig schuldig geworden ist, sondern er zeigt auch, wie Oidipus dieses Schicksal annimmt. Nicht demütig, nicht unterworfen, denn er blendet sich selber. Er überläßt keinem Gott, keinem Gericht, keinem anderen Menschen, ihn zu bestrafen, er tut es selber, er blendet sich, so wie es auch an anderer Stelle steht: »Sehend ist man blind, und blind wird man sehend.«

So wird er aus Theben vertrieben, ein Verfluchter, ein Vertriebener, und er sucht ein Land, wo er, und nun kommt Christliches hinzu, etwas wie Gnade erfährt. Er sucht den Tod, er sucht das Elysium, das Paradies, und er findet es in Athen.

Zuletzt noch ein Hinweis, ein anderer Gedanke: Enescu erzählt das Schicksal des Oidipus von der Geburt bis zum Tod. Auf einmal sind wir bei dem Gedanken des Kreises, des Kreislaufes. Das Schicksal von der Geburt bis zum Tode – und in diesem Kreislauf eine Menge abenteuerlichster, absurdester wachtraumhafter Erlebnisse und Entscheidungen. Aber am Schluß ist wieder eine Geburt, ist wieder ein Kind da. Das Leben, die Erfahrung, alles fängt von neuem an. Möglicherweise liegt da etwas, was mich mehr und mehr gefangen genommen hat und uns alle, als wir uns mit dem Stück beschäftigt haben. Wie uns aufgegangen ist, warum eine solche Oidipus-Oper, ich will nicht sagen, in dieser Form nur von einem Rumänen gestaltet, geschrieben werden konnte, aber doch vor allem von einem Rumänen. Ich sehe es so, daß Rumänien als romanisches Land innerhalb einer Umgebung von Slawen, Ungarn, dann von Griechen, Albanern eine merkwürdige Assimilierungs- und Abgrenzungsmöglichkeit hatte und vieles aufgenommen hat aus aus dem Hellenistischen, dem Byzantinischen, wie auch aus dem Slawischen. Schließlich lebte Enescu in Paris, als Schüler von Fauré ... Da ist etwas entstanden, was man heute mit neuem Verständnis als europäische Oper, als eine Vorform einer wirklich europäischen Musik bezeichnen könnte.

CARMINA BURANA

Knappheit der Aussage

Spiel der Stimmen und Instrumente, der Körper und Bilder. Chiffren, die offenlegen und gleichzeitig verschlüsseln. Explosionen, die in subtilste Scheu und Zärtlichkeit umschlagen. Liebe, Lust, Not, Gewalt, Tod. Das große und das kleine Welttheater als Gaukelspiel. So stellt sich uns Orffs »Carmina Burana« heute dar. In der Melodie schwingt Wehmut über verlorengegangene Gefühle, den Rhythmus prägen Zorn und Ironie, die Klangfarben durchschreiten Lebensstationen. Die Passion gerät zum Panoptikum. Das »imagino magica« läßt an die »laterna magica« denken. Es gibt keine Fabel, keine konkrete Handlung. In einer scheinbar willkürlichen Montage von Bildern und Situationen wird von dem archetypischen Konflikt zwischen Schicksal und Mensch erzählt. Und die davon erzählen, sind Sänger, Tänzer, Akrobaten, Masken. Jahrmarkt und Spektakel.
Der Mensch beginnt, sich aus den Verstrickungen seines Schicksals zu lösen.

»Carmina burana« – Berlin 1995

»Carmina burana« – Berlin 1995

Jeder Frühling bringt neue Hoffnung.
Der frische Übermut sieht kaum die Gefahren, die allenthalben lauern.
Auch der grünende Wald kann Schauer über den Rücken jagen.
Wie die Natur erblüht, putzt sich auch der Mensch heraus; im Spiegel erkennt er nicht seine Entstellung.
Die Ausgelassenheit auf dem Anger entlädt sich in die Luft: entschwebt zerstiebt, verbrennt.
In der Schenke lassen die Männer die Sau raus. Spaß kehrt sich in die brutale Gewalt. Aber am Ende will's keiner gewesen sein.
Opfer und Manipulatoren der echten wie der käuflichen Liebe treffen im »cour d'amour« zusammen. Männliche Anmache liefert sich der sexuellen List der Frauen aus, sekundiert von Kindern, deren Idealität zu McDonald's-Lutschern mutiert ist.
Gerade hier im Liebeshof sucht der Tod nach seinen Delinquenten. Aber er wird in furiosem Tanz besiegt und vertrieben, für kurze Zeit.
Die Liebeswaage neigt sich dem Mann und der Frau gleich zu. Alle Unterschiede und Grenzen hebt Eros auf.
Gepriesen seien alle, die Sünder und die Heiligen, die Kinder und die Gebrechlichen, die Musikfans und die mit so etwas nichts anzufangen wissen!
Ohnehin entgeht keiner seinem Schicksal. »O Fortuna!«

Orffs Ironie ist nicht zu übersehen und zu überhören. Seine Angaben für die bildliche Ausführung seiner »szenischen Kantate« sind aufreizend lapidar. So verhält er sich nicht weniger listig als Brecht oder Euripides. Was schließlich nichts anderes meint, als daß jeder unsere Vorschläge für »imagines magicae« für sich und mit sich auszutragen hat und fortspinnen kann. Ohne Angst vor Tabus, mit Naivität und Hintersinn. Gerade hinter dem Bekanntheitsgrad der »Carmina Burana« lauert der Aufruhr. »Auf der Knappheit der Aussage beruht ihre Wiederholbarkeit und Wirkung« (Carl Orff).

GEORGE GERSHWIN

PORGY UND BESS

Von der »Neger«-Oper zur Volks-Oper

Von vornherein sieht sich jede europäische Interpretation von »Porgy and Bess« mit der Frage konfrontiert: Können weiße Darsteller das spezifische Idiom dieser Musik, das auf dem Lebensgefühl und -rhythmus der schwarzen Amerikaner aus den Südstaaten basiert, überhaupt erfassen und zum Ausdruck bringen? Recht bald zeigt sich, daß dies nicht nur ein Problem der Besetzung und der Schminke ist. Die Frage weist über den Bereich des Ästhetisch-Methodischen hinaus.

»Als ich an der Musik zu arbeiten begann, entschloß ich mich, keine originale Volksmusik zu gebrauchen, weil die Musik aus einem Guß sein sollte. Deshalb schrieb ich meine eigenen Spirituals und

»Porgy und Bess« – Berlin 1970

Volkslieder. Diese sind aber dennoch Volksmusik – und folglich ist ›Porgy and Bess‹, da auch in der Form opernhaft, eine Volksoper.« – Vor und während der Komposition seiner Oper studierte Gershwin das Leben und die Gesänge der Menschen von Charleston. Er lebte in den Sommermonaten 1934 in der Hütte einer Fischersiedlung auf Folly Island, einer kleinen Insel vor Charleston, auf der sich viele alte Bräuche noch erhalten hatten. Mit DuBose Heyward ging Gershwin auf die Plantagen, wo die »Gullah-Neger« arbeiteten, in ihre Kirchen, auf ihre Dorfplätze. Heyward berichtet: »Der Gullah-Neger ist stolz auf das, was er ›Shouting‹ nennt. Das ist ein kompliziertes rhythmisches Fußstampfen und Händeklatschen – zweifellos afrikanischen Ursprungs –, das als Begleitung der Spirituals dient. Ich werde nie die Nacht vergessen, als George bei einer Negerversammlung auf einer entlegenen Insel bei ihrem Shouting mitzumachen begann. Und am Ende übertrumpfte er zum größten Vergnügen aller sogar den besten Shouter. Ich glaube, er ist der einzige weiße Mann in Amerika, der das fertigbrachte.«

Trotz dieser Studien und seines großen Einfühlungsvermögens konnte und wollte Gershwin keine authentische »Neger«-Oper schreiben. Der Unterschied zwischen »Porgy and Bess« und dem heutigen »Black Theatre« ist – auf eine einfache Formel gebracht – der, daß nicht das Schwarz-Sein als das Besondere der Bewohner von Catfish Row herausgestellt wird, sondern ihr Mensch-Sein. Die rassische Herkunft wird als Bedingung der konkreten sozialen Existenz gezeigt,

»Porgy und Bess« – Berlin 1970, Cullen Maiden (Porgy), Carolyn Smith-Meyer (Bess)

nicht als von ihr isoliert propagiert. Aus dieser Dialektik erwächst der spezifische Wahrheitsgehalt dieser »Volks-Oper«. Es ist durchaus eine Bestätigung dieser Dialektik, daß Gershwin immer wünschte, die »Negroes« sollten von schwarzen Darstellern verkörpert werden. Nach Überwindung erheblicher Schwierigkeiten wurde dieser Wunsch bei der Uraufführung in Boston 1935 ebenso realisiert wie bei den späteren Aufführungen in New York und anderen amerikanischen Städten. Überblickt man die Rolle, die Schwarze damals auf den Bühnen Nordamerikas spielten, so wird die revolutionierende Bedeutung dieses Vorgangs offenkundig. Er griff von der Bühne in den Zuschauerraum über. Als »Porgy and Bess« z.B. 1936 im Nationaltheater von Washington gespielt wurde, waren die Barrieren der Rassendiskriminierung auch im Parkett beseitigt: Frei von den sonst üblichen Sonderbestimmungen füllten die schwarzen Besucher das Theater. Nach den ersten größeren Erfolgen wurde es Ende der dreißiger Jahre ziemlich still um »Porgy and Bess«.

Erst während des Krieges, in dem die »black Men« neben den weißen Soldaten gegen den deutschen und japanischen Faschismus kämpften, gab es neue Aufführungen. Seine weltweite Verbreitung erfuhr das Werk durch die hervorragende Interpretation der 1952 gegründeten Everyman Opera Company. Auf Tourneen durch die ganze Welt, von Mexiko bis Moskau, wurde »Porgy and Bess« begeistert aufgenommen. Im Programmheft der Everyman Opera stand unter Hinweis auf die dreißiger Jahre: »Leider war aber zu jener Zeit

»Porgy und Bess« – Berlin 1970, Manfred Krug (Sporting Life)

das amerikanische Publikum noch nicht reif genug, um zu verstehen, daß Neger auch Menschen sind, und konnte es nicht verwinden, daß ein Weißer sich mit deren Problemen befaßte.« 1956 löste sich die Truppe auf.

Der in diesem Programmheftsatz unterstrichene humanitäre Wert des Werkes wird seit dem Erstarken der Bürgerrechtsbewegung in den letzten Jahren verschiedentlich in Zweifel gezogen. Viele »Neger«, die heute mehr und mehr die Bezeichnung »Schwarze« für sich vorziehen, sehen in »Porgy and Bess« ein »weißes« Werk der Anmaßung, Verfälschung oder Verniedlichung. Offenkundig wurde das auch, als Hollywood 1957 die Oper verfilmen wollte und mehrere prominente Darsteller, wie z. B. Harry Belafonte, die Mitarbeit ablehnten. Interessanterweise befinden sich aber auch unter denen, die schließlich mitspielten – voran Dorothy Dandridge, Sidney Poitier und Sammy Davies jun. – manche, die aktiv am Kampf der schwarzen Amerikaner um volle Gleichberechtigung teilnahmen und teilnehmen.

Angesichts der komplizierten Situation, die heute für die Bewertung von »Porgy and Bess« entsteht, ist es doppelt erforderlich, sich auf einen Grundzug der realistischen Kunstpraxis zu besinnen: Nur aus der Berücksichtigung der konkreten historischen Bedingungen, unter denen ein Kunstwerk entstand und die es widerspiegelt, kann sein zeitgenössischer Wahrheitsgehalt erschlossen werden. Der Wahrheitsgehalt von »Porgy and Bess« wurde durch die historische Entwicklung nicht widerlegt, sondern eher aktiviert. In der heutigen Situation bedeutet das, daß das Werk um so eher als »Volks«-Oper besonderer Art anerkannt werden kann, je mehr und je konsequenter die in verschiedenen Gruppen operierenden Schwarzen den Bürgerrechtskampf in den USA als große soziale, alle werktätigen Massen umfassende Volksbewegung begreifen und organisieren.

Eine Aufführung bei uns muß diese Aspekte berücksichtigen, ohne sich darauf beschränken zu dürfen. Könnten sich nicht einige der mannigfaltigen Schwierigkeiten, die naturgemäß für eine hiesige Interpretation gelten, für die Freisetzung des Werkgehalts sogar als Chancen erweisen? – Schon die erste europäische Inszenierung von »Porgy and Bess« deckte auf Grund besonderer politischer Umstände den humanen Gestus des Werkes in einer gerade für uns aufschlußreichen Beziehung auf: Kopenhagen 1943. Der geplanten Aufführung am königlichen Theater kündigten die faschistischen Okkupanten und Kollaborateure Boykott und Gewaltmaßnahmen an. Eine Gazette wetterte gegen die »Schweinerei am königlichen Theater« und bezeichnete das Werk als »jüdische Negeroper mit Urwaldgeschrei und Bauchtanz«, als »armselige Repräsentation der amerikanischen Kultur«. Theater und Publikum ließen sich jedoch nicht irritieren. Erst nach 22 Aufführungen wurde die Absetzung durch die Androhung, das Theater zu bombardieren, erzwungen. »Porgy and Bess« war zu einem Symbol des antifaschistischen Widerstands geworden. In die offiziösen Sondermeldungen blendete sich immer wieder ein geheimer Widerstandssender ein mit Sporting Lifes Vers »It ain't necessarily so« – »es ist nicht unbedingt wahr« – (oder wie wir übersetzten: »Wer's glaubt, der ist selber dran schuld«). Nach der Befreiung Dänemarks wurde die Oper demonstrativ wieder in den Spielplan aufgenommen.

Am 18. Mai 1945 fand in Moskau eine konzertante Aufführung statt, am 14. Juni eine szenische Einstudierung (begleitet nur von Klavier und Trommel). Im Juni 1945 folgte Zürich. Andere europäische Bühnen – Stockholm, Wien, Oslo, Brno u. a. – versuchten sich in den nachfolgenden 25 Jahren auf verschiedene Weise und mit unterschiedlichem Erfolg an »Porgy and Bess«. Vorherrschend war der Trend, um einige hervorragende schwarze Solisten das einheimische Ensemble zu gruppieren. Erst allmählich wurden die Weichen gestellt für den Weg, an die Stelle von Imitation die eigenständige und eigenschöpferische Interpretation und Transfiguration zu setzen.

Unsere Aufführung sieht in den bisherigen Erfahrungen, die mit »Porgy and Bess« gemacht wurden, die prinzipielle Einsicht bestätigt, daß alle Rassenfragen, wo sie politisch akut werden, sich als Klassenfragen erweisen. Diese Erkenntnis wurde zum Hebel der künstlerisch-methodischen Arbeit. Demnach stehen nicht die Fragen der Hautfarbe oder Schminke im Vordergrund. Ausschlaggebend wird die Entschlüsselung des mensch-sozialen Aussagewertes. Das entspricht dem Schritt vom Naturalismus zum Realismus. So erweist sich gerade in unserem Umkreis der Begriff »Volksoper« als Kriterium dafür, daß Oper durch die Aufmerksamkeit gegenüber den Rechtlosen, Unterdrückten und Ausgebeuteten nicht an ästhetischem Reiz verliert, sondern gerade aus solcher Haltung Schönheit, Kraft und Humor gewinnt.

Was ist »Catfish Row«?

Der Roman bezeichnet die »Katzenfisch-Gasse« als einen einst von spanischen Kolonialherren gebauten Häuserkomplex in der Nähe des Hafens. Später könnte sich hier auch eine Fabrik eingenistet haben. Dann wurden die Gebäude von Schwarzen bezogen. Der Platz und seine Seitenhöfe bilden ein Gewirr von Türen, Fenstern und hinzugebauten Treppen und Balustraden.

Zugleich: ein Slum, in dem diese Menschen unter gettoähnlichen Zuständen leben. Schauplatz des Alltäglichen. Brutstätte echter und fehlgeleiteter Leidenschaften. Asyl der Ausgestoßenen. Sammelbecken der Solidarität. Keimzelle eines möglichen Aufbruchs.

Aus sozialer Konkretheit erwächst das Exemplarische. Es umspannt Archaik und Modernität. Das soziale Milieu wird zum Modell. Dieses Modell ist nicht »austauschbar«, aber im Sinne echter Kunst assoziativ und gleichnishaft für den Lebensbereich von Ausgestoßenen, Armen und Verfolgten jeder Hautfarbe, jeder Rasse, jeder

Nationalität. So wird Catfish Row Mikrokosmos einer Welt, die aus Leidenden und Duldenden Gestalter der eigenen Geschicke und Geschichte macht. Markierungspunkt auf dem weiten Weg der Menschheit von Sklaverei zur wahren Freiheit.

Und was ist Kittiwah? Wirklich Insel der Hoffnung?

Kein Weg, sondern Ausweg. Vorübergehende Zuflucht dieser Menschen aus einer Zivilisation, die nicht die ihre ist und nicht die ihre sein kann, in eine Natur, die nicht mehr ihre Heimat ist. Reminiszenz von Ursehnsüchten, die von Sporting Lifes berühmt gewordenem Spottlied ebenso in Frage gestellt und kritisiert werden wie religiöse Bigotterie.

Den wirklichen Weg weist das Tor, das Catfish Row mit der Außenwelt verbindet. Wenn sich Porgy am Schluß mit seinem Ziegenwagen aufmacht, um in New York Bess zu finden, kulminiert gerade in der Absurdität, in der »Unvernunft« dieses Aufbruchs die Spannung zwischen Realität und Utopie, durch die diese Oper lebt und mit der ihre Menschen leben. Diese Spannung allerdings ist den Menschen in »Porgy and Bess« bewußt, sie wissen: »I'm on my way!« Porgys Start ruft auf, daß sich alle auf den Weg machen müssen, auf einen »vernünftigen« Weg: gemeinsam!

Die ästhetische Kategorie der »Volksoper« wird durch das dramaturgische Verfahren unterstrichen, daß die Geschichte von Porgy und Bess nicht isoliert erzählt wird, sondern im engen Zusammenhang, in ursächlicher Verknüpfung mit der Existenz der anderen. Da sind z. B.: der Baumwollpflücker Crown, dessen imponierende physische Kraft brutalisiert wird – der »Big boy« als Idol und Gefahr zugleich oder der Fischer Jake, der seinen kleinen Sohn später studieren lassen möchte und der sich des Verdienstes wegen waghalsig dem Unwetter ausliefert, oder der Rauschgifthändler Sporting Life, den die Unerträglichkeit dieses sozialen Elends in den Glamour der Dekadenz treibt, oder Serena: Ihr ist der Glaube Vorrecht der Rechtlosen; in der Religion sucht sie für sich und ihresgleichen Zuflucht aus dem Elend, Formulierung des Lebenskampfes. Dazu all die anderen: der alte Honigverkäufer Peter, die junge Mutter Clara, Hafenarbeiter, Fischer, Baumwollpflücker, Gelegenheitsarbeiter und ihre Frauen, Mütter und Töchter. Diese kollektive Existenz ist nicht Background oder Folie des Einzelschicksals, sondern ihr künstlerischer, weil gesellschaftlicher Bestandteil. Erst aus dieser Bindung heraus erfährt die Liebesgeschichte zwischen Porgy und Bess jene schmerzliche Schönheit, die in der Geschichte der Oper nicht zuletzt deshalb ihresgleichen sucht, weil ein solches Paar und eine solche Liebe ästhetisch noch nicht abgenutzt, weil sie ungewöhnlich waren und sind: die von anderen als »Hure« gescholtene Frau, deren elementare Glückssuche unerfüllt bleibt unter Bedingungen, die noch keine Übereinstimmung zwischen dem »kleinen« und dem »großen« Glück gestatten – und der Krüppel und Bettler Porgy, ebenso hilflos wie kraftvoll, listig wie naiv – plebejischer Solomo und Narr zugleich. Dieses »ungleiche« Paar individualisiert und konzentriert die aus Leid, Humor und Glauben bestehende besondere menschliche Wahrheit, die »Porgy and Bess« insgesamt beherrscht und die den zeitgemäßen ästhetischen Wert der Oper ausmacht – nicht unabhängig von den Entstehungsbedingungen, aber über sie hinausreichend.

Folgerichtig kommunizieren in unserer Aufführung schwarze und weiße Darsteller in dem Wunsch und in dem Bewußtsein, aus dem sozialen und rhythmischen Gestus des Werkes seine gleichnishafte Wahrheit und seinen ästhetischen Reiz neu zu realisieren. Verfremdende Distanzierung trifft nicht die Schwarzen, sondern die »white men«, die die Bewohner von Catfish Row als Fremde, manchmal sogar als Feinde betrachten, als »Herren« oder als Angehörige der herrschenden Klasse, gegen die man sich abschirmt und mit denen man nicht »kollaborieren« möchte. Mit ästhetischen Mitteln wird der gesellschaftliche Aspekt denunziert: Niemals läßt Gershwin diese »white men« singen! Die praktische Konsequenz daraus zieht unsere Aufführung dadurch, daß die Weißen wirklich »white«, gemeint ist »fremd«, geschminkt werden. Dieses typisierende Weiß gestattet zu vermeiden, daß diejenigen, die Gershwin in ihrer konkreten Menschlichkeit vorstellt, »verschwärzt«, exotisch oder distanzierend »koloriert« werden. Eine solche Schminkbehandlung ist freilich mehr als ein Trick. Sie soll die Menschen, um deren äußeres und inneres Leben es diesem Opern-Musical geht, in die Nähe von Assoziationen rücken, die Darsteller und Publikum heute und hier verbinden.

Diese »Rückung«, Transfiguration, Übertragung des Werkes in unsere gesellschaftliche und künstlerische Realität – methodisch, ästhetisch und politisch begriffen – muß sich notgedrungen auch auf den Text erstrecken. So wünschenswert es dem oder jenem erscheint, den ursprünglichen Sprachklang beizubehalten, scheint es uns doch unentbehrlich, dem humanen Informationswert von »Porgy and Bess« auch durch das uns verständliche Wort zum Verständnis zu verhelfen.

In den 35 Jahren seit dem Entstehen von »Porgy and Bess« hat sich gezeigt, daß sich der Begriff »Neger-Oper« aufhebt in dem Begriff »Volksoper«. Er gewinnt gerade heute neue Bedeutung durch seine aus progressiver Volksverbundenheit gewonnene humane Perspektive. Die Menschen in »Porgy and Bess« nennen sie »Promised Land« und singen davon, wenn sie zum Fischfang ausfahren, wenn sie einen Toten betrauern, wenn sich einer von ihnen auf den Weg macht. Es ist ein langer, ein großer Weg. In ihn möchte sich auch unsere Aufführung einreihen – um des nicht mehr nur utopischen, sondern realen Zieles einer »bess'ren Welt« willen, die allerorten zu schaffen alle Menschen aufgerufen sind: gleich welcher Hautfarbe und Nationalität sie sind.

JOSEF TAL

DIE VERSUCHUNG

Ein Lehrstück?

Josef Tal vermehrt mit seinem jüngsten Werk »Die Versuchung« nicht die gegenwärtig wieder ansteigende Zahl von Literaturopern um eine weitere, sondern vertraute einem Originallibretto von Israel Eliraz bei der Komposition eines Lehrstücks besonderer Art. Die Autoren verzichten auf eine individualisierende Fabel, die auf gewohnte Weise »Spannung« erzeugt, ebenso wie auf detaillierte, lokal oder sozial konkretisierte Informationen, wie mancher sie bei einem Lehrstück erwarten mag.

Hauptfigur ist die Gruppe, die von ihr entdeckte Gestalt des Mannes möglicherweise nur ein Phantom. Dessen Inkarnierung gibt Anlaß für eine szenisch-musikalische Geschichte, die behandelt: Überdruß, Hoffnung, Manipulation, Korrumpierung, humane Zer-

»Die Versuchung« – München 1976

störung und wieder, dennoch Hoffnung. Archaische Geschichts- und Bewußtseinsstrukturen werden unter dem unmittelbaren Eindruck gegenwärtiger gesellschaftlicher Erfahrungen und Entwicklungen neu befragt – getestet in einem Musiktheater-Spiel, das sich am ehesten in Form der Parabel vollziehen läßt.

Ob sich die Gruppe, aus der Stadt ausbrechend, wirklich in ein Gebirge begibt oder ob der Berg eine Art Psycho-Klinikum zur Selbstfindung ist, ob der Schnee gefrorenes H_2O ist oder »Stoff«, Droge – dies und später soviel anderes bleibt der Entscheidung des phantasievoll mitspielenden Zuschauers überlassen. Es ist eine Eigenart dieses Lehrstücks, nicht mit erhobenem Zeigefinger Informationsüberfütterung zu betreiben, sondern die Assoziationsbereitschaft heutiger Interessenten anzusprechen. Jedenfalls verfolgt unsere Inzenierung nicht den Ehrgeiz, die oft verschlüsselten Zeichen, Bilder und Klänge dieser »Versuchung« unmißverständlich zu dechiffrieren. »Eindeutigkeit« blockiert ja bisweilen die Fähigkeit, die Vielfalt von Assoziationen wahrzunehmen, wie sie ein solches Parabelspiel bereithält.

Das heißt freilich nicht, daß die Situationen der Parabel verschwommen wären oder unklar. Die dramaturgische Konstruktion ist durchaus ersichtlich. Der 1. Akt spielt auf dem Berg, der 2. in der Stadt. Auf die Exposition folgen im 1. Akt die vier Lektionen der Gruppe gegenüber dem Mann, bis er die Korruption als Essenz aller Lehren aus dem heutigen gesellschaftlichen Bereich begreift und lieber sterben möchte, ehe er der schrecklichen Versuchung ausgeliefert würde, diese Lehren anzuwenden, die Ideale zu praktizieren. Im 2. Akt, in der Stadt, erteilt er der Gruppe seine Gegenlektionen. »Verkehrt«, in der Verkehrung demaskieren sie die unausgegorenen Ideale, desillusionieren sie messianische Erwartungen im politischen oder religiösen Bereich und können dennoch nicht verhindern, daß die übrig gebliebenen Mitglieder der Gruppe am Ende auf den Rudimenten ihrer Hoffnung, ihres »Berges« sich zusammenfinden, um noch einmal von neuem zu suchen.

Die Grenzen zwischen Realität und Traum sind in diesem Lehrstück nicht klar gezogen, sondern gehen ineinander über. Denn Traumata haften an der Wirklichkeit wie an der Utopie.

Das ergibt dramaturgisch eine Montagetechnik der szenisch-musikalischen Sequenzen, in der sich die Handlungslinien überlagern, überkreuzen, wachhaltend immer die Frage, ob das, was wir sehen und hören, nun tatsächlich so ist oder etwas (auch etwas anderes) *bedeutet*.

Die von Peter Gradenwitz hervorgehobene Eigenart in Josef Tals Gestaltungsweise, mit dramatischen Situationen zugleich auch deren Reflexionen zu komponieren, scheint mir in der »Versuchung« besonders ausgeprägt. Jedes scheinbar aktuelle Bild wird irritiert, bereichert oder relativiert durch Erinnerungen, Reminiszenzen an Vergangenes. Und daraus werden Menetekel für die Gegenwart und die Zukunft gewonnen. Viel Sarkasmus, Ironie und schwarzer Humor kommen dabei ins Spiel. Aber durchaus ernst gemeint seitens der Autoren ist ja schließlich die Einsicht des Johannes Kolumbus in die Schuld der Gruppe: »Du sollst dir kein Bildnis machen.« Was am Ende nicht ausschließt: Auch keine noch so bittere Erfahrung berechtigt zum Verzicht auf einen neuen Versuch, die nächste Versuchung.

Ein Lehrstück? Durch den reflektiven Gestus gerät der theatralisierte Albtraum fast zum Mysterienspiel.

»Die Versuchung« – München 1976

BERND ALOIS ZIMMERMANN

DIE SOLDATEN

Polyphones Erzählen

Seit der Niederschrift der »Soldaten« von Bernd Alois Zimmermann sind sechzehn Jahre vergangen, elf seit der Uraufführung des lange Zeit als »im Rahmen eines Opernbetriebs unspielbar« geltenden Werkes in Köln. Die weiteren vier Inszenierungen bisher (in Kassel, München, Düsseldorf und Nürnberg) erbrachten wichtige Einsichten für den Umgang mit diesem ebenso komplexen wie komplizierten Werk. Die unterschiedlichen Erfahrungen veranlassen uns zu einer durchaus eigenständigen Interpretationshaltung bei dem Versuch, Zimmermanns Vorstellungen von der »Kugelgestalt der Zeit«, seine Idee von der Oper als »totalem Theater« vor allem als Entwurf einer neuen Polyphonie zu begreifen und zu verwirklichen: statt Pluralität der Mittel einen dynamischen polyphonen Prozeß, der nicht nur klangliche und szenische Elemente strukturiert, sondern auch das Verhältnis der neuen Musik zur alten neu befragt. Solche ästhetische Besonderheit ist zugleich Welt-Anschau.

Stets hat man sich auseinanderzusetzen mit der Disproportionalität zwischen der »kleinen« (kleinbürgerlichen) Story und den großen Dimensionen, in die Zimmermann die Geschichte stellt, innerhalb deren er sie erzählt. Allerdings läßt schon der Beginn der Oper erkennen, daß die Moritat vom Aufstieg und Fall des Bürgermädchens Marie zum Menetekel gerät. Die Kanonstruktur des Preludio verweist bereits auf das Ende. Der Tod (Mozart: »der wahre Endzweck unseres Lebens«) spielt immer mit. Und wir erkennen bald, daß dem Humanisten Zimmermann keine Geschichte zu klein ist, um nicht in ihr das Alarmierende menschlicher Existenz aufzudecken: Bedrohung der Kreatur in einer auf Aggression orientierten Welt.

»Die Soldaten« – Hamburg 1976

Der Fabelanlaß: Die Suche nach dem Glück wird dem Mädchen Marie zum Verhängnis, weil sie zur »sozialen Karriere« pervertiert (»gnädige Frau« zu werden). Dabei kollidiert sie mit den Exkrementen der Frustration eines Offizierskorps, das auf ebenso groteske wie gefährliche Weise die Absurdität dieser historischen (und wie Zimmermann meint »zeitlosen«) Einrichtung verkörpert: Ausgebildet und erzogen, Aggressionen zur Führung (und doch wohl auch Verhinderung!?) von Kriegen einzusetzen, kehren die Soldaten in Friedenszeiten (militärisch mißverstanden als »Untätigkeit«) die angestauten Aggressionen nach innen, gegen die eigene Bevölkerung: gegen sich selbst. In diesem Stück gegen die Mädchen, die »Wehrlosen«.

Unter solchem Aspekt klagen Zimmermanns »Soldaten«, genau besehen, keinen Stand an. Sie führen Klage über einen Zustand, in dem physischer und psychischer Terror zur Tagesordnung gehört.

Die Mittel, die Zimmermann für seinen »Bericht über eine Situation« aktiviert, drohen oft die individuelle Geschichte zu erdrücken, zu überrollen. Die einzelne Figur, die Solostimme hat es schwer, sich gegen die Häufung klanglich-technischer Attacken durchzusetzen. Aber gerade dieses Dilemma macht den ästhetischen Drehpunkt des Zimmermannschen »totalen Theaters« aus. Es ist nicht nur Element, sondern Inkarnation seines Generalthemas: Vergewaltigung.

Unüberhörbar bleibt in der Fülle der Klangereignisse und szenischen Prozesse die Suche nach dem, was bei Lenz »innere Einheit der Handlungen« (anstatt der äußeren Einheit von Ort, Zeit und Handlung) heißt, was aber sicher schon dem Stürmer und Dränger weit mehr bedeutet als nur dramaturgische Technik. Schönberg bricht seine epochale Suche im »Moses-und-Aron«-Fragment ab mit dem gesprochenen »O Wort, Du Wort, das mir fehlt«. Zimmermann grundiert das Klangchaos der Schlußszene mit dem tonus rectus des Paternosters. Die letzten vernehmbaren Worte seiner Oper sind »sed libera nos a malo«.

Notwendige Voraussetzung jeder szenischen Affinität zu den Gedanken und Vorstellungen Zimmermanns war und bleibt die Simultanbühne, die Überschneidung und Durchkreuzung der verschiedenen Handlungsabläufe und Zeitebenen darstellt. Doch sollte

»Die Soldaten« – Hamburg 1976

nun solcher Simultaneität auch der letzte Rest von Statik genommen werden, der möglicherweise durch Zimmermanns subjektive Theatererfahrungen an ihr haftet und der auch nicht durch drei Filmleinwände hinreichend aufgehoben würde. Zweifellos reizen manche Angaben Zimmermanns (speziell den umfangreichen Einsatz von Film betreffend) zur Filtrierung und Weiterdichtung zugunsten eines totalen Theaters, wie es heute vollziehbar wäre. Die Hamburger Aufführung strebt durch die Ausnutzung von drei in verschiedene Segmente gegliederten, aus der Unterbühne emporfahrenden Podien eine kinetische Simultaneität an, die eine wirklich polyphone Erzählweise als Prozeß und in Permanenz gestattet. Die genau kalkulierten Bewegungen der Bühnenelemente, der Protagonisten und der Gruppen, zusammen mit Licht und nunmehr sparsamer eingesetzten Projektionen und Filmsequenzen, ergeben das Kontinuum von Raum und Zeit, das im Sinne Zimmermanns immer neue Aspekte und Perspektiven andeutet. Selbst ein so oft wiederkehrender Spielort wie Weseners Haus bzw. Mariens Zimmer erscheint niemals wieder als das, was er vorher war, weil er sich nicht nur selbst verändert hat, sondern sich auch die räumlichen und zeitlichen Dimensionen änderten. Kein Vorhang trennt (außer zur unvermeidlichen Pause) Akte und Szenen. Die Vorspiele, Überleitungen und Zwischenspiele geben Anlaß, die Fabellinie zu kontrapunktieren, sie mit Uniformierten aus verschiedenen Zeitepochen zu überlagern, vor allem aber auch Unterbewußtseinsvorgänge zu signalisieren. Solch ein kinetisch gehandhabtes

»Die Soldaten« – Hamburg 1976

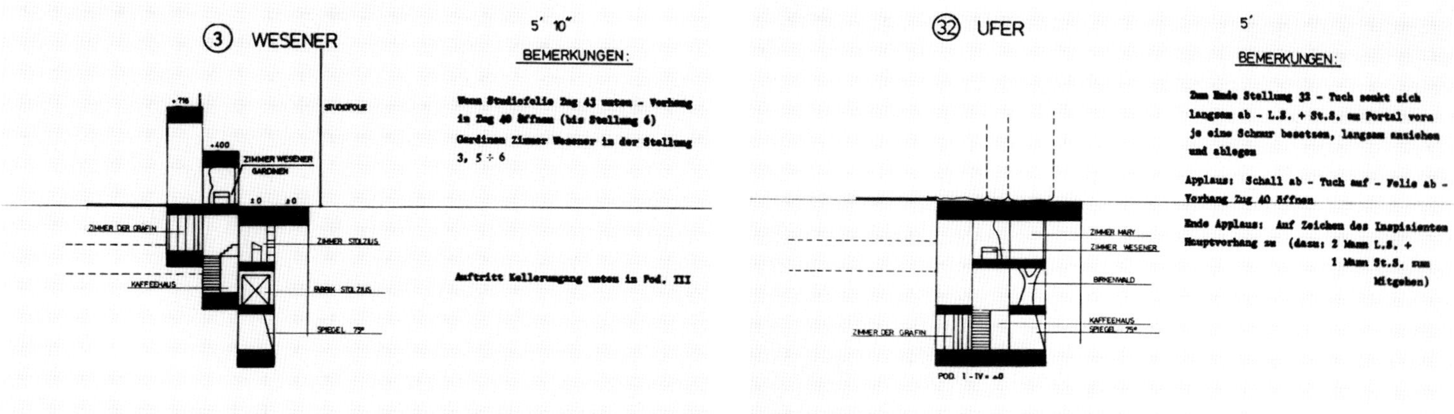

»Die Soldaten« – Hamburg 1976, Querschnitt durch die Bühnenpodien mit technischen Anmerkungen

Simultanprinzip kulminiert in der 1. Szene des 4. Aktes, dem »zweiten Kaffeehaus«, das wir »Maries Alptraum« nennen: Vergangenes, Künftiges, Gegenwärtiges, tatsächliche Erlebnisse und Traumatisches, Sehnsüchte und Angstvisionen geraten in den Strudel sich überstürzender Situationen: Grelle Blitzlichter erhellen das Thema Vergewaltigung auf Spielorten, die sich, von Zimmermanns Dreizahl ausgehend, vielfach multiplizieren.

Im Gegensatz dazu steht die lakonische Lösung, die uns für die Schlußszene angemessen schien und die den Gestus unserer Aufführung schließlich klarstellen sollte: gerade mittels der »entfesselten« Elemente des Theaters permanent die Konzentration auf das humane Geschick herauszufordern. Am Ende leisten wir Verzicht auf die optische Illustration der chaotischen Klänge. Die Anekdote ist zur Apokalypse geworden, durch die der Trommler Tod schreitet.

Zu den Elementen, die Zimmermann seinem »totalen Theater« zugesellen wollte, gehören auch Musical und Zirkus sowie »alle Formen des Bewegungstheaters« einschließlich Tanz und Pantomime. Es bleibt seine unvergleichliche Leistung und unsere Verpflichtung, das, was er Pluralismus nannte, zu integrieren in eine Polyphonie modernen Musiktheaters, das uns möglicherweise besser begreifen läßt, was Oper in ihren größten Beispielen immer war, ist und sein wird: Spektakulum und Passion.

INGVAR LIDHOLM

EIN TRAUMSPIEL

Eine polyphone szenische Symphonie

»Ein Traumspiel« besitzt unüberseh- und unüberhörbar eine starke Affinität zum Musikalischen. An vielen Stellen des Schauspiels sieht Strindberg Klänge, Stimmen, den Einsatz von Musik vor. Aber das ist nur ein oberflächlicher Hinweis auf das, was Musik bei und mit diesen Werk soll und kann. Beschränkte man sich nur darauf, wäre eine Schauspielmusik gefragt. Die ist aber Ingvar Lidholms Komposition ganz und gar nicht.

Es ist vielmehr Thema und Struktur des »Traumspiels«, das es gleichsam als Programmierung für ein Musiktheater erscheinen läßt. Die damals völlig unkonventionelle und auch heute immer wieder verblüffende Aufhebung von Zeit und Raum, die Montage sich überlagernder, real zu denkender Vorgänge und phantastischer Begebenheiten und Bilder, die durch das Spiel eine Welt, in der alles möglich erscheint und gleichzig als unmöglich erkennbar wird, ist ureigener Gegenstand der Musik. Sie konkretisiert das Geheimnisvolle und entgrenzt zugleich wieder das, was durch das Spiel real wird. Sie hinter-

»Ein Traumspiel« – Stockholm 1992

fragt die Rätsel und gibt ihnen Klanggestalt, die eben so rationell ist wie gleichzeitig unfaßbar. Und auch durch die ihr innenwohnende Gesetze der orchestralen und vokalen Abläufe schafft sie aus der Aufhebung der realen Zeit eine neue, eine künstliche Zeit, schafft aus der Aufhebung der konkreten Räumlichkeiten eine neue Dimension, in dem Gegenstände permanent ihre Bedeutung ändern, Bilder ihren Sinn wechseln oder vervielfältigen können.

Aber nicht nur diese dramaturgischen Strukturen, die vielfach und zurecht als Vorgriffe auf das surreale und absurde Theater des späteren zwanzigsten Jahrhunderts begriffen wurden, machen das »Traumspiel« zu einer zunächst ungeschriebenen Oper, sondern vor allem das Thema, das in dem wie ein Leitmotiv wiederkehrenden Satz kulminiert »Es ist schade um die Menschen« (bei Berg in »Wozzeck« heißt das »Wir armen Leut'«), dem Thema, das weiter gefaßt, vom Mitleid handelt und der Möglichkeit beziehungsweise Unmöglichkeit der (in buddistischen Sinne) individuellen Erlösung und (im christlichen Sinne) einer auf viele Menschen zielenden.

Darin ist eine Ästhetik der Oper enthalten, die in ihrer Modernität verblüfft. Auf jeden Fall vermute ich darin den Zwang, dem Ingvar Lidholm folgte, das Wagnis zu unternehmen, nach dem »Traumspiel« eine Oper zu komponieren. Aber das beschreibt auch den Zugang, den meine Mitarbeiter und ich wählten für die Inszenierung dieser Uraufführung.

Es ging und geht nicht darum, den vielerlei und oft ja ganz unterschiedlichen Regiedeutungen des Schauspiels, die wir aus Schweden, aber gerade auch aus Deutschland kennen, nun eine weitere hinzuzufügen. Der Ansatzpunkt konnte und mußte nur der sein, daß es sich hier um ein neues Stück für die Musikbühne handelt, und dies vor allem in der Hinsicht, daß die Bühne Raum gibt der Musik und dem, was sie sagen kann und will.

Was das Libretto am Strindbergschen Text ausgelassen, was es konzentriert, umgestellt oder auch verändert nur, soll und kann hier nicht im einzelnen aufgelistet werden. Die Regie begreift ihre Herausforderung gerade daraus, daß es sich hier um eine Transfiguration des

»Ein Traumspiel« – Stockholm 1992

Schauspiels in ein anderes Medium handelt, der ersten aufgeführte »Traumspiel«-Oper überdies eines schwedischen Komponisten, nach dem bereits Vertonungen von Julius Weissmann (1925), Aribert Reimann (1965) und Malcolm Williamson (1968) vorliegen.

Mir scheint, daß Ingvar Lidholm auch gerade dort wo er verkürzt, umstellt, verändert hat, einer Intention Strindbergs in hervorragender Weise gefolgt ist. Der Dichter hat sie in seiner 1907 geschriebenen Erweiterung für sein ursprünglichen Vorwort formuliert: »Hvad den lösa osammanhängande formen i dramat beträffar, är äfven den skenbar endast. Ty vid påseende befinnes kompositionen vara ganska fast – en symfoni, polyfonisk, fugerad här och der med hufvudmotivet alltjemt återkommande, repeteradt och varieradt af de några och trettio stämmorna i alla tonarter …«

Mit anderen Worten: Lidholms Musik arbeitet vornehmlich episch, sie erzählt, nimmt nicht vorschnell »Partei«, kontrapunktiert, deutet, versagt sich aber jeden vordergründigen emotionellen Stimulanz. Über weite Strecken mutet sie an wie eine vokale Sinfonie. Vorherrschend ist die Rolle der Chöre. Polyphonie beherrscht Prolog und Epilog. Die Gegensätze zwischen den »De Profundis« am Ende des ersten Aktes und den Gesängen in der Fingalsgrotte charakterisieren auf besondere Weise die Zerrissenheit eben auch Strindbergs zwischen seiner Faszination von buddistischen Weltvorstellungen und seinem tiefen Bedürfnis nach christlicher Passion. Nicht zu letzt in diesen Passagen klingt die Verpflichtung des heutigen Komponisten gegenüber klassischen Vorbildern an. War es nicht gerade Richard Wagner, der in seinem »Parsifal« die Spannungen und Überschneidungen von buddistischen und christlichen Glaubensinhalten thematisierte und dort auch seine Gurnemanz singen lässt: »Du siehst, mein Sohn, zum Raum wird hier die Zeit«?

Polyphon und sogleich voller heftiger Kontraste, Strindbergs Extremismus nachspürend, ist die musikalisch-szenische Struktur dieser Oper in weiten Teilen. Dem folgen Szenographie und Regie. Die Bildübergänge sind fließend. Kein Vorhang trennt die einzelnen Szenen von den andern. Sie sind bizarr wie in der Schulszene, nahezu naturalistisch wie in der Wohnung des Advokaten, bombastisch-surreal wie während der Promotion, morbid wie in Skamsund, märchenhaft in der Fingalsgrotte oder vor dem Schloß – eine auch theatralische Polyphonie krasser Gegensätze, aus denen Strindberg sein das Gewissen der Welt und das Gewissen des Theaters aufrüttelndes Lebenswerk formte.

Offizier, Advokat und Dichter sind Aufspaltung, Metamorphosen ein und derselben Erscheinung: des Leidenden, der mit seinen Träumen und durch sie überleben möchte. Andere Figuren verdoppeln sich. Und Indras Tochter ist nicht nur das lyrische Idol eines Mitleid-Gestus, sondern sie verletzt sich selber im Verkehr mit den Menschen, trägt ihre Wunden davon, wird böse und irritiert, bis sie am Ende übrig bleibt mit dem Grabstein des Dichters, der sein physisches Sein im Brand des Schlosses ausgelöscht hat.

Zwei von den Textpassagen, die der Komponist nicht vertonte, sind besonders bemerkenswert:

Einmal ist es Kristin, die kleistert, bis niemand mehr atmen kann. Das realistische steigert sich zu magisch-mystischen. Denn es ist ja zunächst nützlich, die Fenster gegen die Kälte von außen zu isolieren. Daraus aber entsteht der Wunsch, die anderen, die lieben, zu erstikken, bis dann die ganze Welt verkleistert wird. Vor dem Zugriff der Gottheit? Einer guten oder einer bösen? Lidholm stellt diese strindbergsche Vision gerade dadurch aus, das er sie n i c h t komponiert.

Und ebenso versagt er sich komponierte Töne dort, wo Indras Tochter und der Dichter über die Beziehung zwischen Traum, Wirklichkeit und Dichtung disputieren. Da bleibt Strindberg pur.

»Diktaren: … Was ist Dichtung?
Dottern: Nicht Wirklichkeit, aber mehr als Wirklichkeit
Nicht Traum, aber wache Träume!

Und später heißt es, bevor die Tür geöffnet wird, hinter der nichts ist:

Dottern : Da weißt du was Dichtung ist.
Diktaren : Da weiß ich, was Traum ist.

Wissen wir es? Der Komponist bleibt auch an dieser Stelle stumm. Und man denkt an Schönbergs Moses, den er am Ende von »Moses und Aron« sagen läßt: »Oh Wort, du Wort, das mir fehlt.«

Aber auch hier ist Richard Wagner nicht so fern. Erinnern wir uns, daß er seinen Hans Sachs sagen u n d singen läßt:

»Mein Freund, das g'rad ist Dichters Werk
daß er sein Träumen deut' und merk'.
Glaubt mir, des Menschen wahrster Wahn
wird ihm im Träume aufgetan:
all' Dichtkunst und Poeterei
ist nichts als Wahrtraumdeuterei.«

Das Thema beschäftigt uns fort und fort. Die ästhetischen Fragen entpuppen sich als ethische, die unsere Existenz grundsätzlich betreffen. Sind unsere Träume nur Fluchtpunkte vor der oft schrecklichen Wirklichkeit, oder werden sie zum unentbehrlichen Korrelat der Präpotenz dieser Realität? Reicht Mitleid aus, Erlösung zu finden, oder ist das alles – Träume, Erinnerungen, Hoffnungen und die Auffassung, die Welt sei nur eine Schein-Welt – Gaukelspiel? Zweifellos scheint nur zu sein, daß jeder Mensch seine eigene Passion erfahren muß. Uns das zu vergegenwärtigen, ist nach meinem Dafürhalten der tiefere Sinn dieser Uraufführung.

Wie meint doch August Strindberg in »Nach Damaskus«? »Sagt nicht: Entweder – oder, sondern sowohl als auch. Mit einem Wort oder zwei: Humanität und Resignation.« Und dann fragt er sich nach einer Probe des Traumspiels: »Woran soll ein armer Mensch sich halten?«

LUCIANO BERIO

UN RÈ IN ASCOLTO

Ein anderes Theater?

Das war bald klar: Eine Oper ist das nicht. Oper, wie sie überliefert ist, wie die meisten sie mögen: eine menschliche Geschichte, eine Fabel darstellend, mit dramatischen Strukturen, in den Gesang gesteigerten Emotionen usw. Aber was dann? Ein Stück mit Musik. Pures Musiktheater. Ein Dialog mit dem Material. Anti-Oper? Berio meint: »Eine musikalische Handlung.«

*

Solche Formulierungen, Positionsbezeichnungen kennen wir, seit zu Anfang dieses Jahrhunderts Komponisten, wie Schönberg, Berg, Busoni, Cage, später Zimmermann und noch später Ligeti zum Beispiel und Rihm und Reimann Werke verfaßten, die das Musiktheater stets von neuem in Frage stellten. Opern über die Oper. Und auch – gerade »Tristan und Isolde« wollte Wagner als »Handlung in drei Akten«. Neue Befragung der Oper jedesmal. Was ist Berios Vorteil, was die Chance seiner Position?

*

Er stellt die Frage nach einem Musiktheater, das aus der Vergangenheit kommt und für die Zukunft taugt, fragt ebenso radikal wie zweifelnd (auch verzweifelt?). Radikal: was den Verzicht auf die herkömmliche »Geschichte« betrifft. Zweifelnd: was statt dessen zu erzählen ist – zumal, wenn man wie er sich zu der diskontinuierlichen Kontinuität musikalischer Entwicklungen bekennt und wenn die Beziehung zur Bühne sich in Naivität und Skepsis spaltet.

*

Denn da sind ja Concertati (Ensembles), Duette und Arien (darunter ein Duett zwischen einem Schauspieler und einem natürlich stummen Pantomimen!). Berio begreift sich aus der Dialektik zwischen Überkommenem und Künftigem, aus der ironischen Brechung auch der Jetzt-Position. Worum geht es? Um die Überprüfung des szenischen und musikalischen Materials. Und das hat zumindest immer zwei Seiten, meistens noch sehr viel mehr. Die Diagnose der Oper wird zum Spielmodell. Das Material selber spielt, stellt sich als musikalische Handlung dar: auf der Suche nach dem »anderen Theater«, das ein König des Theaters erlauschen, erhorchen möchte.

*

Die Prospero-Figur ist fatal. An sie binden sich Rudimente der Fabelkonvention: Er läßt Szenen probieren, ein Theater spielen, um in diesem Spiel sein alternatives Theater, den anderen Klang zu entdecken. Alles ist Probe. Man ist auf der Insel. Einbrüche der Außenwelt negiert dieser Prospero wie Brecht oder Felsenstein den 17. Juni 1953.

»Un rè in ascolto« – Salzburg 1984, Theo Adam (Prospero)

Als er das Theater besichtigt, das der Regisseur für ihn entfesselt hat, kollabiert er. Der zweite Akt ist »nur« Sterben und im Abschiednehmen versuchte Rettung einer Utopie. Fatal nenne ich es, weil sich in Prosperos Figur Berios Biographie, der Versuch künstlerischer Selbstanalyse eines Musikerschicksals spiegelt. Berio braucht Prospero, um sich zu definieren. Das ist vermessen und legitim, banal und groß.

*

Denn er hat ja wirklich eine Chance: Viele von uns beschäftigt gegen Ende dieses Jahrhunderts die Frage: Wohin geht das Musiktheater, wie geht es mit ihm weiter? Noch immer beunruhigt uns der letzte Satz von Schönbergs »Moses«: »O Wort, du Wort, das mir fehlt.« Wo mag Berios Suche den Hafen finden?

*

»Audizioni« nennt Berio die Klangangebote, die drei Sängerinnen dem Prospero machen: der Sopran, ein Mezzo, die Kolorateuse. Die Arie der »Protagonistin« faßt die Audizioni zusammen und deckt die Fatalität von Berios Prospero auf: daß sich das Lauschen, das Horchen immer auch mischt mit persönlichsten Sentiments, persönlichsten Erfahrungen und Wünschen. Das aber ist es: Was wäre ohne Liebe, ohne Eros Musik? Da ist das Persönlichste einzubringen und zu respektieren.

*

Der Regisseur ist ein armes Schwein. Er hat Bilder, Szenen zu entwerfen, die am Ende doch nichts wert sind. Die verworfen werden auf der Suche nach dem »anderen Theater«.

*

Noch einmal kommt Schönbergs »Moses und Aron« in den Sinn: »Du sollst dir kein Bildnis machen.« Eine Schlüsselszene im Werk von Berio, das Duett zwischen Prospero und dem Regisseur, nimmt den Konflikt zwischen Idee und Realisation, zwischen Utopie und Praxis auf und spielt ihn aus: »Du wolltest doch« – »Möglich, aber« – »ein reges Treiben« – »Ich, nein, dachte an die Stille« – »Aber du sagtest, als wäre ein Sturm« – »Ein Sturm vielleicht oder eine Revolution, aber friedlich«.

»Un rè in ascolto« – Salzburg 1984

»Un rè in ascolto« – Salzburg 1984

*

Eine Probe das alles. Ein Experiment. Ein Versuch. Suche. Am Ende unseres Jahrhunderts wird das Material Musiktheater besichtigt (und wenn wir auf den Kalender schauen, ist es bald das Ende eines Jahrtausends!).

Das macht Berios Position und Ingenion aus. Da treiben Clowns ihr Wesen und Opernsänger ihr Unwesen. Seiltänzer durchmessen die Lüfte, und Artisten beschwören die Commedia dell'arte, deren Traditionen der Schauspieler (Venerdi, Freitag, genannt, nachdem er bei Shakespeare Caliban war) an sich reißt. Ariel, der Stumme, wird vom sterbenden Prospero zu seiner »ersten freien Tat« angespornt: »Singe, Ariel! Singe!« Und der Sopran spielt das letzte »addio« selbst am Klavier. Was nehmen wir mit für die »Erinnerung an die Zukunft«?

*

Ich bleibe dabei: Der Regisseur ist ein armes Schwein. Kalkülische Ästhetik hat sich auseinanderzusetzen mit deren Negierung, hat sich zu reduzieren gegenüber einer Anti-Oper-Haltung, aus der dennoch immer wieder die Sehnsucht, die Liebe nach einem Singen und Musizieren neuer, vielleicht sinnvollerer Art herauszuhorchen ist.

Da ist es unausbleiblich, daß sich der Konflikt zum Kompromiß entwickelt. Wie doch eigentlich immer am Ende in den besten Fällen der Geschichte und vor allem auch der Operngeschichte!

*

Radikal ist die Hoffnung, daß Musiktheater überlebt. Zweifelnd, verzweifelt ist die Frage: Wie? Womit? Das ist vielleicht die notwendige Entdeckung im Umgang mit Luciano Berio. Und nachdem ich in der Probenarbeit mit Liebe und Skepsis auf ihn gehört habe, auf ihn horchte, nachdem ich seine diversen sich entwickelnden Äußerungen zum Werk studiere, frage ich: Ist es nicht doch Oper, was er meint?

HANS WERNER HENZE

DIE BASSARIDEN

Durchblicke – Granzüberschreitungen

Hauptmann! Wo ist mein Volk?
(Pentheus, I. Satz)

Immer schrieb die Geschichte mit, wenn ein Schriftsteller oder ein Komponist oder mehrere Autoren ein Werk konzipierten. Und oft schrieb die Geschichte weiter, eröffnete Aspekte und Dimensionen, die in den Werken ursprünglich manchmal nur im Ansatz oder gar nicht enthalten waren.

»Die Bassariden« – Stuttgart 1989, Marcela Holzapfel (Autonoe), Karan Armstrong (Agaue)

Das fällt besonders auf bei Oratorien, die eine große theatralische Affinität haben, oder bei Opern, die einen starken konzertanten Gestus besitzen. Die Reihe solcher die Grenzen zwischen szenischer und konzertanter Verwirklichung oft überschreitenden Werke wird markiert von Händels »Belsazar« und »Judas Maccabäus«, von »Fidelio«, »La Damnation de Faust«, »Parsifal«, Janáčeks »Aus einem Totenhaus«, Schönbergs »Moses und Aron« auch Strauss' »Friedenstag«, um nur einige Beispiele zu nennen.

In diese Reihe gehören auch »Die Bassariden«. Nach verschiedenen theatralischen Versuchen, die auf die Uraufführung 1966 folgten, wurde es auf den Bühnen stiller um Henzes großangelegten Entwurf. Stattdessen beeindruckten die zunehmenden konzertanten Aufführungen wie z.B. die unter Gerd Albrecht 1986 in der Berliner Philharmonie nachhaltig.

Bis zur Stuttgarter Neuinszenierung 1989 sind seit der Uraufführung 23 Jahre vergangen. Und es ist frappierend, wie das Werk heutigen Fragestellungen standhält oder sie aufgreift, auch und gerade, wo sie sich im gesellschaftlichen Raum überraschend neu auftun. Henze hat nie verhehlt, welch enge Beziehung es zwischen der heranziehenden 68er-Bewegung und dem Impetus seines Schaffens gab. »Was ist Freiheit, was ist Unfreiheit? Was ist Repression, was Revolte, was Revolution?« (In einem Interview 1975)

Die Oktober- und November-Ereignisse 1989, veranlaßt von der Demokratiebewegung in der DDR, geben solchen Fragestellungen Durchblicke zu neuen Einsichten. Nichts wird in Deutschland mehr so sein wie in den letzten dreißig Jahren. Und auch unser künstlerisches Schaffen, wie unser Nachdenken darüber sind davon betroffen. »Die Bassariden« reagieren auf solche Befragung auf vielfältige Weise und können dies um so eher, weil sie auf mehreren Ebenen und in unterschiedlichen Schichtungen den alten Stoff des Euripides aufarbeiten und ihn heutiger Assoziationsbereitschaft anbieten.

Die erzählte antike Geschichte erweist sich als Parabel der Moderne. Die Archetypen der Fabel erfahren in der symphonisch-szenischen Strukturierung Henzes neue Transparenz.

Ein alter Herrscher hat abgedankt. Seine konservative Liberalität

»Die Bassariden« – Stuttgart 1989

kann die Interessenkonflikte seiner Stadt nicht mehr steuern. Die Bevölkerung folgt dem Ruf einer dubiosen Gottheit, die Freiheit durch anarchische Entfaltung der Sinne verheißt. Der neue, junge König, Pentheus, propagiert die unbestechlichste Aufklärung sowohl gegenüber der Vielgötterei unter der Herrschaft seines Großvaters wie gegenüber dem neuen Kult, den er mit Stumpf und Stiel auszurotten gedenkt. Als er sich an die Bürger der Stadt wenden will, findet er nur noch seine Familie. »Wo ist mein Volk?«, fragt er den Hauptmann. Der ist sprachlos. Pentheus' Mutter, Agaue, antwortet: »Auf dem Kytheron.« Sie selbst folgt den Lockungen der Stimme der neuen Gottheit dorthin und wird wenig später mit anderen Verhafteten ihrem Sohn vorgeführt. Dessen Irritation gipfelt in dem Wunsch, selbst zu sehen, was das Volk in der Dunkelheit der Natur treibt. Auf unguten Rat hin legt er Kleider seiner Mutter an, um unerkannt an dem nächtlichen Fest teilzunehmen. Aber die Mänaden zerreißen den unwillkommenen Späher. Agaue selbst, noch im Rausch, trägt den Kopf des Sohnes zurück in die Stadt, wähnend, es sei das Haupt eines jungen, bei der Jagd erlegten Löwen. Schrecklich ist das Erwachen. Die Bürger sind im Morgengrauen zurückgekehrt. »Wir sah'n gar nichts. Wir hörten gar nichts.« Dionysos triumphiert: Er nahm Rache, weil er seine Göttlichkeit in der Stadt nicht anerkannt sah. Agaue, die Menschen-Mutter, flucht den alten Göttern und dem neuen. Aber das Volk kniet nieder und betet an.

Log, wie Gottfried Benn dichtete, die Mythe?

»Die Bassariden« – Stuttgart 1989, Bühnenbild-Modell von Günther Uecker

Politik. Gilt das »Prinzip Hoffnung«?

Dies heute darzustellen, erfordert nach unserer Auffassung, den prätentiösen Neoklassizismus in den szenischen Ideen der Autoren Auden und Kallinan zurückzunehmen und stattdessen Henzes musikalisch-dramaturgische Attacke freier zu legen. Verfremdung als ästhetisches Instrument, sinnlich Erkenntnis zu gewinnen, kann nicht durch intellektuelle Formspielereien erreicht werden. Auch darüber ist inzwischen ein Vierteljahrhundertvergangen. Die künstlerisch autochthone Bühnengestaltung, in der sich Vergangenes und Aktuelles aufheben, bildet den Spielraum, in dem sich der Mythos heutiger Befragung stellt.

Seien wir nicht auf eindeutige Antworten aus. Auch »Die Bassariden« versagten sich ihnen in den 60er Jahren. Und sie tun es Ende der 80er Jahre nicht weniger – auch und gerade weil sich inzwischen die Assoziationsintensität des Werkes gesteigert hat. Die Grenzüberschreitungen zwischen Darstellbarem und Unaussprechlichem nehmen zu. Auch im ästhetischen Bereich der Oper. Der Spiegel, der zu Beginn und am Ende unserer Aufführung Zuschauerraum und Publikum als Mitakteure einfängt, ist die ehrlichste Antwort, die wir finden: Das Theater, hier das musikalische, bleibt das Mysterium, das wir uns erhalten sollten, zumal angesichts heutiger Herausforderung.

Den menschlichen Drehpunkt dieser Parabel bildet die Mutter-Sohn-Beziehung zwischen Agaue und Pentheus. Hier in der verspiegelten Umkehrung des Oedipus-Komplexes liegt der existentielle Kern dessen, was Euripides hinterließ und was Henze trieb und treibt. Von diesem Kern aus fächern sich alle menschlichen, politischen und religiösen Beziehungsebenen der alten und neuen Geschichte auf. Die Mutter, die gebar, ist gehalten, das Geborene zu zerstören. Die Wiedergeburt aus der Zernichtung sprengt nun aber die Grenzen alles Individuellen. Die Mythe wird zur Religion. Aus der Religion wird

DAS VERRATENE MEER

Überzeichnung der jungen Menschen

Die Annahme, Henze hätte mit der Vertonung von Mishimas Roman eine Wendung zu reaktionären Themen vorgenommen, ist so irrig wie die Vermutung, Wagner hätte mit seinem »Parsifal« seine revolutionären Jugenderfahrungen verleugnet. Yukio Mishima, ein japanischer Künstler zwischen Tradition und Fortschritt, lebte lange in Amerika, beschäftigte sich mit amerikanischer und europäischer Literatur und trat als progressiver Drehbuchautor und Regisseur hervor.

Seine Verehrung der alten Formen und Riten, seine Trauer über den Verlust des Samurai-Heldentums im modernen Japan, sein Glaube an die frühere, funktionierende Gesellschaftsordnung machten ihn nicht zum Faschisten. Im scheinbaren Widerspruch von Konservatismus und Progressivismus war Mishima vielmehr ein Mensch, der die neue Zeit in Einklang bringen wollte mit den Wurzeln der japanischen Kultur. Doch dieser Konflikt konnte auch von ihm höchstens in der Kunstgattung Film zur Auflösung gebracht werden.

Seine Hauptpersonen – die Bande der (in der Oper nur) fünf Jun-

»Das verratene Meer« – Berlin 1990, Bühnenbild-Modell von Hans Hoffer

»Das verratene Meer« – Berlin 1990, Andreas Schmidt (Tyuji Tsukazaki), Stephanie Sundine (Fusako Kuroda), Clemens Bieber (Noboru)

»Das verratene Meer« – Berlin 1990

gen befinden sich auf der Suche nach Wahrheiten, Idealen, nach einer irrealen Vollkommenheit der Welt. Die Liebe zu selbstgeschaffenen Idolen, zu sich selbst, steht der Liebe zwischen Mann und Frau gegenüber; dies ist das andere zentrale Thema der Oper.

Die Vergeblichkeit der Suche der Jungen nach dem Sinn resultiert in einer Verzweiflung, die wiederum in Grausamkeit mündet.

Sie versuchen, die eigene Orientierungslosigkeit durch die Kritik an den Vätern zu kompensieren.

Dieser Konflikt ist sowohl archaisch als auch heutig, das zeitlose Problem der Jugend tritt jedoch in einem im Umbruch sich befindenden Land wie Japan besonders deutlich hervor. Die Jugendlichen in Japan sind also ein Symbol, eine Überzeichnung der jungen Menschen überall auf der Welt, und in diesem Sinne soll diese Geschichte auch erzählt werden.

»Das verratene Meer« ist keine neue »Butterfly«, japanisches Kolorit ist auch in der Musik nirgends vorhanden, aber ein Hinweis auf fremde Länder, (Verfremdung) ist beabsichtigt, um gerade durch Distanz eine Identifikation möglich zu machen.

RUDOLF KELTERBORN

EIN ENGEL KOMMT NACH BABYLON

Einsichten

Dies Babylon, wohin ein Engel das Himmelskind Kurrubi bringt, ist weder das alte, historisch belegte Babylon noch etwa das heutige New York, Moskau, Paris oder Peking. Und doch von allem ein wenig. Denn jede Vergangenheit birgt in sich akute Gegenwart, und in jeder Gegenwart wirken Strukturen der Vergangenheit – in diesem Spiel in der paradoxen Verflechtung und Überlagerung unterschiedlichster Denkaspekte und Verhaltensweisen.

Dies Babylon ist Metapher und zugleich permanentes Trauma. Ein Ort, wo Himmel und Erde aufeinanderstoßen. Wo die Gnade des Himmels nicht verstanden, nicht gebraucht und darum verworfen

»Ein Engel kommt nach Babylon« – Zürich 1977

wird. Wo stattdessen Weltverbesserer zu Usurpatoren pervertieren, mit persönlicher Enttäuschung ihre Hybris entschuldigend, die zum Himmel schreit. Unsere Bühne, die Musiktheater gewordene Komödie Dürrenmatts, wird von einer großen Spirale beherrscht, die aus dem All zur Erde führt und die Nebukadnezare Idee imaginiert, den Weg nach oben durch den Turmbau zu bahnen, seinen Thron tausendfach vergrößernd, mittels Versklavung der Menschheit.

Aber über diese Spirale hat zuvor der Engel das Mädchen Kurrubi zur Erde gebracht, die »Gnade«, der die Babylonier entsagen. Und über die Spirale entschwindet der Engel am Ende, heiterbeladen von den Wundern dieses Planeten (ein verkehrter Astronaut!?) in die kosmische Unendlichkeit, in der eine Minute so viel zählt wie dreitausend Jahre irdischer Geschichte. Trost oder Ausrede in diesem Spiel?

Dürrenmatts neuer Text gibt der Musik viel Raum, erlaubt neue poetische Auslegung. Die Komposition bindet die Paradoxien zu neuem spielerischem Vollzug, ihr Klang konkretisiert Figuren und testet die Gedanken auf ihren sinnenhaften Gehalt. Die Uraufführung schlägt den Ton einer absurden Ballade an. Er kreist um den Bettler Akki, der den »lyrischen Gegenstand« Kurrubi in die Wüste führt, ihn vor Babylon zu retten und ihn unseren Träumen zu bewahren.

Es sind viele der Irritationen, die unserem Denken und Fühlen zugemutet werden, weil ein Engel nach Babylon kam. Der vielleicht wichtigste Rest, der bleibt: die humane Solidarität als Spezifikum der Liebe – personifiziert in Akki und Kurrabi, die beide vom Himmel verlassen und von der Stadt verstoßen sind, eine ungleiche Paarung von närrischer Weisheit und verwundetem Glauben.

»Ein Engel kommt nach Babylon« – Zürich 1977

SIEGFRIED MATTHUS

DESDEMONA UND IHRE SCHWESTERN

Eine Frau mit drei Gesichtern

Götz Friedrich: »Desdemona« ist eine Oper und doch keine Oper. Es gibt keine durchgängig erzählte Handlung, die zugrundeliegende Fabel fehlt, und dennoch ist die Musik an sich bereits Handlung. Vorgegeben sind drei Monologe von Christine Brückner, die durch ein Männerquartett und die Gedankenstimmen der Frauen (auf Sigmund Freud zurückweisend) ergänzt wurden. Wie kann mit solchen Vorgaben eine Inszenierung entstehen? Die musikalische Struktur muß szenisch umgesetzt werden – Ziel ist ein szenisches Konzert. Die Kausalität muß auf der Bühne gezeigt werden. Diese Kausalität darf nicht abstrakt sein und gleichzeitig nicht zu konkret – so darf es etwa keine Zuordnung der Männer als Ehemänner der Frauen geben. Konkret hingegen sind die Einzelsituationen, aus denen sich das Stück zusammensetzt. Die Personen hören einander zu, und aus diesem Zuhören können Aktionen entstehen.

Die drei Frauen sollen nicht als echte Desdemona, Megara und Judy auf der Bühne erscheinen. Sie sind Frauen von heute, die in die jeweilige Rolle einsteigen. Die doppelte Belegung ihrer Person geschieht durch die seltsame Umgebung, das Zusammentreffen von Frustrationen, Unzufriedenheit, Treue und/oder Untreue, dies alles treibt die Frauen dazu, die von Brückner/Matthus vorgegebenen Rollen anzunehmen. Die innere Fabel entwickelt sich aus einem Protest, aus der Definition der Gründe ihrer Ungehaltenheit. Diese Haltung – alles aus sich herausschreien zu müssen – endet in der Harmonie des Resignativen: Drei Frauen und vier Männer stehen dem Prinzip Hoffnung gegenüber.

Die Komposition läßt sich in neun Szenen, einen Prolog und einen Epilog gliedern. Diese Szenen wurden vorbereitet, ob es auf der Bühne so oder anders aussehen wird, soll jedoch allein von den Sänger/inne/n abhängen. Eine grundsätzliche Frage muß sein, wo nur die Stimme eingesetzt werden soll und wo die Darstellung hinzukommt. Die Männer sollen im wahrsten Sinne des Wortes Chauvi-Sprüche klopfen. Alle Formen, die das Weibliche ausklammern, sind für sie bestimmend, sie sollen gleichzeitig als alttestamentarische Tempelwächter fungieren.

Reinhart Zimmermann: Vorgegeben durch Matthus sind ein Platz in Athen, ein Schlafgemach, eine Gefängniszelle und Orte, an denen Männer ungestört sprechen können. Die Entscheidung, nicht Megara, Desdemona und Judy als reale Charaktere auftreten zu lassen, brachte auch die Entscheidung für die jetzige Konzeption. Auf einer mit schwarz glänzendem Boden belegten Bühne befinden sich neun Neon/Linestra-Säulen. Drei dieser Säulen bilden mit den Farben grün, rot und blau eine Reihe zum Zuschauerraum. Von diesen drei einführenden Säulen sind Dreiecke, deren vordere Spitze sie darstellen, zu den anderen Säulen zu denken. Es ergeben sich also Dreiecke, die durch die drei Farben gekennzeichnet sind – je ein Dreieck in rot, blau und grün. Diese Farben sind wiederum je einer Frau zugeordnet: So steht rot für Megara, blau für Judy und grün für Desdemona. Jedes Dreieck steht als Raum einer Frau zur Verfügung – dadurch daß sich die Dreiecke überschneiden, ergeben sich auch Überschneidungen der Handlungsräume und die Möglichkeit der Reaktion aufeinander. Zu dieser Grundkonstellation kommen nur einige Stühle und Hocker.

Bei Einlaß des Publikums ist hinter der vorderen Säulenreihe eine Kurtine heruntergelassen. Die Namen der von Christine Brückner genannten Frauen und weitere etwa 300 Frauennamen stehen darauf. Die Bühne wird durch Projektionsflächen, vor denen sich Jalousien befinden und keilförmig gestellte Spiegel nach hinten abgeschlossen. Als Projektion werden stilisierte Werbeplakate, Visionen von Othello und Judys Vater erscheinen, außerdem Bilder des Kriegs und der Zerstörung. Die Harmonie der Resignation im Epilog – die Spiegel sollen dann nicht nur die Darsteller, sondern auch die Zuschauer zeigen.

Rolf Reuter: Ist das Ende positiv oder negativ zu verstehen? Schließlich wird am Ende das Hohelied der Liebe zitiert.

Götz Friedrich: Matthus schreibt als Anweisung im Libretto »in diesem Ensemble singt jeder mit großer Sehnsucht und Traurigkeit, ohne jegliche Partnerbeziehung, in totaler Vereinsamung für sich allein«. Am Ende sind die Frauen wahrscheinlich in ihrer Entwicklung weitergekommen, wie es üblich ist, wenn man sich Probleme einfach vom Hals geredet hat. Haben die Männer überhaupt etwas von dem verstanden, was gesagt wurde? Musikalisch ist das Ende ruhig, filigran, ehrlich, wortdeutlich – ein positiver Ausblick ist durchaus zu sehen, doch vielleicht wie bei Bloch, der das »Prinzip Hoffnung« als Rettung, als Loch zum Entfliehen geschaffen hat.

Ressentiments waren vor allem wegen Judy vorhanden, seitdem bekannt wurde, wie sehr die Regierung der ehemaligen DDR mit der

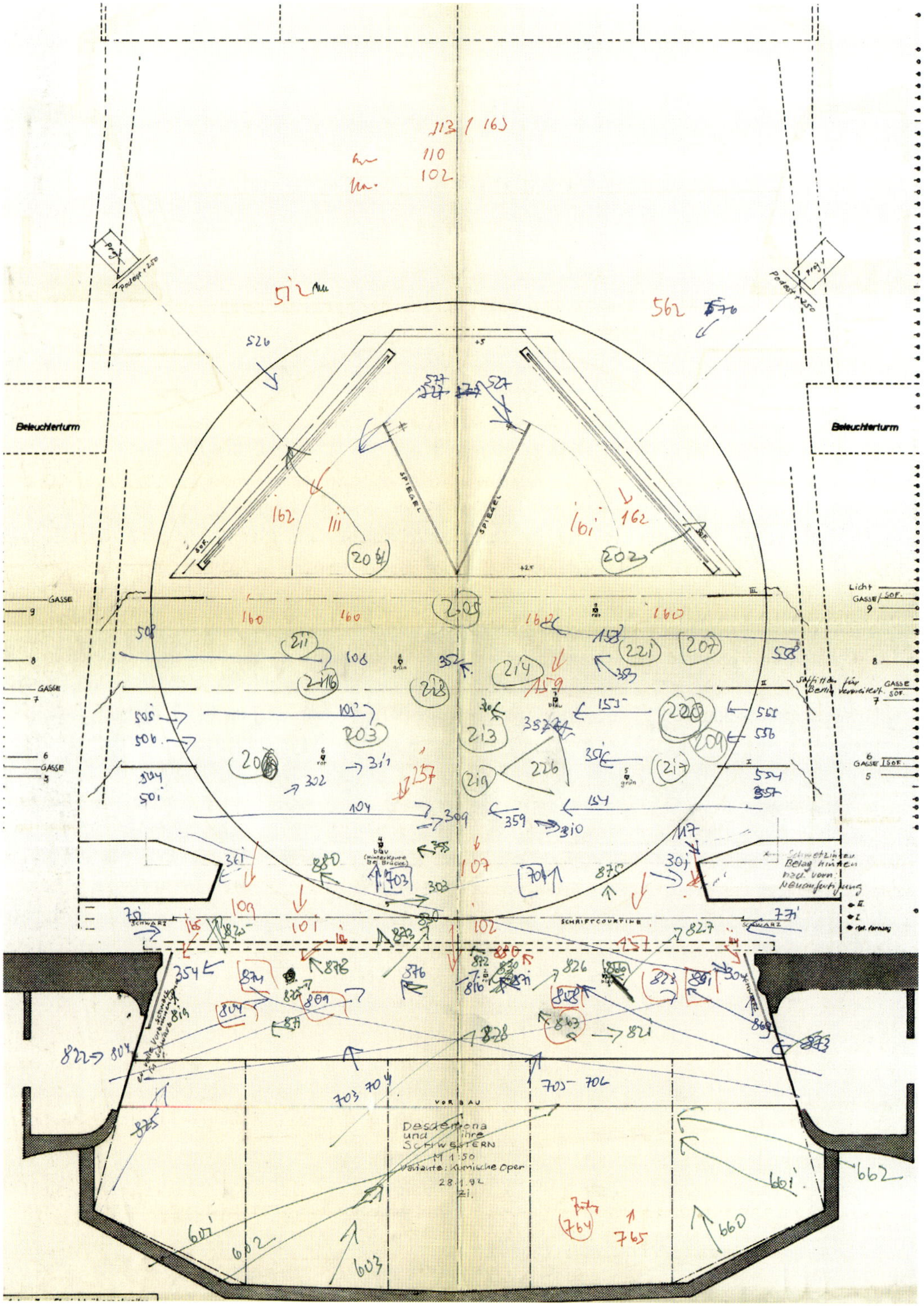

»Desdemona und ihre Schwestern« – Berlin 1992, Bühnengrundriß mit Beleuchtungs-Notizen von Götz Friedrich

terroristischen Szene verstrickt war. Auch hierin ist die Entscheidung zu sehen, moderne Archetypen von Frauen zu schaffen. Die Bühne soll so idelogiefrei sein wie möglich – nachdem Ideologien zerstört wurden, sollen die Ideen befreit werden.

Die Vorstellung von den Frauen sieht für den Anfang folgendermaßen aus: Desdemona trägt Othellos Mantel, der ihr später als Gesprächspartner dienen kann. Judy trägt einen ungefütterten leichten Staubmantel. Megara, im Rollstuhl sitzend, trägt ebenfalls einen Mantel. Desdemona ist leicht verrückt. Sie gehört zu den Frauen, die beständig das andere haben und ausbrechen wollen. Die Nerven liegen bei ihr zuoberst – sie hat eine direkte Antenne zur Hysterie.

Judy ist innerlich verhärtet, vereist. Sie findet ihren Charakter in Anklängen bei Gudrun Ensslin. Ihre Verbitterung löst sich nur im Zusammensein mit anderen Frauen etwas auf.

Megara tut so, als hätte sie am meisten hinter sich – oder hat sie tatsächlich am meisten hinter sich? Sie verhält sich besser, als die Leute es von ihr erwarten, außerdem ist sie die intelligenteste der drei Frauen. Sie nimmt sich absichtlich einen Rollstuhl und Krücken, um ihre Verweigerung deutlich zu zeigen. Ob sie wirklich krank ist, weiß niemand. Die Bühnenfläche wird durch die Dreiecke unterteilt: Desdemona wird der linke Teil der Bühne zugeordnet, Megara die Mitte und Judy das rechte Drittel.

Das Stück ist ein permanenter psychoanalytischer Prozeß. Es kommt immer zu neuen Entdekkungen. Die Erkenntnis am Ende kann sein, daß die Frauen tatsächlich nur eine Frau mit drei Gesichtern sind. Die Gedankenstimmen machen den ersten Weg in diese Richtung. In jedem Fall sind sich die Frauen psychisch sehr nah, sie haben die Möglichkeit, sich in die Identität der anderen einzudenken.

Das wichtigste für die Probenarbeit: *»Ihr müßt euch jeden Tag aufs neue beschnuppern, so als hättet ihr das Parfum, die Seife gewechselt. Behaltet den Kontakt zueinander.«* So steht es im Libretto von Siegfried Matthus' Werk.

KRONPRINZ FRIEDRICH

Die Leiden des jungen F.

Man erwarte keine Historien-Oper. Im kammermusikalischen Ambiente spielen und singen junge Menschen die Sehnsüchte und Nöte junger Menschen. Von damals, von heute? Das dramatische Poem von Thomas Höft und die Komposition von Siegfried Matthus setzen – kontrapunktisch miteinander korrespondierend – Assoziationen in Bewegung, die heute wie damals die Krisen der Jungen auf dem Weg zum Erwachsensein ausmachen: die Spannungen Vater-Sohn, die Beziehung zur Mutter, die rebellischen Auflehnungen der Pubertät, die Faszination junger Freunde, die Irritationen durch Mädchen, die erotische Ambivalenz der unlösbaren Widersprüche zwischen der eigenen Neigung und der durch Ältere auferlegten Pflicht. Wir alle kennen das, haben es durchlebt und erleben es immer wieder neu.

Die Oper »Kronprinz Friedrich« macht das fest an einem Skandalon, das in der engeren preußischen Geschichte allerdings einmalig ist und noch heute Alarm schlägt in einer Umwelt, in der Schülerkomplotte die Ermordung von Erziehern planen und durchführen, in der Jugendrevolten immer wieder das Establishment attackieren, in der die jungen Menschen auch sich selber immer wieder gefährden: durch Rassenhaß, Dünkel, fehlgeleiteten Fanatismus. Was war, was bleibt der Skandal – damals?

»Kronprinz Friedrich« – Rheinsberg 1999, Lars Fosser (Friedrich Wilhelm I.), Karen Leonie Leiber (Kronprinz Friedrich)

Abgestoßen vom Lebens- und Erziehungsstil des Vaters, stürzte sich der musisch hochbegabte junge Friedrich in die rauschhaft-träumerische Neigung zu Leutnant v. Katte. Mit dessen Hilfe wollte er aus dem Land fliehen, in dem er Thronfolger war. Die europäischen Gegner des sich gerade erst festigenden Preußens frohlockten. Das Kriegsgericht verurteilte Katte zu lebenslanger Festungshaft. In krassester Rechtsbeugung verhängte der Soldatenkönig stattdessen das Todesurteil. Die Hinrichtung durch das Schwert erfolgte vor den Augen seines in Küstrin inhaftierten Sohnes.

Dieser Fall wird von Höft – Matthus in einer Collage von szenisch-musikalischen Sequenzen erzählt, in der sich die Ausgangssituation (die Festungshaft des Kronprinzen in Küstrin) immer wieder überlappt mit Rückblenden, realen oder traumhaften Situationen. Auf solche Weise verliert sich das Historisch-Konkrete zugunsten einer menschlichen Konkretisierung, die auf uns, auf junge Menschen von heute hinweist. Die Optik der Inszenierung arbeitet auf ein kammermusikalisches Simultan-Theater hin. Die Regie spitzt die Frage zu, ob die Tötung der Liebe und die Vereisung der Herzen notwendige Voraussetzungen für die Erfüllung großer Pflichten etwa nur in der Vergangenheit waren.

Friedrich, den man noch zu Lebzeiten »den Großen« nannte, söhnte sich mit dem Vater aus. Als er mit 28 Jahren König wurde, war einer seiner ersten Befehle, ein Opernhaus zu bauen. Er führte schreckliche Kriege, wurde einer der klügsten Aufklärer auf dem Thron, spielte Flöte und liebte die Musen, befreite die jüdische Bevölkerung von Diskriminierung und machte für die Bauern Land urbar. Die Einsamkeit war der Preis, den er zahlte.

Davon will die Oper »Kronprinz Friedrich« viel noch nicht zeigen. Doch in gleichsam psychoanalytischer Arbeit spürt sie den frühen Entwicklungsbedingungen eines außerordentlichen Charakters nach. Solchen Sinnes spielen und singen junge Menschen (in ferner Erinnerung an Goethe und in näherer Beziehung zu Plenzdorf) »Die Leiden des jungen F«.

LOU SALOMÉ

Würde als persönliches Manifest von Frei-Sein

Szenisch-musikalisch eine ungewöhnliche Form. Keine lineare Fabelerzählung, keine überkommene Entwicklungsdramaturgie, vielmehr Spotlights auf Erscheinungs-, Traum- und Gedankenbilder: epische Collage, Montage von Strukturen. Das stellt einen besonderen Anspruch an die sofortige Präsenz der Sänger/Darsteller. Oft ist die Rollengestaltung in kürzesten Szenen zu profilieren. Die neue Oper und ihre Dramaturgie läßt keinen Anspruch auf biographische Authentizität erkennen, auch nicht auf Folgerichtigkeit der historischen Chronologie. Angestrebt wird statt dessen für das Musiktheater eine episch-lyrische Form, in der sich Entwicklungen und Reminiszenzen überlagern, Wirkliches mit Unterbewußtem mischt. Das Schicksal von Lou Salomé ist künstlerischer Anlaß einer Anatomie deutscher Kulturgeschichte, Gegenstand für den sensiblen Report einer Krise, Traum und Trauma zugleich.

»Lou Salomé« – München 1981

Die Oper spannt das Lebensbild dieser Frau in die Polarität von Geburt und Tod. Ihr Geburtsjahr, ein »Hoffnungsdatum«: 1861, als in Rußland die Leibeigenschaft aufgehoben wurde. 1937, ihr Todesjahr: ein »Schreckensdatum«. Der Traum von Freiheit scheint pervertiert in der Entfesselung von Barbarei.

Freiheit, Befreiung wird zum Ausgangsthema der Oper, es ist das Lebensthema von Lou Salomé. Sie »arbeitet« es durch mit allen Zweifeln, aller Not. Als der Vater gestorben, ihr Gott verloren ist, sucht sie nach Menschen, mit denen, durch die sie Wahrheit erfahren und Freiheit gewinnen kann. Diese Suche ist nicht intellektuell eingeengt, sondern kreatürlich-total. Sie ist im spezifischen Sinn weiblich. So gerät für Lou Salomé die Suche nach der Wahrheit auch immer zur Suche nach Liebe.

Die historisch verbürgten, in

der Oper aber frei montierten Begegnungen mit Paul Rée, Nietzsche, Rilke und Freud sind die notwendigen, lust- wie opfervollen Erfahrungen, die diese Frau sammelt auf einem langen, widerspruchsvollen Weg, der sie zur Emanzipation besonderer Art führt. Sie hat sich der Suche nach Gott, der Suche nach Freiheit und der Suche nach Liebe gestellt. Am Ende fragt sie »Wozu?«. Sie stirbt »gerade noch rechtzeitig«.

Aus dem allgemeinen Menschheitstraum von Freiheit, unter dessen Stern sie geboren war, rettet sie in die Nacht der barbarischen Umwelt die individuelle Würde, Würde als persönlichstes Manifest von Frei-Sein.

Durch welche Stationen? Über welche Höhen, durch welche Tiefen?

Das gilt es szenisch zu erzählen.

»Lou Salomé« – München 1981, Karan Armstrong (Lou Salomé), Rolf Boysen (Friedrich Nietzsche)

»Lou Salomé« – München 1981

OEDIPUS

Seht Oedipus

Auf der Musikbühne stellt sich der heutige Komponist, anders als im Konzert, dem Risiko der szenisch-körperlichen Konkretisierung. Dafür gewinnt er die Chance der Kommunikation mit sehr viel mehr Menschen. Es ist die Chance, beim Ausbruch aus dem Ghetto der Neuen Musik sich dem vervielfältigten Mißverständnis auszuliefern. Da kehrt sich die Chance wieder zum Risiko.

Auch die Musikbühne, der Opernbetrieb stellt sich dem zeitgenössischen Komponisten total. Das Risiko, Neues, gerade erst Erdachtes, Erahntes, Aufgeschriebenes Aufführung werden zu lassen, fordert die Ressourcen der Institution in ihren künstlerischen, organisatorischen und vor allem auch individuell ethischen Strukturen heraus.

Die beiderseitige Chance jedoch für den Komponisten und die Musikbühne: voneinander, miteinander zu erfahren, was die Musikbühne heute vermag, kann, soll, sofern und solange wir auf der Suche nach dem alten und neuen Sinn von Musiktheater sind.

Dabei geht es immer noch und immer wieder um die Grundfrage: Was kann, was vermag Musik, selbst schon Darstellung, in bezug auf den Auftrag des Theaters, wie ihn Sokrates am knappsten formulierte: Erkenne Dich selbst. Mensch!

Sehend sind wir blind. Blind würden wir sehend? Wann hören wir? Auf was horchen wir?

Rihm öffnet dem Thema Oedipus die Dimension ebenso greller

»Oedipus« – Berlin 1987

wie scheu hinterfragender Klänge. Er malt kein Antiken-Pathos. Er spart aus und analysiert. Zu diesem Zweck verkürzt und zersplittert er sogar die Meister-Dramaturgie des Sophokles. Er öffnet die minutiös von dem alten Griechen durch die Worthandlung vorgenommene Analyse menschlichen Da-Seins dem Versuch, die sich überlagernden Schichten des Vorgangs neu zu kennzeichnen durch eine Erzählweise, in der Musik nicht das Wort nur begleitet oder »verdeutlicht«, sondern wo die Wort- und Klangsignale sich mit der Szene verbinden zu dem assoziativen Erlebnis- und Erkenntnisprozeß, den wir immer mehr und immer besser als Musiktheater begreifen.

Rihms Dramaturgie wählt für die verschiedenen Schichten, in denen er den Vorgang auffächert, auch verschiedene Textquellen. Zu der Hölderlin-Übertragung des Sophokles-Textes treten Ausschnitte aus Heiner Müllers Oedipus-Kommentar und Bruchstücke aus Friedrich Nietzsches »Ödipus, Reden des letzten Philosophen mit sich selbst«. Daraus werden die Darstellungsebenen kombiniert: die der eigentlichen »Handlung«, eine Bildebene der Rückblenden, der Meditation, des Unterbewußten und ein quasi entkonkretisierter Raum für die »Selbstgespräche«.

Mittels solcher Montage greift auch der Greis Oedipus, der Sterbende aus dem Alterswerk »Oidipus auf Kolonos«, hinüber in das Stück vom jungen Oedipus, dem »Oidipus Tyrannos«. Die psychoanalytische Arbeit, die das Musiktheater Rihms solcherart leistet und für die Schönbergs »Erwartung« die wohl noch immer wichtigsten Anstöße gab, schafft mit der Überlagerung der räumlichen und zeitlichen Ebenen die Koinzidenz zwischen Vergangenem und Künfti-

»Oedipus« – Berlin 1987

gem, was die wirklichste Fähigkeit der Musik ausmacht.

Der schuldlos Schuldige ist gezeichnet von Beginn an. Der alte Spruch lautet: »Das Kind wird seine Eltern töten.« Diesem Gesetz des Lebens versucht der Vater, König Lajos, zu entgehen. Und er kann es doch nur erfüllen, weil andere, zwei Hirten, dem Gesetz des Lebens gehorchen: Man kann ein Neugeborenes nicht umbringen!

Oedipus = Schwellfuß, der schon als Kleinkind zum Krüppel gemacht wurde, löst das Rätsel der Sphinx. Rihm verschleiert die alte Frage der Legende: »Was ist das: am Morgen auf vier Beinen, am Mittag auf zwei und am Abend auf drei?« Rihm komponiert, indem er diese Frage verundeutlicht, irisierend alle weiteren Fragen mit. Es geht ihm allein um die Antwort, die das Thema seines, jeden Musiktheaters exponiert: der Mensch. Denn dies wirft tausend neue Fragen auf.

Oedipus ist der Rätsellöser. Aber weil er das Rätsel lösen kann, reißt er, der Denk-Revolutionär, hinter den Zukunftserhellungen nur die finstersten Abgründe auf. Indem Oedipus die Stadt von der Ummauerung der Sphinx befreit, belädt er sie mit der Seuche, der Pest.

Die Stadt krankt und wankt. Ihre Befreiung gründet sich also auf Schuld, die noch nicht erkannt ist, und auf Frevel, von dem keiner noch weiß.

Die Mutter ist die Geliebte. Kinder mit ihr zu zeugen, bedeutet, selbst wieder geboren zu werden. Der Schoß ist das Meer, das Dunkel, aus dem stammend man (Mann) wieder hineinstößt. Loslösung bedingt Rückkehr, Befreiung Heimkunft. Der Tod der Mutter-Geliebten beendet das bisherige Leben und erzwingt ein Anders-Sein.

So ist der Mensch der eigene Vater oder die eigene Mutter und sein/ihr Kind zugleich, Bruder und Schwester.

Ist das zu erkennen Fluch? Oder Vorstufe einer neuen humanen Selbsterkenntnis?

Die tragische Ironie der klassischen Vorlage kulminiert – und dieser Peripetie folgt auch Rihm – im Verhör des Hirten, der, um seinerzeit das Kind zu retten, den Befehl des Königs Lajos umging. Bizarr, daß der Bote aus Korinth, der die Nachricht vom Tode des Königs Polybos bringt, glaubt, Lohn für eine Freudenbotschaft erhalten zu dürfen. Denn Polybos war ja nicht Oedipus' Vater! Zur Trauer besteht also kaum Anlaß. Aber auch dies ist verkehrt. Die Trauer-Freudenbotschaft reißt nur den Blick auf ins Schrecklichere. Jokasta erfaßt bereits die Zusammenhänge. Nachdem sie noch einmal vergeblich versucht hat, Oedipus von seiner Wahrheitssuche abzubringen, macht sie sich davon. In dem alten Hirten sucht Oedipus den Mann, der als einziger dem Kampf am Dreiweg entkam und die Nachricht ausstreute, es seien fünf Mörder gewesen, die Lajos erschlugen. Der Korinther Bote erkennt in ihm den Hirten, von dem er den Säugling empfing. Der Alte will alles abstreiten. Nur unter der Folter gesteht er. Er, der das Kind einst rettete, muß den Großgewordenen verderben. Die Qual, die Oedipus dem Hirten auferlegt, wird er sich nun selbst tausendfach zufügen. Leicht wird der Erretter zum Verderber. Schwer.

Der Rat der Stadt, die »Öffentlichkeit«, hatte von dem jungen Genie zunächst die Befreiung von der Pest gefordert. Dann, im Verlauf der krisenhaften Entdeckungen, klammert man sich an die alten Sophokleischen Weisheiten, ehe man am Schluß den Aussätzigen handgreiflich vertreiben will. Wer hebt den ersten Stein? Alle.

Kreon, der Kluge, der Politiker, der für das Regulativ des Normalen steht, das den Durchschnitt vertritt, bricht angesichts des geblendeten Oedipus, den er in die Verbannung jagt, in grelles Gelächter aus, das sich in Schluchzen verkehrt.

»Seht Oedipus.«

Handeln bringt Schuld. Nicht-Handeln ist des Menschen unwürdig und schuldhaft noch mehr. Aber Handeln bringt Schuld! Und das Forschen nach dem eigenen Ursprung deckt nur auf, was das Auge nicht mehr fassen, blicken mag.

Das ist die Geschichte des Menschen seit mehreren tausend Jahren. Sie reicht von den Anfängen, von der Vergangenheit in die Gegenwart. Die Musik Rihms komponiert ihr jetzt. Das aktuelle Betroffensein.

Hört Oedipus.

Der Rätsellöser blendet sich. Er entzieht sich jedem Urteilsspruch anderer. Ein Protestant, der als Gezeichneter weiterlebt. Im Moment seiner Selbstblendung treten zwei Violinen zu dem bisher von Rihm eingesetzten Instrumentarium aus Bläsern, Harfen, Klavier und Percussion. Ein neuer Klang leitet die Klage ein um den »letzten Menschen«, der sich als Erster begriff.

Die Deutsche Oper Berlin stellt sich mit ihrem Ensemble Wolfgang Rihms Entwurf. Sie leistet (sich) die Uraufführung. Die Musikwissenschaft wird hoffentlich in Kürze Rihms Partitur analysieren und würdigen. Wir haben uns ihr als einem Vorstoß verschrieben, der zugleich Aufarbeitung des auf uns Gekommenen bedeutet.

Dabei denken wir, daß ein Musiktheater, an dem wir mit Rihm arbeiten, nicht die Größe des Menschen verkleinert, wenn wir die alte Geschichte bis in die heutige Gewandung führen, sondern daß sie die Verkleinerung als Protest manifestiert und als Klage.

Auch so gerät unser Musiktheater als Erinnerung an die Zukunft. Und sei es mit, um Oedipus: »Mit Händen zu wenig den Raum greift.«

Seht Oedipus.

WARUM SINGT DER MENSCH?

Ich habe von Anfang an in meiner Ausbildung und später auch in meiner Berufsarbeit versucht, Praxis und Theorie miteinander zu verbinden, weil ich glaube, daß der Oper in der heutigen Zeit hauptsächlich dann wieder auf die Beine zu helfen ist, wenn wir nicht nur praktisch oder nicht nur theoretisch, sondern auf beiden Ebenen einander ergänzend uns fragen: Warum machen wir eigentlich heute noch Oper?

Als Felsenstein die Komische Oper begründet hat, hat er gesagt, daß er nichts grundsätzlich Neues erfindet. Die Komische Oper ist der Versuch, aus einer Idee Musiktheater, einer Idee, wie sie eigentlich in den Partituren aller großen Oper enthalten ist, eine Methode zu machen und zwar eine Methode an einem Institut. Dieses Institut wurde die Komische Oper, und dieses Musiktheater als Idee, Methode und Institut wendet sich gegen die bloß kulinarische, gegen eine rein konventionelle, gegen eine gesellschaftlich irrelevante, beziehungslose Opernpflege und will an ihre Stelle ein Musiktheater setzen. Ein Musiktheater als eine neue ästhetische oder künstlerische Qualität, die aber nicht neu erfunden ist, sondern die in den Partituren von Monteverdi über Mozart, Verdi und Wagner bis hin zu Janáček schon enthalten ist.

Das heißt einfach, daß wir fragen: Warum singt eigentlich der Mensch, warum macht er den Mund auf? Wozu wird der Gesang auf der Bühne genutzt? Daß der Gesang eben nicht nur eine kulinarische Unverbindlichkeit ist, sondern daß das Kulinarische, das scheinbar Unnatürliche des Gesanges innerhalb einer Gesamthandlung eine besondere menschliche Aussage und möglicherweise auch eine Transparenz haben muß, eine Transparenz, die Dimensionen eröffnet und erkennbar macht, die mit Worten allein noch nicht oder nicht mehr zu sagen sind.

Als Felsenstein die Komische Oper begründet hat, war das der Versuch, die Idee Musiktheater und die Methode Musiktheater an einem Institut zu praktizieren. Es war ein Experiment und ist eigentlich bis heute ein Experiment geblieben, nämlich das Experiment, die Werke so aufzuführen, wie die großen Komponisten ihre musikalischen Bühnenwerke gemeint haben. Unter musikalischen Bühnenwerken ist zu verstehen, daß diese Werke eben nicht nur der Musik entsprechen sollen, sondern daß die Verbindung von Theater und Musik vollzogen wird und zwar so, daß Theater und Musik gemeinsam eine neue Qualität eingehen. Etwas, das anders ist als Musik ohne Theater oder Theater ohne Musik. Eine neue spezifische Form, und wie wir meinen, auch eine spezifische Erkenntnisform der Wirklichkeit, die genausoviel ästhetische Erkenntnisinhalte vermitteln kann wie ein Sprechtheater oder wie andere Formen der Künste.

Allerdings, und darum kreist eigentlich die Methode des Musiktheaters wie wir es verstehen, hat dieses Musiktheater ein Spezifikum, das keine andere Kunstgattung besitzt, und das ist der singend handelnde Mensch, der singende Darsteller. Nicht ein Darsteller, der singt und dazu spielt oder spielt und dazu singt, sondern der eine Rolle verkörpert und dessen Rollenverkörperung im Gesang kulminiert. Das bedeutet natürlich, daß ganz neue Fragen, auch Erziehungsfragen zu klären sind.

Und daß immer wieder zu fragen ist: Warum singt diese Figur eigentlich, wozu wird der Gesang eingesetzt? Uns scheint, daß der Gesang eben nicht nur etwas Unnatürliches oder Absurdes ist, sondern daß gerade er in der Lage ist, Dinge zu sagen, Dinge zu vermitteln, die mit Worten allein nicht mehr oder noch nicht zu sagen sind. Daß der Gesang in der Verbindung mit Szene und Spiel und Orchester Dimensionen des Menschlichen öffnen kann, die durchaus tauglich sind, auch heute Erfahrungen zu vermitteln.

Wir halten es nicht für nötig, in irgendwelcher Form Aggressivitäten modernistischer Art von der Bühne herab zu verkünden. Wir halten es für erforderlich, aus der historischen Struktur der Werke ihre aktuelle, zeitbezogene Aussagemöglichkeit zu erkennen und darzustellen. Das scheinen uns die wichtigsten Fragen und Probleme. Ob das allerdings überall und immer möglich ist, ob nicht die Oper, wie viele meinen, eben doch immer eine museale Kunstform bleibt, das muß immer wieder neu probiert werden und das muß mit jeder Inszenierung neu getestet werden, ob die Vergangenheitsstrukturen der berühmten großen Opernwerke, die wir kennen, wirklich in der Lage sind, heute und hier die Menschen über das Ästhetische und mittels des Ästhetischen direkt zu bewegen und aufzuregen.

Die uns bekannten Fragen und Probleme der Zuschauer zwingen uns, nicht nur die kulinarische Oberfläche eines Werks zu zeigen, sondern auch das, was mittels Kunst an Aussage gegeben werden kann.

Allerdings ist das nur möglich, wenn wir erkennen, daß die Opernwerke auch zu ihrer Zeit eine ganz bestimmte gesellschaftliche Relevanz hatten. Wir müssen nicht an die Stumme von Portivi erinnern, die zur Loslösung Belgiens von den Niederlanden geführt hat, so einfach ist es mit der politischen oder gesellschaftlichen Wirkung von Kunst und speziell Oper ja nun keinesfalls. Vielmehr ist es mit der direkten politischen Wirksamkeit einer meßbaren Wirksamkeit, immer so eine Frage. Das wichtigste ist, daß wir an dem Ort, an dem wir Oper machen, eine Selbstdefinition des Menschen in seiner gesellschaftlichen Stellung erreichen können und daß jeder in der Gesellschaft, in der er lebt, in der Konfrontation mit der Aufführung einfach Erfahrungen und Erlebnisse sammelt, die zunächst im ästhetischen Bereich liegen und über deren Realisierung er selber zu entscheiden hat.

Kunst muß und kann dazu beitragen, die Welt im Kleinen und Großen zu verändern. Sie kann es nie direkt und nie auf schematische Weise. Sie kann es nur dadurch, daß der Mensch, der Kunst gegenüberstehend, sich mit Kunst beschäftigend, selber in seinen Erwartungen dem Leben und sich selbst und der Gesellschaft gegenüber wächst und sich entwickelt. Das klingt sehr untertrieben, scheint mir aber die einzig richtige und notwendige Wirkungsfunktion von Kunst und von Oper zu sein. Und insofern kann Oper auch zur Veränderung der Umstände der Welt des Menschen beitragen, wenn sie die Veränderbarkeit und die Veränderungswürdigkeit von Verhältnissen aufdeckt.

Das Publikum setzt sich natürlich überall aus ganz verschiedenen Menschen, Schichten, Klassen zusammen, und diese Menschen haben verschiedene Erfahrungswerte, Assoziationsmöglichkeiten und Erfahrungswerte. Und niemals und nirgendwo wird irgendeine Theateraufführung ein gemeinsames Erlebnis von allen erzeugen können, und niemals wird es allen gemeinsam gut oder allen gemeinsam schlecht gefallen, was dort auf der Bühne geschieht. Das sind Dinge, deren wir uns immer bewußt sein müssen.

Bei allem ist aber der Ausgangspunkt und der Maßstab unserer Arbeit das Werk selbst, und unser Bemühen muß darin bestehen, dieses Werk von einem heutigen Standpunkt, von einem heutigen Interesse her – und das wird natürlich zuerst einmal das Interesse der Interpreten, des Teams der Interpreten sein müssen, dieses Werk zu untersuchen, abzuklopfen auf seine gegenwärtigen Aussage- und Wirkungsmöglichkeiten hin.

GÖTZ FRIEDRICHS INSZENIERUNGEN

ML = Musikalische Leitung	BK = Bühnenbild/Kostüme	
CHE = Choreinstudierung	BES = Besetzung	
CH = Choreographie	L = Lichtdesign	RM = Regiemitarbeit

Nationaltheater Weimar
COSÌ FAN TUTTE
von Wolfgang Amadeus Mozart
ML Gerhard Pflüger, BK Jochen Schube/Karl Zopp
BES Sigrid Ruppert (Fiordiligi), Annelies Burmeister (Dorabella), Kurt Köhler (Guglielmo), Werner Atzrodt (Ferrando), Sigrid Weisse (Despina), Rolf Kühne (Don Alfonso)
Premiere: 5. Oktober 1958

DDR-Fernsehen
DIE SCHÖNE GALATHÉE
von Franz von Suppé
(Fernsehbearbeitung: Götz Friedrich unter Verwendung der Bühnenbearbeitung von Ludwig Bender und August Peter Waldemaier)
ML Werner Krumbein, Bildregie Horst H. Zaeske, BK Erich Geister/Joachim Voelzke
BES Hella Jansen (Galathée), Karl-Heinz Kossler (Pygmalion), Uwe Kreyssig (Ganymed), Josef Burgwinkel (Mydas)
Erstsendung: 9. April 1959

Komische Oper Berlin
LA BOHÈME
von Giacomo Puccini
(deutsche Textfassung von Götz Friedrich)
ML Harold Byrns, BK Rudolf Heinrich, CHE Hermann Lüddecke
BES Hermin Esser (Rodolfo), Werner Missner (Schaunard), Uwe Kreyssig (Marcel), Herbert Rössler (Colline), Sonja Schöner (Mimi), Irmgard Arnold (Musette), Josef Burgwinkel (Alcindor)
Premiere: 15. September 1959

Komische Oper Berlin
FRA DIAVOLO
von Daniel François Esprit Auber
(deutsche Fassung von Götz Friedrich)
ML Vaclav Neumann, BK Heinrich Kilger, CHE Günther Schmidt-Bohländer
BES David Thaw (Fra Diavolo), Josef Burgwinkel (Lord Kookburn), Hanna Schmook (Pamela), Hermin Esser (Lorenzo), Georg Baumgartner (Beppo), Herbert Rössler (Giacomo) u. a.
Premiere: 7. Juli 1960

Staatstheater Kassel
DIE ZAUBERFLÖTE
von Wolfgang Amadeus Mozart
ML Paul Schmidts, BK Waldemar Mayer-Zick/Hannelore Kuschnitzky, CHE Rudolf Ducke
BES Aage Poulsen (Sarastro), Horst Wilhelm (Tamino), Ingrid Czerny (Königin der Nacht), Hanlie van Niekerk (Pamina), Werner Franz (Papageno), Marie-Jeanne Marchal (Papagena), Egmont Koch (Sprecher) u. a.
Premiere: 25. Dezember 1960

Komische Oper Berlin
COSÌ FAN TUTTE
von Wolfgang Amadeus Mozart
(in deutscher Neuübertragung nach Georg Schünemann)
ML Kurt Masur, BK Reinhart Zimmermann/Eva Sickert
BES Ingrid Czerny (Fiordiligi), Gabriele Schubert (Dorabella), Uwe Kreyssig (Guglielmo), Manfred Hopp (Ferrando), Christel Oehlmann (Despina), Rudolf Asmus (Don Alfonso)
Premiere: 8. September 1961

Komische Oper Berlin
TOSCA
von Giacomo Puccini
(deutsche Textbearbeitung von Götz Friedrich)
ML Robert Hanell, BK Rudolf Heinrich
BES Ella Lee (Floria Tosca), Hanns Nocker (Cavaradossi), Vladimir Bauer (Scarpia), Herbert Rössler (Angelotti), Josef Burgwinkel (Sakristan), Frank Folker (Spoletta), Werner Missner (Sciarrone) u. a.
Premiere: 16. November 1961
Fernsehfassung des Deutschen Fernsehfunks mit Eva Harmath als Tosca und Rudolf Asmus als Angelotti
Erstsendung: 26. Dezember 1965

DEFA
ROTKÄPPCHEN
(Musikfilm)
Drehbuch: Hans Rodenberg nach dem gleichnamigen Märchen der Gebrüder Grimm sowie nach Jewgeni Schwarz
Musik Gerhard Wohlgemuth, Kamera Helmut Bergmann
BK José Sancha, Alfred Drostek/Walter Schulze-Mittendorf
BES Blanche Komerell (Rotkäppchen), Horst Kube (Vater), Helga Raumer (Mutter), Friedel Nowak (Großmutter), Werner Dissel (Wolf), Hans-Georg Schwill (Bär) u. a.
Premiere: 13. Juli 1962

Komische Oper Berlin
SALOME
von Richard Strauss
ML Kurt Masur, BK Jiri Prochàzka/Jan Skalický
BES Hanns Nocker (Herodes), Ruth Schob-Lipka (Herodias), Jarmila Rudolfová (Salome), Vladimir Bauer (Jochanaan), Manfred Hopp (Narraboth), Ute Trekel- Burkhardt (Page) u. a.
Premiere: 13. April 1963

Theater der Freien Hansestadt Bremen
RIGOLETTO
von Giuseppe Verdi
(deutsche Fassung von Walter Felsenstein und Horst Seeger)
ML Gabor Ötvös, BK Wilfried Minks, CHE Fritz Meyer
BES Hermann Schnok (Herzog), Sándor Cséke (Rigoletto), Lore Paul (Gilda), Hans Nowack (Sparafucile), Kay Griffel (Maddalena), Caspar Bröcheler (Monterone) u. a.
Premiere: 5. September 1963

Theater der Freien Hansestadt Bremen
ARIADNE AUF NAXOS
von Richard Strauss
ML Hans-Walter Kämpfel, BK Karl Ernst Herrmann
BES Grace de la Cruz (Ariadne), Cora Canne Meijer (Komponist), Bella Jasper (Zerbinetta), Hermann Schnok (Bacchus) u. a.
Premiere: 14. Februar 1964

Komische Oper Berlin
JENUFA
von Leoš Janáček
(deutsche Textfassung von Götz Friedrich)
ML Rudolf Vasata, BK Reinhart Zimmermann/Jan Skalický, CHE Hermann Lüddecke
BES Gertraud Prenzlow (Die alte Buryja), John Moulson (Laca), Jaroslav Kachel (Stewa), Ruth Schob-Lipka (Küsterin), Jarmila Rudolfová (Jenufa), George Fourié (Altgesell), Herbert Rössler (Richter), Hanna Schmook (dessen Frau), Christa Noack (Karolka) u. a.
Premiere: 15. September 1964

Theater der Freien Hansestadt Bremen
DIE MACHT DES SCHICKSALS
von Giuseppe Verdi
(deutsche Übersetzung von Joachim Popelka und Georg C. Winkler)
ML Hans Wallat, BK Wilfried Minks, CHE Fritz Meyer
BES Grace de la Cruz (Leonora), Edgar Keenon (Don Carlos), Hermann Schnok (Don Alvaro), Hans Nowack (Pater Guardian), Dieter Behlendorf (Fra Melitone) u. a.
Premiere: 15. Februar 1965

Theater der Freien Hansestadt Bremen
CARMEN
von Georges Bizet
(Originalfassung in der deutschen Übertragung von Walter Felsenstein)
ML Hans Wallat, BK Josef Svoboda/Indra Hirschova, CHE Fritz Meyer
BES Hermann Schnok (Don Jose), Anton Diakov (Escamillo), Ruth Hesse (Carmen), Jutta Valerien (Micaëla) u. a.
Premiere: 4. September 1965

Theater der Freien Hansestadt Bremen
DON GIOVANNI
von Wolfgang Amadeus Mozart
(deutsche Fassung nach Georg Schünemann)
ML Hans Wallat, BK Josef Svoboda/Jan Skalický
BES Rudolf Constantin (Don Giovanni), Anton Diakov (Komtur), Grace de la Cruz (Donna Anna), Hermann Schnok (Don Ottavio), Ingrid Paller (Donna Elvira), Heinz Feldhoff (Leporello), Walter Köninger (Masetto), Lore Paul (Zerlina)
Premiere: 22. Januar 1966

Theater der Freien Hansestadt Bremen
LA BOHÈME
von Giacomo Puccini
(in italienischer Sprache)
ML Hans Wallat, BK Karl-Ernst Herrmann, CHE Fritz Meyer
BES Grace de la Cruz (Mimi), William Johns (Rodolfo), Lore Paul (Musetta), Rudolf Constantin (Marcello), Walter Koller (Schaunard), Anton Diakov (Colline) u. a.
Premiere: 6. Februar 1966

Komische Oper Berlin
Gastspiel in den Kammerspielen des Deutschen Theaters
DIE HEIMKEHR DES ODYSSEUS
von Claudio Monteverdi
(in der Einrichtung der Komischen Oper und der musikalischen Bearbeitung von Siegfried Matthus)
ML Gert Bahner, BK Reinhart Zimmermann/Eva Sickert, CHE Hermann Lüddecke
BES John Moulson (Der Mensch/Odysseus), Hanns Nocker (Zeus), Irmgard Arnold (Athene), Herbert Rössler (Poseidon), Sigrid Kehl (Penelope), Werner Enders (Eumaios)
Premiere: 19. April 1966

Komische Oper Berlin
DER TROUBADOUR
von Giuseppe Verdi
(deutsche Textfassung von Klaus Schlegel unter Mitarbeit von Götz Friedrich)
ML Gert Bahner, BK Josef Svoboda/Jan Skalický, CHE Dieter Hänsel
BES Wilfried Schaal (Graf Luna), Alba Bertoli (Leonora), Margarita Lilowa (Azucena), Anton de Ridder (Manrico), Horst-Dieter Kaschel (Ferrando), Hanna Schmook (Ines)
Premiere: 6. Dezember 1966

Theater der Freien Hansestadt Bremen
SALOME
von Richard Strauss
ML Hans Wallat, BK Reinhart Zimmermann/Manfred Miller/Susanne Raschig
BES Hermann Schnok (Herodes), Marie-Luise Gilles (Herodias), Juanita Waller (Salome), Rudolf Constantin (Jochanaan), William Johns (Narraboth), Yasko Nagata (Page) u. a.
Premiere: 18. April 1967

Komische Oper Berlin
Uraufführung
DER LETZTE SCHUSS
von Siegfried Matthus
(unter Mitarbeit von Götz Friedrich nach der Novelle »Der Einundvierzigste« von Boris Lawrenjow)
ML Gert Bahner, BK Reinhart Zimmermann/Eva Sickert, CHE Dieter Hänsel
BES Fritz Hübner (Jewsjukow), Lydia Sacharenko (Marjutka), Jaroslav Kachel (Gardeleutnant Goworucha-Otrok) u. a.
Premiere: 5. November 1967

Theater der Freien Hansestadt Bremen
DIE HOCHZEIT DES FIGARO
von Wolfgang Amadeus Mozart
(in der Übersetzung von Walter Felsenstein)
ML Hans Wallat, BK Karl Ernst Herrmann/Susanne Raschig
BES Heinz Feldhoff (Figaro), Hannelore Machold (Susanna), Walter Köninger (Graf), Grace de la Cruz (Gräfin), Ingrid Horysa (Cherubino), Marie-Luise Gilles (Marcellina), Anton Diakov (Don Bartolo), Georg Köhler (Don Basilio) u. a.
Premiere: 27. Februar 1968

Königliches Theater Kopenhagen
SIMONE BOCCANEGRA
von Giuseppe Verdi
(dänische Übersetzung von Jens Louis Petersen)
ML Giuseppe Patané, BK Reinhart Zimmermann/ Jan Skalický, CHE Thomás Vetö
BES Ib Hansen (Simone Boccanegra), Ove Verner Hansen (Fiesco), Leif Roar (Paolo), Lone Koppel (Maria), John Moulson (Gabriele Adorno) u. a.
Premiere: 10. Mai 1968

Komische Oper Berlin
AIDA
von Giuseppe Verdi
(in der Übersetzung von Klaus Schlegel unter Mitarbeit von Götz Friedrich)
ML Gert Bahner, BK Reinhart Zimmermann/Eleonore Kleiber, CHE Dieter Hänsel
BES Alfred Wroblewski (Der Pharao), Amalie Braunowa (Amneris), Zisana Tatischwili (Aida), Nodar Andguladse (Radames), Fritz Hübner (Ramphis), Vladimir Bauer (Amonasro), Ingrid Czerny (Priesterin), Frank Folker (Bote)
Premiere: 6. März 1969

Königliches Theater Kopenhagen
DIE HEIMKEHR DES ODYSSEUS
von Claudio Monteverdi
(in der Fassung der Komischen Oper und der musikalischen Bearbeitung von Siegfried Matthus, dänische Übersetzung von Wenzel de Nergaard)
ML Paul Jørgensen, BK Reinhart Zimmermann/Eva Sickert, CHE Thomäs Vetö
BES John Moulson (Odysseus/Der Mensch), Gurli Plesner (Penelope), Kirsten Hermansen (Athene), Niels Møller (Zeus) u. a.
Premiere: 15. Mai 1969

Den Norske Opera Oslo
FALSTAFF
von Giuseppe Verdi
(norwegische Übersetzung von Hans Kristiansen)
ML Arvid Fladmoe, BK Reinhart Zimmermann/Jan Skalický
BES Ib Hansen (Falstaff), Knut Skram (Ford), Elsa Dehli (Alice), Anna Nyborg (Nannetta), Astrid Hellesnes (Meg Page), Vessa Hanssen (Mrs. Quickly) u. a.
Premiere: 12. September 1969

Komische Oper Berlin
Erstaufführung
PORGY UND BESS
von George Gershwin
(deutsche Übertragung von Horst Seeger und Götz Friedrich)
ML Gert Bahner, BK Reinhart Zimmermann/Susanne Raschig, CH Michael Boyle, CHE Dieter Hänsel
BES Fritz Hübner (Porgy), Carolyn Smith-Meyer (Bess), Vladimir Bauer (Crown), John Moulson (Robbins), Christa Noack (Serena), Ronald Dutro (Jake), Ingrid Czerny (Clara), Manfred Krug (Sporting Life) u. a.
Premieren: 24. und 25. Januar 1970

Dänisches Fernsehen (Danmarks Radio - TV -)
LULU
von Alban Berg
ML Gerd Albrecht, BK Jörn Mathiassen, Søren Breum/Lone Ernst, Bildregie: Jürgen Mydtskov
BES Birgit Nordin (Lulu), Henry Skaer (Medizinalrat), Ole Jensen (Maler), John-Erik Jacobsson (Alwa), Ib Hansen (Dr. Schön), Kerstin Meyer (Gräfin Geschwitz), Gert Bastian (Schigolch), Ove Verriet Hansen (Rodrigo) u. a.
Erstsendung: 3. Februar 1970

Königliches Theater Kopenhagen
EUGEN ONEGIN
von Peter I. Tschaikowsky
(dänische Übersetzung von Erik Stahl)
ML Gerd Albrecht, BK Reinhart Zimmermann/Jan Skalický, CH Niels Björn Larsen, RM Anne Fugl
BES Lone Koppel-Winther (Tatjana), Ib Hansen (Eugen Onegin), John Moulson (Lenski) u. a.
Premiere: 6. Mai 1970

Deutsches Theater Berlin
DER TOLLE TAG
Komödie von Pierre Auguste Caron de Beaumarchais
(in der Übersetzung und Bearbeitung von Henryk Keisch unter Mitarbeit von Götz Friedrich)
BK Reinhart Zimmermann/Susanne Raschig, RM Klaus Wischnewski, Musik: Siegfried Matthus nach Texten von Villon/Remané, Jacob/Sommer, Heine, Pottier/Weinert, Keisch
BES Dieter Franke (Graf Almaviva), Margit Bendokat (Gräfin), Fred Düren (Figaro), Christine Schorn (Susanne) u. a.
Premiere: 6. Februar 1971

Königliches Theater Kopenhagen
DER TROUBADOUR
von Giuseppe Verdi
(dänische Ubertragung von Kai Flor)
ML Bruno Bartoletti, BK Reinhart Zimmermann/Jan Skalický
BES Ib Hansen (Graf Luna), Lone Koppel-Winther (Leonore), Inger Paustian (Azucena), Peter Lindroos (Manrico), Mogens Schmidt Johannsen (Ferrando) u. a.
Premiere: 8. Mai 1971

Komische Oper Berlin
DON QUICHOTTE
von Jules Massenet
(in der Neufassung von Götz Friedrich)
ML Karl-Fritz Voigtmann, BK Reinhart Zimmermann/ Eleonore Kleiber, CHE Dieter Hänsel
BES Ulrik Cold (Don Quichotte), Rudolf Asmus (Sancho Pansa), Libusa Marova (Dulcinea) u, a.
Premiere: 3. Oktober 1971
Fernsehproduktion des DDR-Fernsehens, Erstsendung 1971

Komische Oper Berlin
Uraufführung
NOCH EIN LÖFFEL GIFT, LIEBLING?
von Siegfried Matthus
Libretto von Peter Hacks nach dem Schauspiel »Risky Marriage« (»Heiraten ist immer ein Risiko«) von Saul O'Hara
ML Gert Bahner, BK Reinhart Zimmermann/Eleonore Kleiber
BES Rudolf Asmus (Inspektor Campbell), Hanns Nocker (Oberst John Brocklesby), Jutta Vulpius (Lydia Barbent) u. a.
Premiere: 16. April 1972

Holland-Festival, Nederlandse Operastichting
FALSTAFF
von Giuseppe Verdi
(in italienischer Sprache)
ML Michael Gielen, BK Reinhart Zimmermann/Jan Skalický, CHE Cor Olthuis
BES Gabriel Bacquier (Falstaff), Jan Derksen (Ford), Harald Ek (Fenton), Antigone Sgourda (Alice), Sophia van Saute (Meg Page), Joanna Bruno (Nannetta), Ruth Hesse (Mrs. Quickly) u. a.
Premiere: 17. Juni 1972

Bayreuther Festspiele
TANNHÄUSER
von Richard Wagner
ML Erich Leinsdorf, BK Jürgen Rose, CH John Neumeier, CHE Norbert Balatsch
BES Hans Sotin (Landgraf), Hugh Beresford (Tannhäuser), Bernd Weikl (Wolfram von Eschenbach), Harald Ek (Walter von der Vogelweide), Franz Mazura (Biterolf), Gwyneth Jones (Elisabeth und Venus) u. a.
Premiere: 21. Juli 1972
Fernsehfassung mit teilweise geänderter Besetzung
Erstsendung: 1. Januar 1979
ML Colin Davis
Spas Wenkoff (Tannhäuser), Robert Schunk (Walter von der Vogelweide)

Schloßtheater Drottningholm
COSÌ FAN TUTTE
von Wolfgang Amadeus Mozart
(in italienischer Sprache)
ML Sergiu Comissiona, BK Kerstin Hedeby
BES Elisabeth Ander (Fiordiligi), Helena Jungwirth-Ahnsjö (Dorabella), Claes-Hakan Ahnsjö (Ferrando), Hakan Hagegard (Guglielmo), Erik Saedén (Don Alfonso), Birgit Nordin (Despina)
Premiere: 22. August 1972

Königliche Oper Stockholm
JENUFA
von Leoš Janáček
(Schwedischer Text nach der Übersetzung von Ture Rangström)
ML Rudolf Vasata, BK Reinhart Zimmermann/Jan Skalický, CHE Lasse Zilliacus
BES Jonny Blanc (Stewa), Kolbjörn Höiseth (Laca), Kerstin Meyer (Küsterin), Elisabeth Söderström (Jenufa), Kim Borg (Richter) u. a.
Premiere: 1. Dezember 1972

Wiener Staatsoper
MOSES UND ARON
von Arnold Schönberg
ML Christoph von Dohnányi, BK Rudolf Heinrich, CH Erich Walter, CHE Norbert Balatsch, Helmuth Frosthauer
BES Rolf Boysen (Moses), Sven Olof Eliasson (Aron) u. a.
Premiere: 20. Mai 1973

Holland Festival, Nederlandse Operastichting
im Zirkus Carré Amsterdam
AIDA
von Giuseppe Verdi
(in italienischer Sprache)
ML Edo de Waart, BK Reinhart Zimmermann/Jan Skalický, CHE Cor Olthuis
BES Pauline Tinsley (Aida), Monserrat Aparici (Amneris), Jan Derksen (Amonasro), Hank Smit (Pharao), Giovanni Gibin (Radames), Maurizio Mazzieri (Ramphis) u. a.
Premiere: 4. Juni 1973

Hamburgische Staatsoper
DON GIOVANNI
von Wolfgang Amadeus Mozart
(in italienischer Sprache)
ML Horst Stein, BK Toni Businger
BES Bernd Weikl (Don Giovanni), Harald Stamm (Komtur), Gwyneth Jones (Donna Anna), Wieslaw Ochman (Don Ottavio), Arlene Saunders (Donna Elvira), Stafford Dean (Leporello), Jutta-Renate Ihloff (Zerlina), Franz Grundheber (Masetto)
Premiere: 29. September 1973

Hamburgische Staatsoper
Werkstattproduktion in der »Fabrik«
Erstaufführung
DAS TESTAMENT
von Villon/Pound
Szenenfolge mit Texten von François Villon und Ezra Pound, montiert und unter Mitarbeit von Götz Friedrich, szenisch eingerichtet von Eva Hesse
Musik von Ezra Pound und Hans Ludwig Hirsch
ML Hans Ludwig Hirsch, BK Toni Businger
BES Ude Krekow (Villon), Ernst Dietz (Pound) u. a.
Premiere: 28. November 1973

Hamburgische Staatsoper
FALSTAFF
von Giuseppe Verdi
(in italienischer Sprache)
ML Anton Guadagno, BK John Gunter/Harold Waistnage, CHE Günther Schmidt-Bohländer
BES Norman Mittelmann (Falstaff), Bernd Weikl (Ford), Harald Ek (Fenton), Peter Haage (Dr. Cajus), Heinz Kruse (Bardolfo), Kurt Moll (Pistola), Judith Beckmann (Alice), Jutta-Renate Ihloff (Nannetta), Hanna Schwarz (Mrs. Quickly), Carol Wyatt (Meg Page)
Premiere: 3. Februar 1974

Nederlandse Operastichting
TRISTAN UND ISOLDE
von Richard Wagner
ML Michael Gielen, BK Heinrich Wendel/Jan Skalický
BES Pekka Nuotio (Tristan), Ulrik Cold (König Marke), Berit Lindholm (Isolde), Gerd Feldhoff (Kurwenal), John Bröcheler (Melot), Yvonne Minton (Brangäne), Nico Boer (Hirt), Lieuwe Visser (Steuermann), Jan Blinkhof (Seemann)
Premiere: 28. Februar 1974

Württembergische Staatstheater Stuttgart
LA BOHÈME
von Giacomo Puccini
(in italienischer Sprache)
ML Silvio Varviso, BK Toni Businger/Heidi Wanninger, CHE Heinz Mende
BES Sylvia Geszty (Mimi), June Card (Musetta), Carlo Bini (Rodolfo), Wolfgang Schöne (Marcello), Klaus Hirte (Schaunard), Wolfgang Probst (Colline) u. a.
Premiere: 15. April 1974

Holland Festival, Nederlandse Operastichting
LE NOZZE DI FIGARO
von Wolfgang Amadeus Mozart
(in italienischer Sprache)
ML Michael Gielen, BK Gunilla Palmstierna-Weiss
BES Richard Stilwell (Graf Almaviva), Patricia Wells (Gräfin), Catherine Malfitano (Susanna), Stafford Dean (Figaro), Trudeliese Schmidt (Cherubino), Marie-Luise Gilles (Marcellina), David Thaw (Basilio), Pieter van den Berg (Bartolo) u. a.
Premiere: 20. Juni 1974

Royal Opera House Covent Garden London
DAS RHEINGOLD
von Richard Wagner
ML Colin Davis, BK Josef Svoboda/Ingrid Rosell
BES Zoltan Kelemen (Alberich), Josephine Veasey (Fricka), Donald McIntyre (Wotan), Matti Salminen (Fasolt), Donald Shanks (Fafner), Robert Tear (Froh), Norman Bailey (Donner), George Shirley (Loge), Ragnar Ulfung (Mime), Elizabeth Bainbridge (Erda) u. a.
Premiere: 30. September 1974

Royal Opera House Covent Garden London
DIE WALKÜRE
von Richard Wagner
ML Colin Davis, BK Josef Svoboda/Ingrid Rosell
BES Richard Cassilly (Siegmund), Marita Napier (Sieglinde), Hans Sotin (Hunding), Donald McIntyre (Wotan), Berit Lindholm (Brünnhilde), Josephine Veasey (Fricka) u. a.
Premiere: 1. Oktober 1974

Hamburgische Staatsoper
LE NOZZE DI FIGARO
von Wolfgang Amadeus Mozart
(in italienischer Sprache)
ML Gary Bertini, BK Toni Businger, CHE Günther Schmidt-Bohländer
BES Bernd Weikl (Graf Almaviva), Judith Beckmann (Gräfin Almaviva), Jutta-Renate Ihloff (Susanna), Justino Diaz (Figaro), Hanna Schwarz (Cherubino), Carol Wyatt (Marcellina), Peter Haage (Basilio), Kurt Marschner (Curzio), Kurt Moll (Bartolo), Toni Blankenheim (Antonio), Maria Husmann (Barbarina)
Premiere: 8. Dezember 1974

Hamburgische Staatsoper
DON QUICHOTTE
von Jules Massenet
(deutsche Fassung: Götz Friedrich)
ML Ralf Weikert, BK Reinhart Zimmermann/Eleonore Kleiber, CHE Günther Schmidt-Bohländer
BES Kurt Moll (Don Quichotte), Elisabeth Steiner (Dulcinea), Zoltan Kelemen (Sancho Pansa) u. a.
Premiere: 26. Januar 1975

Zweites Deutsches Fernsehen
SALOME
von Richard Strauss
ML Karl Böhm, BK Gerd Staub/Jan Skalický, Kamera: Wolfgang Treu, Orchester: Wiener Philharmoniker
BES Teresa Stratas (Salome), Astrid Varnay (Herodias), Hans Beirer (Herodes), Bernd Weikl (Jochanaan), Wieslaw Ochman (Narraboth), Hanna Schwarz (Page) u. a.
Produktion: UNITEL
Erstsendung: 16. Februar 1975
13. Kanal-USA: 2. Februar 1977
BBC 1977

Holland Festival, Nederlandse Operastichting
Zirkus Carré Amsterdam
ORPHEUS IN DER UNTERWELT
von Jacques Offenbach
ML Franz Allers, BK Toni Businger/Jan Skalický
BES Jasperina de Jong (Die öffentliche Meinung), Matti Juhani (Orpheus), Catherine Gayer (Eurydice), Pieter van den Berg (Jupiter), Tine van Grootel (Juno), Simon van der Geest (Morpheus), George Shirley (Pluto), Jan Handerson (Styx) u. a.
Premiere: 13. Juni 1975

Royal Opera House Covent Garden London
SIEGFRIED
von Richard Wagner
ML Colin Davis, BK Josef Svoboda/Ingrid Rosell
BES Ragnar Ulfung (Mime), Helge Brilioth (Siegfried), Donald McIntyre (Wanderer), Zoltan Kelemen (Alberich), Matti Salminen (Fafner), Norma Burrowes (Waldvogel), Elizabeth Bainbridge (Erda), Berit Lindholm (Brünnhilde)
Premiere: 17. September 1975

Hamburgische Staatsoper
COSÌ FAN TUTTE
von Wolfgang Amadeus Mozart
(in italienischer Sprache)
ML Aldo Ceccato, BK Toni Businger
BES Sylvia Sass (Fiordiligi), Hanna Schwarz (Dorabella), Bernd Weikl (Guglielmo), Rüdiger Wohlers (Ferrando), Jeannette Scovotti (Despina), Dieter Weller (Don Alfonso)
Premiere: 7. Dezember 1975

Hamburgische Staatsoper
DER FREISCHÜTZ
von Carl Maria von Weber
ML Marek Janowski, BK Günther Schneider-Siemssen/Aliute Meczies, CHE Günther Schmidt-Bohländer
BES Franz Grundheber (Ottokar), Herbert Fliether (Kuno), Judith Beckmann (Agathe), Gabriele Fuchs (Ännchen), Kurt Moll (Kaspar), Gerd Brenneis (Max), Harald Stamm (Eremit) u. a.
Premiere: 28. Januar 1976

Württembergische Staatstheater Stuttgart
PARSIFAL
von Richard Wagner
ML Silvio Varviso, BK Günther Uecker, CHE Heinz Mende
BES Raymond Wolansky (Amfortas), Wolfgang Probst (Titurel), Hubert Hofmann (Gurnemanz), Peter Lindroos (Parsifal), Klaus Hirte (Klingsor), Eva Randova (Kundry) u. a.
Premiere: 12. März 1976

Bayerische Staatsoper München
TOSCA
von Giacomo Puccini
(in italienischer Sprache)
ML Jesus Lopez Cobos, BK Rudolf Heinrich
BES Teresa Kubiak (Tosca), Placido Domingo (Cavaradossi), Sherill Milnes (Scarpia) u. a.
Premiere: 6. Mai 1976

Opernhaus Zürich
EUGEN ONEGIN
von Peter I. Tschaikowsky
(deutsche Fassung nach der Übersetzung von Wolf Ebermann und Eberhard Koerth)
ML Gerd Albrecht, BK Toni Businger/Jan Skalický, CHE Hans Erismann
BES Marilyn Zschau (Tatjana), Hanna Schwarz (Olga), Marga Höffgen (Filipjewna), Wolfgang Brendel (Eugen Onegin), Rüdiger Wohlers (Lenski), Matti Salminen (Fürst Gremin) u. a.
Premiere: 16. Juni 1976

Bayerische Staatsoper München
Uraufführung
DIE VERSUCHUNG
von Josef Tal
Libretto: Israel Eliraz
ML Gary Bertini, BK Andreas Reinhardt, CHE Wolfgang Baumgart
BES Thomas Thomaschke (Mann), Wolfgang Schöne/Willi Brokmeier/Claes H. Ahnsjö/Horst Hoffmann/Hans Wilbrink/Catherine Gayer (Die Gruppe) u. a.
Premiere: 26. Juli 1976

Royal Opera House Covent Garden London
GÖTTERDÄMMERUNG
von Richard Wagner
ML Colin Davis, BK Josef Svoboda/Ingrid Rosell, CHE Robin Stapleton
BES Berit Lindholm (Brünnhilde), Jean Cox (Siegfried), Siegmund Nimsgern (Günther), Bengt Rundgren (Hagen), Hanna Lisowska (Gutrune), Yvonne Minton (Waltraute) u. a.
Premiere: 16. September 1976

Hamburgische Staatsoper
DIE SOLDATEN
von Bernd Alois Zimmermann
ML Hans Zender, BK Josef Svoboda/Aliute Meczies, CHE Günther Schmidt-Bohländer
BES Harald Stamm (Wesener), Gabriele Fuchs (Marie), Hanna Schwarz (Charlotte), Franz Grundheber (Stolzius), Thomas Herndon (Desportes) u. a.
Premiere: 27. September 1976

Royal Opera House Covent Garden London
DER FREISCHÜTZ
von Carl Maria von Weber
ML Colin Davis, BK Günther Schneider-Siemssen/Aliute Meczies
BES René Kollo (Max), Richard van Allan (Cuno), Kurt Moll (Kaspar), Hannelore Bode (Agathe), Lucia Popp (Ännchen), Donald McIntyre (Ottokar), Robert Lloyd (Eremit) u. a.
Premiere: 27. Januar 1977

Teatro alla Scala, Mailand
MOSES UND ARON
von Arnold Schönberg
ML Christoph von Dohnányi, BK Rudolf Heinrich, CH Erich Walter, CHE Romano Gandolfi
BES Rolf Boysen (Moses), William Lewis (Aron) u. a.
Premiere: 5. Februar 1977

Württembergische Staatstheater Stuttgart
SALOME
von Richard Strauss
ML Silvio Varviso, BK Andreas Reinhardt
BES Karan Armstrong (Salome), Jaroslav Kachel (Herodes), Grace Hoffman (Herodias), Raymond Wolansky (Jochanaan), Rüdiger Wohlers (Narraboth) u. a.
Premiere: 5. März 1977

Hamburgische Staatsoper
DIE ZAUBERFLÖTE
von Wolfgang Amadeus Mozart
ML Horst Stein, BK Ernst Fuchs, CHE Günther Schmidt-Bohländer
BES Hans Sotin (Sarastro), Gösta Winbergh (Tamino), Gerd Feldhoff (Sprecher), Edda Moser (Königin der Nacht), Helen Donath (Pamina), Heinz Holecek (Papageno), Jutta-Renate Ihloff (Papagena) u. a.
Premiere: 17. April 1977

Opernhaus Zürich
Uraufführung
EIN ENGEL KOMMT NACH BABYLON
von Rudolf Kelterborn
Text: Friedrich Dürrenmatt
ML Ferdinand Leitner, BK Josef Svoboda/Jan Skalický, CHE Erich Widl
BES William Reeder (Der Engel), Ursula Reinhardt-Kiss (Kurrubi), Wolfgang Reichmann (Akki), Roland Hermann (Nebukadnezar), Jaroslav Kachel (Nimrod) u. a.
Premiere: 5. Juni 1977

Grand Théâtre de Genève
LA BOHÈME
von Giacomo Puccini
(in italienischer Sprache)
ML Nello Santi, BK Toni Businger/Heidi Wanninger, CHE Paul-André Gaillard
BES Carlo Bini (Rodolfo), Yves Bisson (Schaunard), Maria Chiara (Mimi), Dale Düsing (Marcello), James Johnson (Colline), Patricia Wise (Musetta) u. a.
Premiere: 14. Juni 1977

Königliche Oper Stockholm
DIE MEISTERSINGER VON NÜRNBERG
von Richard Wagner
ML Berislav Klobucar, BK Günther Schneider-Siemssen/Aliute Meczies, CHE Lasse Zilliacus/Jan-Åke Hillerud
BES Leif Roar (Hans Sachs), Arne Tyrén (Pogner), Erik Saeden (Beckmesser), Sven Olof Eliasson (Walter von Stolzing), Gösta Winbergh (David), Helena Döse (Eva), Edith Thallaug (Magdalena) u. a.
Premiere: 1. Oktober 1977
Fernsehproduktion für Sveriges Radio I, Stockholm (Leitung Thomas Olofsson), in gleicher Besetzung
Erstsendung: Dezember 1977

Deutsche Oper Berlin
FALSTAFF
von Giuseppe Verdi
(in italienischer Sprache)
ML Michael Gielen, BK Timothy O'Brien, Tazeena Firth, CHE Walter Hagen-Groll
BES Robert Kerns (Falstaff), William Murray (Ford), Rüdiger Wohlers (Fenton), Peter Gougaloff (Cajus), Karl-Ernst Mercker (Bardolfo), Victor von Halem (Pistola), Lucy Peacock (Alice), Carol Malone (Nannetta), Marta Szirmay (Mrs. Quickly), Carol Wyatt (Meg Page)
Premiere: 11. Dezember 1977

Bayerische Staatsoper München
FIDELIO
von Ludwig van Beethoven
ML Karl Böhm, BK Erich Wonder/Susanne Raschig, CHE Wolfgang Baumgart
BES Donald McIntyre (Pizarro), James King (Florestan), Hildegard Behrens (Leonore), Kurt Moll (Rocco), Lucia Popp (Marzellina), Norbert Orth (Jacquino) u. a.
Premiere: 30. Januar 1978

Royal Opera House Covent Garden London
IDOMENEO
von Wolfgang Amadeus Mozart
(in italienischer Sprache)
ML Colin Davis, BK Stefanos Lazaridis, CHE John Bacon
BES Yvonne Kenny (Ilia), Janet Baker (Idamante), Magdalena Cononovici (Elektra), Stuart Burrows (Idomeneo) u. a.
Premiere: 9. März 1978

Hamburgische Staatsoper
DIE FLEDERMAUS
von Johann Strauß
ML Theodor Guschlbauer, BK Andreas Reinhardt, CHE Günther Schmidt-Bohländer
BES Donald Grobe (Eisenstein), Teresa Zylis-Gara (Rosalinde), Toni Blankenheim (Frank), Hanna Schwarz (Prinz Orlofsky), Thomas Herndon (Alfred), William Workman (Dr. Falke), Gabriele Fuchs (Adele), Otto Waalkes (Frosch) u. a.
Premiere: 30. April 1978

Holland Festival, Nederlandse Operastichting
DON GIOVANNI
von Wolfgang Amadeus Mozart
(in italienischer Sprache)
ML Hans Vonk, BK Andreas Reinhardt
BES Wolfgang Brendel (Don Giovanni), Edda Moser (Donna Anna), Rüdiger Wohlers (Don Ottavio), Dimitris Kavrakos (Commendatore), Ellen Shade (Donna Elvira), Gabriel Bacquier (Leporello), Lieuwe Visser (Masetto), Lillian Watson (Zerlina)
Premiere: 2. Juni 1978

Opernhaus Zürich
AUS EINEM TOTENHAUS
von Leoš Janáček
ML Bohumil Gregor, BK Josef Svoboda/Jan Skalický, CHE Erich Widl
BES Roland Hermann (Alexander Petrowitsch Gorjantschikoff), Peter Keller (Alej, ein junger Tartar), Hermin Esser (Luka Kosmitsch), Christian Boesch (Der kleine Sträfling), Hans Franzen (Platzkommandant), Sven Olof Eliasson (Skuratoff), Rudolf A. Hartmann (Tschekunoff) u. a.
Premiere: 11. November 1978

Deutsche Oper Berlin
LE NOZZE DI FIGARO
von Wolfgang Amadeus Mozart
(in italienischer Sprache)
ML Daniel Barenboim, BK Herbert Wernicke/Ogün und Herbert Wernicke, CHE Walter Hagen-Groll
BES Dietrich Fischer-Dieskau (Graf Almaviva), Julia Varady (Gräfin), Barbara Hendricks (Susanna), José van Dam (Figaro), Hanna Schwarz (Cherubino), Patricia Johnson (Marcellina), Donald Grobe (Basilio), Harald Stamm (Bartolo), Ernst Krukowski (Gärtner), Gudrun Sieber (Barbarina), Helmut Krebs (Curzio)
Premiere: 14. Dezember 1978

Hamburgische Staatsoper
MANON LESCAUT
von Giacomo Puccini
(in italienischer Sprache)
ML Silvio Varviso, BK Günther Schneider-Siemssen/Aliute Meczies
BES Eva Marton (Manon Lescaut), Franz Grundheber (Lescaut), Placido Domingo (Des Grieux), Dieter Weller (Géronte) u. a.
Premiere: 29. April 1979

Württembergische Staatstheater Stuttgart
COSÌ FAN TUTTE
von Wolfgang Amadeus Mozart
(in italienischer Sprache)
ML Silvio Varviso, BK Herbert Wernicke, RM Friedemann Steiner
BES Karan Armstrong (Fiordiligi), Doris Soffel (Dorabella), Rüdiger Wohlers (Ferrando), Wolfgang Schöne (Guglielmo), Günter Reich (Alfonso), Rebecca Littig (Despina)
Premiere: 21. Juni 1979

Bayreuther Festspiele
LOHENGRIN
von Richard Wagner
ML Edo de Waart, BK Günther Uecker/Frida Parmeggiani, CHE Norbert Balatsch
BES Peter Hofmann (Lohengrin), Karan Armstrong (Elsa), Hans Sotin (König Heinrich), Leif Roar (Telramund), Ruth Hesse (Ortrud), Bernd Weikl (Heerrufer) u. a.
Premiere: 25. Juli 1979
Fernsehproduktion für das Zweite Deutsche Fernsehen in teilweise veränderter Besetzung: ML Woldemar Nelsson, Siegfried Vogel (König Heinrich), Elizabeth Connell (Ortrud)
Erstsendung: 6. Februar 1983

Opernhaus Zürich
LULU
von Alban Berg
ML Ferdinand Leitner, BK Wolfgang Roth/Jan Skalický
BES Carole Farley (Lulu), Glenys Linos (Geschwitz), Günter Reich (Dr. Schön), Ryszard Karczykowski (Alwa), Jozsef Dene (Schigolch) u. a.
Premiere: 8. September 1979

Württembergische Staatstheater Stuttgart
PELLÉAS ET MÉLISANDE
von Claude Debussy
(in französischer Sprache)
ML Silvio Varviso, BK Andreas Reinhardt, CHE Heinz Mende
BES Roland Bracht (Arkel), Elke Estlinbaum (Geneviève), Ryland Davies (Pelléas), Wolfgang Schöne (Golaud), Karan Armstrong (Mélisande) u. a.
Premiere: 8. Dezember 1979

Hamburgische Staatsoper
MACBETH
von Giuseppe Verdi
(in italienischer Sprache)
ML Christoph von Dohnányi, BK Josef Svoboda/Jan Skalický, CHE Günther Schmidt-Bohländer
BES Piero Cappuccilli (Macbeth), Nicolai Ghiaurov (Banquo), Grace-Melzia Bumbry (Lady Macbeth), Carlo Cossutta (Macduff) u. a.
Premiere: 10. Februar 1980

Deutsche Oper Berlin
TRISTAN UND ISOLDE
von Richard Wagner
ML Daniel Barenboim, BK Günther Schneider-Siemssen/ Inge Justin
BES Spas Wenkoff (Tristan), Martti Talvela (Marke), Catarina Ligendza (Isolde), Gerd Feldhoff (Kurwenal), Barry McDaniel (Melot), Ruth Hesse (Brangäne), Walton Grönroos (Steuermann), Peter Maus (Hirt)
Premiere: 5. April 1980

Burgtheater Wien
ÖDIPUS
von Sophokles
BK Andreas Reinhardt, Musik Siegfried Matthus
ÖDIPUS TYRANN
Deutsch von Heiner Müller nach Friedrich Hölderlin
BES Rolf Boysen (Ödipus), Rudolf Melichar (Kreon), Judith Holzmeister (Jokaste) u. a.
ÖDIPUS AUF KOLONOS
Deutsch von Kurt Klinger
BES Rolf Boysen (Ödipus), Rudolf Melichar (Kreon), Erich Aberle (Theseus) u. a.
Premiere: 18. Juni 1980

Zweites Deutsches Fernsehen
FALSTAFF
von Giuseppe Verdi
(in italienischer Sprache)
ML Georg Solti, BK Jörg Neumann/Bernd Müller, Kamera Wolfgang Treu
BES Gabriel Bacquier (Sir John Falstaff), Richard Stilwell (Ford), Max-René Cosotti (Fenton), Karan Armstrong (Alice), Sylvia Lindenstrand (Meg), Marta Szirmay (Mrs. Quickly), Jutta-Renate Ihloff (Nannetta), John Lanigan (Dr. Cajus), Peter Maus (Bardolfo), Ulrik Cold (Pistola)
Erstsendung: 21. September 1980 - Produktion BETA FILM, München

Hamburgische Staatsoper
DAS RHEINGOLD
von Richard Wagner
ML Christoph von Dohnányi, BK Jürgen Rose
BES Franz Ferdinand Nentwig (Wotan), Sven Olof Eliasson (Loge), Dieter Weller (Alberich), Harald Stamm (Fasolt), Kurt Moll (Fafner), Hanna Schwarz (Fricka), Cornelia Wulkopf (Erda) u. a.
Premiere: 12. November 1980

Royal Opera House Covent Garden London
LULU
von Alban Berg
ML Colin Davis, BK Timothy O'Brien
BES Erik Saeden (Schigolch), Karan Armstrong (Lulu), Günter Reich (Dr. Schön/Jack), Ryszard Karczykowski (Alwa), Glenys Linos (Gräfin Geschwitz) u. a.
Premiere: 24. Februar 1981

Württembergische Staatstheater Stuttgart
TRISTAN UND ISOLDE
von Richard Wagner
ML Dennis Russell Davies, BK Günther Uecker
BES Manfred Jung (Tristan), Peter Meven (König Marke), Berit Lindholm (Isolde), Raymond Wolansky (Kurwenal), Hanna Schwarz (Brangäne) u. a.
Premiere: 21. März 1981

Bayerische Staatsoper München
Uraufführung
LOU SALOMÉ
von Giuseppe Sinopoli
ML Giuseppe Sinopoli, BK Andreas Reinhardt
BES Karan Armstrong (Lou Salomé), Rolf Boysen (Friedrich Nietzsche), Sven Olof Eliasson (Paul Ree), John van Kesteren (Rilke), Hermann Becht (Carl Andreas), Margarethe Bence (Malwida) u. a.
Premiere: 10. Mai 1981

Opernhaus Zürich
WOZZECK
von Alban Berg
ML Ferdinand Leitner, BK Andreas Reinhardt/Jan Skalický
BES Christian Boesch (Wozzeck), Karan Armstrong (Marie), Hermin Esser (Tambourmajor), Horst Hiestermann (Hauptmann), Günter Reich (Doktor) u. a.
Premiere: 14. Juni 1981

Deutsche Oper Berlin
AUS EINEM TOTENHAUS
von Leoš Janáček
ML Vaclav Neumann, BK Josef Svoboda/Jan Skalický, CHE Walter Hagen-Groll
BES William Dooley (Alexander Petrowitsch Gorjantschikoff), Peter Maus (Aljeja, ein junger Tartar), Hermin Esser (Filka Morosoff, Luka Kusmitsch), Tomislav Neralič (Der Platzkommandant) u. a.
Premiere: 4. Oktober 1981

Württembergische Staatstheater Stuttgart
DER ROSENKAVALIER
von Richard Strauss
ML Silvio Varviso, BK Jürgen Rose, CHE Ulrich Eistert
BES Karan Armstrong (Die Feldmarschallin Fürstin Werdenberg), Helmut Berger Tuna (Baron Ochs auf Lerchenau), Doris Soffel (Octavian), Günter Reich (Herr von Faninal), Patricia Wise (Sophie, seine Tochter), Ruth-Margret Pütz (Leitmetzerin) u. a.
Premiere: 19. Dezember 1981

Deutsche Oper Berlin
LULU
von Alban Berg
ML Jesus Lopez Cobos, BK Andreas Reinhardt
BES Karan Armstrong (Lulu), Brigitte Fassbaender (Gräfin Geschwitz), Vera Little-Augustithis (Theater-Garderobiere/ Mutter), Günter Reich (Dr. Schön/ Jack the Ripper), Ryszard Karczykowski (Alwa), Ivan Sardi (Schigolch) u. a.
Premiere: 14. Februar 1982

Deutsche Oper Berlin
AIDA
von Giuseppe Verdi
(in italienischer Sprache)
ML Daniel Barenboim, BK Pet Halmen, CHE Walter Hagen-Groll, CH Ray Barra
BES Harald Stamm (Der König), Stefania Toczyska (Amneris, seine Tochter), Julia Varady (Aida, äthiopische Sklavin), Luciano Pavarotti (Radames, Hauptmann der Palastwache), Matti Salminen (Ramphis, Oberpriester), Dietrich Fischer-Dieskau (Amonasro, König von Äthiopien, Vater Aidas) u. a.
Premiere: 22. März 1982

Bayreuther Festspiele
PARSIFAL
von Richard Wagner
ML James Levine, BK Andreas Reinhardt, CHE Norbert Balatsch, RM Paul Imbach/Dagny Müller/Willie-Earl Oliver
BES Simon Estes (Amfortas), Matti Salminen (Titurel), Hans Sotin (Gurnemanz), Peter Hofmann (Parsifal), Franz Mazura (Klingsor), Leonie Rysanek (Kundry), Toni Krämer/Matthias Hölle (Gralsritter), Ruthild Engert/Sabine Fues/Helmut Pampuch/Peter Maus (Knappen), Hanna Schwarz (Altsolo), Monika Schmitt/Anita Soldh/Hanna Schwarz/Francine Laurent-Gerimont/Deborah Sasson/Margit Neubauer (Klingsors Zaubermädchen)
Premiere: 25. Juli 1982

Hamburgische Staatsoper
DIE TROJANER
von Hector Berlioz
(in französischer Sprache)
ML Sylvain Cambreling, BK Ekkehard Grübler, CHE Jürgen Schulz
BES Guy Chauvet (Aeneas), Mikael Melbye (Choröbus), Karan Armstrong (Kassandra), Hanna Schwarz (Dido), Marjana Lipovsek (Anna) u. a.
Premiere: 10. Oktober 1982

Erstes Deutsches Fernsehen
ELEKTRA
von Richard Strauss
ML Karl Böhm, BK Josef Svoboda/Pet Halmen
BES Leonie Rysanek (Elektra), Catarina Ligendza (Chrysothemis), Astrid Varnay (Klytämnestra), Dietrich Fischer-Dieskau (Orest), Hans Beirer (Aegisth) u. a.
Produktion BETA Film GmbH München (UNITEL)
Erstsendung: 24. Oktober 1982

Houston Grand Opera
WOZZECK
von Alban Berg
(in englischer Sprache)
ML Lawrence Foster, BK Andreas Reinhardt/Jan Skalický
BES Lawrence Cooper (Wozzeck), Karan Armstrong (Marie), William Dansby (Doktor), Frank Little (Tambourmajor), Arturo Sergi (Hauptmann) u. a.
Premiere: 7. November 1982

Deutsche Oper Berlin/Wiener Staatsoper
DIE TOTE STADT
von Erich Wolfgang Korngold
ML Heinrich Hollreiser, BK Andreas Reinhardt/Margit Bärdy
BES James King (Paul), Karan Armstrong (Marietta/Die Erscheinung Mariens), William Murray (Frank), Margit Neubauer (Brigitta) u. a.
Premiere in Berlin: 5. Februar 1983
Premiere in Wien: 22. Dezember 1985
Erstsendung ARD-Fernsehen: 6. Mai 1984

Nederlandse Opera Stichting
WOZZECK
von Alban Berg
ML Kazimierz Kord, BK Andreas Reinhardt/Jan Skalický
BES Bodo Brinkmann (Wozzeck), Karan Armstrong (Marie), Jan Blinkhoff (Tambourmajor), Horst Hiestermann (Hauptmann), Pieter van den Berg (Doktor) u. a.
Premiere: 29. April 1983

Royal Opera House Covent Garden London
MANON LESCAUT
von Giacomo Puccini
(in italienischer Sprache)
ML Giuseppe Sinopoli, BK Günther Schneider-Siemssen/ Aliute Meczies
BES Kiri te Kanawa (Manon), Placido Domingo (Chevalier Des Grieux), Robin Leggate (Edmond), Thomas Allen (Lescaut) u. a.
Premiere: 3. Mai 1983
Fernsehproduktion BBC London und ARD III.
Erstsendung: 16. Juni 1985, ARD III

Deutsche Oper Berlin
FAUSTS VERDAMMNIS
von Hector Berlioz
(in französischer Sprache)
ML Jesus Lopez Cobos, BK Peter Sykora, CHE Walter Hagen-Groll, CH Hans Kresnik
BES Susan Daniel (Marguerite), Kenneth Riegel (Faust), José van Dam (Mephistopheles), Manfred Röhrl (Brander)
Premiere: 18. Juni 1983

Deutsche Oper Berlin
ORPHEUS IN DER UNTERWELT
von Jacques Offenbach
(Neufassung von Götz Friedrich und Thomas Woitkewitsch)
ML Jesus Lopez Cobos, BK Andreas Reinhardt, CHE Walter Hagen-Groll, CH Ivan Sertić
BES Mona Seefried (Die Öffentliche Meinung), Donald Grobe (Orpheus, Professor am Musikkonservatorium), Patricia Wise (Eurydike, seine Frau), Hans Beirer (Jupiter), Astrid Varnay (Juno), George Shirley (Pluto/Aristeus), Helmut Lohner (Hans Styx, sein Diener) u. a.
Premiere: 18. Dezember 1983
Fernseh-Live-Übertragung: 1. Januar 1984 mit Julia Migenes als Eurydike

Deutsche Oper Berlin
PELLÉAS ET MÉLISANDE
von Claude Debussy
(in französischer Sprache)
ML Jesus Lopez Cobos, BK Andreas Reinhardt
BES Roderick Kennedy (Arkel, König von Allemonde), Kaja Borris (Genevieve, Mutter von Pelléas und Golaud), Ryland Davies (Pelléas), Wolfgang Schöne (Golaud), Karan Armstrong (Mélisande) u. a.
Premiere: 20. April 1984

Opernhaus Zürich
Zu Gast im Hallenstadion
BORIS GODUNOW
von Modest Petrowitsch Mussorgski
(in russischer Sprache)
ML Ralf Weikert, BK Günther Schneider-Siemssen, CHE Erich Widl/Dimitar Ruskov
BES Matti Salminen (Boris Godunow), Horst Hiestermann (Iwanowitsch Schuiskij), Rudolf A. Hartmann (Andrej Schtschelkalow), Sergej Kopcak (Pimen), Wieslaw Ochman (Grigorij Otrepjew, der falsche Dimitrij), Stefka Mineva (Ma-rina Mnischek), Roland Hermann (Rangoni), Ballett des Opernhauses u. a.
Premiere: 13. Juni 1984

Salzburger Festspiele
Kleines Festspielhaus in Koproduktion mit der Wiener Staatsoper
Uraufführung
UN RE IN ASCOLTO
von Luciano Berio
ML Lorin Maazel, BK Günther Schneider-Siemssen/Rolf Langenfass
BES Theo Adam (Prospero), Heinz Zednik (Regisseur), Helmut Lohner (Freitag, Schauspieler), Patricia Wise (Protagonistin), Karan Armstrong (Sopran I), Sylvia Greenberg (Sopran II), Rohangiz Yachmi (Mezzosopran) u. a.
Premiere in Salzburg: 7. August 1984
Premiere in Wien: 12. September 1984 – ML Ulf Schirmer
Als Gastspiel in teilweise veränderter Besetzung im Teatro alla Scala, Mailand, Premiere: 19. Januar 1986: Victor Braun (Prospero), Sergio Tedesco (Freitag), Mariana Nicolesco (Protagonistin), Valeri Popova (Sopran I), Rebecca Littig (Sopran II) u. a.

Deutsche Oper Berlin
DAS RHEINGOLD
ML Jesus Lopez Cobos, BK Peter Sykora
BES Simon Estes (Wotan), George Shirley (Loge), Gottfried Hornik (Alberich), Horst Hiestermann (Mime), Matti Salminen (Fasolt), Bengt Rundgren (Fafner), Diane Curry (Fricka), Cheryl Studer (Freia), Florence Quivar (Erda) u. a.
Premiere: 16. September 1984

Deutsche Oper Berlin
DIE WALKÜRE
von Richard Wagner
ML Jesus Lopez Cobos, BK Peter Sykora
BES Peter Hofmann (Siegmund), Matti Salminen (Hunding), Simon Estes (Wotan), Julia Varady (Sieglinde), Diane Curry (Fricka), Catarina Ligendza (Brünnhilde) u. a.
Premiere: 6. Oktober 1984

English National Opera
TRISTAN UND ISOLDE
von Richard Wagner
(in englischer Sprache)
ML Reginald Goodall, BK Heinrich Wendel/Jan Skalický
BES Alberto Remedios (Tristan), John Tomlinson (Marke), Johanna Meier (Isolde), Geoffrey Chard (Kurwenal), Linda Finnie (Brangäne) u. a.
Premiere: 26. Januar 1985

Deutsche Oper Berlin
SIEGFRIED
von Richard Wagner
ML Jesus Lopez Cobos, BK Peter Sykora
BES René Kollo (Siegfried), Horst Hiestermann (Mime), Roger Roloff (Der Wanderer), Bengt Rundgren (Fafner), Anne Gjevang (Erda), Catarina Ligendza (Brünnhilde), Sylvia Greenberg (Waldvogel)
Premiere: 24. März 1985

Deutsche Oper Berlin
COSÌ FAN TUTTE
von Wolfgang Amadeus Mozart
(in italienischer Sprache)
ML Jesus Lopez Cobos, RM Friedemann Steiner, BK Herbert Wernicke, CHE Hellwart Matthiesen
BES Angela Denning (Fiordiligi), Anne-Sofie von Otter (Dorabella), Keith Lewis (Ferrando), Lenus Carlson (Guglielmo), Carol Malone (Despina), Manfred Röhrl (Don Alfonso)
Premiere: 23. Juni 1985

Württembergische Staatstheater Stuttgart
FALSTAFF
von Giuseppe Verdi
(in italienischer Sprache)
ML Silvio Varviso, BK Jürgen Rose, CHE Ulrich Eistert, RM Gordon McKechnie, Jörg Geiger
BES Guillermo Sarábia (Sir John Falstaff), Wolfgang Schöne (Ford), Rüdiger Wohlers (Fenton), Karan Armstrong (Alice Ford), Raili Viljakainen (Nannetta), Marjana Lipovsek (Mrs. Quickly), Milagro Vargas (Meg Page) u. a.
Premiere: 3. Juli 1985

Deutsche Oper Berlin
GÖTTERDÄMMERUNG
von Richard Wagner
ML Jesus Lopez Cobos, BK Peter Sykora, CHE Marcus Creed
BES René Kollo (Siegfried), Lenus Carlson (Gunther), Gottfried Hornik (Alberich), Matti Salminen (Hagen), Catarina Ligendza (Brünnhilde), Cheryl Studer (Gutrune), Brigitte Fassbaender (Waltraute) u. a.
Premiere: 6. Oktober 1985

Wiener Staatsoper/Deutsche Oper Berlin
HERZOG BLAUBARTS BURG
von Béla Bartók
(in ungarischer Sprache)
ML Jiři Kout, BK Hans Schavernoch/Lore Haas
BES Siegmund Nirnsgern (Herzog Blaubart), Klara Takács (Judith)
ERWARTUNG
von Arnold Schönberg
ML Ulf Schirmer, BK Hans Schavernoch/Lore Haas
BES Karan Armstrong (Die Frau)
Premiere: 22. November 1985

Bayerische Staatsoper München
LA FORZA DEL DESTINO
von Giuseppe Verdi
(in italienischer Sprache)
ML Giuseppe Sinopoli, BK Hans Schavernoch/Lore Haas, CHE Udo Mehrpohl
BES Julia Varady (Donna Leonora), Wolfgang Brendel (Don Carlo di Vargas), Veriano Luchetti (Don Alvaro), Marjana Lipovsek (Preziosilla), Kurt Moll (Padre Guardiano) u. a.
Premiere: 27. April 1986

Los Angeles Music Center Opera
OTELLO
von Giuseppe Verdi
(in italienischer Sprache)
ML Lawrence Foster, BK Günther Schneider-Siemssen/Jan Skalický
BES Placido Domingo (Othello), Gabriela Benačková (Desdemona), Sherill Milnes (Jago) u. a.
Premiere: 7. Oktober 1986

Deutsche Oper Berlin
TURANDOT
von Giacomo Puccini
(in italienischer Sprache)
ML Jesus Lopez Cobos, BK Peter Sykora, CHE Marcus Creed
BES Linda Kelm (Turandot), Martti Talvela (Timur), Ermanno Mauro (Kalaf), Ilona Tokody (Liù) u. a.
Premiere: 19. Dezember 1986

Württembergische Staatstheater Stuttgart
DIE FRAU OHNE SCHATTEN
von Richard Strauss
ML Silvio Varviso, BK Peter Sykora, CHE Ulrich Eistert
BES Toni Krämer (Der Kaiser), Nancy Johnson (Die Kaiserin), Reinhild Runkel (Die Amme), Wolfgang Schöne (Barak), Karan Armstrong (sein Weib) u. a.
Premiere: 14. Juni 1987

Deutsche Oper Berlin
Uraufführung
OEDIPUS
von Wolfgang Rihm
ML Christof Prick, BK Andreas Reinhardt
BES Andreas Schmidt (Oedipus), William Pell (Kreon), William Dooley (Tiresias), Lenus Carlson (Bote), William Murray (Hirte), Emily Golden (Jokaste/später »Frau«) u. a.
Premiere: 4. Oktober 1987
Live-Übertragung durch die Fernsehsender der ARD

Théâtre National de l'Opéra, Paris
Koproduktion mit der Los Angeles Music Center Opera
KATJA KABANOWA
von Leoš Janáček
(in tschechischer Sprache)
ML Jiři Kout, BK Hans Schavernoch/Lore Haas
BES Barry McCauley (Boris Grigorijewitsch), Leonie Rysanek (Kabanicha), William Neill (Tichon Kabanow), Karan Armstrong (Katja Kabanowa), Ian Caley (Wanja Kudrjasch), Claire Powell (Barbara) u. a.
Premiere in Paris: 18. Februar 1988
Premiere in Los Angeles: 15. Oktober 1988 mit teilweise veränderter Besetzung: Warten Ellsworth (Boris), William Cochran (Tichon), Jonathan Mack (Kudrjasch), Kathryn Cowdrick (Barbara) u. a.

Theater des Westens, Berlin
PORGY AND BESS
von George Gershwin
(in englischer Sprache)
ML Peter Keuschnig, CH/RM Jürg Burth, CHE François Clemmons,
BK Hans Schavernoch/Uta Loher
BES Wilhelmenia Fernandez (Bess), Michel Warren-Bell (Porgy), Allan Evens (Crown), Charlae Olaker (Clara), Jubilant Sykes (Jake), Charles Williams (Sporting Life), Marjorie Wharton (Maria) u. a.
Premiere: 28. Mai 1988

Deutsche Oper Berlin
LA BOHÈME
von Giacomo Puccini
(in italienischer Sprache)
ML Jesus Lopez Cobos, BK Peter Sykora, CHE Georg Metz
BES Antonio Ordoñez (Rodolfo), Ralf Lukas (Schaunard), Andreas Schmidt (Marcello), Julien Robbins (Colline), Manfred Röhrl (Benoit), Kallen Esperian (Mimi), Gwendolyn Bradley (Musetta) u. a.
Premiere: 25. Dezember 1988

Königliche Oper Stockholm
LOHENGRIN
von Richard Wagner
ML Siegfried Köhler, BK Andreas Reinhardt/Kathrine Hysing
BES Sten Wahlund (König Heinrich), Thomas Sunnegårdh (Lohengrin), Marianne Häggander (Elsa), Björn Asker (Friedrich von Telramund), Berit Lindholm (Ortrud), Anders Bergström (Heerrufer des Königs) u. a.
Premiere: 25. Februar 1989

Schwedisches Fernsehen
ERWARTUNG
von Arnold Schönberg
ML Esa-Pekka Salonen, BK Stefan Eidin/Ann-Marie Anttila, Kamera Ralph M. Evers
BES Karan Armstrong (Frau)
Erstsendung: 5. April 1989

Royal Opera House Covent Garden London
DIE WALKÜRE
von Richard Wagner
ML Bernard Haitink, BK Peter Sykora
BES René Kollo (Siegmund), Gabriele Schnaut (Sieglinde), John Tomlinson (Hunding), James Morris (Wotan), Gwyneth Jones (Brünnhilde), Helga Dernesch (Fricka) u. a.
Premiere: 27. September 1989

Württembergische Staatstheater Stuttgart
DIE BASSARIDEN
von Hans Werner Henze
ML Garcia Navarro, BK Günther Uecker, CHE Ulrich Eistert
BES Kenneth Riegel (Dionysos), Wolfgang Schöne (Pentheus), Wolfgang Probst (Kadmos), Roderic Keating (Teiresias), Jörn W. Wilsing (Hauptmann), Karan Armstrong (Agaue), Marcela Holzapfel (Autonoe), Ortrun Wenkel (Beroe)
Premiere: 15. Dezember 1989

Royal Opera House Covent Garden London
ELEKTRA
von Richard Strauss
ML Sir Georg Solti, BK Hans Schavernoch/Lore Haas, CHE Robin Stapleton, RM Gerlinde Pelkowski/David Massanella
BES Marjana Lipovsek (Klytämnestra), Robert Tear (Aegisth), Eva Marton (Elektra), Nadine Secunde (Chrysothemis), Robert Hale (Orest), Peter Rose (Orests Begleiter) u. a.
Premiere: 3. März 1990

Deutsche Oper Berlin
Uraufführung – Auftragswerk der Deutschen Oper Berlin
DAS VERRATENE MEER
von Hans Werner Henze
ML Markus Stenz, BK Hans Hoffer/Jan Skalický
BES Stephanie Sundine (Fusako Kuroda), Clemens Bieber (Noboru), Andreas Schmidt (Tyuji Tsukazaki) u. a.
Premiere: 8. Mai 1990

Deutsche Oper Berlin
LOHENGRIN
von Richard Wagner
ML Jesus Lopez Cobos, BK Peter Sykora, CHE Georg Metz
BES Jan-Hendrik Rootering (Heinrich der Vogler), Peter Seiffert (Lohengrin), Eva Johansson (Elsa von Brabant), Hartmut Welker (Friedrich von Telramund), Isoldé Elchlepp (Ortrud, seine Gemahlin), Andreas Schmidt (Heerrufer des Königs) u. a.
Premiere: 23. Juni 1990

Los Angeles Music Center Opera
FIDELIO
von Ludwig van Beethoven
ML Jiři Kout, BK Peter Sykora, RM Jeannette Aster, CHE Jonathan Draper
BES Jonathan Mack (Jacquino), Karen Beardsley (Marzelline), Matti Salminen (Rocco), Karan Armstrong (Leonore), Michael Devlin (Pizarro), Gary Bachlund (Florestan), Lenus Carlson (Fernando) u. a.
Premiere: 4. September 1990

Royal Opera House Covent Garden London
SIEGFRIED
von Richard Wagner
ML Bernard Haitink, RM Friedemann Steiner, BK Peter Sykora
BES René Kollo (Siegfried), James Morris (Wanderer), Ekkehard Wlaschiha (Alberich), Willard White (Fafner), Judith Howarth (Waldvogel), Brigitta Svenden (Erda), Gwyneth Jones (Brünnhilde) u. a.
Premiere: 4. Oktober 1990

Deutsche Oper Berlin
MATHIS DER MALER
von Paul Hindemith
ML Jiři Kout, BK Peter Sykora, CHE Georg Metz
BES William Cochran (Albrecht von Brandenburg), Jorma Hynninen (Mathis), Manfred Röhrl (Lorenz von Pommersfelden), Horst Hiestermann (Wolfgang Capito), Victor von Halem (Riedinger), Louis Gentile (Hans Schwalb), Karan Armstrong (Ursula, Riedingers Tochter), Eva Johansson (Regina, Schwalbs Tochter), Ruth Hesse (Gräfin von Helfenstein) u. a.
Premiere: 16. November 1990

Wiener Staatsoper
SAMSON ET DALILA
von Camille Saint-Saëns
(in französischer Sprache)
ML Georges Prêtre, BK Gianni Quaranta/Dada Saligieri, CH Jürg Burth, CHE Helmuth Froschauer
BES Agnes Baltsa (Dalila), Placido Domingo (Samson), Alain Fondary (Oberpriester des Dagon), Claudio Otelli (Abimelech), Kurt Rydl (Ein alter Hebräer) u. a.
Premiere: 22. Dezember 1990

Royal Opera House Covent Garden London
GÖTTERDÄMMERUNG
von Richard Wagner
ML Bernard Haitink, BK Peter Sykora, RM Knut Sommer, CHE Robin Stapleton
BES Gwyneth Jones (Brünnhilde), René Kollo (Siegfried), Donald Maxwell (Günther), John Tomlinson (Hagen), Kathryn Harries (Gutrune), Hanna Schwarz (Waltraute) u. a.
Premiere: 4. Februar 1991

Salzburger Marionettentheater
COSÌ FAN TUTTE
von Wolfgang Amadeus Mozart
(Einspielung vom Band, DECCA London: Sir Georg Solti)
BK Günther Schneider-Siemssen/Bernd-Dieter Müller
BES (Puppenspieler/Sänger) Christine Hierzer/Pilar Lorengar (Fiordiligi), Andy Jerfy/Teresa Berganza (Dorabella), Werner Hierzer/Ryland Davies (Ferrando), Helmut Mühlbacher/ Tom Krause (Guglielmo), Gretl Aicher/Gabriel Bacqier (Don Alfonso), Heide Hölzl/Jane Berbié (Despina) u. a.
Premiere: 30. März 1991

Royal Opera House Covent Garden London
DAS RHEINGOLD
von Richard Wagner
ML Bernard Haitink, BK Peter Sykora, RM Friedemann Steiner
BES Ekkehard Wlaschiha (Alberich), Helga Dernesch (Fricka), James Morris (Wotan), Donald Maxwell (Donner), Kenneth Riegel (Loge), Anne Gjevang (Erda) u. a.
Premiere: 16. September 1991

Deutsche Oper Berlin
TANNHÄUSER
von Richard Wagner
ML Jiří Kout, BK Rolf Glittenberg/Marianne Glittenberg, CHE Georg Metz
BES Hans Sotin (Hermann, Landgraf von Thüringen), René Kollo (Tannhäuser), Håkan Hagegård (Wolfram von Eschenbach), Clemens Bieber (Walter von der Vogelweide), Julien Robbins (Biterolf), David Griffith (Heinrich der Schreiber), Friedrich Molsberger (Reinmar von Zweter), Sabine Hass (Elisabeth), Karan Armstrong (Venus), Jane Giering (Ein junger Hirt) u. a.
Premiere: 15. Februar 1992

Großes Festspielhaus Salzburg, Salzburger Osterfestspiele
Koproduktion mit den Salzburger Festspielen
DIE FRAU OHNE SCHATTEN
von Richard Strauss
ML Sir Georg Solti, BK Rolf Glittenberg/Marianne Glittenberg, CHE Peter Burian, RM Friedemann Steiner
BES Thomas Moser (Der Kaiser), Cheryl Studer (Die Kaiserin), Marjana Lipovsek (Die Amme), Bryn Terfel (Der Geisterbote), Robert Hale (Barak), Eva Marton (sein Weib), Manfred Hemm (Der Einäugige), Hans Franzen (Der Einarmige), Wilfried Gahmlich (Der Bucklige) u. a.
Premiere: 11. April 1992
Fernsehaufzeichnung der Produktion vom Österreichischen Rundfunk

Rokokotheater Schwetzingen
Komische Oper Berlin
Koproduktion der Schwetzinger Festspiele mit der Deutschen Oper Berlin und der Komischen Oper Berlin
Uraufführung
DESDEMONA UND IHRE SCHWESTERN
von Siegfried Matthus
Opernmonologe nach Christine Brückners »Ungehaltene Reden ungehaltener Frauen« und Texten aus dem Alten Testament
ML Rolf Reuter, BK Reinhart Zimmermann/Annette Zepperitz, D Curt A. Roesler, RM Knut Sommer
BES Karan Armstrong (Megara), Lucy Peacock (Desdemona), Yvonne Wiedstruck (Judy), Clemens Bieber, Uwe Peper, Peter Edelmann, Josef Becker (Männerquartett)
Premiere Schwetzingen: 15. Mai 1992
Premiere Berlin: 27. Juni 1992

Königliche Oper Stockholm
Uraufführung
ETT DRÖMSPEL
von Ingvar Lidholm
Oper in einem Vorspiel und zwei Akten nach August Strindberg
Libretto vom Komponisten
(in schwedischer Sprache)
ML Kjell Ingebretsen, BK Peter Sykora/Kathrine Hysing, L Torkel Blomkvist, CHE Bo Johansson, RM Irene Frykholm
BES Hillevi Martinpelto (Die Tochter), Håkan Hagegård (Der Offizier), Ingrid Tobiasson (Damenträger), Sten Wahlund (Der Advokat), Curt Appelgren (Der Poet), Lars Kullenbo (Der Zettelankleber), Arild Helleland (Der Schulmeister), Anders Bergström (Der Glaser) u. a.
Premiere: 12. September 1992

Lyric Opera of Chicago
Koproduktion mit dem Royal Opera House Covent Garden London
ELEKTRA
von Richard Strauss
ML Leonard Slatkin, BK Hans Schavernoch/Lore Haas, L Duane Schuler, RM Gerlinde Pelkowski
BES Eva Marton (Elektra), Nadine Secunde (Chrysothemis), Leonie Rysanek (Klytämnestra), James Johnson (Orest), Wilbur Pauley (Der Pfleger des Orest), Barry Busse (Aegisth)
Premiere: 29. September 1992

Gran Teatre del Liceu Barcelona
Koproduktion mit der Deutschen Oper Berlin
LOHENGRIN
von Richard Wagner
ML Uwe Mund, BK Peter Sykora, CHE Romano Gandolfi, RM Knut Sommer
BES Hans Sotin/Kurt Rydl (Heinrich der Vogler), Thomas Sunnegardh/Gösta Winbergh (Lohengrin), Sue Patchell/ Mechthild Gessendorf (Elsa von Brabant), Bent Norup/Karl-Heinz Stryczek (Friedrich von Telramund), Eva Marton/Joy McIntyre (Ortrud), Wolfgang Rauch (Heerrufer des Königs) u. a.
Premiere: 14. Dezember 1992

Deutsche Oper Berlin
DER ROSENKAVALIER
von Richard Strauss
ML Jiři Kout, BK Gottfried Pilz/Isabel Ines Glathar, L Duane Schuler, CHE Hellwart Matthiesen
BES Karan Armstrong (Die Feldmarschallin, Fürstin Werdenberg), Kurt Rydl (Baron Ochs auf Lerchenau), Yvonne Wiedstruck (Octavian, Graf Rofrano, genannt Quinquin), Lenus Carlson (Herr von Faninal), Rosa Mannion (Sophie), Annabelle Bernard (Jungfer Marianne Leitmetzerin, die Duenna), Uwe Peper (Valzacchi, ein Intrigant), Anita Herrmann (Annina), Manfred Röhrl (Ein Polizeikommissar), Karl-Ernst Mercker (Haushofmeister bei der Marschallin), David Griffith (Haushofmeister bei Faninal), Kaludi Kaludow (Ein Sänger), Frido Meyer-Wolff (Ein Notar), Peter Gougaloff (Ein Wirt) u. a.
Premiere: 13. Februar 1993

Deutsche Oper Berlin
DIE MEISTERSINGER VON NÜRNBERG
von Richard Wagner
ML Rafael Frühbeck de Burgos, BK Peter Sykora/Kirsten Dephoff, CHE Norbert Balatsch, Hellwart Matthiesen
BES Wolfgang Brendel (Hans Sachs), Jan-Hendrik Rootering (Veit Pogner), David Griffith (Kunz Vogelsang), Barry McDaniel (Konrad Nachtigall), Eike Wilm Schulte (Sixtus Beckmesser), Lenus Carlson (Fritz Kothner), Warren Mok (Balthasar Zorn), Peter Maus (Ulrich Eißlinger), Otto Heuer (Augustin Moser), Klaus Lang (Hermann Ortel), Ivan Sardi (Hans Schwarz), Friedrich Molsberger (Hans Foltz), Gösta Winbergh/Paul Frey (Walter von Stolzing), Uwe Peper/Clemens Bieber (David), Eva Johansson/Susan Anthony (Eva, Pogners Tochter), Ute Walther/Patricia Johnson (Magdalena), Julien Robbins (Ein Nachtwächter)
A-Premiere: 1. Mai, B-Premiere: 5. Mai 1993
Fernsehaufzeichnung der Produktion 19.–26. Februar 1995
Koproduktion von brillant media/VIDEAL und Pro Arts mit dem NHK Tokyo, dem SFB Berlin und dem Filmboard Berlin-Brandenburg
Bildregie Brian Large, ML Rafael Frühbeck de Burgos, CHE Karl Kamper
In teilweise veränderter Besetzung:
Victor von Halem (Veit Pogner), Volker Horn (Balthasar Zorn), Peter Edelmann (Ein Nachtwächter)

Deutsche Oper Berlin
UN BALLO IN MASCHERA
von Giuseppe Verdi
(in italienischer Sprache)
ML Rafael Frühbeck de Burgos, BK Gottfried Pilz, Isabel Ines Glathar, CHE Karl Kamper, RM Knut Sommer, CHE Andria Hall
BES Neil Shicoff (Gustaf III, König von Schweden), Vladimir Chernov (Graf René Anckarström), Michele Crider (Amelia, seine Gattin), Sondra Kelly (Ulrika Arvedson, Wahrsagerin), Gwendolyn Bradley (Oskar, Page), Ralf Lukas (Christian, ein Seemann), Friedrich Molsberger (Graf Ribbing), Kelly Anderson (Graf Horn), Peter Gougaloff (Der Oberste Richter) u. a.
Premiere: 19. Dezember 1993

Gran Teatre del Liceu Barcelona
Koproduktion mit der Deutschen Oper Berlin
MATHIS DER MALER
von Paul Hindemith
ML Uwe Mund, BK Peter Sykora, CHE Andrés Máspero, RM Knut Sommer
BES Jan Blinkhof (Albrecht von Brandenburg), Albert Dohmen (Mathis), Wolfgang Rauch (Lorenz von Pommersfelden), Rudolf Schasching (Wolfgang Capito), Kristinn Sigmundsson (Riedinger), Stefano Algieri (Hans Schwalb), Peter Gougaloff (Sylvester von Schaumberg), Karan Armstrong (Ursula), Georgina von Benza (Regina) u. a.
Premiere: 20. Januar 1994

Deutsche Oper Berlin/Wiener Staatsoper
HERZOG BLAUBARTS BURG
von Béla Bartók
(in ungarischer Sprache)
ML Jiři Kout, BK Hans Schavernoch/Lore Haas
BES Richard Cowan (Herzog Blaubart), Doris Soffel (Judith)
ERWARTUNG
von Arnold Schönberg
BES Karan Armstrong (Die Frau)
Premiere: 20. März 1994

Oper der Stadt Bonn
DER ROSENKAVALIER
von Richard Strauss
ML Spiros Argiris, BK Michael Scott/Jan Skalický, L Manfred Voss, CHE Markus Oppeneiger, RM Friedemann Steiner
BES Karan Armstrong (Die Feldmarschallin, Fürstin Werdenberg), Kurt Rydl (Baron Ochs auf Lerchenau), Jane Bunnell (Octavian, Graf Rofrano, genannt Quinquin), Michael Volle (Herr von Faninal), Birgit Beer (Sophie), Dagmar von Bronewski (Jungfer Marianne Leitmetzerin, die Duenna), James Wood (Valzacchi, ein Intrigant), Regina Mauel (Annina), Stephen Brank (Ein Polizeikommissar), Alois Perl (Haushofmeister bei der Marschallin), Graham Sanders (Haushofmeister bei Faninal), Boiko Zvetanov (Ein Sänger), Alexander Spemann (Ein Wirt) u. a.
Premiere: 19. Februar 1995

Königliche Oper Stockholm
PARSIFAL
von Richard Wagner
ML Berislav Klobucar, BK Peter Sykora/Kathrine Hysing, L Torkel Blomkvist
BES Björn Asker (Amfortas), Rolf Cederlöf (Titurel), Sten Wahlund (Gurnemanz), Gösta Winbergh (Parsifal), Tord Wallström (Klingsor), Karan Armstrong (Kundry) u. a.
Premiere: 14. April 1995

Foyer der Deutschen Oper Berlin
GALATHEE, DIE SCHÖNE
Komische Oper in einem Akt nach Franz von Suppé
Mit einem neuen Libretto von Thomas Höft
Neuvertonung und Instrumentation: Karl Heinz Wahren ML Sebastian Lang-Lessing, BK Gottfried Pilz, Isabel Ines Glathar
BES Kirsten Blanck (Galathee), Arild Helleland (Pygmalion), Peter Edelmann (Ganymedes), Lenus Carlson (Midas) u. a.
Premiere: 7. Juni 1995

Deutsche Oper Berlin
BORIS GODUNOW
von Modest Petrowitsch Mussorgski
(in russischer Sprache mit deutschen Übertiteln)
ML Rafael Frühbeck de Burgos, BK Gottfried Pilz, Isabel Ines Glathar, CH Stefano Giannetti, CHE Karl Kamper
BES Matti Salminen (Boris Godunow), Camille Capasso (Fjodor), Heidi Person (Xenia), Kaja Borris (Xenias Amme), René Kollo (Fürst Schujskij), Manfred Röhrl (Schtschelkalow), Kurt Rydl (Pimen), Wieslav Ochman (Grigorij Otrepjew, später falscher Dimitrij), Mariana Cioromila (Marina Mnischek), Lenus Carlson (Rangoni) u.a.
Premiere: 16. September 1995

De Vlaamse Opera Gent/Antwerpen
DIE TOTE STADT
von Erich Wolfgang Korngold
ML Stefan Soltesz, B Andreas Reinhardt, K Margit Bárdy, CH Jurek Marakowski, CHE Andrew Wise, RM Cornel Franz
BES William Cochran (Paul), Cynthia Makris (Marie/Marietta), David Pittman-Jennings (Frank), Ans van Dam (Brigitta) u.a.
Premiere: 21. November 1995

Deutsche Oper Berlin
CARMINA BURANA – CANTIONES PROFANAE
von Carl Orff
ML Rafael Frühbeck de Burgos, szenische Gestaltung zusammen mit Peter Sykora, CH Marc Bogaerts, CHE Karl Kamper
BES Fionnuala McCarthy (Sopran), George Fortune (Bariton), Uwe Peper (Tenor), Beate Vollack (Der Mensch), Charlotte Butler (Die Tödin) u.a.
Premiere: 22. Dezember 1995

Deutsche Oper Berlin/Wiener Staatsoper
OEDIPE
von George Enescu
(in französischer Sprache mit deutschen Übertiteln)
ML Lawrence Foster, BK Gottfried Pilz, Isabel Ines Glathar, CHE Hellwart Matthiesen
BES Monte Pederson (Oedipe), Gleb Nikolskij (Tirésias), Lenus Carlson (Créon), Arild Helleland (Hirte), Arutjun Kotchinian (Hohepriester), Manfred Röhrl (Phorbas), Reinhard Hagen (Wächter), Peter Edelmann (Thésée), Clemens Bieber (Laïos), Karan Armstrong (Jocaste), Kaja Borris (Sphinx), Abbie Furmansky (Antigone), Mariana Cioromila (Mérope)
Premiere: 10. Februar 1996

Königliche Oper Stockholm
DIE FLEDERMAUS
von Johann Strauß
(in schwedischer Sprache, in der Bearbeitung von Götz Friedrich)
ML Sixten Ehrling, BK Gottfried Pilz
BES Stefan Dahlberg (Eisenstein), Sara Olsson (Rosalinde), Tord Wallström (Frank), Ragnar Ulfung (Alfred), Staffan Sandlund (Dr. Falke), Annika Skoglund (Prinz Orlofsky), Hilde Leidland (Adele), Lars Kullenbo (Dr. Blind), Per Grundén (Frosch)
Premiere: 4. April 1996
(Live-Übertragung durch Sveriges Television am 29. April 1996)

Finnische Nationaloper Helsinki
DAS RHEINGOLD
von Richard Wagner
ML Leif Segerstam, BK Gottfried Pilz, RM Knut Sommer
BES Jukka Rasilainen (Wotan), Raimo Laukka (Donner), Ari Grönthal (Froh), Jorma Silvasti (Loge), Esa Ruuttunen (Alberich), Arild Helleland (Mime), Martti Wallén (Fasolt), Lenart Forsén (Fafner), Ritva-Liisa Korhonen (Fricka), Tove Åman (Freia), Riita-Maija Ahonen (Erda) u.a.
Premiere: 7. Juni 1996

Deutsche Oper Berlin
EUGEN ONEGIN
von Peter I. Tschaikowsky
(in russischer Sprache mit deutschen Übertiteln)
ML Jiři Kout, BK Andreas Reinhardt, CHE Karl Kamper, CH Stefano Giannetti
BES Ute Walther (Larina), Eva Johansson (Tatjana), Elena Zhidkova (Olga), Filipjewna (Olga Tichina), Lucio Gallo (Eugen Onegin), Laurence Dale (Lenskij), Anatoli Kotscherga (Fürst Gremin), Waldemar Kmentt (Triquet) u.a.
Premiere: 28. September 1996

Opernhaus Zürich
FAUST
von Charles Gounod
(in französischer Sprache)
ML Rafael Frühbeck de Burgos, B Andreas Reinhardt, K Jan Skalický, L Jürgen Hoffmann, CH Mariette Redel, CHE Jürg Hämmerli
BES Francisco Araiza (Faust), Ruggero Raimondi (Méphistophélès), Oliver Widmer (Valentin), Joszef Dene (Wagner), Elena Prokina (Marguerite), Liliana Nichiteanu (Siébel), Nadine Asher (Marthe)
Premiere: 26. Januar 1997

Deutsche Oper Berlin
DER FLIEGENDE HOLLÄNDER
von Richard Wagner
ML Rafael Frühbeck de Burgos, BK Gottfried Pilz, Isabel Ines Glathar, CHE Karl Kamper
BES Matti Salminen (Daland), Sabine Hass (Senta), Jorma Silvasti (Erik), Renée Morloc (Mary), Uwe Peper (Steuermann), Wolfgang Brendel (Holländer)
Premiere: 27. März 1997
Fernsehaufzeichnung in teilweise veränderter Besetzung NHK Tokyo, Erstsendung: Januar 1998

Wiener Staatsoper/Deutsche Oper Berlin
OEDIPE
von George Enescu
(in französischer Sprache)
ML Michael Gielen, B Gottfried Pilz, K Isabel Ines Glathar, CHE Erwin Ortner
BES Monte Pederson (Oedipe), Egils Silins (Tirésias), Davide Damiani (Créon), Michael Roider (Hirte), Goran Simic (Hohepriester), Peter Köves (Phorbas), Walter Fin (Wächter), Yu Chen (Thésée), Josef Hopferwieser (Laïos), Marjana Lipovsek (Jocaste, Sphinx), Ruxandra Donose (Antigone), u.a.
Premiere: 29. Mai 1997

Bregenzer Festspiele (Seebühne)
PORGY AND BESS
von George Gershwin
(in englischer Sprache)
ML Andrew Litton, B Hans Schavernoch, K Sue Litton, CHE Gregory Buchalter, CH Tanya Gibson-Clark
BES Donny Ray Albert (Porgy), Cynthia Haymon (Bess), Terry Cook (Crown), Cynthia Clairey (Serena), Howard Haskin (Sporting Life), Marietta Simpson (Maria) u.a.
Premiere: 18. Juli 1997

Deutsche Oper Berlin
DER PRINZ VON HOMBURG
von Hans Werner Henze
(in englischer Sprache)
ML Christian Thielemann, BK Andreas Reinhardt
BES René Kollo (Kurfürst Friedrich Wilhelm II. von Brandenburg), Yvonne Wiedstruck (Kurfürstin), Michaela Kaune (Prinzessin Natalie von Oranien), Lenus Carlson (Feldmarschall Dörfling), Dietrich Henschel (Prinz Friedrich Artur von Homburg), Oskar Hillebrandt (Obrist Kottwitz), Marc Clear (Graf Hohenzollern) u.a.
Premiere: 21. September 1997

Finnische Nationaloper Helsinki
DIE WALKÜRE
von Richard Wagner
ML Leif Segerstam, BK Gottfried Pilz, RM Knut Sommer
BES Raimo Sirkiäa (Siegmund), Jaako Ryhänen (Hunding), Jukka Rasilainen (Wotan), Karan Armstrong (Sieglinde), Susan Marie Pierson (Brünnhilde), Eeva-Liisa Saarinen (Fricka) u.a.
Premiere:14. November 1997

The New Israeli Opera House Tel Aviv
SAMSON ET DALILA
von Camille Saint-Saëns
(in französischer Sprache)
ML Jonathan Webb, B Gianni Quaranta, K Dada Saligieri, CH Ania Brud
BES Elena Zaremba (Dalila), Michael Sylvester (Samson), Philippe Rouillon (Oberpriester des Dagon), Andrew Greenan (Abimelech), Dimiter Petkov (Ein alter Hebräer) u.a.
Premiere: 4. Februar 1998
Produktion der Wiener Staatsoper

Deutsche Oper Berlin
PARSIFAL
von Richard Wagner
ML Christian Thielemann, BK Andreas Reinhardt, CHE Helmut Sonne
BES Philippe Rouillon (Amfortas), Reinhard Hagen (Titurel), Matti Salminen (Gurnemanz), Gösta Winbergh (Parsifal), Lenus Carlson (Klingsor), Violeta Urmana (Kundry), Marc Clear, Friedrich Molsberger (Gralsritter), Ulrike Helzel, Elena Zhidkova, Peter Maus, Volker Horn (Knappen), Fionnuala McCarthy, Abbie Furmansky, Ulrike Helzel , Heidi Person, Yvonne Wiedstruck, Elena Zhidkova (Blumenmädchen), Kaja Borris (Stimme aus der Höhe)
Premiere: 10. April 1998

Finnische Nationaloper Helsinki
SIEGFRIED
von Richard Wagner
ML Leif Segerstam, BK Gottfried Pilz, RM Knut Sommer
BES Stig Andersen (Siegfried), Arild Helleland (Mime), Robert Hale (Wanderer), Kallevi Olli (Alberich), Bengt Rundgren (Fafner), Mette Ejsing (Erda), Karan Armstrong (Brünnhilde) u.a.
Premiere: 29. Mai 1998

Bayerische Staatsoper München
LOHENGRIN
von Richard Wagner
ML Peter Schneider, B Andreas Reinhardt, K Johanna Bronner, L Michael Bauer, CHE Udo Mehrpohl
BES Kurt Rydl (König Heinrich), Peter Seiffert (Lohengrin), Adrienne Pieczonka (Elsa von Brabant), Ekkehard Wlaschiha (Friedrich von Telramund), Waltraud Meier (Ortrud), Jürgen Freier (Heerrufer des Königs) u.a.
Premiere: 15. Januar 1999

Deutsche Oper Berlin
MATTHÄUS-PASSION
von Johann Sebastian Bach
in der Fassung von Felix Mendelssohn Bartholdy
ML Christopher Hogwood, szenische Gestaltung gemeinsam mit Günther Uecker und Dietlinde Calsow, CHE Helmut Sonne
BES Clemens Bieber (Evangelist), Dietrich Henschel (Jesus), Reinhard Hagen (Bass/Judas), Marc Clear (Tenor/Thaddäus), Peter Edelmann (Petrus), Sebastian van den Borght, Friedrich-Wilhelm Detering, Joachim Hack, Svetoslav Iankov, Stefan Krebs, Karsten Lübke, Hannes Maurer, Lutz Walter, Matthias Schönleber (Weitere Jünger), Lenus Carlson (Pilatus), Michaela Kaune, Fionnuala McCarthy, Abbie Furmansky (Sopran), Daniela Sindram, Andion Fernandez (Alt), Anastasia Souporovskaja, Volker Horn (Falsche Zeugen), Arutjun Kotchinian (Hohepriester), Johanna Rusanen, Christa Werron (Mägde), Jeffrey Ray, Josef Becker (Pontifex I, II)
Premiere: 2. April 1999

Finnische Nationaloper Helsinki
GÖTTERDÄMMERUNG
von Richard Wagner
ML Leif Segerstam, BK Gottfried Pilz, CHE Eric-Olaf Söderström, RM Knut Sommer
BES Stig Andersen (Siegfried), Karan Armstrong (Brünnhilde), Matti Salminen (Hagen), Antti Suhonen (Gunther), Satu Vihavainen (Gutrune), Anna Larsson (Waltraute), Esa Ruuttunen (Alberich) u.a.
Premiere: 21. Mai 1999

Deutsche Oper Berlin
MOSES UND ARON
von Arnold Schönberg
ML Christian Thielemann, BK Peter Sykora, Assistenz-Regie Knut Sommer, CH Renato Zanella, CHE Hellwart Matthiesen, Helmut Sonne, Anton Tremmel
BES Rolf Boysen (Moses), Chris Merritt (Aron) u.a.
Premiere: 1. Oktober 1999

Deutsche Oper Berlin
LA TRAVIATA
von Giuseppe Verdi
(in italienischer Sprache mit deutschen Übertiteln)
ML Jiři Kout, B Frank Philipp Schlößmann, K Klaus Bruns, Assistenz-Regie Knut Sommer, CHE Hellwart Matthiesen
BES Cristina Gallardo-Domas (Violetta Valéry), Marcelo Alvarez (Alfredo Germont), Lado Ataneli (Giorgio Germont), Ulrike Helzel (Flora Bervoix), Andion Fernandez (Annina) u.a.
Premiere: 20. November 1999

Kammeroper Schloß Rheinsberg im Schloßtheater Rheinsberg
Uraufführung
KRONPRINZ FRIEDRICH
von Siegfried Matthus
Libretto von Thomas Höft nach einer Idee von Götz Friedrich und Siegfried Matthus
ML Rolf Reuter, B Reinhart Zimmermann, K Ute Noack
BES Karen Leonie Leiber (Kronprinz Friedrich), Alicja de Rota (Leutnant Katte), Lars Fosser (König Friedrich Wilhelm I.), Carolin Masur (Königin Sophie Dorothea), Cordula Berner (Friedrichs Schwester), Julia Rempe (Dorothea Ritter) u.a.
Premiere: 30. Dezember 1999

Königliche Oper Stockholm
WOZZECK
von Alban Berg
ML Leif Segerstam, BK Andreas Reinhardt
BES Carl Johan Falkman (Wozzeck), Katarina Dalayman (Marie), Lennart Stregård (Tambourmajor), Ulrik Qvale (Hauptmann), Sten Wahlund (Doktor), Klas Hedlund (Andres)
Premiere: 12. Februar 2000, Live-Übertragung Sveriges Radio 2

Opernhaus Zürich
ARABELLA
von Richard Strauss
ML Franz Welser-Möst, BK Gottfried Pilz, Isabel Ines Glathar, L Jürgen Hoffmann, CHE Jürg Hämmerli
BES Alfred Muff (Graf Waldner), Cornelia Kallisch (Adelaide), Cheryl Studer (Arabella), Dawn Kotoski (Zdenka), Wolfgang Brendel (Mandryka), Piotr Beczala (Matteo), Peter Straka (Graf Elemer), Cheyne Davidson (Graf Dominik), Guido Götzen (Graf Lamoral), Erika Miklosa (Fiakermilli) u.a.
Premiere: 7. Mai 2000

Griechische Nationaloper im Theater Herodes Atticus Athen
DAS RHEINGOLD
von Richard Wagner
ML Elias Voudouris, BK Peter Sykora
BES Donald McIntyre (Wotan), Hubert Delamboye (Loge), Georg Tichy (Alberich), Ralf Willershäuser (Froh), Marina Krilovici (Fricka), M. Papadjaku (Freia) u.a.
Premiere: 22. Juni 2000

Deutsche Oper Berlin
LUISA MILLER
von Giuseppe Verdi
(in italienischer Sprache mit deutschen Übertiteln)
ML Frédéric Chaslin, BK Gottfried Pilz, Isabel Ines Glathar, CHE Ulrich Paetzholdt
BES Reinhard Hagen (Graf von Walter), Richard Leech (Rudolf), Lidia Tirendi (Federica), Arutjun Kotchinian (Wurm), Igor Morosow (Miller), Ana Maria Martinez (Luisa) u.a.
Premiere: 11. November 2000

New National Theatre, Tokio
HERZOG BLAUBARTS BURG
von Béla Bartók
(in ungarischer Sprache) (Produktion der Deutschen Oper Berlin)
ML Taijiro Imori, B Hans Schavernoch, K Lore Haas-Jelusic, RM Saskia Kuhlmann
BES Richard Cowan (Blaubart), Katherine Ciesinski (Judith)
Premiere: 24. November 2000

Deutsche Oper Berlin
AMAHL UND DIE NÄCHTLICHEN BESUCHER
von Gian Carlo Menotti
ML Sebastian Lang-Lessing, Mitarbeit an der Regie: Thomas M. Zipf, Martina Pickert, Beate Baron, BK Gottfried Pilz, Isabel Ines Glathar, CH Marc Bogaerts
BES Thomas Timmer (Amahl), Lucy Peaock (seine Mutter), Peter Maus (König Kaspar), Peter Edelmann (König Melchior), Terry Cook (König Balthasar), Laure de Marcellus (Page)
VOR-AMAHL-SPIEL
Musik von Douglas V. Brown
Igor Jedlin (Ein Zauberer), Constanze Lösch (Assistentin), Laure de Marcellus (Gesang), Thomas Timmer (Amahl)
Premiere: 8. Dezember 2000

GÖTZ FRIEDRICH – BIOGRAPHISCHES IN STICHWORTEN

4. August 1930 in Naumburg/Saale geboren

1949	Abitur am Dom-Gymnasium in Naumburg
1949–53	Studium der Theaterwissenschaften am Deutschen Theaterinstitut Weimar (Abschlußdiplom)
1953–72	Mitglied der Komischen Oper Berlin, zunächst als Dramaturg und Regieassistent
1954	Buchveröffentlichung: *Die humanistische Idee der »Zauberflöte«* (Verlag der Kunst, Dresden)
1954–61	Lehrauftrag für Dramaturgie an der Staatlichen Schauspielschule Berlin
1955–64	Lehrauftrag für Theatergeschichte und Dramaturgie an der Hochschule für Bildende Kunst Berlin
1957	Geburt des Sohnes Alexander (mit Ruth Maria Kubitschek)
ab 1957	Erster Regieassistent und Wissenschaftlicher Mitarbeiter des Intendanten Walter Felsenstein
1958	Buchveröffentlichung: *Die Zauberflöte in der Inszenierung Walter Felsensteins an der Komischen Oper Berlin* (Henschelverlag, Berlin)
1961	Buchveröffentlichung: *Walter Felsensteins Weg und Werk* (Henschelverlag, Berlin)
1963	Kunstpreis der DDR
1964–72	Lehrauftrag für Regie an der Hochschule für Musik Berlin
1967	Nationalpreis der DDR
1968	Kritikerpreis der *Berliner Zeitung*
1968–72	Oberspielleiter der Komischen Oper Berlin
1970	Professur Berlin; Mitglied der Deutschen Akademie der Künste Berlin; Buchveröffentlichung: *Musiktheater* (Reclam Verlag, Leipzig)
1973	Mitglied der Freien Akademie der Künste Hamburg
ab 1973	Lehrauftrag für den Studiengang Musiktheater-Regie an der Universität Hamburg
1973–77	Oberspielleiter der Hamburgischen Staatsoper
1974	Professur Hamburg
1975	Goldener Globus (Preis) der Volksbühne Hamburg für »Così fan tutte«
1976	Adolf-Grimme-Preis
1976/77	Silberne Maske (Preis) der Volksbühne Hamburg für »Die Soldaten«
1977–81	Chefregisseur der Hamburgischen Staatsoper und Principal Producer des Royal Opera House Covent Garden London
1979	Heirat mit Karan Armstrong
1981	Vorsitzender der Opernkonferenz deutschsprachiger Bühnen
ab 1981	Generalintendant und Chefregisseur der Deutschen Oper Berlin
1982	Mitglied der Akademie der Künste Berlin (West); Verleihung der Medaille »Litteris et artibus« durch den schwedischen König; Ehrenzeichen Drottningholm
1983	Publikumspreis der Theatergemeinde Berlin für »Lulu«
1984	Wahl zum Stellvertretenden Direktor der Abteilung Darstellende Kunst der Akademie der Künste Berlin; Geburt des Sohnes Johannes Götz Amadeus
1984–93	Intendant und Geschäftsführer am Theater des Westens Berlin
1986	Verleihung des Bundesverdienstkreuzes I. Klasse; Buchveröffentlichung: *Musiktheater – Ansichten/Einsichten* (Verlag Ullstein/Propyläen, Berlin)
1988	Grand Prix der französischen Musikkritik für »Katja Kabanowa« (Théâtre National de l'Opéra de Paris); Ernennung zum Ehrenmitglied des Richard-Wagner-Verbandes Berlin
1990	Ernennung zum Ehrensenator der Universität Hamburg; Verleihung des Goldenen Ehrenzeichens der Genossenschaft Deutscher Bühnenangehöriger (GDBA), des Großen Verdienstkreuzes des Verdienstordens der Bundesrepublik Deutschland; Kritikerpreis der Sparte Regie für die Inszenierung »Lohengrin« an der Deutschen Oper Berlin, verliehen von der *Berliner Zeitung*
1991	Ernennung zum Ehrenmitglied der Königlich-Schwedischen Akademie für Musik
1992	Verleihung des Silbernen Blatts der Dramatiker-Union e.V.
1993	Honorarprofessur Hochschule Hanns Eisler Berlin; Principal Guest Producer am Kungliga Teatern Stockholm; Ernennung zum Ehrenmitglied des Theaters des Westens Berlin
1995	Verleihung der Goldmedaille der Königlichen Oper Stockholm und der Ehrenmedaille der Universität Hamburg
1996	Verleihung der Ernst-Reuter-Plakette des Landes Berlin und des Wilhelm-Pitz-Preises (Bayreuth)
1998	Verleihung des Königlich-Schwedischen Nordsternordens
2000	Ernennung zum Ehrenmitglied der Gesellschaft der Freunde der Königlichen Oper Stockholm, des Richard-Wagner-Verbandes Helsinki und der Freien Volksbühne Berlin e.V.; Komturkreuz I. Klasse des Ordens des Löwen von Finnland; Goldene Iffland-Medaille des Berliner Theaterclubs 12. Dezember 2000 in Berlin gestorben
2001	Verleihung der Ehrenmitgliedschaft der Deutschen Oper Berlin postum

TEXTNACHWEIS

»Auf der Suche nach Wahrheit«; Originalbeitrag von Prof. Karan Armstrong-Friedrich für diesen Band

»Zum Belcanto gehört der Belvisto«, Ein Gespräch zwischen August Everding und Götz Friedrich; aus: Spielzeit-Jahrbuch der Hamburgischen Staatsoper 1973/74; Hamburg 1974

WOLFGANG AMADEUS MOZART

»Jugendlichkeit oder Das Wagnis der Befreiung«, Ein Gespräch zwischen Hans Mayer und Götz Friedrich; aus: Programmheft »Le nozze di Figaro«, Berlin 1978; gekürzte und redigierte Fassung eines Gesprächs, das der NDR Hamburg am 10. Mai 1978 sendete
»Von seltsamer Anonymität« (ursprünglich: »Zu Don Giovannis Bühnengestalt«); aus: Programmheft »Don Giovanni«, Hamburg 1973; gekürzte Neufassung des Aufsatzes »Mythos und Inkarnation«, zuerst erschienen in der Jubiläumsausgabe der Salzburger Festspiele 1970
»Spiel als Wahrheit«; aus: Programmheft »Così fan tutte«, Hamburg 1975
»Die populäre Maskierung eines Mythos«; aus: Programmheft »Die Zauberflöte«, Hamburg 1977

LUDWIG VAN BEETHOVEN

»Die Botschaft der Freiheit« (ursprünglich: »Stichworte zur Inszenierung«); aus: Programmheft »Fidelio«, München 1978

CARL MARIA VON WEBER

»Eine Anmerkung«; Stiftung Archiv der Akademie der Künste, Berlin – Götz-Friedrich-Archiv
Hans Mayer: »Wer hat gut lachen beim ›Freischütz‹?«; aus: Programmheft »Der Freischütz«, Hamburg 1976

HECTOR BERLIOZ

»Der verdammte Faust«; Stiftung Archiv der Akademie der Künste, Berlin – Götz-Friedrich-Archiv
»Mythos der Heimatsuche«; aus: Staatsoper – Journal der Hamburgischen Staatsoper, Hamburg 1982

GIUSEPPE VERDI

»Die gefährdete Unschuld«; Stiftung Archiv der Akademie der Künste, Berlin – Götz-Friedrich-Archiv
»Düstere Szenerie«; aus: »Zeit für Oper – Götz Friedrichs Musiktheater«, Berlin 1991, S. 168
»Ein Opfergang«; aus: Programmheft »La Traviata«, Berlin 1999
»Das Attentat«; aus: Programmheft »Un ballo in maschera«, Berlin 1993
»Eine heillose Geschichte«; aus: Programmheft »La forza del destino«, München 1986
»Wirklichkeit erfinden ist besser, weit besser«; aus: Programmheft »Aida«, Berlin 1969
»Narren und Nomaden in den Ruinen der Zeit«; aus: Programmheft »Aida«, Berlin 1982
»Vom Lauf der Zeiten unberührt«; aus: Programmheft »Othello« – Inszenierung von Walter Felsenstein, Berlin 1964
»Die Fuge und der Narr«; aus Programmheft »Falstaff«, Berlin 1977 (überarbeitete Fassung des Textes zur »Falstaff«-Inszenierung, Hamburg 1974)

RICHARD WAGNER

»Er ist ein Rebell, der die Verlogenheit dieser Welt entlarvt«; Typoskript zur »Tannhäuser«-Inszenierung, Bayreuth 1972, S. 4-10; Stiftung Archiv der Akademie der Künste – Götz-Friedrich-Archiv
»... Bist du denn nicht mein Feind?«; aus: Programmheft »Tannhäuser«, Berlin 1992
»Das allertragischste Gedicht« oder »Die neue Irritation«; Zur »Lohengrin«-Inszenierung Bayreuth 1979; Stiftung Archiv der Akademie der Künste Berlin – Götz-Friedrich-Archiv
»Ein Endspiel«; zur Inszenierung »Der Ring des Nibelungen«, London 1974–76; Stiftung Archiv der Akademie der Künste Berlin – Götz-Friedrich-Archiv
»Utopie und Wirklichkeit«; aus: Programmheft zur Inszenierung »Der Ring des Nibelungen«, London 1974–76 (aus dem Englischen übersetzt von Freia Beisser)
»Von Anfang und Ende«; Notate zum »Rheingold«; aus: Programmheft »Das Rheingold«, Hamburg 1980
»Unterwegs in den Tod«; aus: Programmheft »Tristan und Isolde«, Stuttgart 1981
»Komödie und demokratisches Modell«; zur Inszenierung »Die Meistersinger von Nürnberg«, Stockholm 1977; Stiftung Archiv der Akademie der Künste Berlin – Götz-Friedrich-Archiv
»Er muß wachsen, ich aber muß abnehmen«; Versuch einer Positionsbestimmung; aus: Programmheft »Die Meistersinger von Nürnberg«, Berlin 1993
»Der Ort des Geschehens« von Günther Uecker; »Klug von Wagner und recht modern« von Götz Friedrich (ursprünglich: »Zur Stuttgarter Inszenierung«); aus: Programmheft »Parsifal«, Stuttgart 1976
»Lauter geheimnisvolle Beziehungen«; aus: Programmheft »Parsifal« – Bayreuth 1982

JACQUES OFFENBACH

»Musikalisches Welttheater – ironisch verfremdet«; aus: Programmheft »Orpheus in der Unterwelt«, Berlin 1983
»Phantastisch und trotzdem wahr«; aus: Programmheft »Hoffmanns Erzählungen« (Inszenierung von Walter Felsenstein), Berlin 1958

JOHANN STRAUSS

»Die Rache des Doktor Fledermaus«; Absätze 1 und 2 aus: Staatsoper – Journal der Hamburgischen Staatsoper, April 1978; Absatz 3 aus: »Zeit für Oper – Götz Friedrichs Musiktheater«, Berlin 1991, S. 151

CHARLES GOUNOD

»Dieser Faust will Jugend«; aus: Programmheft »Faust«, Zürich 1997

GEORGES BIZET

»Neue – alte ›Carmen‹«; aus: Programmheft »Carmen«, Bremen 1965

MODEST MUSSORGSKI

»Nicht heute oder gestern, sondern heute und gestern« (nach Aufzeichnungen von Frauke Kuhfuß); aus: Programmheft »Boris Godunow«, Berlin 1995

PETER TSCHAIKOWSKI

»Die Oper als ›Lyrische Szenen‹«; aus: Programmheft »Eugen Onegin«, Zürich 1976

JULES MASSENET

»Ein Don Quichotte von 1910«; aus: Programmheft »Don Quichotte«, Hamburg 1975

GIACOMO PUCCINI

»Musiktheater – Schule der Phantasie«; aus: »dabei«-Kulturgemeinschaft des DGB Stuttgart, Mai 1974, S. 18 bis 23
»Persönliches P.S.«; aus: Programmheft »La Bohème«, Berlin 1988
»Ein Weg nach Wagner und Verdi«; aus: Programmheft »Tosca«, München 1976
»Das Opernrätsel Turandot«; aus: Programmheft »Turandot«, Berlin 1986

CLAUDE DEBUSSY

»Kein Land, keine Zeit«; aus: Programmheft »Pelléas et Mélisande«, Berlin 1984

LEOŠ JANÁČEK

»Der Glaube an die menschliche Kraft« (ursprünglich ohne Titel); aus: Programmheft »Jenufa«, Berlin 1964
»Ich sterbe, wenn ich ihn sehe« (ursprünglich: »Katja Kabanowa – Eine Konzeption von Götz Friedrich«); Typoskript, Stiftung Archiv der Akademie der Künste Berlin, Götz-Friedrich-Archiv
»Diebe, Räuber, Mörder?« (ursprünglich ohne Titel); aus: Programmheft »Aus einem Totenhaus«, Berlin 1981

RICHARD STRAUSS

»Die Gier nach dem Neuen« (ursprünglich ohne Titel); aus: Programmheft »Salome«, Bremen 1967
»Die Türen bleiben geschlossen«; Typoskript, Stiftung Archiv der Akademie der Künste Berlin, Götz-Friedrich-Archiv
»... ein halb imaginäres, halb reales Ganzes«; aus: Programmheft »Der Rosenkavalier«, Stuttgart 1981
»›... eine Farce.‹ Und weiter nichts?«; aus: Programmheft »Der Rosenkavalier«, Berlin 1992
»Ich preise die Seltsamkeit«; aus: Programmheft »Die Frau ohne Schatten«, Stuttgart 1987
»Der Sprung ins Märchen als Protest gegen die Realität«; aus: Programmheft »Arabella«, Zürich 2000

ARNOLD SCHÖNBERG

»Ein Grenzfall des Musiktheaters«; aus: Programmheft »Moses und Aron«, Wien 1982

BÉLA BARTÓK / ARNOLD SCHÖNBERG

»Dialoge mit dem Unbewußten«; aus: Programmheft »Herzog Blaubarts Burg« und »Erwartung«, Wien 1985

ALBAN BERG

»Vereinsamung« (ursprünglich: »Öffnung der ›Wozzeck‹-Dramaturgie«); aus: Programmheft »Wozzeck«, Zürich 1981
»Bildnis Lulu«; aus: Programmheft »Lulu«, Berlin 1982

GEORGE ENESCU

»Alte Modelle – neu verstanden«; Auszug aus der Einführungsveranstaltung zu »Oedipe«, Berlin 1996; Typoskript, Stiftung Archiv der Akademie der Künste Berlin, Götz-Friedrich-Archiv

CARL ORFF

»Knappheit der Aussage«; aus: Programmheft »Carmina Burana«, Berlin 1995

GEORGE GERSHWIN

»Von der ›Neger‹-Oper zur Volks-Oper; aus: Programmheft »Porgy und Bess«, Berlin 1970

JOSEF TAL

»Ein Lehrstück?«; aus: Programmheft »Die Versuchung«, München 1976

BERND ALOIS ZIMMERMANN

»Polyphones Erzählen« (ursprünglich: »Zur Hamburger Erstaufführung«); aus: Programmheft »Die Soldaten«, Hamburg 1976

INGVAR LIDHOLM

»Eine polyphone szenische Symphonie«; Typoskript, Stiftung Archiv der Akademie der Künste Berlin, Götz-Friedrich-Archiv

LUCIANO BERIO

»Ein anderes Theater?«; aus: Programmheft »Un rè in ascolto«, Wien 1984

HANS WERNER HENZE

»Durchblicke – Grenzüberschreitungen«; aus: Programmheft »Die Bassariden«, Stuttgart 1989
»Überzeichnung der jungen Menschen« (ursprünglich ohne Titel); Typoskript, Stiftung Archiv der Akademie der Künste Berlin, Götz-Friedrich-Archiv

RUDOLF KELTERBORN

»Einsichten«; aus: Programmheft »Ein Engel kommt nach Babylon«, Zürich 1977

SIEGFRIED MATTHUS

»Eine Frau mit drei Gesichtern« (ursprünglich: »Einführung für das Ensemble«); Typoskript, Stiftung Archiv der Akademie der Künste Berlin, Götz-Friedrich-Archiv
»Die Leiden des jungen F.«; Typoskript, Stiftung Archiv der Akademie der Künste Berlin, Götz-Friedrich-Archiv

GIUSEPPE SINOPOLI

»Würde als persönliches Manifest von Frei-Sein« (ursprünglich: »Konzeptionsbesprechung mit dem Ensemble«); aus: Programmheft »Lou Salomé«, München 1981

WOLFGANG RIHM

»Seht Oedipus«; aus: Programmheft »Oedipus«, Berlin 1987
»Warum singt der Mensch?« (ursprünglich: »Zur ›Tannhäuser‹-Inszenierung«, Bayreuth 1972, S. 1-4); Typoskript, Stiftung Archiv der Akademie der Künste Berlin, Götz-Friedrich-Archiv

BILDNACHWEIS

Clive Barda, London 194
Gert von Bassewitz, Hamburg 33, 34, 39, 40, 41, 46, 47, 137, 138, 234, 235, 236
Bayreuther Festspiele 78, 79 (2), 80 (2), 85, 86, 87, 126, 127, 128
Ilse Buhs/Jürgen Remmler, Berlin 219
Group Three Photography, London 94, 95
Elisabeth Hausmann, Wien 209, 211
Hannes Kilian, Stuttgart 192 (links), 195, 244, 245
Anne Kirchbach, München 232
Komische Oper Berlin / Jürgen Simon 159
kranichphoto 23, 25, 51, 52, 54 (3), 57 (2), 68, 82, 83 (2), 89, 90, 98, 104, 106 (2), 139, 140, 141, 174, 175, 179, 186, 187, 201, 203, 220, 241, 242, 247 (unten), 248, 257, 258
kranichphoto im Stadtmuseum Berlin 48, 49, 53, 58, 59, 60, 100, 101, 102, 103, 118, 119, 145, 146, 147, 165, 166, 171, 172, 225, 226
Kungliga Operan, Stockholm / Mats Backer 218
Kungliga Teatern, Stockholm / Enar Merkel Rydberg 239
Detlef Kurth 55
Arwid Lagenpusch, Berlin 65, 155, 227, 228, 229
Henry Mundt, Rheinsberg 253
Fred Ohringer, Los Angeles 71
Stefan Odry, Köln 110, 111, 113
G. Pagenstecher, Bremen 143
Fritz Peyer, Hamburg 30, 73, 75, 156, 157
Royal Opera House, Covent Garden / Stuart Robinson 96
Royal Opera House, Covent Garden / Donald Southern 97
Schaffler, Salzburg 243
Susan Schimert-Ramme, Zürich 149, 150, 151, 184, 185, 217, 249, 250
Werner Schloske, Stuttgart 35, 122, 123 (oben), 160, 162, 163, 197
Joachim Thode, Kiel 56
Sabine Toepffer, München 43, 44, 62, 168, 233, 254, 255, 256
Unitel, München 88
Axel Zeininger, Wien 212, 222, 223
Stiftung Archiv der Akademie der Künste Berlin, Götz-Friedrich-Archiv 28, 29, 32, 61, 76, 92, 93, 99, 107, 108 (3), 115, 116, 123 (unten), 133, 152 (2), 169, 176, 177, 189, 190, 191, 192 (rechts), 196, 199, 210, 214, 215, 237 (2), 238, 246, 247 (oben), 252

REGISTER